智能财务与会计系列

大数据财务决策

王海林　主编

于琪　孙凡　副主编

电子工业出版社

Publishing House of Electronics Industry

北京·BEIJING

内 容 简 介

本书先概要性地介绍了大数据财务决策涉及的基本概念、实现平台、工具和常用方法，使读者了解大数据技术的基本概念、应用过程及其在财务领域的主要应用方法。然后以企业财务管理的内容为主线，通过通用化工具应用和浪潮大数据应用两部分，一方面分析了利用 Power BI 和 Excel 的通用化工具进行数据处理、建立模型解决财务决策和管理问题的方法；另一方面基于企业案例，以实验方法讲解如何利用浪潮大数据平台辅助实现企业财务决策。

本书可以作为财务管理专业、会计学专业或相关管理专业学生学习大数据财务的教材或参考书，也可以作为读者学习财务信息化知识的教材或参考书。

图书在版编目（CIP）数据

大数据财务决策 / 王海林主编. — 北京：电子工业出版社，2023.6

ISBN 978-7-121-45555-1

Ⅰ. ①大…　Ⅱ. ①王…　Ⅲ. ①财务决策—高等学校—教材　Ⅳ. ①F234.4

中国国家版本馆 CIP 数据核字（2023）第 080483 号

责任编辑：石会敏　　　文字编辑：苏颖杰　　　特约编辑：申　玲　侯学明
印　　刷：北京天宇星印刷厂
装　　订：北京天宇星印刷厂
出版发行：电子工业出版社
　　　　　北京市海淀区万寿路 173 信箱　　邮编：100036
开　　本：787×1092　1/16　印张：18.5　字数：470.4 千字
版　　次：2023 年 6 月第 1 版
印　　次：2024 年 1 月第 2 次印刷
定　　价：63.00 元

凡所购买电子工业出版社图书有缺损问题，请向购买书店调换。若书店售缺，请与本社发行部联系，联系及邮购电话：(010)88254888，88258888。

质量投诉请发邮件至 zlts@phei.com.cn，盗版侵权举报请发邮件至 dbqq@phei.com.cn。

本书咨询联系方式：shhm@phei.com.cn。

前　　言

党的二十大报告提出要"加快发展数字经济，促进数字经济和实体经济深度融合"。数字经济的发展离不开数字技术的应用。随着数字技术在我国社会经济生活中应用的不断拓展和深化，企业的财务决策正从传统的手工处理方式向应用大数据、人工智能等新兴技术的方式转变，从依赖管理者个人能力的决策和控制向依赖事实和数据的科学决策和控制转变。财务决策方式的转变需要财务人员具备更强的数字技术应用能力。本书正是为了满足社会对财务人员知识和能力的新需求而设计的，主要探索如何将财务管理专业理论与最新的大数据、商务智能（BI）等数字技术相结合，借助大数据和商务智能工具以及通用化大数据智能软件平台解决企业财务决策的实务问题。

本书先概要性地介绍了大数据财务决策涉及的基本概念、实现平台、工具和常用方法，使读者了解大数据技术的基本概念、应用过程及其在财务领域的主要应用方法。然后以企业财务管理的内容为主线，通过通用化工具应用和浪潮大数据应用两部分，一方面分析了利用 Power BI 和 Excel 的通用化工具进行数据处理、建立模型解决财务决策和管理问题的方法；另一方面基于企业案例，以实验方法讲解如何利用浪潮大数据平台辅助实现企业财务决策。在介绍具体应用时，首先介绍企业相关财务决策和管理的主要业务场景，然后讲解相关财务业务中 Power BI、Excel 的通用化工具和浪潮大数据平台的具体应用①。

本书共分为 8 章，各章的具体内容是：第 1 章介绍大数据财务决策涉及的基本概念，阐述大数据财务决策的目标和过程；第 2 章重点讲解通用化工具 Excel 和 Python 的数据处理方法，以及 Power BI 的使用方法和步骤，并介绍了大数据财务决策的其他常用平台与工具；第 3 章介绍了大数据财务决策的常用方法，包括聚类分析、分类方法、回归分析、关联规则分析、离群点分析等；第 4 章讲解了 Excel 财务分析实现、Power BI 财务分析结果可视化和浪潮大数据财务活动分析等；第 5 章讲解了投资决策相关函数、Power BI 投资决策的建模与应用；第 6 章讲解了 Excel 筹资决策建模与应用和浪潮大数据筹资决策的实现方法；第 7 章讲解了 Excel 收入预测和利润规划、Power BI 收入预测，以及应用浪潮大数据平台进行量本利分析；第 8 章讲解了 Excel 和 Power BI 绩效评价的建模与应用。

本书可以作为高等院校的财务管理专业、会计学专业或相关管理专业学生学习大数

---

① 受篇幅限制，浪潮大数据平台应用的更多内容可扫描封底二维码获取。本书配套的教学视频、PPT，也都可扫码获取。

据财务的教材或参考书，也可以作为读者学习财务信息化知识的教材或参考书。

　　本书由首都经济贸易大学博士生导师王海林教授主编，并负责本书总体框架设计、大纲拟定和最后的审阅定稿。浪潮集团的于琪和山西财经大学的孙凡教授任副主编。写作者包括中国财政科学研究院的高颖超博士，首都经济贸易大学的副教授林慧婷博士、马奔博士、高永昌博士、段琳琳博士，江西财经大学的曾皓博士，北京中医药大学东方医院的张爱玲。浪潮大数据部分由浪潮集团的马建军、蔡宁、于琪、张波、李玉会编写，具体章节内容的编写分工如下：第1章、第6章王海林，第2章王海林、高永昌、张爱玲和段琳琳，第3章孙凡，第4章王海林和林慧婷，第5章高颖超，第7章王海林和马奔，第8章曾皓。此外，首都经济贸易大学的岳宇晨参与了书中杜邦案例Excel模型设置的实现。

　　为了帮助读者更好地学习和掌握重点内容，本书的各章除了有本章内容提要、思考题，所有涉及Power BI应用的各章还设有本章重点掌握的Power BI工具。同时，为了将党的二十大精神融入教材，本书还在涉及财务决策的各章章末设有思政提要部分，结合相关内容总结提炼了相应章的思政要点。

　　由于作者的经验和水平有限，书中疏漏之处在所难免。诚恳希望广大读者对不足之处提出宝贵意见，以备来日修改。

　　本书出版之际，我们特别感谢电子工业出版社石会敏主任为本书出版付出的努力！

王海林
2023 年 5 月

目　　录

第 1 章

大数据财务决策概论

本章内容提要

　　本章介绍了大数据分析涉及的主要基本概念，包括数据、信息、数据库、数据仓库、数据挖掘、大数据技术、商务智能与人工智能，并重点讲解了大数据财务决策的目标和过程。

1.1　大数据财务决策涉及的基本概念

1.1.1　数据、信息和数据库

1. 数据

　　数据是记录客观事物的性质、状态和数量特征的抽象符号，如文字、数字、图表、声音及动画等。数据的形式多种多样，数字、文本、表格、图形、图像、视频、音频等都是数据形态。数据表示的是客观事实，是一种真实存在。但数据本身没有具体含义，必须和客观实体及属性联系在一起才对接收者有意义，因此它不能独立地作为人们进行判断、得出结论的依据。

　　按照数据存储结构，可以将数据分为结构化数据、非结构化数据和半结构化数据[①]。其中，结构化数据是数据元素之间具有统一而且确定关系的数据。结构化数据一般用二维表结构进行逻辑表达，严格遵守数据格式与长度规范，主要通过关系型数据库进行存储和管理。比如，客户代码、客户名称、会计科目、发生额等都是结构化数据。非结构化数据是数据元素之间没有统一和确定关系的数据，文本、图片、音频、视频等属于非结构化数据。半结构化数据是数据元素之间的关系介于结构化数据和非结构数据之间的数据。一般来说，半结构化数据是结构变化很大的结构化数据，因此不能将其简单地用一个数据表进行表示。为了了解其细节，也不能简单地作为一个文件按照非结构化方式处理，比如 XML、XBRL、Html 等的文档描述。

---

① 全国科学技术名词审定委员会. 管理科学技术名词，北京：科学出版社，2016 年 6 月第 1 版，P131-147.

2．信息[①]

信息泛指人类社会传播的一切内容。信息论奠基人香农（Shannon）认为："信息是用来消除随机不确定性的东西。"控制论创始人维纳（Norbert Wiener）认为："信息是人们在适应外部世界，并使这种适应反作用于外部世界的过程中，同外部世界进行互相交换的内容和名称。"上述两种定义被人们作为经典性定义而加以引用。电子和计算机科学家认为："信息是电子线路中传输的信号。"上述定义并不存在有意义、无意义和有目的等含义。协同学创始人哈肯（H·Haken）认为在香农定义的基础上，当我们将信息接收者的反应考虑进去后，信息就被赋予了意义。他认为："对生物系统来说，信息是生命赖以存在的至为关键的因素，而对现代社会来说，社会正常职能依赖于信息的产生、转移和加工过程。"经济和管理学家认为："信息是用于决策的有效数据。"

从企业管理的视角看，信息是经过加工或处理的，对决策有价值的数据。一般来说，信息具有如下特征：

①信息具有客观性。信息是一种普遍的客观存在，是事物特征的表现，来源于物质与意识之中。

②信息寄于物质载体中。人们获取信息有两种途径：一是感知由客观事物直接发送的信息；一是感知那些经过转换并转移到其他载体上的间接信息。

③信息是可以传递的。信息的传递依附一定的介质，信息在不同的介质中传递的形式不同。

④信息是可以储存的。信息可以以不同形式储存在不同的介质之中，这一特性决定了信息资源的积累与膨胀。

⑤信息具有效益性。即信息是具有价值和成本的资源。信息的效益具有相对性，这种相对性体现在：信息具有时效性；信息相对于不同空间的作用不同；信息作用对象是相对的；信息的作用程度是相对的。

⑥信息具有可加工性。信息是一种资源，具有再生能力，可通过一定的手段进行加工，如压缩、分类、排序、统计和综合等，使之从一种形态转换成另一种或多种形态，后者可以由多种不同信息集成为一种信息。信息的加工是有目的性的，我们为了某种需要对信息进行加工，加工后的信息反映了信息源和接收者之间相互联系和相互作用的关系。

⑦信息具有可增值性。信息的可增值性主要指信息不但对其他资源有增值作用，而且信息本身也可增值。当大量零散、片面且互不关联的信息经过信息系统过滤处理成为相关信息的有序集合时，信息本身就会发生增值，这也是信息咨询业得以蓬勃发展的原因之一。此外，一种信息在生产和传播过程中，会不断产生增值。

⑧信息具有时效性。信息是有寿命期的。一般来说，信息使用价值与其提供的时间呈反比。即信息生成后，提供的时间越短，使用价值越大；反之，使用价值就越小。同时信息还具有一定的滞后性，因为信息作为客观事物的反映，总是先有事实，再生成信息。因此只有加快传递，才能减少信息的滞后性。

从数据到信息的加工过程，可以称之为信息处理过程。它主要包括采集、储存、加工、检索和传递几个环节。通过采集数据，对数据进行加工处理并生成信息，将信息传递给使

---

① 王海林. 管理会计信息化，北京：高等教育出版社，2018 年第 1 版，P2-3.

用者的过程，实现了从数据到信息的转换。在这个过程中，储存和检索贯穿在采集、加工和传递的各个环节。

3．数据库（Database）

　　数据库是在计算机内的、有组织的、可共享的数据集合。操作和管理数据库的软件系统被称为数据库管理系统（DBMS），其专门负责建立、使用和维护数据库，是应用程序与数据库文件之间的接口。运用已有的数据库语言对数据进行采集、分类、存储、检索、更新和维护等动态管理操作的技术称为数据库技术。数据库产生于 20 世纪 60 年代后期，先后经历了层次数据库、网状数据库和关系数据库等多个阶段。其中关系数据库是数据库产品中应用最广泛的一类。尤其是企业管理领域，由于关系数据库较好地解决了管理和存储关系数据的问题，目前各个企业使用的 ERP 系统、OA 系统等管理信息系统的数据管理部分基本上采用的都是关系数据库。当前，即使非关系数据库的产品也基本上都有支持关系数据库的接口。

　　关系数据库采用表格的储存方式，数据以行和列的方式进行存储。每个表都被赋予一个唯一的名字。每个表都包含一组属性（列或字段），并且通常存放大量元组（记录或行），如图 1-1 所示。关系表中的每个元组代表一个对象，被唯一的关键字标识，并被一组属性值描述。通常为关系数据库构建语义数据模型，如实体—关系（ER）数据模型。ER 数据模型将数据库表示成一组实体和它们之间的联系。图 1-1 中，资产负债表是一个关系数据文件，由一组描述资产负债项目及年末发生额的属性组成，包括项目、2019 年末数、2020 年末数、2021 年末数等字段。通过这些字段，共同描绘了企业各资产负债项目及其 2019 年、2020 年、2021 年三年的期末数关系。

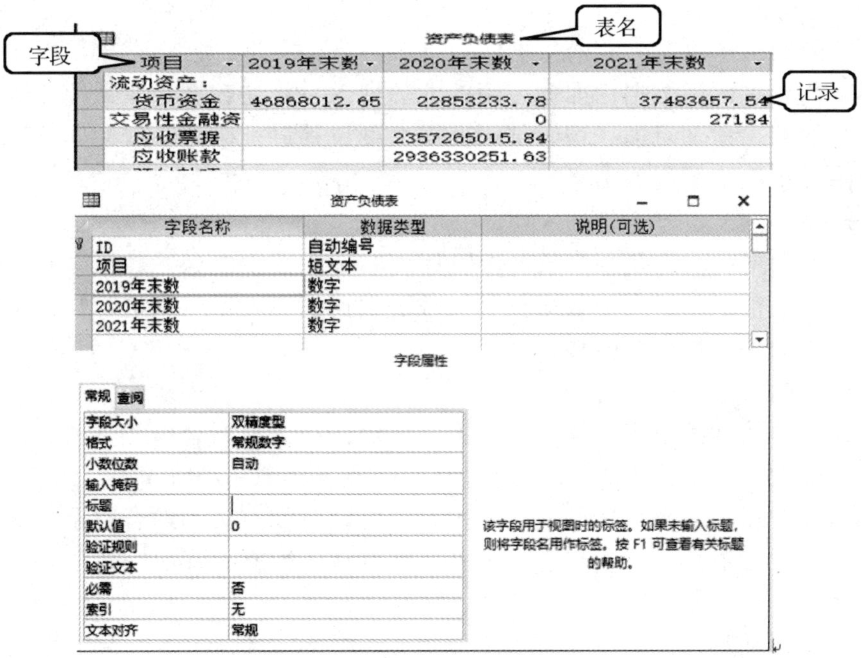

图 1-1　关系数据库的数据文件

关系数据库很好地满足了结构化数据的处理、存储和管理，尤其适合为企业的特定应用服务而进行的数据库联机日常操作，即操作型事务处理。关系数据库强调原子性（Atomicity）、一致性（Consistency）、隔离性（Isolation）和持久性（Durability）规则，具有数据存储结构可靠性和稳定性高、数据存储规范化好、读取和查询方便等特点。关系数据库一般采用结构化查询语言（SQL）实现对数据库的增加、查询、更新、删除等操作。但是，对海量数据的处理效率差，特别是遇到高并发读写时性能会大幅下降。

1.1.2 数据仓库和数据挖掘

1. 数据仓库（Data Warehouse，DW）

数据仓库是面向主题的、集成的、不可更新的、随时间不断变化的数据集合，用于支持企业或组织的决策分析处理。由于基于管理需求的决策分析需要访问大量历史数据，而传统数据库无法实现对多样化数据的处理和分析要求，因此，人们开始尝试对数据库的数据进行再加工，形成一个综合的、面向分析的环境以更好地支持决策分析，于是产生了数据仓库技术。数据仓库具有以下四个基本特征。

（1）面向主题

面向主题是指数据仓库中的数据是按照主题的方式进行组织的。主题是一个抽象概念，它是指将企业信息系统中的数据进行综合、归类并进行分析利用的方面，逻辑上可以看成是某一分析领域所涉及的分析对象。以银行为例，我们大致可以将所有的数据按照客户、账户、产品、交易事件、地理位置、内部组织或机构、营销或市场活动、渠道等八个主题进行组织，并由这八个主题的相互关系引出一家银行所有的分析应用。

（2）数据集中存放

数据仓库的数据从原有分散的数据库中抽取出来，并进行集中存放，以支持应用主题的各种数据访问要求。当数据由面向应用的业务处理系统向数据仓库系统传送时，需要对各个业务系统的数据命名习惯、键码结构、属性度量等进行数据一致性处理，消除数据间的差异，去除不正确、无用的信息。

（3）数据稳定

数据仓库的数据反映的是相当长一段时期内的历史数据，这些数据主要是供分析和决策使用的。在一般情况下，历史数据一旦加载进数据仓库就不对其进行修改，以保证历史数据及由其产生的综合性数据的真实性。

（4）时间属性

数据仓库中的数据都带有时间属性，主要表现在：①数据仓库随时间变化而不断增加新的数据，即增量数据是变化的；②数据仓库中超过一定期限（如 5 年、10 年）的数据，一般要转移到其他介质上保留；③数据仓库中有很多跟时间有关的综合数据，这些数据要随时间变化不断地进行汇总和重新综合。因此，数据进入数据仓库时一定要包含时间属性，即要带有时间戳。

数据仓库构建初期，预定义报表、随机查询和在线分析（OLAP）是数据仓库应用的基础，随着数据仓库中数据集成规模的扩大，对数据进行深层次挖掘分析，进一步揭示隐藏其中的业务规律并指导业务决策成为数据仓库更为重要的应用。

2．数据挖掘（Data Mining）

数据挖掘是从海量数据中提炼有价值的模式和发现知识的过程。数据挖掘并不是技术领域的一个新概念，它产生于 20 世纪 80 年代末，早期用于从大型数据库或数据仓库中发现并提取隐藏的信息。数据挖掘是一种决策支持过程，这个过程中需要综合利用数据库和数据仓库、统计分析、信息检索、模式识别、机器学习和神经网络、高性能计算、数据可视化等多方面技术，按照预期但尚未肯定的目标，对数据仓库的数据进行深层次分析和加工处理，揭示隐藏其中的规律，从而获取新的、有助于管理和决策的重要信息。

数据挖掘技术具有处理的数据规模大、数据源结构不同且多样化、挖掘发现的规则动态变化等特点。

三十多年来，全球范围内的数据挖掘技术在会计领域已经广泛应用于公司破产、财务困境和企业绩效的预测、企业持续经营状况的分析诊断、信用风险的监测评价、财务危机预警、管理舞弊的识别预防等诸多方面（Kirkos 和 Manolopoulos，2003）。随着组织业务处理的网络化和在线化，会计处理变得越来越复杂、越来越容易被操纵，问题也越来越隐蔽。于是数据挖掘在审计行业的应用也愈发广泛（Wang 和 Yang，2009），挖掘技术帮助使用者解决了一些传统审计工具无法完成的对企业问题的深入分析（Mieke 等，2013）。数据挖掘技术的深度应用有助于打破会计边界，加速会计与业务的融合。

1.1.3 大数据技术与商务智能

1．大数据技术（Big Data Technologies）

"大数据"一词自 20 世纪 90 年代开始使用，至今并没有一个统一界定。一般认为大数据是以不同形式存在的规模巨大的数据，也称海量数据。从开始的几十兆字节（MB）到现在的千万亿字节（PB），大数据的数据"规模"不断升级。人们常常用四方面（4V）或者五方面（5V）特征来描述大数据。这些特征是数据规模（Volume）、数据类型（Variety）、数据速度（Velocity）、数据价值（Value）和数据真实性（Veracity）。

数据规模，生成和存储的数据量大。大数据的特征首先就体现为"大"，随着社交媒体（微博、微信、推特、脸书）、移动网络、各种智能工具、服务工具等成为数据分析来源，大数据的规模实现了爆发性增长。从过去的 MB，到 TB、PB，甚至 EB 级别。

数据类型，数据来源广泛、类型多样。大数据来自移动互联网、物联网、手机、计算机以及遍布地球各个角落的各种各样的传感器，数据来源和承载方式广泛。而这些数据又涵盖了文本、网络日志、图片、音频、视频、地理信息等多种形式。从结构化到半结构化或非结构化，数据类型和性质的变化对数据处理工具和技术提出了挑战。大数据技术的初衷是捕获、存储和处理高速生成的、巨量的半结构化和非结构化类型的数据。之后，这些工具和技术也被探索并用于存储、处理结构化数据。

现在，结构化数据的处理仍然既可以使用大数据，也可以使用传统的关系数据管理系统。大数据技术和数据库管理系统的综合使用有助于分析数据，可以更有效地利用通过社交媒体、日志文件、传感器等收集的数据来揭示隐藏的信息和规律。

数据速度，数据生成和处理的速度快。大数据的产生非常迅速，与小数据相比，大数据的产生更加持续，而且这些数据需要及时处理。与大数据相关的有两种速度：一是数据生成频率；一是处理、记录和发布频率。通常大数据需要实时可用，因此两种速度都要求很高。

数据价值，大数据的价值属性，就是通过对大量不相关的各种类型数据的处理和分析，可以挖掘出对未来趋势和模式预测分析有价值的信息，而且通过机器学习方法、人工智能方法或数据挖掘方法深度分析，还可以发现新规律和新知识。

数据真实性，或可靠性。大数据中的内容是与真实世界中的事物息息相关的，只有保证数据的准确性和可信赖度，即保证数据的质量，才能发挥出数据的价值。可以说获取的数据的质量差异极大影响着数据分析的准确度。

从数据类型看，大数据包括了非结构化、半结构化和结构化数据，但我们主要关注非结构化数据。为了对大数据这种多样化、复杂和大规模数据集进行分析，需要构建一套具有新的集成形式的技术，于是形成了大数据技术。因此，大数据技术可以看成是对实现大数据采集、处理、存储、管理、分析挖掘、展现和应用的技术的总称。其关键技术如表 1-1 所示。

表 1-1　大数据技术的不同层面及功能[①]

技 术 层 面	功　　能
数据采集与预处理	利用 ETL 工具将分布的、异构数据源中的数据抽取到临时中间层后进行清洗、转换、集成，最后加载到数据仓库或数据集市中，成为联机分析处理、数据挖掘的基础；也可以利用日志采集工具把实时采集的数据作为流计算系统的输入，进行实时处理分析
数据存储和管理	利用分布式文件系统、数据仓库、关系数据库、NoSQL 数据库、云数据库等，实现对结构化、半结构化和非结构化海量数据的存储和管理
数据处理与分析	利用分布式并行编程模型和计算框架，结合机器学习和数据挖掘算法，实现对海量数据的处理和分析；对分析结果进行可视化呈现，帮助人们更好地理解数据、分析数据
数据安全和隐私保护	构建隐私数据保护体系和数据安全体系，有效保护个人隐私和数据安全

2. 商务智能（Business Intelligence，BI）

商务智能一般指企业利用现代信息技术收集、管理和分析结构化和非结构化商务数据和信息，创造和累积商务知识和见解，改善商务决策水平，采取有效的商务行动，完善各种商务流程，提升各方面商务绩效，增强综合竞争力的一系列概念和方法。商务智能使用应用数学工具、描述性统计及高信息密度的数据来衡量事物、检测趋势等。收集、管理和分析商业信息系统中数据的技术称为商务智能技术，主要包括数据仓库技术、在线分析处理技术、数据挖掘技术和可视化技术等。

从技术角度看，商务智能可以看成是基于实现组织商业价值目标的大数据技术的应用。

1.1.4　人工智能

一般认为人工智能（Artificial Intelligence，AI）最早的工作开始于 1943—1955 年。1950 年，英国数学家阿兰·图灵（Alan Turing）在"计算机器与智能"一章[②]中提出的图灵测试、机器学习、遗传算法和强化学习，奠定了人工智能的基础，他也被称为计算机科学之父和人工智能之父。1956 年在达特茅斯举行的一个研讨会上，普林斯顿大学的约翰·麦卡锡（John

---

① 林子雨. 大数据技术原理与应用：概念、存储、处理、分析与应用(第 2 版)，北京：人民邮电出版社，2017 年 1 月，P15.
② Alan Turing. Computing machines and intelligence[J]. Mind, 1957, 59:236-241.

McCarthy)首次正式使用了"人工智能"概念。

人们对人工智能的界定总体上体现了两个维度的定位：一是机器像人一样思考，一是机器像人一样行动。当前，人工智能可以看成是研究、开发用于模拟、延伸和扩展人的智能的理论、方法、技术及应用系统的一门新兴科学和技术。人工智能的理论基础非常广泛，包含了哲学、数学、经济学、运筹学、神经科学、心理学、计算机工程、控制论、语言学等众多学科，因此人工智能科学的发展即是上述多种学科理论和应用发展的综合体现，也是对这些学科理论和应用的发展。

目前人工智能的研究成果已经应用到了机器人、自动驾驶、语言识别、图像识别、自然语言处理和专家系统等众多领域，人工智能理论也正处于高速发展期。从 Gartner 公司发布的 2021 年新兴技术成熟度曲线可以看到，人工智能技术在多个细分领域都在快速发展。如使用诸如机器学习(ML)、自然语言处理(NLP)以及类似的技术来加速应用程序、开发和运营周期的人工智能增强开发(AI-augmented development)技术；提高组织的可解释性、责任性、安全性、隐私性和法规遵从性的负责任的人工智能(Responsible AI)技术；将不同的人工智能技术汇集或组合在一起为组织赋能的复合人工智能(Composite AI)技术；通过各种机器学习(ML)方法从数据中了解产品或任务的构成要素，进而生成全新的、完全原创的、真实的产品或任务的生成人工智能(Generative AI)技术；在嵌入式系统中使用人工智能或机器学习技术来分析本地捕获的数据的嵌入式人工智能(Embedded AI)技术；让人工智能系统能够有效地"解释"自己，取得人类用户"信任"，从而产生高效人机协作的可解释的人工智能(Explainable AI)技术等。

1.2　大数据财务决策的目标和过程

从支持企业财务决策的目标出发，利用大数据和商务智能技术工具，通过数据挖掘分析过程可以帮助企业实现优化资源管理、提高运营效率、优化产品开发、创造新的收入和增长、实现智能决策等目的。

按照系统论的观点，可以借鉴霍尔三维结构概括地描述大数据财务决策涵盖内容的框架，如图 1-2 所示。其中，逻辑维表示实施大数据财务决策的思维过程，时间维是开展大数据财务决策工作的步骤，知识维表示大数据财务决策涉及的专业知识。

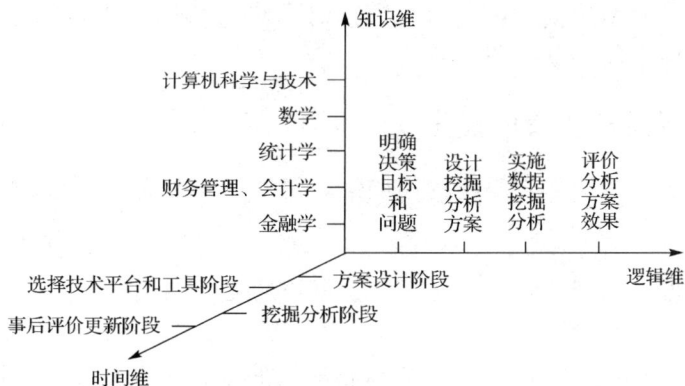

图 1-2　大数据财务决策的三维模式

从逻辑维视角看，开展大数据财务决策首先需要明确决策目标和问题，在此基础上设计数据挖掘分析的方案，然后根据该方案开展挖掘分析工作，最后评价分析方案的效果。

从时间维视角看，开展大数据财务决策需要经历方案设计、选择技术平台和工具、挖掘分析和事后评价四个阶段。

从知识维视角看，大数据财务决策属于用信息技术手段解决财务问题的多学科交叉问题，因此其涉及的学科知识范围非常广泛。除了财务、会计、金融等专业知识，还需要用到数学中的算法，统计学中的算法和回归、分类、聚类、离群点分析等数据分析方法，计算机科学与技术中的大数据技术、数据库、数据仓库、数据挖掘、机器学习、神经网络、图像处理、自然语言处理等技术，以及 Python、R 和 SQL 等计算机语言工具，MATLAB、SPSS、Power BI 等应用平台。如果挖掘的数据存储在云端，还需要用到云存储和云计算技术。

1.2.1　大数据财务决策的目标

大数据财务决策的根本目的是利用数据挖掘分析和商务智能技术探查企业存在的问题、预测企业的未来走向，为利益相关者提供更有效的决策支持。

数据挖掘能够将隐含的、尚不为人知又有价值的知识和规律从数据中发现并提取出来，因此可以成为实现大数据财务决策目标的重要辅助工具。站在企业角度看，集团管理层、子公司管理者、部门主管、财务主管、一般财务人员等不同主体，进行大数据财务决策的目标、每次要解决的问题等都会存在很大不同。于是，每一次数据挖掘和分析的任务也存在很大差异，进而，挖掘分析需要采集的数据不同，选择的挖掘分析方法、构建的分析模型也不同，最后的分析结果表达方式也会存在差异。因此，在实施数据挖掘分析之前，应该首先明确要解决的问题。以营销部门主管了解本部门销售收入情况、挖掘进一步拓展收入渠道、辅助制定下阶段销售政策为例。要想达成此目标，需要对已有的销售活动数据进行挖掘分析，比如可以采用回归算法、神经网络、聚类分析等方法进行销售收入分析、销售数量分析、销售费用分析、销售利润分析、销售回款分析、应收账款分析、销售价格走势分析、客户分析、异常分析等，并将分析结果用量化、直观的方式呈现出来。通过不同的挖掘分析不仅可以归纳影响销售收入的普遍性因素及其规律，也可以找出销售活动中存在的问题、产生这些问题的原因及规律，还可以识别出销售活动中的异常现象，找出异常因素。

从财务专业学习者的角度看，学习大数据财务决策的目标是学会利用数据挖掘与分析工具解决相应财务问题的辅助决策。

1.2.2　大数据财务决策的过程

明确了要达成的目标和需要解决的问题后，进入数据挖掘分析过程，如图 1-3 所示。

1. 数据准备

数据准备包括数据选择、数据质量分析与数据预处理三方面。

（1）数据选择

大数据分析的第一步是在可能获得的与要解决的问题相关的对象中选择和确定可以使用的数据。按照来源可以将企业财务决策分为内部数据和外部数据两类，其中内部数据包括来自企业内部的会计记录(各种证、账、表数据)、业务记录、会议记录、业务文件、企业网络日志记录等。外部数据既包括企业的股票交易数据、调查数据(如投资人的证券交易数据、客户的交易数据和信用数据等),也包括采用新技术获得的外部数据,如通过网络爬虫获得的行业数据、竞争对手数据、政策、制度、规章文件等。从数据存储结构看,这些数据包括了结构化、半结构化和非结构化三类数据。如会计证、账、表数据一般是结构化数据,业务记录、会议记录、业务文件、行业数据、竞争对手数据、政策、制度、规章文件等属非结构化数据,网络日志记录等一般为半结构化数据,而投资人的证券交易数据、客户的交易数据和信用数据等部分是结构化数据,部分为非结构化数据。

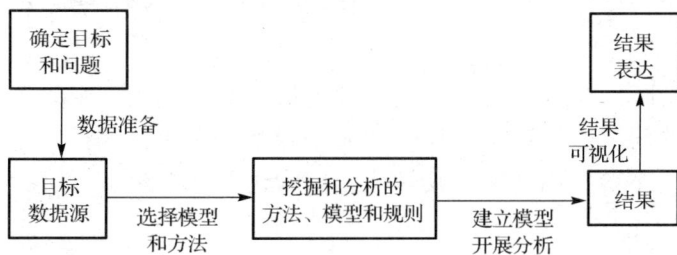

图 1-3 数据挖掘分析过程

(2)数据质量分析

数据质量是数据具有的一些属性能够满足使用者要求的程度。数据分析中没有完美的数据,但是高质量的数据的确有助于得出更准确的分析结论。评价数据质量的因素有很多,比如,完整性、及时性、一致性、真实性、准确性、可信性和可解释性等。其中,完整性要求数据应该是完整没有遗漏的,数据分析过程中完整性常用于度量哪些数据丢失了或者哪些数据不可用等;及时性要求数据应该随着变化及时更新;数据一致性用于度量哪些数据的值在信息含义上是冲突的;数据真实性要求数据应该是客观世界的真实反映而不是主观臆造的结果;数据准确性用于度量哪些数据和信息是不正确的;数据可信性反映了数据可以信赖的程度;数据的可解释性反映了如何让人理解利用模型得到的分析结果。

(3)数据预处理

采集到的数据一般首先都要进行数据清洗(Data Cleaning)处理,以便达到分析者对数据质量的要求。数据清洗主要包括检查数据一致性和清洗"脏数据"等过程。检查数据一致性是根据每个变量的合理取值范围和相互关系,检查数据是否合乎要求,发现超出正常范围、逻辑上不合理或者相互矛盾的数据。清洗"脏数据"是修改数据中的错误、剔除错误数据、垃圾数据等可能使挖掘过程陷入混乱,导致不可靠输出的数据。数据经清洗之后,为了更好地进行挖掘分析,一般还要进行一定程度的数据集成、数据归约和数据变换。

数据集成(Data Integration),即把不同来源、格式、特点、性质的数据在逻辑上或物理上有机地集中。比如,代表同一概念的属性在不同的数据库中可能具有不同的名字,导致不一致性,因此需要进行统一。如货币资金的标识的属性命名不一致,在一个数据库中是 CASH,在另一个数据库中为 HBZJ。也可能属性值不一致,如 HBZJ 这个会计项目下有的用"现金",有的用"备用金",有的用"CASH",都用来表示现金。另外,有些属性可能是由其他属性生成的,如果存在大量此类数据,会导致冗余数据过多,降低知识发现过程的性能或使分析陷入混乱，为此通常也要删除不必要的冗余。

数据归约（Data Reduction），即在尽可能保持数据原貌的前提下，最大限度地精简数据量，得到数据集的简化表示。数据归约策略包括维归约和数值归约。维归约就是使用数据编码方案，得到原始数据的压缩表示。例如，我们常用的主成分分析，或者去掉不相关的属性，或者从原来的属性中重新构造一个更有用的小属性。数值归约中，可以使用参数模型或非参数模型，用较小的表示取代数据。比如，使用神经网络分析时，将某些分析的数据按比例映射到一个较小的区间，如(0，1)、(−1，1)等。

数据变换（Data Transformation），是为了使数据满足某些统计分析的要求对数据做的适当转换。比如，为了使数据满足方差分析的要求，对数据进行平方根转换、对数转换、平方根反正弦转换等。

在辅助财务决策时，有些公告、政策文件、记录或者视频、音频等非结构化数据，首先需要根据要解决的问题进行数据转换。如先采用某种方法将视频、音频等转化为文本，再利用一定技术进行文本量化处理将其转化为结构化数据，然后再进行数据预处理。

2．选择模型和方法

财务决策的大数据挖掘分析主要使用的算法和模型包括回归分析、分类、聚类、离群点分析、关联规则、神经网络、支持向量机等。不同的算法模型可以用于解决不同的挖掘问题，实现不同的分析目标，应用方法也会不同。此部分将在第3章进行有重点的选择性介绍。

3．建立模型开展分析

数据预处理后可以根据挖掘目标，按照选定的算法建立模型，利用预处理后的数据对模型进行训练，并得出分析结果。下面分别以基于BP神经网络构建模型进行企业内部控制缺陷识别、利用多元回归分析进行企业内部控制影响因素分析、以社会网络技术的中心性分析构建僵尸企业与银行风险传染关系网络模型为例，说明建立模型开展数据分析的过程。

（1）利用多元回归分析验证企业国际化是内部控制的影响因素[①]

回归分析的基本过程包括：①样本选择和数据采集，②模型设计和变量定义，③样本的描述性统计和回归结果。

1）样本选择和数据采集

选择制造业为研究对象，以2000—2015年为研究时间段，选取沪深两市全部制造业上市公司为基本样本，删除存在变量数据默认的公司后获得数据5067个。内部控制质量数据来源于迪博（DIB）数据库，企业国际化程度数据来源于万德（Wind）数据库，其他控制变量数据来自国泰安（CSMAR）和RESSET数据库，回归分析中连续变量进行了Winsorize1%处理。

2）模型设计和变量定义

回归模型：采用下面的回归模型检验企业国际化程度对内部控制质量的影响。

$$\text{ICP}_{i,t} = \alpha_0 + \sum_{n=0}^{s}\delta_n\text{FRTR}_{i,t-n} + \alpha_2\text{Size}_{i,t} + \alpha_3\text{Top10}_{i,t} + \alpha_4\text{Owner}_{i,t} + \alpha_5\text{MAGSR}_{i,t} +$$
$$\alpha_6\text{IDB}_{i,t} + \alpha_7\text{Age}_{i,t} + \alpha_8\text{Year}_{i,t} + \alpha_9\text{Industry}_{i,t} + \varepsilon$$

① 王海林，王晓旭. 企业国际化、信息透明度与内部控制质量. 审计研究，2018(1)：78-85.

模型中分别建立分布滞后模型计量国际化程度的影响，S 表示国际化程度影响的滞后期。为了解决滞后期长度、损失自由度和滞后解释变量的多重共线性问题，研究中首先设定国际化程度对内部控制质量产生影响的最长滞后期为 3 年，并采用 LR、FPE、AIC、SC 和 HQ 五种方法[①]对相关模型最优滞后期进行分析，确定出最优滞后期为 2 年；然后采用经验加权估计法对滞后解释变量加权生成新变量 Z_{FRTR}，各期变量权重选择两头小中间大的 A 型滞后结构，分别以 1/4、1/2、1/4 作为国际化程度当期、滞后一期及滞后二期权重，令

$$Z_{FRTR} = \frac{1}{4}FRTR_{i,t} + \frac{1}{2}FRTR_{i,t-1} + \frac{1}{4}FRTR_{i,t-2}，于是 \sum_{n=0}^{s}\delta_n FRTR_{i,t-n} = \alpha Z_{FRTR}。$$

上述模型中的变量定义如表 1-2 所示。

表 1-2 变量定义

变 量 名 称	含义及计算方法
$ICP_{i,t}$	内部控制质量，取 i 公司第 t 年的迪博公司内部控制指数
$FRTR_{i,t-n}$	i 企业第 $t-n$ 年在海外实现的主营业务收入占主营业务总收入的比重，衡量国际化程度；n 取 0,1,2
$Size_{i,t}$	公司规模，i 公司第 t 年末总资产自然对数
$Top10_{i,t}$	股权集中度，i 公司第 t 年前十大股东持股比例
$Owner_{i,t}$	i 公司第 t 年实际控制人为国有取值为 1，否则为 0
$MAGSR_{i,t}$	高管人员持股比例，i 公司第 t 年管理层持股数量与总股数比
$IDB_{i,t}$	独立董事比例，i 公司第 t 年独立董事占董事会人数的比重
$Age_{i,t}$	公司年龄，i 公司第 t 年的年龄=(第 t 年年末–公司成立日期)/365
$Year_{i,t}$	年份控制变量
$Ind_{i,t}$	行业控制变量，按照证监会 2012 年行业分类，对制造业进行小行业细分

3）样本的描述性统计（见表 1-3）和回归结果（见表 1-4）

表 1-3 样本描述性统计

变 量 名	样 本 量	均 值	中 位 数	标 准 差
ICP	5067	666.0	685.6	124.0
FRTR	5067	23.27	14.51	23.56
Size	5067	21.81	21.61	1.139
Top10	5067	57.59	58.64	15.05
Owner	5067	0.395	0	0.489
MAGSR	5067	6.089	0.007	13.15
IDB	5067	0.369	0.333	0.0510
Age	5067	13.25	13	4.928

表 1-4 回归结果

变量	Z_{FRTR}	$Size_{i,t}$	$Top10_{i,t}$	$Owner_{i,t}$	$MAGSR_{i,t}$	$IDB_{i,t}$	$Age_{i,t}$	Year	Ind	cons	F	r2_adj
$ICP_{i,t}$	−0.257***	37.538***	1.176***	−18.687***	0.522***	25.206	−0.981**	控制	控制	−198.242***	17.841	0.151
	(−3.20)	(−19.42)	(−9.21)	(−4.43)	(−4.91)	(−0.78)	(−2.49)			(−4.31)		

注：*、**、*** 分别表示在 10%、5%、1% 水平上显著。

---

① LR、FPE、AIC、SC 和 HQ 五种方法分别指顺序修正 LR 检验、最终预报误差、赤池信息准则、许瓦兹信息准则和 Hannan-Quinn 信息准则。

(2)利用社会网络技术构建僵尸企业与银行风险传染关系网络模型[1]

我们以 2010 年 1 月 1 日至 2017 年 12 月 31 日为研究期间,以剔除金融类和 ST 类公司后我国僵尸企业和银行的贷款数据为研究数据,可以利用社会网络技术(SNA)的中心性分析工具构建僵尸企业与银行关系网络。表 1-5 为中心性指标计算方法。

表 1-5　中心性指标计算方法

指　标	表　达　式	含　义
度数中心度	$C_{AD}(i)$	与该点直接相连的点数,表示节点的影响力
中介中心度	$C_{ABi} = \sum_{j}^{n}\sum_{k}^{n} \dfrac{g_{jk}(i)}{g_{jk}}, j \neq k \neq i 且 j < k$	g_{jk} 表示点 j 和 k 之间存在的短程线条数, $g_{jk}(i)$ 表示点 j 和 k 之间存在的经过点 i 的短程线条数, $\dfrac{g_{jk}(i)}{g_{jk}}$ 表示点 i 处于点 j 和 k 之间短程线上的概率
接近中心度	$C_{APi}^{-1} = \sum_{j=1}^{n} d_{ij}$	加和项表示点 i 与点 j 之间的捷径距离,表示该点与所有其他点的捷径距离之和

表 1-6 所示为二者中心性分析结果。左表给出的是僵尸企业中心性数据(截取排名前 5 和后 5 的企业)。僵尸企业的度数中心度绝对值表示一个僵尸企业发生资金借贷的银行个数,标准化处理可以得到相对值表示。比如度数中心度最高者为怡亚通,其向 51 家银行借过款,度数中心度值为 0.724。接近中心度测度一个节点与其他节点的所有直接联系和间接影响。接近中心度值越小,表示该节点越处于核心位置,越不受其他节点影响。中介中心度衡量一个节点对其他节点的控制能力。从数据看,怡亚通的接近中心度和中介中心度也最高,分别为 0.876 和 0.179,而中国重工的度数中心度、接近中心度和中介中心度均最低。说明怡亚通处于贷款关系网络事件的核心,从中心度指标的含义看,当该企业发生风险时,可能产生的风险溢出效应最大,而中国重工的风险溢出效应最小。根据度数中心度排名,排在前 5 的还包括漳泽电力、中远海发、诺德股份和华发股份,它们的风险溢出影响的银行面相对较大,而建投能源、首钢股份、华昌化工、振华重工和中国重工位于风险溢出网络的边缘,发生风险直接影响的银行范围较小。

表 1-6　贷款数据的中心性分析结果

代码	企业	度数中心度	接近中心度	中介中心度	代码	银行	度数中心度	接近中心度	中介中心度
002183	怡亚通	0.724	0.876	0.179	BOC	中国银行	0.624	0.751	0.135
000767	漳泽电力	0.345	0.748	0.028	CCB	建设银行	0.494	0.689	0.093
601866	中远海发	0.31	0.715	0.028	ICBC	工商银行	0.494	0.693	0.087
600110	诺德股份	0.293	0.729	0.033	ABC	农业银行	0.459	0.679	0.076
600325	华发股份	0.293	0.711	0.02	CMB	招商银行	0.424	0.666	0.062
000600	建投能源	0.017	0.471	0	CIB	兴业银行	0.376	0.644	0.052
000959	首钢股份	0.017	0.526	0	BCM	交通银行	0.365	0.648	0.05
002274	华昌化工	0.017	0.514	0	CEB	光大银行	0.353	0.636	0.055
600320	振华重工	0.017	0.471	0	CNCB	中信银行	0.329	0.628	0.044
601989	中国重工	0.017	0.471	0	CMBC	民生银行	0.318	0.62	0.051

---

[1] 王海林,高颖超. 僵尸企业对银行的风险溢出效应研究——基于 CoVaR 模型和社会网络方法的分析. 会计研究,2019(4):11-17.

　　右表是 10 家银行的中心性数据（截取排名前 5 和后 5 的银行）。从数据看，中国银行度数中心度 0.624 为最高，根据贷款矩阵数据可知全部银行中中国银行发放贷款的僵尸企业数量最多为 53 家，其接近中心度和中介中心度分别为 0.751 和 0.135，也最高，说明它在风险溢出网络中处于核心地位，受到僵尸企业风险影响的可能性也越大。从数据看大型国有银行、股份制商业银行是僵尸企业贷款的主要来源。因此对于银行来说，需要谨慎防范僵尸企业的风险转移，尤其是对处于借贷网络中心的僵尸企业，更要加强负债约束，做好风险预警和防控预案。

　　(3)利用 BP 神经网络构建模型识别企业内部控制缺陷[①]

　　1)BP 神经网络的工作机理

　　人工神经网络（Artificial Neural Network，ANN）是由大量简单处理单元按不同方式互相连接构成的并行分布式信息处理系统[②]，这些处理单元也被称为神经元、神经节点。它模仿人脑神经系统，通过对预先提供的一批相互对应的输入输出信号进行学习分析，挖掘出两者之间潜在规律，然后根据这些规律，完成对新输入信号推算出输出结果的处理。其中学习分析挖掘规律的过程也称为模型训练。

　　BP 神经网络（Back Propagation network）是一种由输入层、隐含层和输出层三部分构成的典型多层前馈神经网络模型，它由信息正向传播和误差反向传播两个过程组成，模型如图 1-4 所示。

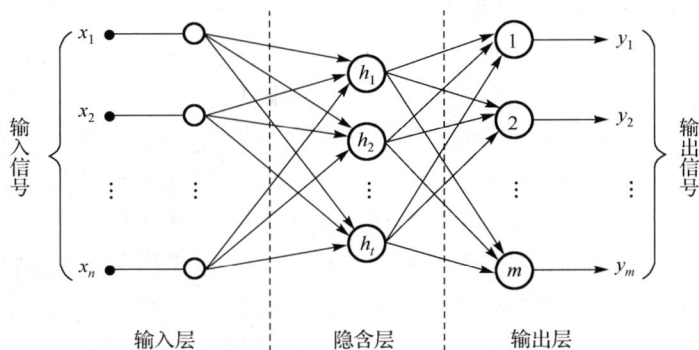

图 1-4　BP 神经元网络模型

　　图中，隐含层神经元输出信号 h_j 的计算公式是：$h_j = f\left(\sum_{i=1}^{n} w_{ji} x_i + a_j\right), j = 1, 2, \cdots, l$，$f(\cdot)$ 为激活函数，w_{ji} 为输入信号 x_i 和隐含层神经元 j 之间的连接权值，a_j 为隐含层神经元 j 的偏置值，n 为输入信号数量，l 为隐含层神经元个数。

　　输出层神经元输出信号 y_k 的计算公式是：$y_k = g\left(\sum_{j=1}^{l} v_{kj} h_j + b_k\right)$，$k = 1, 2, \cdots, m$，$g(\cdot)$ 为激活函数，v_{kj} 为隐含层输出信号 h_j 和输出层神经元 k 之间的连接权值，b_k 为输出层神经元 k 的偏置值，m 为输出层神经元个数。

① 王海林. 企业内部控制缺陷识别与诊断研究——基于神经网络的模型构建. 会计研究，2017(8)：74-80.
② Simon Haykin. 神经网络和机器学习(原书第 3 版). 申富饶等译，北京：机械工业出版社，2011 年 3 月第 1 版 P1.

BP 神经网络模拟人脑思维模式的工作机理是：隐含层神经元接收到一个样本的全部输入信号后进行加权累加，再由激励函数进行处理形成隐含层神经元的输出信号，该输出信号被输出层神经元接收后进行加权累加并由激励函数进行处理形成输出层神经元的输出信号；系统将该输出信号与实际期望输出进行比较，如果存在差异，则利用设定的误差学习算法返回去依次修改输出层与隐含层、隐含层与输入层神经元之间的连接权重以及各神经元的偏置值，完成一个样本的学习训练。依次输入全部训练样本的输入信号，系统就会在前一个样本学习训练基础上不断修正相关权重和偏置值。如果此时模型的识别准确度达到了目标误差率的要求，则完成了模型训练，否则，系统开始下一轮训练。如果经过多轮训练，模型识别准确度始终无法满足目标误差率的要求，系统将在训练次数达到设定的次数后停止，此时需要进一步检查分析样本数据的合理性，或者调整隐含层层数、各层神经元数量、学习速率等模型参数，修改模型。

2）建立 BP 内部控制缺陷识别模型的主要内容

BP 内部控制缺陷识别模型的构建包括四项主要内容：①确定内部控制监测指标和识别指标体系；②确定企业内部控制缺陷分类等级及等级标准；③采集样本企业的监测指标和识别指标数据；④将样本企业的识别指标数据作为神经网络输入信号，样本企业内部控制缺陷等级类型实际结果作为输出信号，利用训练样本对模型进行学习训练，确定模型中各层神经元之间的连接权值，生成稳定的 BP 内控缺陷识别模型。

本实例设计的企业内部控制监测和识别指标体系以内部控制五要素为大类，含 19 个小类、61 个识别指标，下设监测指标 310 个；基于我国企业内部控制规范体系的要求，将内部控制缺陷程度分为重大缺陷、重要缺陷、一般缺陷(含无缺陷)三个等级；研究样本初选共 246 个，分三类：①2011 年至 2013 年披露存在内部控制重大缺陷、内部控制评价无效和审计给出否定意见的全部公司，共 31 家；②2011 年至 2013 年披露存在内部控制重要缺陷的全部公司，共 54 家；③除去前两类公司后 2011 年至 2013 年存在一般缺陷和无缺陷的上市公司 161 家。为了避免由于某类样本过多导致出现较多偏差的情况发生，以重大缺陷样本数量为基准，对初选样本中存在重要缺陷和一般缺陷的样本进行了二次筛选，各随机选取 31 个，最终获取的研究样本 93 个。模型学习训练中每次随机选取 62 个作为训练样本，剩余 31 个是模型的检验样本；监测指标数据采用人工打分的方法采集，识别指标数据由其下辖的监测指标数据直接加总获得，缺陷等级数据依据内部控制自我评价报告中企业自我认定结果和内部控制审计报告中的审计意见综合给出。研究中采用最大最小法对数据进行了归一化处理，训练模型时将作为输入信号的识别指标数据归一到 0_i 之间，利用模型进行缺陷等级识别时又将模型计算出的输出信号执行归一化逆操作，转换为实际内部控制缺陷等级。

3）构建 BP 内控缺陷识别模型

基于 BP 神经网络构建的内控缺陷识别模型如图 1-5 所示。其中，隐含层设置为两层且第 1 层设 9 个神经元，第 2 层设 5 个神经元；隐含层神经元激活函数采用 sigmoid 函数 $f(x)=1/(1+e^{\wedge}(-x))$；输出层神经元激活函数采用线性函数 $g(x)=x$。

4）采用 BP 内控缺陷识别模型分析结果

利用 MATLAB 进行了 BP 内控缺陷识别模型识别分析。图 1-6 所示是利用该模型识别出的内部控制缺陷等级、实际缺陷等级及识别准确率数据截图。可以看出模型的总体识别准确率可以达到96.77%，其中重要缺陷和一般缺陷的识别率达到了最高的100%，重大缺陷识别率达到了83.33%。

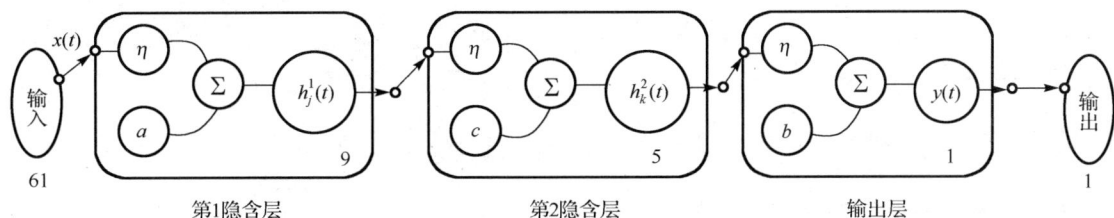

图 1-5　BP缺陷识别模型

图 1-6　识别的缺陷等级、实际的缺陷等级及识别准确率数据

4．结果可视化

数据挖掘分析结果表达是帮助理解和应用分析结果的重要一步。数据可视化技术是大数据应用的重点之一。数据分析结果的可视化旨在借助图形化手段，清晰有效地传达与沟通信息，帮助使用者更好地洞察和理解复杂的数据集。数据可视化工具很多，可视化方式也可以根据不同数据和分析目的有不同选择。

（1）回归分析结果中样本的可视化

可以利用 Excel 对前述第 1 个国际化与内部控制质量回归分析中描述性统计样本数据进行可视化表示，比如，图 1-7 所示为其中国际化程度变量全部数据的可视化表示结果。从此图中，我们可以更直观地洞察在 2000—2015 年的十五年间，我国不同行业制造业企业国际化程度的变化情况。

（2）僵尸企业与银行风险传染关系网络数据的可视化

为了更加直观地分析僵尸企业和银行之间的关系网络情况，可以利用 NetDraw 将上述数据矩阵转换为僵尸企业与银行关系网络图，如图 1-8 所示。图中圆圈的直径和菱形大小分别取银行和僵尸企业的度数中心度指标值。圆圈越大意味着其所代表的银行与越多的僵尸企业存在资金借贷关系，受僵尸企业风险溢出影响的可能性越高；菱形越大说明其所代表的僵尸企业从越多的银行取得了贷款支持，其风险溢出的银行范围越广。

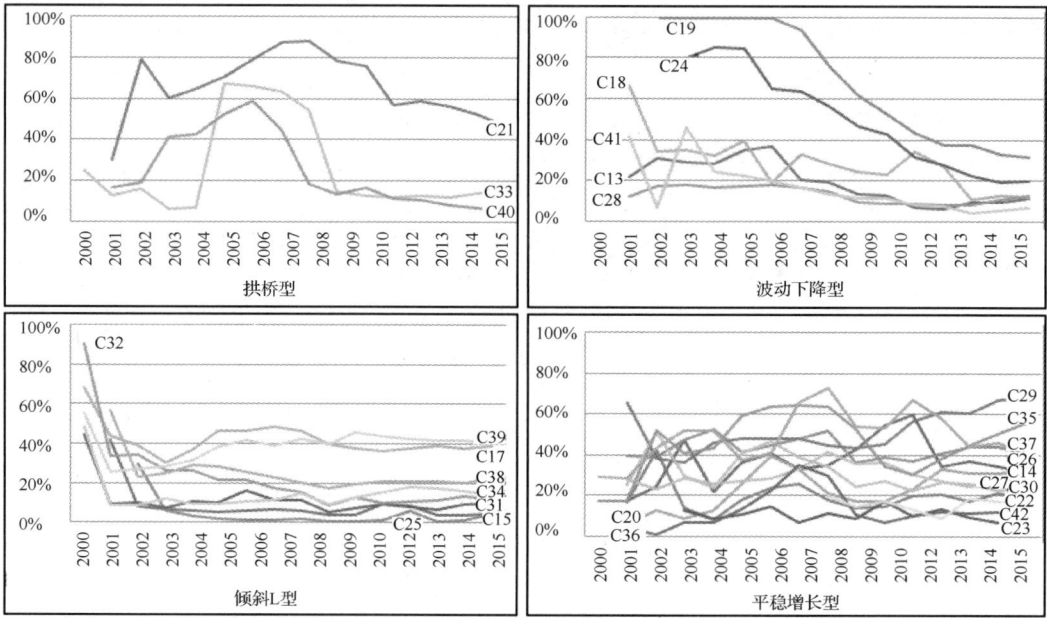

C13-农副食品加工
C14-食品制造
C15-酒/饮料和精制茶
C17-纺织业
C18-纺织服装、服饰
C19-皮革/毛皮/羽毛及制品/制鞋
C20-木材加工和木竹藤棕草制品
C21-家具制造

C22-造纸和纸制品
C23-印刷和记录媒介复制
C24-交教、工美、体育和娱乐用品制造
C25-石油加工/炼焦和核燃料加工
C26-化学原料和化学制品制造
C27-医药制造
C28-化学纤维制造

C29-橡胶和塑料制品
C30-非金属矿物制品
C31-黑色金属冶炼和压延加工
C32-有色金属冶炼和压延加工
C33-金属制品
C34-通用设备制造
C35-专用设备制造

C36-汽车制造
C37-铁路/船舶/航空航天/其他运输设备制造
C38-电气机械和器材制造
C39-计算机/通信和其他电子设备制造
C40-仪器仪表制造
C41-其他制造
C42-废弃资源综合利用

图 1-7 国际化程度变量全部数据的可视化表示

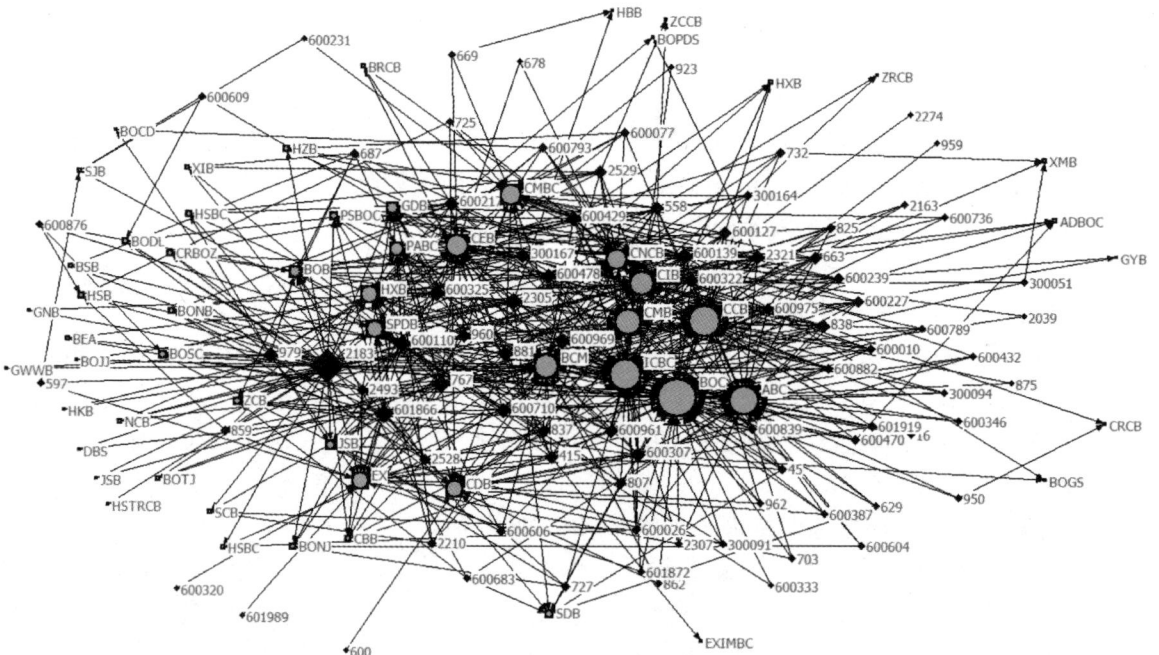

图 1-8 僵尸企业与银行风险传染关系网络

（3）BP 内控缺陷识别模型结果的可视化

利用 MATLAB 可以对前述缺陷识别模型结果中 31 个检验样本缺陷识别等级和其实际缺陷等级的对照及其识别偏差值用图形表示出来。如图 1-9 和图 1-10 所示。图 1-9 和图 1-10 更直观地展示了图 1-6 的 BP 内控缺陷识别模型分析结果。从图中可以看出，9 号样本出现识别偏差，模型将此企业的重大缺陷判定为重要缺陷，其余 30 个样本均识别准确。

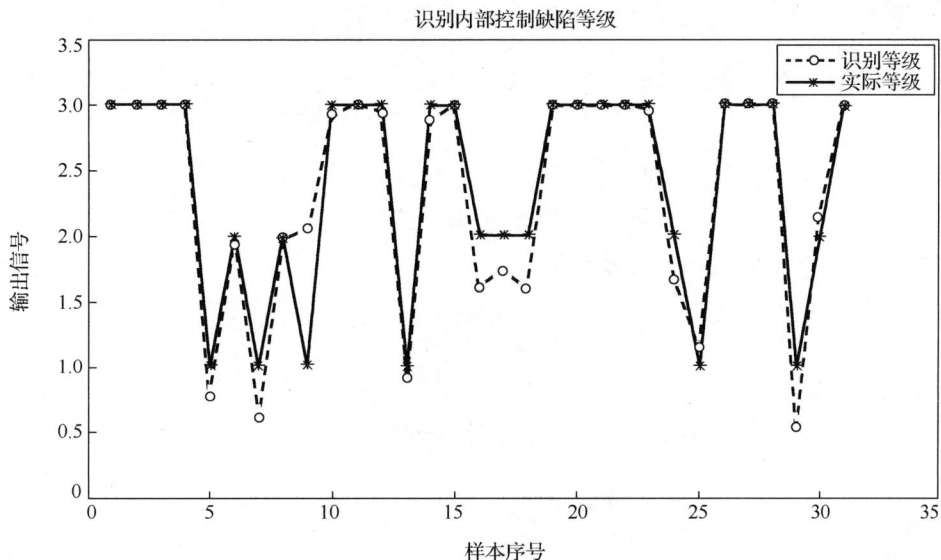

图 1-9　识别缺陷等级和实际缺陷等级对照

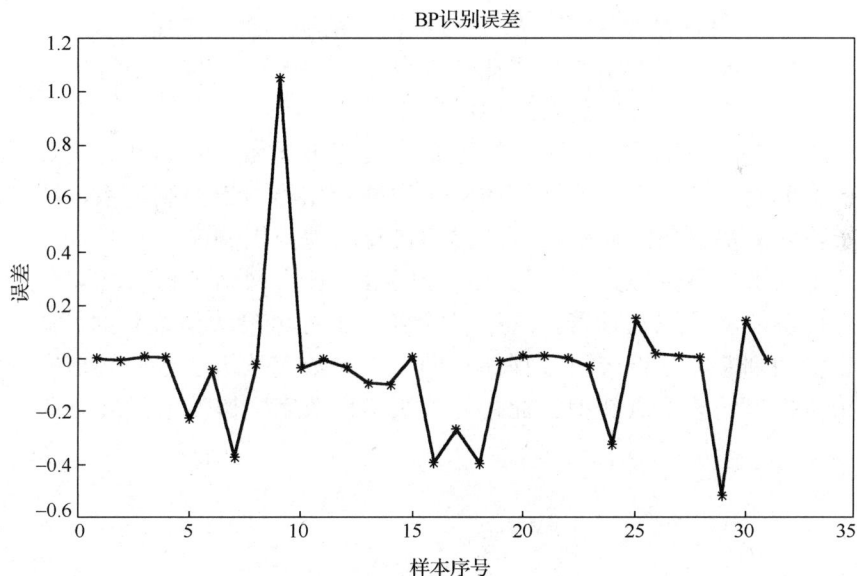

图 1-10　识别缺陷等级和实际缺陷等级之间的误差

大数据挖掘分析必须借助一定的信息技术平台和工具实现，挖掘的过程也是数据挖掘人员与平台的交互过程。目前有大量工具可以帮助实现挖掘分析，比如 MATLAB、Rapid-

Miner、Python、R、SPSS、SAS Sentiment Analysis 等。常用平台和工具的介绍详见第 2 章。

财务决策分析中，企业可以根据需要选择适合的挖掘分析平台和工具。本书结合利用通用化工具 Power BI 和 Excel 建立财务决策模型、解决财务决策和管理问题，同时还基于案例重点讲解了如何利用浪潮大数据平台实现辅助财务决策和处理。具体内容详见本书其他相关章节。

思考题

1．什么是数据和信息？信息有哪些特征？
2．简单描述一下关系型数据库的数据存储方式。
3．什么是数据仓库？其具有哪些特征？
4．大数据的特征有哪些？
5．什么是商务智能（Business Intelligence，BI）？
6．试简述大数据分析中数据准备的内容。
7．比较回归分析、BP 神经网络进行建模分析时，方法有什么不同？

思政提要

企业内部控制缺陷的识别既是企业内部控制评价的重要内容，是检验企业内部控制体系是否有效的重要因素，也是推动企业不断完善风险管理的基础。

"僵尸"企业与银行风险传染关系的识别及仿真是动态把握"僵尸"企业风险溢出范围和影响程度的重要方面，有助于厘清"僵尸"企业处置方向、掌握银行风险来源、完善银行业风险治理体系、防范系统性金融风险的发生。

企业国际化对内部控制的影响可以提示企业实施国际化战略的同时，要重视自身内部控制的建设，实时调整和建设能够适应国际化程度变化的内部控制体系，通过积极改善内部控制及时消除和解决暴露的问题，不断提高自身的内部控制能力。

本章以三个例子概要性地介绍了借助神经网络、社会网络分析、回归分析等技术工具实现企业内部控制缺陷的识别预警、"僵尸"企业与银行风险传染关系的刻画、国际化对企业内部控制影响的判断的数据分析过程。有助于推动数字技术在企业管理中的应用，符合党的二十大报告提出的"推进新型工业化，加快建设数字中国"的发展方向。

第 2 章

大数据财务决策的实现平台与工具

本章内容提要

本章重点讲解数据处理的常用工具 Excel 的数据采集、函数和宏的应用，Python 的安装运行、数据采集和处理的方法，商务智能工具 Power BI 的基本使用方法和步骤，以及浪潮大数据平台。此外还介绍了财务决策中常用的大数据平台和工具，包括 MATLAB、RapidMiner、SPSS、Smartbi、SAS Sentiment Analysis 和 R 语言。

2.1　数据处理工具——Excel

Excel 是一个具有强大数据处理、数据管理、数据分析和数据共享功能的应用软件。它除了具有很强的制表功能、界面友好、直观方便等特点，还提供了丰富的函数、卓越的图表功能、数据分析工具、辅助决策工具和通过 Web 实现协作和信息共享等功能。利用 Excel 工具可以完成理财工作中的业务处理、各种业务报表的编制、输出和分析及辅助决策等工作，是财务管理工作中常用的工具。Excel 也可以作为大数据技术应用中数据处理的工具。

Excel 辅助财务决策的应用主要有两种方式——数据表方式和图表方式。数据表方式主要以表格的形式，通过设计数据模型、采集数据、对模型求解形成数据报告、分析评价等过程完成业务处理；图表方式是以图形、图表形式把数据表示出来的方法。两种方式相互结合就可以在完成数据处理、分析的同时，以直观、清晰的形式把处理的结果表示出来。本教材主要利用 Excel 进行数据处理和建立决策模型，因此本部分主要讲解与数据处理相关的基本内容。

2.1.1　采集数据

Excel 中用于财务处理的业务数据在使用前都必须采集到某个 Excel 工作表中。因此 Excel 中处理的数据主要有两种采集渠道：一种是直接输入，另一种是从数据库、其他工作表等获取。其中从数据库、其他工作表、其他单元格获取数据的方法不在此介绍。数据的直接输入也分为两种方法：直接往表中输入数据和通过公式(包括函数)生成数据。本部分只介绍直接往工作表中输入数据的方法。

1．输入数据

Excel 中任何类型数据的输入都可以先按常规形式输入，然后再指定其格式，使其成为日期、时间、货币或百分比等不同类型；也可以先定义数据所在单元格的格式，再输入数据。比如，输入货币数据时，可以在数值前输入货币符号，例如"￥"和"$"，Excel 自动为货币添加千分号。也可以按常规形式输入货币数据，然后选定相应的单元格，再设置单元格的格式为"货币"格式。

设置一个单元格的格式为"货币"格式的操作步骤如下：

① 选中要输入货币数据的单元格或单元格区域。例如：B4:D8。

② 单击"开始"选项卡中的"数字"功能组右下角的扩展按钮，打开"设置单元格格式"对话框中的"数字"选项卡，如图 2-1 所示。在"分类"列表框中选择"货币"，指定"小数位数"为 2，选择"货币符号"为"￥"，并选定"负数"的样式。

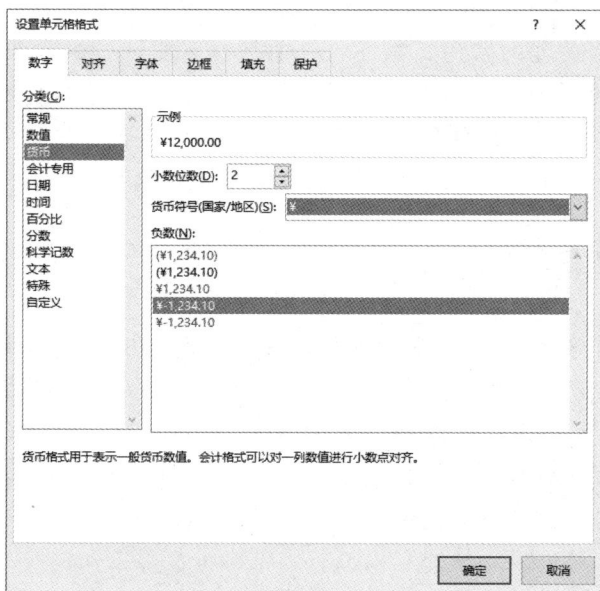

图 2-1　设置单元格为"货币"格式

③ 单击"确定"按钮，完成单元格区域的"货币"格式的设置，单元格中的数字以货币格式显示。

由于"货币"格式的货币符号直接放在数字前面，小数点也不对齐，不便于查看或比较。我们可以使用一种特殊的"货币"格式，即"会计专用"的货币格式解决这个问题。"会计专用"格式可使货币符号和小数点对齐，从而方便用户对数据的使用。"会计专用"格式的设置方法与"货币"格式的设置方法类似。设置单元格区域为"会计专用"格式后的数据显示效果如图 2-2 所示。

2．简单数据的自动填充

对于有一定规律性的数据，比如一列或一行连续的单元格要填入相同的数据，又比如从 1 到 10 的自然数序列，可以使用简单的自动填充功能。填充自然数序列的操作步骤如下：

① 选中需要填充序列的第一个单元格，如 B11，输入序列的第一个数据，如 1。

図 2-2 "会计专用"货币格式显示效果

② 选中需要填充序列的第二个单元格，如 B12，输入序列的第二个数据，如 2。

③ 选中 B11:B12 区域，将鼠标指针移到该区域的右下角的填充柄，按住该填充柄向下拉到 B20 的位置，即在 B11:B20 区域中填充 1 到 10 的自然数序列。

要在单元格区域中填充相同的数据，输入第一个单元格的数据，选中该单元格，拉动填充柄到整个单元格区域即可。该方法适用于各种类型的数据。当然使用自动填充相同数据时，包含要填充内容的单元格一定要位于区域的顶行、底行、最左边或最右边。

3. 复杂数据的自动填充

对于一些复杂的序列需要利用 Excel 提供的填充序列命令来自动填充。比如，填充从 2021 年 9 月 1 日开始的 12 个工作日的日期，其操作步骤如下：

① 选定第一个单元格，例如 B11，输入第一个数据，例如日期 2021-9-1。

② 选定要填充的单元格区域，例如 B11:B22。

③ 单击"开始"选项卡，单击"编辑"功能组中"填充"按钮右侧的小箭头，并从显示的列表中选择"序列"命令，弹出"序列"对话框，如图 2-3 所示。

④ 在"序列"对话框中，选择"序列产生在"下的"列"，选择"类型"下的"日期"，"日期单位"选"工作日"，"步长值"为 1。

⑤ 单击"确定"按钮，即可在 B11:B22 区域中自动填充 12 个工作日的序列。例如 2021-9-4、2021-9-5、2021-9-11 和 2021-9-12 分别是周六和周日，不是工作日，因此不会出现在序列中。

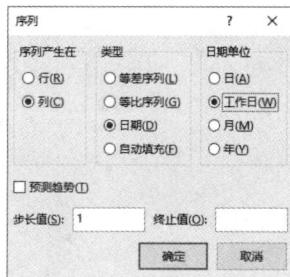

图 2-3 "序列"对话框

4. 自定义序列的自动填充

在实际工作中，有时需要一些特殊的序列，比如，星期几的序列，月份的序列和季度的序列等，这些序列并不按数字大小排列，也不按字符的 ASCII 排列，这时就可以利用 Excel 的自定义序列功能来实现自动填充。这些序列需要事先定义好，然后再使用。比如，要定义一个公司各部门名称的序列，其方法如下：

① 单击"文件"选项卡，选择"选项"命令，打开"Excel 选项"对话框，如图 2-4 所示。

② 单击该对话框左侧的"高级"选项，按住对话框右侧的滑块往下拉，直到出现常规的选项，单击"编辑自定义列表"按钮，打开如图 2-5 所示的"自定义序列"对话框。

③ 在"自定义序列"列表框中选择"新序列"，在"输入序列"框中输入自定义序列，如图 2-5 所示，每输入完一项，按 Enter 键。

图 2-4 "Excel 选项"对话框

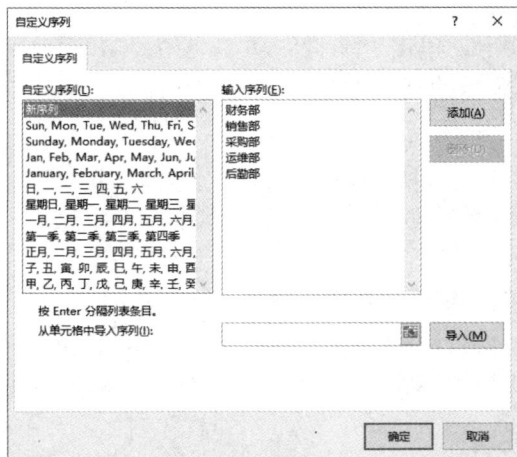

图 2-5 自定义序列

④ 当所有序列项都输入完后，单击"添加"按钮，刚输入的序列出现在左侧的"自定义序列"列表框中，再单击"确定"按钮。

这样，就将输入的特殊序列添加到 Excel 的自定义序列中了。如果自定义的序列数据已在工作表中，那么再自定义序列时不必重新输入，只需将相应的单元格区域的内容导入到自定义序列中即可。

此外，在"Excel 选项"对话框中还可以使用"常规""公式""校对""保存""语言""高级"选项卡里的多种设置，这些设置都会影响工作表数据的输入。

5．用下拉列表快速输入数据

如果某些单元格区域中要输入的数据就是一些枚举类型的项，例如企业的几个部门，财务部、销售部、采购部、运维部、后勤部等，在工作表的部门列里只能输入这些部门名，而这些部门名不按顺序出现，这时我们就可以设置下拉列表实现选择输入。其操作步骤为：

① 在工作表的某个单元格区域（如 A4:A8）里的每个单元格里输入一个部门名，例如"财务部""销售部""采购部""运维部""后勤部"。

选取需要设置下拉列表的单元格区域，例如 B1:B20。

② 打开"数据"选项卡，单击"数据工具"功能组中"数据验证"右侧的下拉按钮，从显示的菜单中单击"数据验证"按钮，打开"数据验证"对话框，如图 2-6 所示。

③ 单击"设置"选项卡，在"允许"下拉列表中选择"序列"。

④ 在"来源"编辑框中输入数据来源区域，此例中为$A$4:$A$8。此操作也可通过单击"来源"编辑框右侧的按钮从工作表中选择区域$A$4:$A$8 来完成。

⑤ 单击"确定"按钮，完成下拉列表序列的设置。

在完成下拉列表序列的设置后，在单元格区域 B1:B20 中输入数据的时候，将鼠标选中其中的一个单元格，单击单元格右侧的下拉箭头就可从下拉列表序列中选择需要输入的数据，从而加快了输入速度。

6．编辑和审核修订数据

编辑数据是指对数据进行修改、移动、复制、插入（包括插入行、列或单元格）、删除或清除、查找替换数据等处理过程。

在启用跟踪修订信息的功能后，一个用户对工作簿中的数据进行修改或者不同的用户对同一工作表中的数据进行修改后，Excel 会对数据的编辑修改进行记录。启用跟踪修订信息的功能的方法如下：

① 打开"审阅"选项卡，再单击"更改"功能组中的"修订"按钮，从显示的菜单中选择"突出显示修订"命令，显示如图 2-7 所示的"突出显示修订"对话框。

图 2-6　"数据验证"对话框　　　　　图 2-7　"突出显示修订"对话框

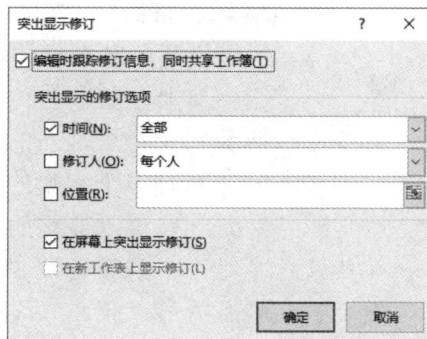

② 选中"编辑时跟踪修订信息，同时共享工作簿"选项，根据需要选择"突出显示的

修订选项",例如选择时间区间、修订人和位置等信息,同时选中"在屏幕上突出显示修订"选项。单击"确定"按钮。

说明:选中"编辑时跟踪修订信息,同时共享工作簿"选项后,工作簿将处于"共享"状态,其他人员也可能对此工作簿进行修改,"插入"选项卡里的功能按钮会失效。

完成上面的设置后,如果用户对工作表中的数据进行修改,修改后的单元格上将会突出显示,以区别未修改过的单元格。修订后的单元格默认突出显示是以蓝色的边框,且左上角有蓝色的三角形标识。

用户或者其他的审核人可以对这些数据的修改进行审核,以确定是否接受修订。

7. 向工作表中添加其他内容

为了使工作表内容更丰富、形象、生动,便于阅读者理解,从而满足不同使用者的不同需求,可以向工作表中添加图片、特殊文本、批注等内容,也可以对批注进行编辑、查看、删除等操作。

2.1.2 函数的应用

Excel 中函数的概念和数学中函数的概念类似,它是一些预定义的公式,这些公式使用一些称为参数的特定数值按特定的顺序或结构进行计算。在定义函数时,需要指定函数名,并且指定一些参数名(或变量)和参数之间的运算规则。给这些参数赋予一定的值并且按照确定的规则进行计算就可以得到一个值,这个值即函数的当前值。若参数变化,函数的当前值也会随之变化。

事实上,Excel 已经提供了大量已经定义好的基本运算函数、统计函数和财务函数,可以直接使用。例如,函数 SUM 可以对各参数(单元格、单元格区域或常数)的值进行汇总求和;函数 AVERAGE 可以对各参数(单元格、单元格区域或常数)的值求平均值;函数 FV 可以基于固定利率及等额分期付款方式,求某项投资的未来值。Excel 提供的函数能够满足大部分财务的需求。在一些有特殊需求的情况下,还可以针对具体的业务,自定义一些函数。

1. 函数的基本结构

Excel 函数一般由函数名称、参数和括号组成。

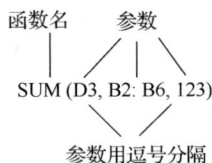

函数的基本结构:函数名称(参数1,参数2,…,参数n)

函数名 参数
SUM (D3, B2: B6, 123)
参数用逗号分隔

图 2-8 函数的构成

其中,函数名称指出函数的含义,它由一个字符串来表示。每个函数都有一个唯一的函数名称;函数名称后面是把参数括起来的圆括号,在有多个参数的情况下,参数之间需要用半角的逗号分隔开;参数是一些可以变化的量,参数的多少随函数定义来确定。如图 2-8 所示是一个求和函数 SUM()。在单元格中输入函数时,需要在函数名前输入等号"="。

2. 函数的使用

如果对要使用的函数非常熟悉,我们可以在单元格中直接输入函数公式,然后单击编辑栏中"="按钮,系统将根据你输入的函数公式自动进行计算,并把计算结果显示到该单元格中。除了直接输入函数公式外，可以使用 Excel 提供的"插入函数"的工具完成函数的输入和使用。下面我们以函数 COUNTIF() 为例说明利用"插入函数"工具使用函数的方法：

① 单击需要输入函数的单元格，如单元格 B11。

② 单击单元格编辑栏左侧的"插入函数"按钮 *fx*，显示如图 2-9 所示的"插入函数"对话框。根据要求选择函数类别为"统计"，选择要使用的函数名称 COUNTIF。如果事先不知道应该使用什么函数，可以按照我们要完成的业务和"插入函数"对话框下方给出的每一函数的简单说明进行选择。

③ 单击"确定"按钮，显示如图 2-10 所示的"函数参数"对话框，此时可以编辑函数的各参数。

图 2-9　插入函数

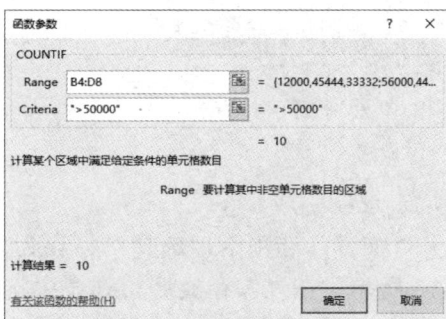

图 2-10　编辑参数

④ 在各参数编辑框中直接输入参数值。此例中，要统计第一季度各月份销售额超过50 000 元的次数。单击参数 Range 编辑框右侧的 按钮后，显示如图 2-11 所示的工作表，重新选择单元格区域 B4:D8，然后单击编辑框右侧的 按钮。返回上一个对话框，依次输入所有参数。如本例中另一参数 criteria 处直接输入参数"">50000""后，单击"确定"按钮即可完成函数的输入。

图 2-11　选取单元格区域作为参数

⑤ 系统计算后会把计算结果显示到单元格 B11 中。

2.1.3 宏的应用

宏是一系列可以重复执行的操作。在处理工作表的过程中，如果要重复执行一系列相同的操作，可以将这些操作过程编辑成宏，以后如果要执行这些操作，只需运行宏，从而大大简化了操作。

Excel 提供了录制宏的功能，为了优化宏的功能，还可以利用 Visual Basic 对录制的宏进行编辑。为了使宏更容易运行，可以将宏与快捷键、工具栏的按钮或菜单项建立关联。此外，为了更有效地利用宏，还可以在模块间、不同工作簿之间进行宏复制。

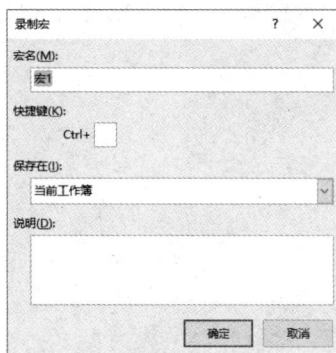

图 2-12 "录制宏"对话框

1．录制宏

录制宏的步骤如下：

① 打开"视图"选项卡，单击"宏"功能组中"宏"的下拉按钮，从显示的菜单中选择"录制宏"，弹出如图 2-12 所示的"录制宏"对话框。

② 在对话框的"宏名"处输入一个新的宏名，指定快捷键，选择宏保存的位置，单击"确定"按钮便开始录制宏。

③ 在工作表中执行一遍需要录制的操作。

④ 再打开"视图"选项卡，单击"宏"的下拉按钮，从显示的菜单中选择"停止录制"。

于是刚才的第③步在工作表上所做的操作被指定到一个宏中，宏录制完成。

打开"文件"选项卡，选择"另存为"命令，选择存储位置，出现"另存为"对话框，如图 2-13 所示。在"保存类型"列表中选择"Excel 启用宏的工作簿"，修改文件名，单击"确定"按钮，将以新文件名，以.xlsm 为扩展名保存工作簿。如果仍以.xlsx 为扩展名保存工作簿，则刚录制的宏将不能保存。

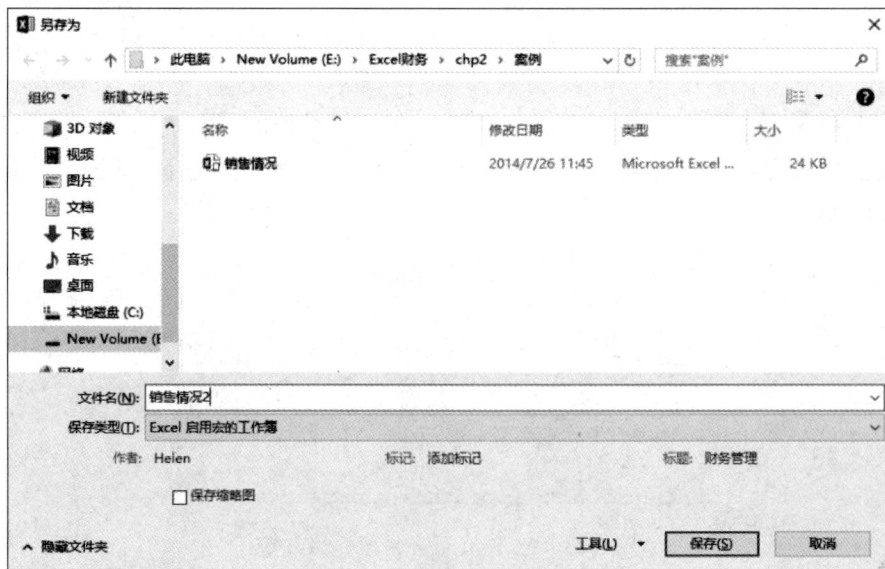

图 2-13 "另存为"对话框

2．运行宏

宏录制好后，每次运行保存好的宏就可以重复前面录制的操作。方法是：

打开上面同一个工作簿中的一个新工作表，比如 Sheet2，选中需要设置表头的单元格区域，比如 C2:F2。

打开"视图"选项卡，单击"宏"的下拉按钮，从显示的菜单中选择"查看宏"选项，在对话框中的"位置"下拉式列表框中选择"当前工作簿"，并在"宏名"列表框中选择要运行的宏，再单击"执行"按钮，就会完成所录制宏的操作。

因为已经定义了宏运行的快捷键，因此运行时直接按定义的快捷键也可以获得同样的效果。

3．编辑宏

宏其实就是一段 Visual Basic 程序，如果你已经掌握了 Visual Basic 程序，就可以查看或编辑宏程序，从而获得更精确的自定义的功能。编辑宏的操作如下：

在图 2-14 所示的对话框中，选择要编辑的宏，再单击"编辑"按钮，于是可以启动 Visual Basic 编辑器，并显示该宏的程序。

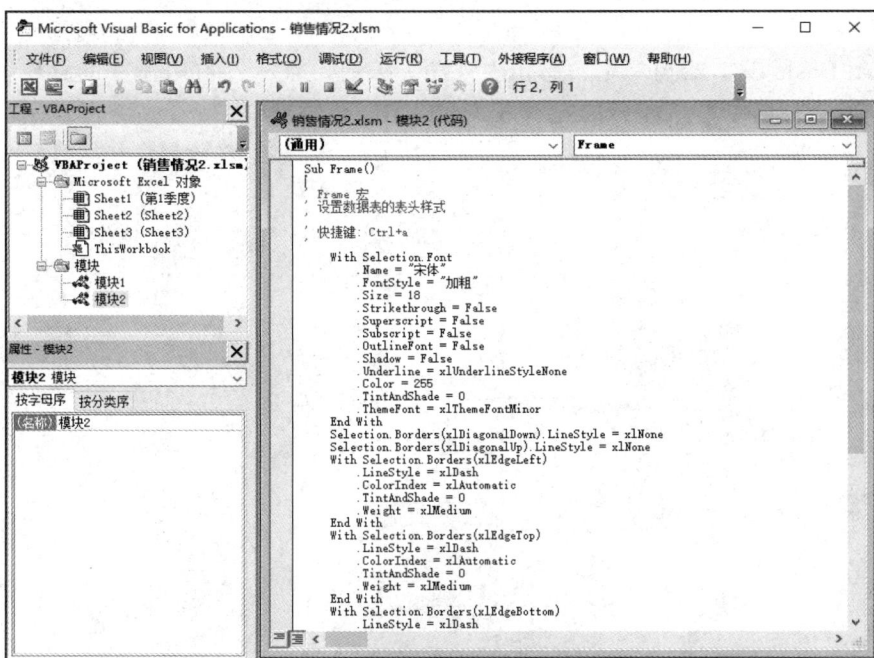

图 2-14　编辑宏

在 Visual Basic 窗口中可以依据 Visual Basic 语法规则对程序语句进行修改。编辑完成后，可以单击保存按钮，并关闭 Visual Basic 窗口。

4．VBA

要创建用户自己定义的特殊用途的函数，或者创建特殊的对象或对对象进行特殊操作，仅仅靠使用的宏无法完成。通过 Excel 提供的 Visual Basic for Applications(VBA)可以对宏进行优化，或者编制用户定义的过程和函数，满足用户特定的数据处理需求。

（1）VBA

Visual Basic 是 Microsoft 针对 Windows 应用，在 Basic 语言的基础上发展起来的可视的应用程序开发工具。所谓可视（Visual），是指一种利用图形用户界面（GUI）开发程序的方法。在可视的编程系统中已经定义了大量的对象，编程人员只需将这些对象放到一个界面上，指定对象的属性，并建立用户操作（事件）、对象、方法之间的关系，就可以完成应用程序的编制。Visual Basic 是独立的开发工具，是 Visual Studio 的组件之一，可以单独运行。

VBA 同样使用了 Visual Basic 的通用编程功能，具有 Visual Basic 可视编程的强大功能。同时，VBA 又针对应用提供有针对性的对象、属性和方法等。VBA 不能单独运行，需随应用软件提供给用户。

（2）使用 Visual Basic 编辑器

要在 Excel 中使用 VBA，需要借助 Visual Basic 编辑器（VBE），VBE 是 VBA 的开发环境，VBE 的功能包括"工程资源管理器"、"属性窗口"、"对象浏览器"、"代码窗口"和"监视窗口"等。这些窗口是开发 VBA 的主要环境。

在 Excel 窗口中，打开"开发工具"选项卡，单击"代码"功能组中的"Visual Basic"按钮，即启动了 Visual Basic 编辑器。通过前面介绍的编辑宏的方法也可以启动 Visual Basic 编辑器。

在 Visual Basic 编辑器窗口中，单击"视图"按钮，显示各窗口命令的菜单，如图 2-15 所示，单击其中的菜单项，便可以打开相应的 VBE 开发工具。

图 2-15　Visual Basic 编辑器窗口

单击"视图"菜单中的"工程资源管理器"命令，再单击"视图"菜单中的"属性窗口"，即弹出类似如图 2-16 所示的界面。可以看出，Excel 的工程资源包含一些系统内部的工程和用户定义的工程，一个用户定义的工程对应一个打开的工作表，例如图中的"销售情况 2.xlsm"对应一个用户定义的工程。"属性"窗口列出了 Sheet1 的各种属性。

在"工程资源管理器"窗口中，打开一个用户定义的工程，可以看到一个工程由 Microsoft Excel 对象、窗体、模块和类模块组成。其中，Excel 对象包含本工作簿和工作表；

窗体由用户创建,在一个应用中可以作为用户与应用程序交互的界面;模块也由用户创建,一个模块包含若干过程,双击其中的一个模块,例如模块 2,可以在"代码"窗口中看到用户录制的宏所对应的过程。

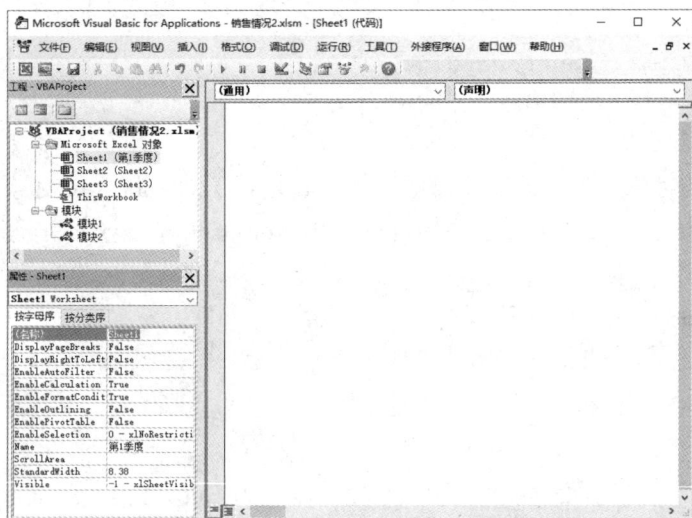

图 2-16　工程资源管理器

(3) 理解对象、属性、事件和方法

使用 VBA 之前需要理解什么是对象、属性、事件和方法。

① 对象代表应用程序中的元素,比如,工作表、单元格、图表、按钮、窗体等。只有在确定了对象之后,才能对它进行操作。通常将具有相同类型的对象集合起来,形成对象集合。

对象需要用名字来标识。下例中的过程使用 sheet1 来识别第一个工作表。

```
Sub Hidesheet1()
    sheet1.Visible = False
End Sub
```

如果一个对象在对象集合中,还可以用它在集合中的索引号来确定。例如,下面的过程中第一个工作表使用 Worksheets(1) 来识别。

```
Sub Hidesheet1()
    Worksheets(1).Visible = False
End Sub
```

② 属性是一个对象的属性。它定义了对象的特征,诸如大小、颜色、屏幕位置,或某一方面的行为,诸如对象是否有激活或可见等。修改对象的属性值可以改变对象的特征。

有些属性可以被用户设置属性值,有些属性值不能被用户设置。若要设置属性值,则在对象的引用后面加上一个复合句。它是由属性名加上等号(=)以及新的属性值所组成的。例如,下面的过程通过设置窗体中的 Caption 属性来更改窗体的标题。

```
Sub ChangeName(newTitle)
    myForm.Caption = newTitle
End Sub
```

③ 事件是一个对象可以辨认的动作，如单击鼠标或按下某键等。可以写代码针对这些动作做响应。事件的发生可以由用户的动作或程序代码的结果引起，也可以由系统引发。例如，下面的过程实现了"单击用户定义的命令按钮，将一个隐藏的工作表显示出来"的功能。

```
Private Sub CommandButton1_Click()
    Sheet1.Visible = True
End Sub
```

④ 方法指的是对象能执行的动作。例如，Add 是属于 ComboBox 对象的一个方法，它会增加一个新项到下拉式列表框中。下面的过程使用 Add 方法增加一个新项到 ComboBox 中。

```
Sub AddEntry(newEntry as String)
    Combo1.Add newEntry
End Sub
```

(4) 了解 VBA 命令结构

1) 定义过程

VBA 程序包含一系列的过程(程序)。过程可以分为 Sub 过程、Function 过程和 Property 过程。在财务处理中，常常用到 Sub 过程和 Function 过程。Property 过程较少使用。

Sub 过程是由 Sub 和 End Sub 语句所包含起来的一系列 Visual Basic 语句，用于实现特定的功能。可以为 Sub 过程定义参数变量，并在调用 Sub 过程时为这些参数变量指定值。但是 Sub 过程不能返回一个值。Sub 过程也可以没有参数。例如，下面的 Sub 过程是在屏幕上显示一个如图 2-17 所示的消息框。

图 2-17 消息框

```
Sub DemoBox()
    '声明一个字符串变量。
    Dim MyVar As String
    '给字符串变量赋值。
    MyVar = "John"
    '调用内部预定义函数 MsgBox，在对话框中显示消息。
    MsgBox Prompt:="Hello " & MyVar, Title:="Greeting Box",
Buttons:=vbExclamation
End Sub
```

Function 过程是由 Function 和 End Function 语句包含起来的一系列 Visual Basic 语句。Function 过程和 Sub 过程很类似，但函数会在过程的一个或多个语句中指定一个值给函数名称，从而返回一个值。

在下面的示例中，定义 Interest 函数，然后根据输入的贷款数量和年利率两个参数计算年利息。当 Main 过程调用 Interest 函数时，将贷款数量和贷款年利率两个参数变量传递给此函数。而计算的结果会返回到调用的过程，并且显示在一个消息框中。

```
Sub Main()
    Dim rate As Variant
    rate = Application.InputBox(Prompt:="请输入贷款年利率", Type:=1)
    money = Application.InputBox(Prompt:="请输入贷款数量", Type:=1)
    MsgBox "每年的年利息为 " & Interest(rate,money)
```

```
End Sub
Function Interest(rate,money)
    Interest = money * rate
End Function
```

运行该过程，则首先出现图 2-18 的对话框，提示输入第一个参数：贷款年利率，在此我们假定贷款年利率为 10%；输入后，单击"确定"按钮，则出现图 2-19 的对话框，提示输入第二个参数：贷款数量，在此我们假定贷款数量为 10 000；输入后，单击"确定"按钮，则出现图 2-20 所示的消息框，即每年的年利息为 1 000。

图 2-18　输入第一个参数：贷款年利率　　图 2-19　输入第二个参数：贷款数量

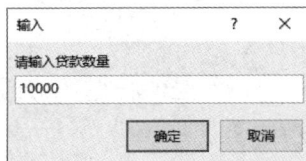

2）声明语句

可以使用声明语句去命名和定义过程、变量、数组以及常数。当声明一个过程、变量或常数时，也同时定义了它的范围，而此范围是取决于声明位置以及用什么关键字来声明它。

图 2-20　计算结果

```
Sub ApplyFormat()
    '声明常数 number 为 10。在常数声明完之后，将不能更改或赋新值。
    Const number As Integer = 10
    '声明变量，数据类型是 Range。
    Dim myCell As Range
End Sub
```

3）赋值语句

赋值语句可以给一个变量指定一个值或表达式，也可以给变量指定一个对象。

```
Sub ApplyFormat()
    Dim myCell As Range
    'Set 语句可被用来指定一个对象给已声明成对象的变量。
    Set myCell = Worksheets("Sheet1").Range("A1")
    '给逻辑变量赋值。
    myCell.Font.Bold = True
    myCell.Font.Italic = True
End Sub
```

4）With 语句

在一段程序中，如果多个变量具有相同的限定，可以使用 With 语句节省输入的字符，并避免错误。例如在上一个例子中给单元格的字体赋值的语句可以改写为：

```
Sub ApplyFormat()
    Dim myCell As Range
```

```
'Set 语句可被用来指定一个对象给已声明成对象的变量。
Set myCell = Worksheets("Sheet1").Range("A1")
'使用 With 语句。
With myCell.Font
    '给逻辑变量赋值。
    myCell.Font.Bold = True
    myCell.Font.Italic = True
'使用 End With 语句结束。
End With
End Sub
```

5）使用 Do...Loop 语句

Do...Loop 语句是一种循环结构语句，根据所带的条件语句的不同可以有下面几种结构：

① 先判断条件，条件为 **True** 时就重复，其结构为：

```
Do While 条件
    语句
    ...
Loop
```

下面的例子即利用了该结构：

```
Sub ChkFirstWhile()
    counter = 0
    myNum = 20
    Do While myNum > 10
        myNum = myNum - 1
        counter = counter + 1
    Loop
    MsgBox "The loop made " & counter & " repetitions."
End Sub
```

② 先执行一次，再判断条件，条件为 **True** 时就重复，其结构为：

```
Do
    语句
    ...
Loop While 条件
```

下面的例子即利用了该结构：

```
Sub ChkLastWhile()
    counter = 0
    myNum = 9
    Do
        myNum = myNum - 1
        counter = counter + 1
    Loop While myNum > 10
    MsgBox "The loop made " & counter & " repetitions."
End Sub
```

③ 先判断条件，如条件为 False 就重复，直到条件变成 True 时才停止重复。其结构为：

```
Do Until 条件
    语句
    …
Loop
```

下面的例子即利用了该结构：

```
Sub ChkFirstUntil()
    counter = 0
    myNum = 20
    Do Until myNum = 10
        myNum = myNum - 1
        counter = counter + 1
    Loop
    MsgBox "The loop made " & counter & " repetitions."
End Sub
```

④ 先执行一次，再判断条件，如条件为 False 就重复，直到条件变成 True 时才停止。其结构为：

```
Do
    语句
    …
Loop Until 条件
```

下面的例子即利用了该结构：

```
Sub ChkLastUntil()
    counter = 0
    myNum = 1
    Do
        myNum = myNum + 1
        counter = counter + 1
    Loop Until myNum = 10
    MsgBox "The loop made " & counter & " repetitions."
End Sub
```

6）使用 If...Then...Else 语句

If...Then...Else 语句是一种条件结构语句，根据条件产生分支，从而执行一些语句而跳过另一些语句。

根据实际需要可以从下面几种结构中选择需要的结构：

① 如果条件为 True 则运行语句。

```
Sub FixDate()
    myDate = #2/13/95#
    If myDate < Now Then myDate = Now
End Sub
```

② 如果条件为 True，则运行某些语句；如果条件为 False，则运行其他的语句。

```
Sub AlertUser(value as Long)
    If value = 0 Then
        AlertLabel.ForeColor = vbRed
        AlertLabel.Font.Bold = True
        AlertLabel.Font.Italic = True
    Else
        AlertLabel.Forecolor = vbBlack
        AlertLabel.Font.Bold = False
        AlertLabel.Font.Italic = False
    End If
End Sub
```

③ 如果第 1 个条件为 False，则测试第 2 个条件，如果第 2 个条件也为 False，则测试第 3 个条件，以此类推。

```
Function Bonus(performance, salary)
    If performance = 1 Then
        Bonus = salary * 0.1
    ElseIf performance = 2 Then
        Bonus = salary * 0.09
    ElseIf performance = 3 Then
        Bonus = salary * 0.07
    Else
        Bonus = 0
    End If
End Function
```

7）使用 Select Case 语句

当一个表达式与几个不同的值相比较时，可以使用 Select Case 语句。Select Case 语句从多个条件中选择第一个符合条件的情况执行。其结构为：

```
Function Bonus(performance, salary)
    Select Case performance
        Case 1
            Bonus = salary * 0.1
        Case 2, 3
            Bonus = salary * 0.09
        Case 4 To 6
            Bonus = salary * 0.07
        Case Is > 8
            Bonus = 100
        Case Else
            Bonus = 0
    End Select
End Function
```

熟练掌握宏的操作方法以及 VBA 的基本语法，将有利于建立和优化宏，进而实现对工作表的某些特别操作。

2.2　数据处理工具——Python

Python 是一种结合了解释性、编译性、互动性和面向对象的高级编程语言，由荷兰数学和计算机科学研究学会的 Guido van Rossum 于 1990 年初开发，成为 ABC 语言的替代品。Python 的一个设计目标是让代码具备高度的可阅读性。因此，设计者在设计时尽量使用其他语言经常使用的标点符号和英文单词，让代码看起来整洁美观。像 Perl 语言（Practical Extraction and Report Language）一样，Python 源代码同样遵循 GPL 协议（GNU General Public License）。官方已于 2020 年 1 月 1 日停止了对 Python 2 的更新，Python 2.7 被确定为 Python 2.X 的最后一个版本。目前最新版本是于 2008 年 12 月 3 日发布的 Python 3.0 版本，常被称为 Python 3000，简称 Py3k。

Python 语言因其简洁性、易读性以及可扩展性而应用于许多领域。首先，Python 可以用于 Web 应用程序开发。豆瓣、知乎、Google 等许多知名互联网企业均将 Python 作为主要开发语言。其次，网络爬虫。用户可以利用 Python 从各大网站爬取所需信息，再对其比较分析以获取最优选择，或是用于对社交网络上的发言进行收集分类，生成情绪地图，分析语言行为。最后，人工智能（AI）。在人工智能领域，Python 是数据挖掘、机器学习、神经网络、深度学习等方面主流的编程语言。例如，Numpy 库和 Scipy 库可以用于数值计算，Pybrain 用于神经网络，Matplotlib 用于数据可视化。另外，Python 在数据分析和服务器自动化运维等方面也有十分重要的用途。

2.2.1　Python 的安装与运行

Python 是一个高层次地结合了解释性、编译性、互动性和面向对象的脚本语言，具有很强的可读性。相比其他语言经常使用的一些英文单词和标点符号，Python 的语法结构有自身的特色，并能够更简单有效地面向对象编程，成为多数平台上写脚本和快速开发应用的编程语言。Python 拥有一个强大的标准库模块，主要用于定义函数、类和变量等。标准库模块的主要功能是进行文本处理、系统管理、网络通信、网络协议等。Python 还提供了大量第三方模块，使用方式与标准库类似，它们的功能无所不包，覆盖科学计算、Web 开发、数据库接口、图形系统等多个领域，并且大多数模块已经成熟稳定。

要运行 Python，计算机必须具备 Python 开发环境，也就是需要有 Python 解释器。出于编写代码效率的考虑，目前已有专业的代码编辑工具，最常用的包括 Anaconda 中 Jupyter Notebook 以及专门针对 Python 的 PyCharm。方便起见，建议同时安装 Anaconda 和 PyCharm。

1. Anaconda 的安装和运行

Anaconda 拥有 Python 编程过程中需要用到的大量工具包，其下载地址为 https://www.anaconda.com/products/individual，选择进入个人版本界面，拖到界面最下方，可以找到适合自己计算机系统的安装包，然后下载安装即可（当前使用 2020.11 版本）。安装时注意：务必勾选图 2-21 所示的选项以添加环境变量，便于应用 Anaconda 的多种命令。

安装结束后，桌面并没有 Anaconda 图标，可以通过快捷键"Windows+R"打开命令行的提示符，输入 Python 按回车键，便可进入 Python 环境。也可以在开始菜单中找到 Anaconda，在图 2-22 所示的多种已安装好的工具中选择相应工具单击即可运行。

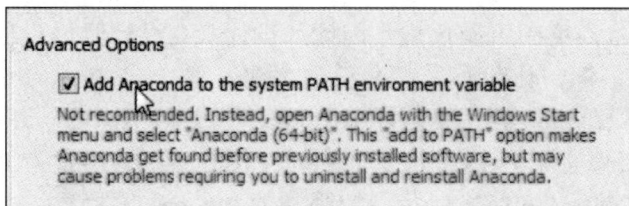

图 2-21　添加环境变量选项

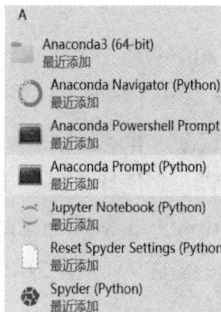

图 2-22　Anaconda 工具

例如，单击 Jupyter Notebook，系统会自动弹出浏览器，进入 Jupyter 操作界面。创建一个 Python 文件(执行 New 下 Python 3)后才可编写运行代码，如图 2-23 和图 2-24 所示。

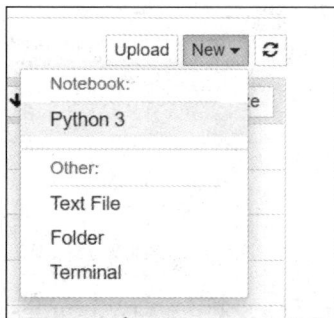

图 2-23　新建文件

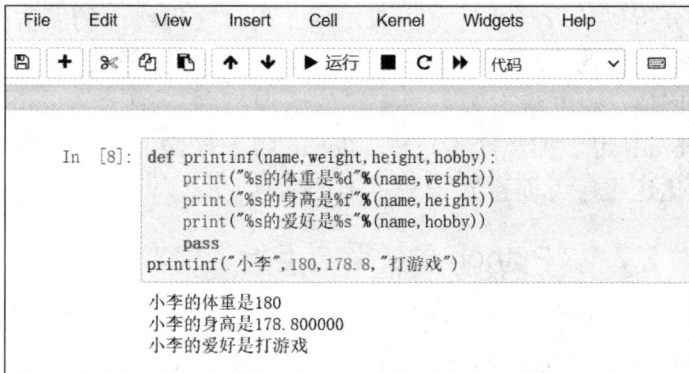

图 2-24　执行代码窗口

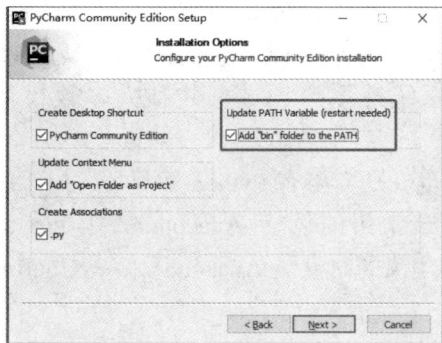

图 2-25　添加选项

2．PyCharm 的安装和运行

为了更高效地编写、执行代码，有必要安装 PyCharm，其下载地址为 https://www.jetbrains.com/pyCharm/download，选择 2021.3 版本进行安装。安装时务必勾选添加到 PATH 选项，如图 2-25 所示。

安装完成后，桌面会出现 PyCharm 图标，双击即可运行。首次打开 PyCharm 时需要创建新项目，然后选择项目路径，通过项目路径的子目录可以对项目进行命名。由于 PyCharm 是编辑器，只能编写代码，要使其能够解释执行代码，需要关联计算机中已有的解释器。若已安装 Python，PyCharm 则会自动配置完成解释器环境，此时默认即可，如图 2-26 所示。

创建完成后，会进入 PyCharm 的主界面。首先，创建一个 Python 文件并命名(一般以.py

为扩展名进行储存），如图 2-27 所示，然后便可编写执行代码。执行代码可通过菜单栏的
"Run"选项，如图 2-28 所示，亦可直接单击右上角的运行按钮▶完成。PyCharm 的操作
窗口如图 2-29 所示。

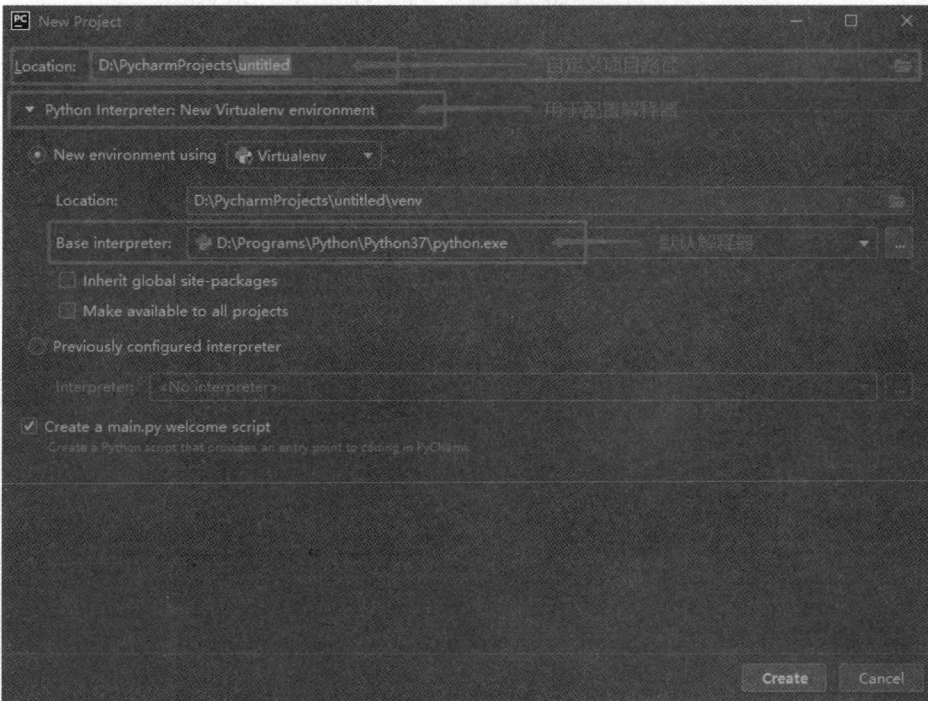

图 2-26　项目路径选择及解释器设置

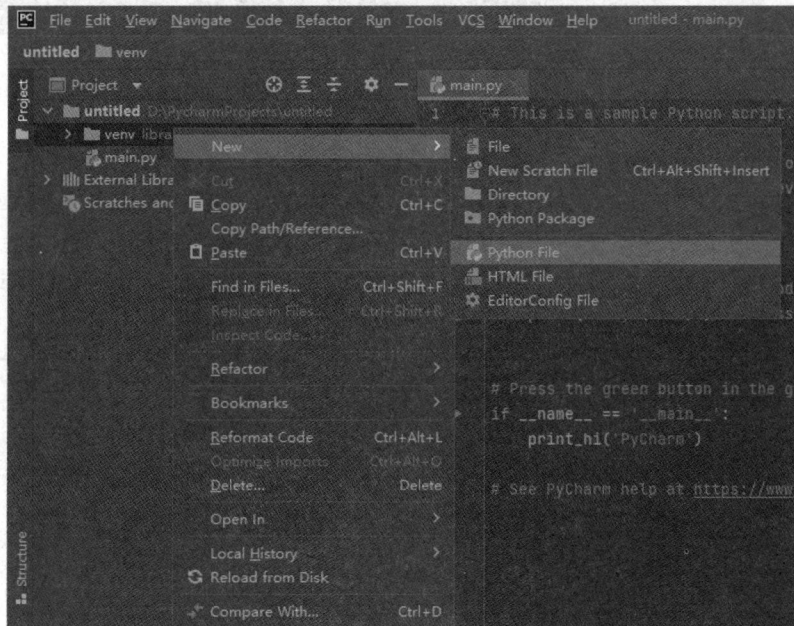

图 2-27　新建 Python 文件

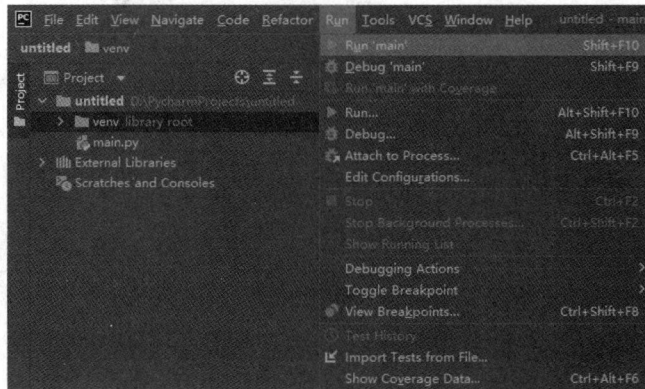

图 2-28　运行 Python 代码

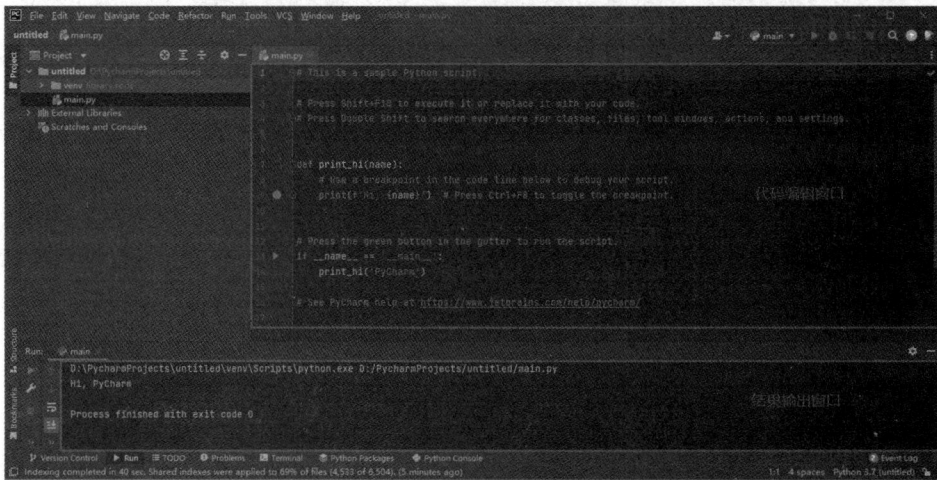

图 2-29　PyCharm 的操作窗口

2.2.2　Python 数据采集

在大数据时代，获得数据最有效的方法就是从网络上采集。Python 在采集数据方面无疑是一门优秀的编程语言。本节基于一个具体的网络采集任务简单介绍下如何使用 Python 进行数据采集。

	A	B
1	code	name
2	000001	平安银行
3	000002	万科A
4	000004	国华网安
5	000005	ST星源
6	000006	深振业A
7	000008	神州高铁
8	000010	美丽生态
9	000011	深物业A
10	000012	南玻A
11	000014	沙河股份

图 2-30　公司名录

1．采集需求

本次采集的网站是巨潮资讯网，需要根据上市公司股票代码批量获取该网站披露的 2020 年年度报告。需采集公司名录如图 2-30 所示，code 为股票代码，name 为公司名称。

2．采集网站解析

网站构造方式在很大程度上决定我们如何进行数据采集和代码编写。因此，在明确采集需求的基础上，通过手动执行采集流程深入解析被采集网站，有助于更加准确有效地进行数据采集和代码编写。

① 浏览器搜索巨潮资讯网（http://www.cninfo.com.cn/new/index），进入网站后，根据上市公司股票代码检索公司年度财务报告。以万科 A（股票代码：000002）2020 年年度报告为例，在网站右上方输入框内检索"000002"，进入万科 A 信息采集界面，如图 2-31 所示。

图 2-31　信息采集界面

② 进入年报信息采集界面后，找到界面左侧菜单栏，单击"定期报告"，右侧内容随之更新。然后在定期报告"分类"选项中选择"年报"，"开始日期 至 结束日期"选择"2021 年 1 月 1 日 至 2021 年 12 月 31 日"，最后单击"查询"按钮，结果即为万科 A 2020 年年度报告列表，如图 2-32 所示。

图 2-32　年度报告列表

③ 按快捷键 F12 唤醒开发者模式，单击"Network"，发现"Fetch/XHR"选项内容此时为空，如图 2-33 所示。

在开发者模式中，再次单击页面"查询"按钮可以抓取 http 头部信息，依次单击"query"和"Headers"，获取请求地址（Request URL）、请求类型（Request Method）、请求参数（Form Data）

等内容。如图 2-34 所示，该网页请求地址为 http://www.cninfo.com.cn/new/hisAnnouncement/query，请求数据的方式为 POST。请求参数如图 2-35 所示。

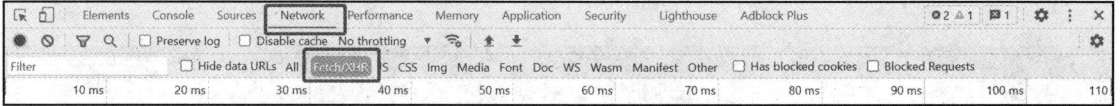

图 2-33　进入开发者模式

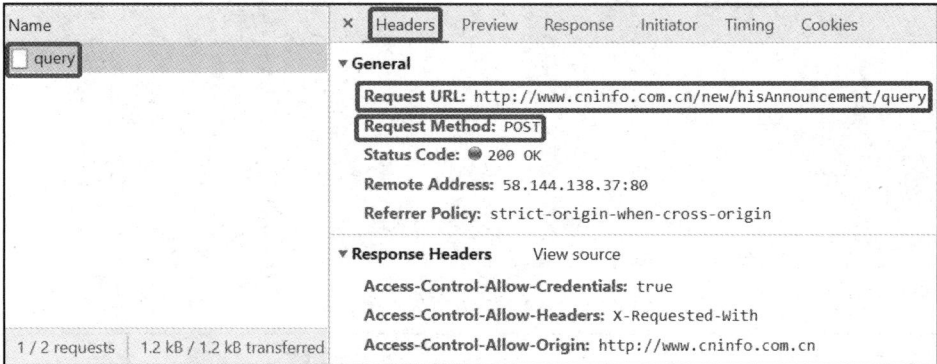

图 2-34　Request URL 和 Request Method

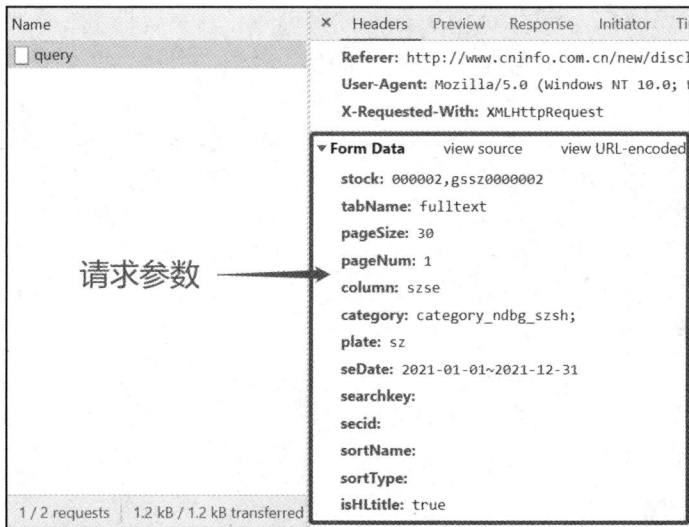

图 2-35　请求参数

单击"Response"可以查看请求响应后所返回的全部内容，如图 2-36 所示，可以发现返回数据为 JSON 格式。

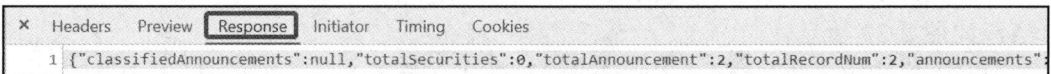

图 2-36　JSON 数据

④ 关闭开发者模式，选择需要下载的公司年度报告 PDF，单击进入下载页，如图 2-37 所示。

图 2-37　年报下载页

可以发现，公告下载 选项中存在下载链接，单击后即可获得万科 A 2020 年年度报告 PDF。再次唤醒开发者模式，查看网页源代码以寻找 PDF 文档真实下载地址，如图 2-38 所示。

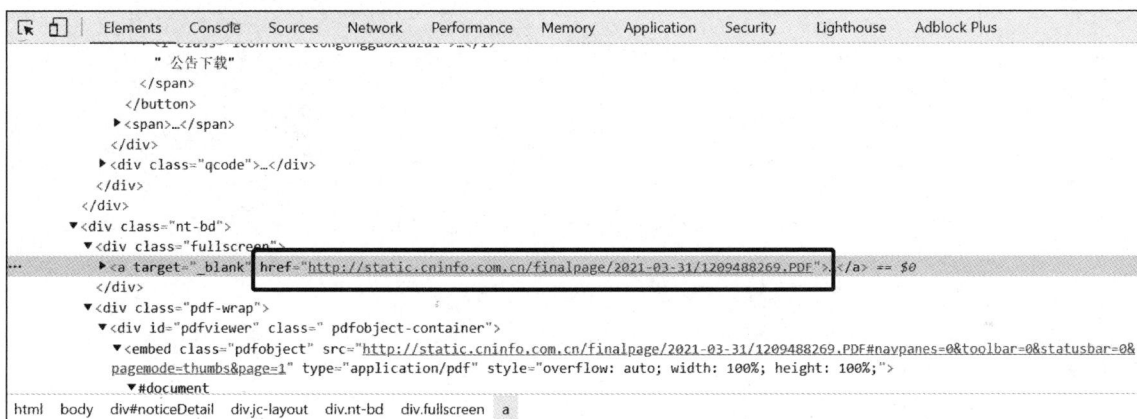

图 2-38　年报下载地址

3. 采集代码

明确采集网页头部信息的主要内容以及年报下载地址后，我们需要通过构造请求头和请求参数等网页信息，模拟客户端向服务器发送请求数据，获取年报下载地址。采集过程和代码如下：

(1)读取数据

引入 pandas 库，使用 pd.read_excel() 将上市公司股票代码.xlsx 导入 Python，命令如下：

```
import pandas as pd
df = pd.read_excel('./上市公司股票代码.xlsx', engine='openpyxl', converters=
{'code': str})
```

（2）一次请求获取组织编码（orgId）

引入 requests 库，设置信息采集界面 URL 地址（此处的 URL 地址可以借助开发者模式，通过抓包股票代码输入过程进行查询）并构造请求头（POST 请求数据必须构造请求头）。使用 requests.post 方法构建请求接口获取返回数据，保存组织编码（orgId）。命令如下：

```
import requests
url = f'http://www.cninfo.com.cn/new/information/topSearch/query?keyWord={code}&maxNum=10'
headers = {
            'UserAgent':'Mozilla/5.0 (Windows NT 10.0; Win64; x64)AppleWebKit/
            537.36 (KHTML, like Gecko) Chrome/92.0.4515.131 Safari/537.36'
          }
response = requests.post(url=url, headers=headers).json()
orgId = response[0]['orgId']
```

（3）二次请求获取所需年份下的公司年度报告列表（见图 2-32）

设置年度报告列表 URL 地址（见图 2-34）。其次，根据股票代码（code）和组织编码（orgId）拼接请求参数（见图 2-35），并将请求参数保存至新建字典 data。同上，使用 requests.post 方法构建请求接口以获取 2020 年年度报告列表。命令如下：

```
url = 'http://www.cninfo.com.cn/new/hisAnnouncement/query'
data = {
        'stock': f'{code},{orgId}',
        'tabName': 'fulltext',
        'pageSize': '30',
        'pageNum': '1',
        'column': '',
        'category': 'category_ndbg_szsh',
        'plate': 'sz',
        'seDate': '2021-01-01～2021-12-31',
        'searchkey': '',
        'secid': '',
        'sortName': '',
        'sortType': '',
        'isHLtitle': 'true'
      }
response = requests.post(url=url, headers=headers, data=data).json()
```

（4）遍历报告列表

使用 for 循环语句遍历报告列表。从返回数据 announcements 中逐一提取列表内每个 PDF 所属的 adjunctUrl 值和 announcementTitle 值（返回数据存在位置及内容可参考图 2-36），前者赋值给 fileUrl 用以拼接年报 PDF 完整下载地址，后者则赋值给 title（公告标题）用以过滤不需要的报告。命令如下：

```
for i in response['announcements']:
    fileUrl = i['adjunctUrl']
    title = i['announcementTitle']
```

```
href = 'http://static.cninfo.com.cn/' + fileUrl
```

(5)过滤报告列表并下载

使用 if 条件语句，根据公告标题对 PDF 进行过滤，通过 requests.get 方法读取年报 PDF 全部内容并将其写入自定义的 2020 年度报告.pdf，完成下载(采集结果见图 2-39)。命令如下：

```
if (title == '2020 年度报告') and ('摘要' not in title):
    path = rf'./{code}_2020 年度报告.pdf'
    pdf = requests.get(url=href, headers=headers).content
    with open(path, 'wb') as f:
        f.write(pdf)
```

000001_2020年度报告.pdf	2022/1/25 19:16	WPS PDF 文档	10,295 KB
000002_2020年度报告.pdf	2022/1/25 19:16	WPS PDF 文档	5,511 KB
000004_2020年度报告.pdf	2022/1/25 19:16	WPS PDF 文档	3,052 KB
000005_2020年度报告.pdf	2022/1/25 19:16	WPS PDF 文档	3,086 KB
000006_2020年度报告.pdf	2022/1/25 19:16	WPS PDF 文档	3,076 KB
000008_2020年度报告.pdf	2022/1/25 19:16	WPS PDF 文档	4,055 KB
000010_2020年度报告.pdf	2022/1/25 19:16	WPS PDF 文档	3,307 KB
000011_2020年度报告.pdf	2022/1/25 19:16	WPS PDF 文档	1,275 KB
000012_2020年度报告.pdf	2022/1/25 19:16	WPS PDF 文档	2,831 KB
000014_2020年度报告.pdf	2022/1/25 19:17	WPS PDF 文档	12,928 KB

图 2-39　采集结果

Python 采集上市公司年报的完整代码如下：

```
import requests
import pandas as pd
def down_report(code_list):
    for code in code_list:
        url=f'http://www.cninfo.com.cn/new/information/topSearch/query?
                keyWord={code}&maxNum=10'
        headers = {
                'UserAgent':'Mozilla/5.0 (Windows NT 10.0; Win64; x64)
                AppleWebKit/537.36 (KHTML, like Gecko) Chrome/92.0.4515.
                131 Safari/537.36'
                }
        response = requests.post(url=url, headers=headers).json()
        orgId = response[0]['orgId']
        url = 'http://www.cninfo.com.cn/new/hisAnnouncement/query'
        data = {
                'stock': f'{code},{orgId}',
                'tabName': 'fulltext',
                'pageSize': '30',
                'pageNum': '1',
                'column': '',
                'category': 'category_ndbg_szsh',
                'plate': 'sz',
                'seDate': '2021-01-01～2021-12-31',
                'searchkey': '',
                'secid': '',
                'sortName': '',
```

```
                'sortType': '',
                'isHLtitle': 'true'
            }
    response = requests.post(url=url, headers=headers, data=data).json()
    for i in response['announcements']:
        fileUrl = i['adjunctUrl']
        title = i['announcementTitle']
        href = 'http://static.cninfo.com.cn/' + fileUrl
        if (title == '2020年度报告') and ('摘要' not in title):
            path = rf'./{code}_2020年度报告.pdf'
            pdf = requests.get(url=href, headers=headers).content
            with open(path, 'wb') as f:
                f.write(pdf)
            def main():
    df = pd.read_excel('./上市公司股票代码.xlsx', engine='openpyxl',
        converters={'code': str})
    code_list = []
    for index, row in df.iterrows():
        code = str(row['code'])
        code_list.append(code)
    down_report(code_list)
if __name__ == '__main__':
    main()
```

2.2.3　Python 数据处理

数据处理主要是指借助 Python 运用编程手段对大数据信息进行快速的整合、清洗，突破了使用 Excel、WPS 等软件进行大数据处理时产生的延时、卡顿与无响应等问题，缓解数据处理阻碍并节省数据处理时间，进一步提高数据处理效率。下面以虚构的 2017—2019年上市公司"财务数据表"为例，说明 Python 的主要数据处理功能，通过这些功能将原始数据进行整合、清洗，为数据分析做好准备。

1．数据读取

将 Excel 表格写入 Python 中，命令如下：

```
import pandas as pd          #引入pandas库
df = pd.read_excel('财务数据表.xlsx',sheet_name='Sheet1')
data=df.head(n=10)           #读取Sheet1前10行数据
print("前10行数据:\n{0}".format(data))    #输出结果如图2-40所示
```

图 2-40　数据读取

2. 增加数据

(1) 纵向增加

追加 2020 年财务数据到主表，命令如下：

```
df_vm= pd.read_excel('财务数据表.xlsx',sheet_name='Sheet2')
dfs=df.append(df_vm)                    #将图 2-41 所示的 Sheet2 增至 Sheet1
print("纵向增加:\n{0}".format(dfs))      #输出结果如图 2-42 所示
```

	A	B	C	D	E
1	年度	公司代码	资产总计	负债合计	净利润
2	2020	1	2234251	2052185	14457.77
3	2020	2	934582.3	759660.1	29642.83
4	2020	3	775.5514	47.1373	24.76515
5	2020	4	1227.959	561.6071	-199.628
6	2020	5	7711.15	3792.151	445.2151

图 2-41 Sheet2

```
IPython console
Console 13/A
纵向增加:
      年度  公司代码          资产总计          负债合计              净利润
0   2017     1  1.624231e+06  1.513204e+06  11588.270000
1   2018     1  1.709290e+06  1.589269e+06  12402.770000
2   2019     1  1.969529e+06           NaN  14091.270000
3   2017     2  5.826672e+05  4.893303e+05  18597.963665
4   2018     2  7.642834e+05  6.464731e+05  24629.917267
5   2019     2  8.649585e+05  7.296689e+05  27559.577286
6   2019     2  8.649585e+05  7.296689e+05  27559.577286
7   2017     3  1.281921e+02  3.614613e+01     -3.283879
8   2018     3  1.693587e+02  7.769543e+01    -17.036341
9   2019     3  7.410151e+02  3.878661e+01     -8.031996
10  2017     4  1.449820e+03  7.476360e+02      5.237996
11  2018     4  1.554482e+03  7.648239e+02     72.144313
12  2019     4  1.509690e+03  6.385477e+02     83.019322
13  2017     5  6.563736e+03  3.710056e+03    404.011253
14  2018     5  6.762134e+03  3.569065e+03    455.333698
15  2019     5  7.866430e+03  4.281316e+03    415.302474
0   2020     1  2.234251e+06  2.052185e+06  14457.770000
1   2020     2  9.345823e+05  7.596601e+05  29642.828220
2   2020     3  7.755514e+02  4.713730e+01     24.765147
3   2020     4  1.227959e+03  5.616071e+02   -199.628080
4   2020     5  7.711150e+03  3.792151e+03    445.215051

In [2]:
```

图 2-42 纵向增加

(2) 横向增加

增加公司行业代码指标到主表，命令如下：

```
df_hm= pd.read_excel('财务数据表.xlsx',sheet_name='Sheet3')
dfs=df.merge(df_hm, on=['公司代码'])     #将图 2-43 所示的 Sheet3 增至 Sheet1
print("横向增加:\n{0}".format(dfs))      #输出结果如图 2-44 所示
```

	A	B
1	公司代码	行业代码
2	1	J66
3	2	K70
4	3	C27
5	4	N77
6	5	K70

图 2-43 Sheet3

```
IPython console
Console 14/A
横向增加:
      年度  公司代码          资产总计          负债合计        净利润 行业代码
0   2017     1  1.624231e+06  1.513204e+06  11588.270000  J66
1   2018     1  1.709290e+06  1.589269e+06  12402.770000  J66
2   2019     1  1.969529e+06           NaN  14091.270000  J66
3   2017     2  5.826672e+05  4.893303e+05  18597.963665  K70
4   2018     2  7.642834e+05  6.464731e+05  24629.917267  K70
5   2019     2  8.649585e+05  7.296689e+05  27559.577286  K70
6   2019     2  8.649585e+05  7.296689e+05  27559.577286  K70
7   2017     3  1.281921e+02  3.614613e+01     -3.283879  C27
8   2018     3  1.693587e+02  7.769543e+01    -17.036341  C27
9   2019     3  7.410151e+02  3.878661e+01     -8.031996  C27
10  2017     4  1.449820e+03  7.476360e+02      5.237996  N77
11  2018     4  1.554482e+03  7.648239e+02     72.144313  N77
12  2019     4  1.509690e+03  6.385477e+02     83.019322  N77
13  2017     5  6.563736e+03  3.710056e+03    404.011253  K70
14  2018     5  6.762134e+03  3.569065e+03    455.333698  K70
15  2019     5  7.866430e+03  4.281316e+03    415.302474  K70

In [2]:
```

图 2-44 横向增加

3. 剔除默认值

剔除含有默认值(NaN)的样本，命令如下：

```
df = pd.read_excel('财务数据表.xlsx',sheet_name='Sheet1')
data = df.dropna(subset=['负债合计'])    #剔除'负债合计'默认的样本
print("剔除默认值:\n{0}".format(data))   #输出结果如图 2-45 所示，1 公司 2019 年数
据被剔除
```

```
IPython console
Console 8/A
剔除缺失值:
   年度  公司代码        资产总计          负债合计          净利润
0  2017     1  1.624231e+06  1.513204e+06  11588.270000
1  2018     1  1.709290e+06  1.589269e+06  12402.770000
3  2017     2  5.826672e+05  4.893303e+05  18597.963665
4  2018     2  7.642834e+05  6.464731e+05  24629.917267
5  2019     2  8.649585e+05  7.296689e+05  27559.577286
```

图 2-45　剔除默认值

4. 剔除重复样本

剔除重复统计的样本并保留第一个，命令如下：

```
df = pd.read_excel('财务数据表.xlsx',sheet_name='Sheet1')
data = df.drop_duplicates()                       #剔除数据表中的重复样本
print("剔除重复样本:\n{0}".format(data))       #输出结果如图 2-46 所示，2 公司 2019
年重复样本被剔除
```

```
IPython console
Console 9/A
剔除重复样本:
   年度  公司代码        资产总计          负债合计          净利润
0  2017     1  1.624231e+06  1.513204e+06  11588.270000
1  2018     1  1.709290e+06  1.589269e+06  12402.770000
2  2019     1  1.969529e+06           NaN  14091.270000
3  2017     2  5.826672e+05  4.893303e+05  18597.963665
4  2018     2  7.642834e+05  6.464731e+05  24629.917267
5  2019     2  8.649585e+05  7.296689e+05  27559.577286
7  2017     3  1.281921e+02  3.614613e+01     -3.283879
```

图 2-46　剔除重复样本

5. 数据筛选

基于某一字段筛选样本，命令如下：

```
df = pd.read_excel('财务数据表.xlsx',sheet_name='Sheet1')
data = df.loc[(df['年度']>=2018)&(df['年度']<=2019)]  #仅保留 2018-2019 年样本
print("2018-2019 年:\n{0}".format(data))  #输出结果如图 2-47 所示，2017 年样本全
部剔除
```

```
IPython console
Console 10/A
2018-2019年:
    年度  公司代码        资产总计          负债合计          净利润
1   2018     1  1.709290e+06  1.589269e+06  12402.770000
2   2019     1  1.969529e+06           NaN  14091.270000
4   2018     2  7.642834e+05  6.464731e+05  24629.917267
5   2019     2  8.649585e+05  7.296689e+05  27559.577286
6   2019     2  8.649585e+05  7.296689e+05  27559.577286
8   2018     3  1.693587e+02  7.769543e+01    -17.036341
9   2019     3  7.410151e+02  3.878661e+01     -8.031996
11  2018     4  1.554482e+03  7.648239e+02     72.144313
12  2019     4  1.509690e+03  6.385477e+02     83.019322
14  2018     5  6.762134e+03  3.569065e+03    455.333698
15  2019     5  7.866430e+03  4.281316e+03    415.302474

In [2]:
```

图 2-47　数据筛选

6. 数据保存

保存 Python 结果到 Excel 文档，命令如下：

```
df = pd.read_excel('财务数据表.xlsx',sheet_name='Sheet1')
df.to_excel('python_to_excel.xlsx', sheet_name='数据保存')  #保存结果如图 2-48 所示
```

	年度	公司代码	资产总计	负债合计	净利润
0	2017	1	1624231	1513204	11588.27
1	2018	1	1709290	1589269	12402.77
2	2019	1	1969529		14091.27
3	2017	2	582667.2	489330.3	18597.96
4	2018	2	764283.4	646473.1	24629.92
5	2019	2	864958.5	729668.9	27559.58
6	2019	2	864958.5	729668.9	27559.58
7	2017	3	128.1921	36.14613	-3.28388
8	2018	3	169.3587	77.69543	-17.0363
9	2019	3	741.0151	38.78661	-8.032
10	2017	4	1449.82	747.636	5.237996
11	2018	4	1554.482	764.8239	72.14431
12	2019	4	1509.69	638.5477	83.01932
13	2017	5	6563.736	3710.056	404.0113
14	2018	5	6762.134	3569.065	455.3337
15	2019	5	7866.43	4281.316	415.3025

图 2-48　数据保存

2.3　商务智能工具——Power BI

Power BI(Business Intelligence，商务智能)是软件服务、应用和连接器的集合，它们协同工作以将相关数据来源转换为连贯的视觉逼真的交互式见解。简单来说，Power BI 是一套商业分析工具，通过连接整合 Excel、CSV、MySQL 等上百种数据源，对这些数据进行清洗、转换、加载后开展各种分析，最后生成简洁美观的报表并进行共享，供个人或组织在 Web 和移动设备上使用。

Power BI 最初在 Excel 2016 及以上版本作为一个插件设置，之后独立出来专门致力于数据价值挖掘。Power BI 具有强大的数据整合、数据建模和数据可视化功能，而且操作界面简洁、直观、易学习。它可以同时连接数百个不同来源、不同格式的数据源，能够深入筛选、挖掘复杂数据背后的逻辑，简洁、高效地把静态数据转化成丰富直观的可视化分析图表，助力企业更好地做出商业决策。

Power BI 的主要版本有 Power BI Desktop、Power BI Pro、Power BI Premium 等。本部分主要对 Power BI Desktop 进行介绍。Power BI Desktop 是免费的，下载即可使用，具有 Power BI 的基本功能，能够满足大部分企业的商业分析需求。在 2015—2016 年期间，微软发布了 Power BI 一系列产品，目前，Power BI 已更新至版本 Power BI V2.7。

Power BI 在各行业领域获得广泛应用，在大数据背景下企业开始利用 Power BI 技术建立财务分析一体化平台，形成更为有效的财务管理系统。通过该系统企业可依据过去和现

在的数据，实时分析、预测未来经营绩效和业务活动。Power BI 也为业财融合提供了强有力的技术支持。

2.3.1 Power BI Desktop 界面介绍

打开 Power BI Desktop 应用软件，其界面主要分为四个部分，分别是菜单工具栏、数据和属性区域、呈现区和切换区，如图 2-49 所示。

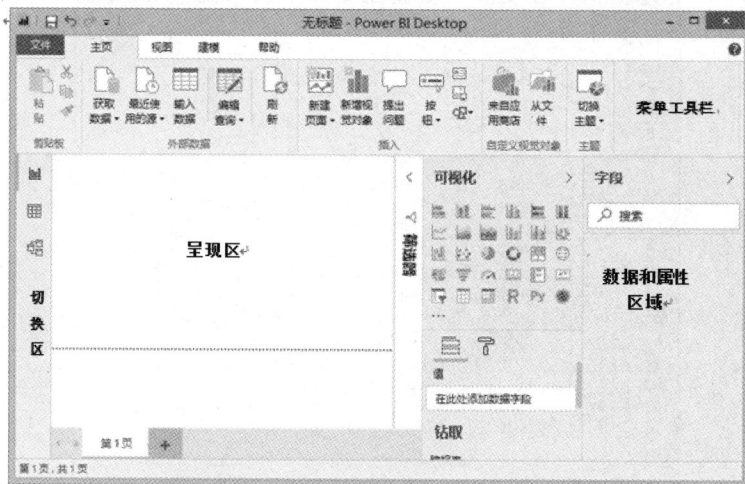

图 2-49　Power BI Desktop 界面布局

① 菜单工具栏主要包括数据获取、数据筛选处理等基本功能，含有主页、视图、建模和帮助等几大模块。

② 数据和属性区域是选取数据表和可视化图形样式的区域，包括字段、可视化、格式、筛选器等模块。"字段"模块可以选择当前报表关联数据的所有字段。"可视化"模块包含常用的报表呈现图形，具体包括堆积条形图、堆积柱形图、簇状条形图、环形图、着色图、旭日图、漏斗图、卡片图、雷达图、瀑布图、分解树、KPI 和信息地图等。"格式"可以调整背景、页面大小、页对齐方式等，增强可视化效果。"筛选"通过选取需求字段或者过滤条件等对数据进行筛选。

③ 呈现区主要用于创建可视化效果图表，使用"字段"和"可视化"模块创建的图表便在该模块呈现。

④ 切换区的三个图标分别代表"报表"、"数据"和"模型"，在数据处理时可以切换报表和视图，也可以在"模型"界面通过公式或者拖拉方式建立数据关系，实现数据的交互钩稽关联。

2.3.2 使用 Power BI 的关键步骤

1. 获取数据

双击打开 Power BI Desktop 应用软件，在主页下面单击"获取数据"，单击"更多"选择将导入的数据格式（如 Excel、XML、JSON、PDF、Access、Oracle Database 等），本例选择"文件夹",找到文件所在的路径,如图 2-50 所示,选中要导入的数据源文件,单击"连接"进入图 2-51 的数据加载界面,单击"编辑",进入 Power Query 数据编辑界面。

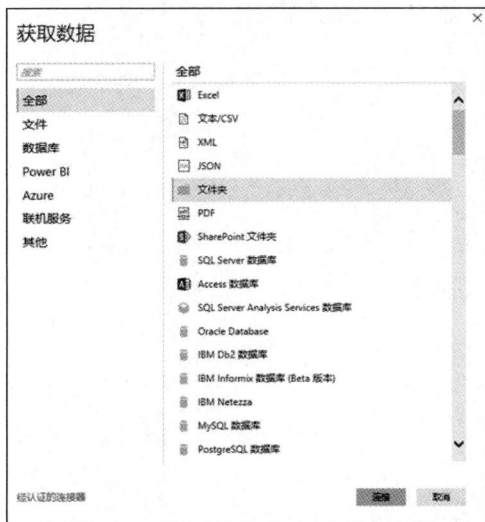

图 2-50　"获取数据"界面

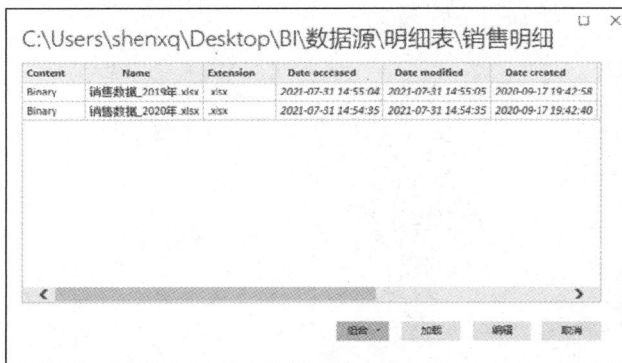

图 2-51　"数据加载"界面

2. 数据整合

数据整合主要是指在 Power Query 编辑器中运用数据转换、加载、合并、拆分、分组等功能对复杂数据进行快速地清洗、整合,突破了数据整合过程中多平台数据孤岛的困境,实现了多平台、多格式数据的无缝衔接。下面以某品牌店"2019 年和 2020 年的销售情况表"为例,说明 Power BI 的主要数据整合功能,通过这些功能将数据基础表整合成建模表,为下一步的运用做好准备。

(1)行列增删

单击"获取数据",单击"更多",选择"文件夹",导入销售明细文件夹中的两张 Excel 表,下面对表中多余数据列进行删除操作。选中需要删除的列,在主页中单击"删除列",选择"删除列",即可实现对多余数据列的删除,如图 2-52 所示,也可以通过右键直接选择"删除列"来实现。Power Query 编辑器中增加了"删除其他列",方便保留较少列删除多列的操作。与此类似,在主页"保留行"选项中设置了"保留最前面几行"、"保留最后面几行"、"保留行的范围"、"保留重复项"和"保留错误"等,可以对多余行进行删除,能够具体到保留某一行、范围行,具有较好的灵活性,操作便捷。

在 Power Query 编辑器菜单栏"添加列"中,单击"自定义列",可以更改"新列名",例如命名为"金额",在自定义列公式框输入相关计算公式,例如 Excel.Workbook 函数,在"可用列"选择 Content,单击"插入",显示未检测到语法错误,单击"确定",完成新建数据列,如图 2-53 所示。通过 Excel.Workbook 函数能将 Excel 中的智能表格、命名区域识别加载到 Power Query 编辑器中。单击数据列右上角箭头,勾选"Data",如果同一 Excel 中存在多张 Sheet 表,则同时勾选"Name",单击"确定",再次单击数据列右上角箭头展开所有列,即可识别呈现表中所有数据,如图 2-54 所示。

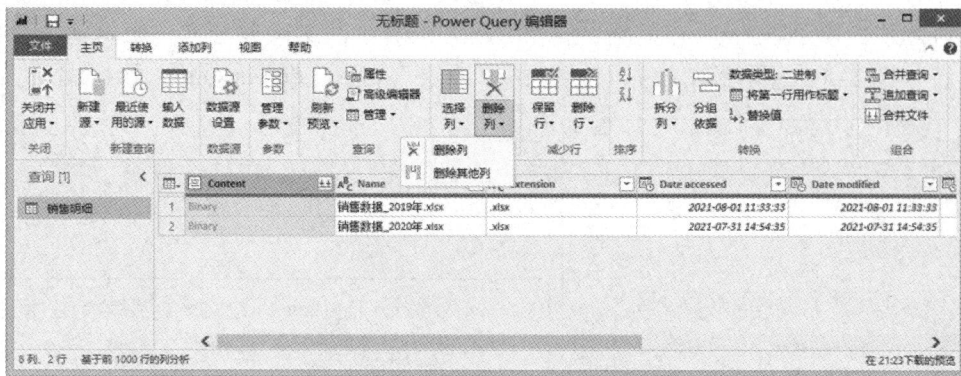

图 2-52 Power Query 编辑器

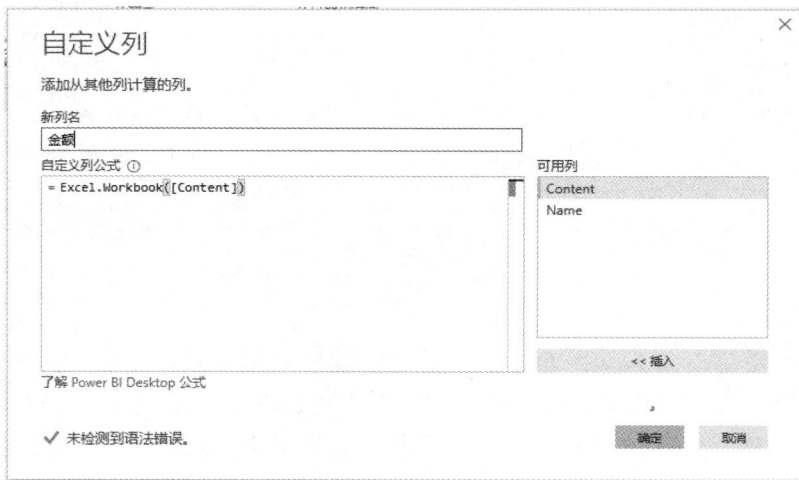

图 2-53 "新建列"界面

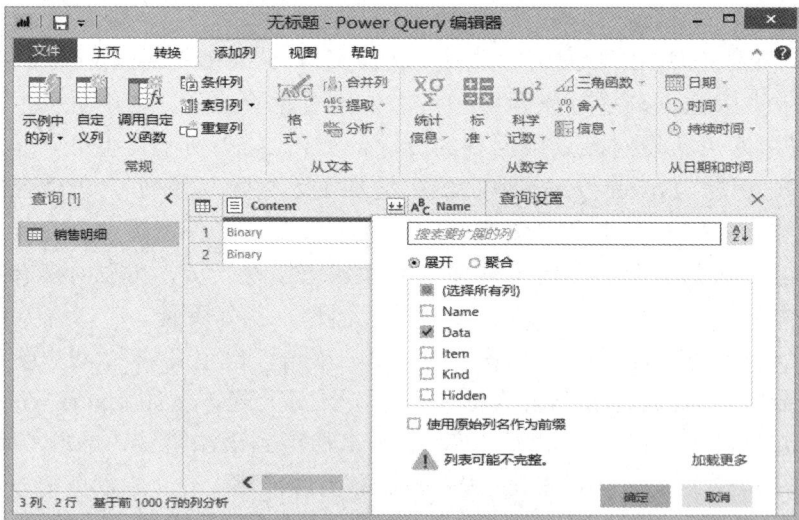

图 2-54 设置新建列数据格式

(2)设置列标题与填充数据

导入 Power Query 编辑器中表格,无法自动识别出标题,需要对此进行设置,其操作非常简单。一般导入的表格第一行即为标题行，因此在主页中单击"将第一行用作标题"，第一行即可被设置为标题行，单击"将标题作为第一行"也可以做相反的操作，如图 2-55 所示，同时可以双击标题对相应列标题名进行修改。由于导入的数据表店铺列存在合并的单元格，Power Query 编辑器中显示"null"，因此，我们对该部分进行填充。菜单"转换"栏下面的"填充"具有"向上"和"向下"两个子命令，此处单击"向下"实现向下填充，表中的"null"全都被所属分店替代。如果需要向上操作，也可以选择"向上"命令。

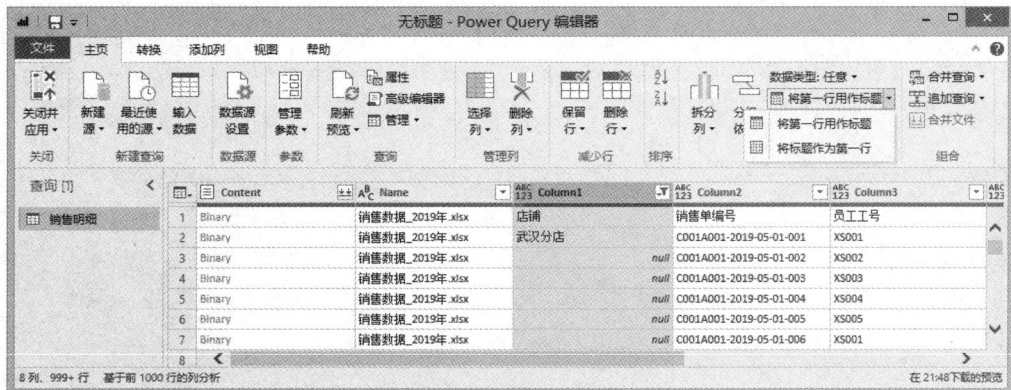

图 2-55　列标题设置

（3）分列与日期设置

在现实业务中，很多单据编号都含有日期，我们需要对其进行分列提取。拆分列可以"按分隔符""按字符数""按位置""按从小写到大写的转换"等进行拆分。本例"按分隔符"对"销售单编号"进行拆分。右键单击"重复列"，复制"销售单编号"列，单击"拆分列"，单击"分隔符"，自定义下选择"-"，选择"最左侧的分隔符"，单击"确定"，日期左侧的部分被分割到另一列，如图 2-56 所示，再选择"最右侧的分隔符"，将日期右侧的部分分割到另一列，剩下的就是需要提取的销售单日期。同时在本列的下拉框设有"日期筛选器"，可以对日期的区间、范围进行筛选，如"早于或等于""晚于或等于""最早""年"和"季度"等，方便对相关数据进行提取。

图 2-56　分列

对拆分出的"日期"列，右键单击"重复列"进行复制，然后可以单独设置"年"、"月份"、"季度"、"周"和"天"，例如"月份"可以对"月份开始值"、"月份结束值"、"一个月的某些日"和"月份名称"进行设置筛选，如图 2-57 所示。也可以右键单击"转换"进行相应设置。

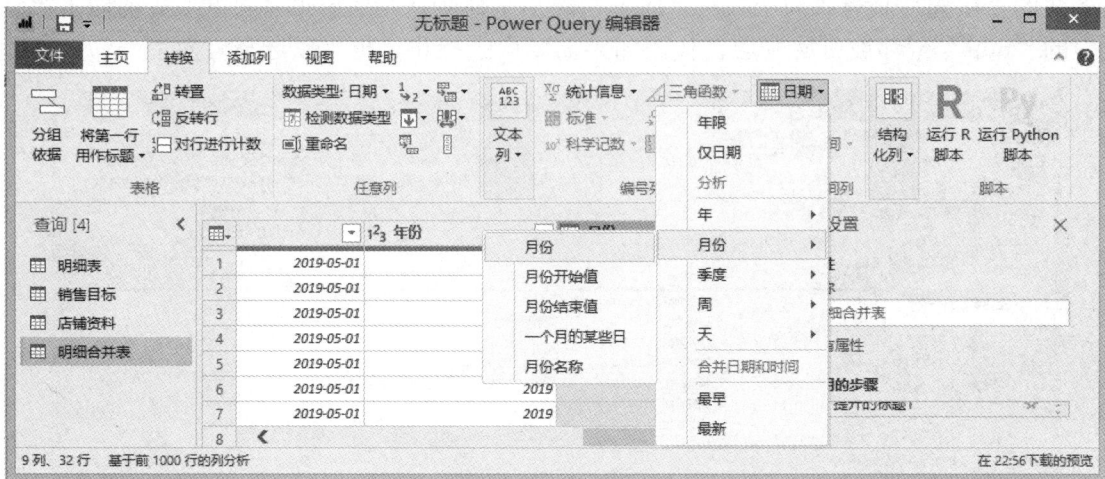

图 2-57　日期设置

(4) 数据分组与合并

单击"编辑查询"，打开 Power Query 编辑器，复制明细表，将复制的表重命名为明细合并表，按照"店铺"、"年份"和"月份"对销量和业绩金额进行分组。在主页下面单击"分组依据"，选择"高级"，分组依据添加分组，选择"店铺"、"年份"和"月份"，在新列名下设置求和项，分别是对"销量"和"业绩金额"求和，如图 2-58 所示，也可以进行"平均值"、"中值"和"最小值"等设置，其功能相当于 Excel 中的数据透视表。

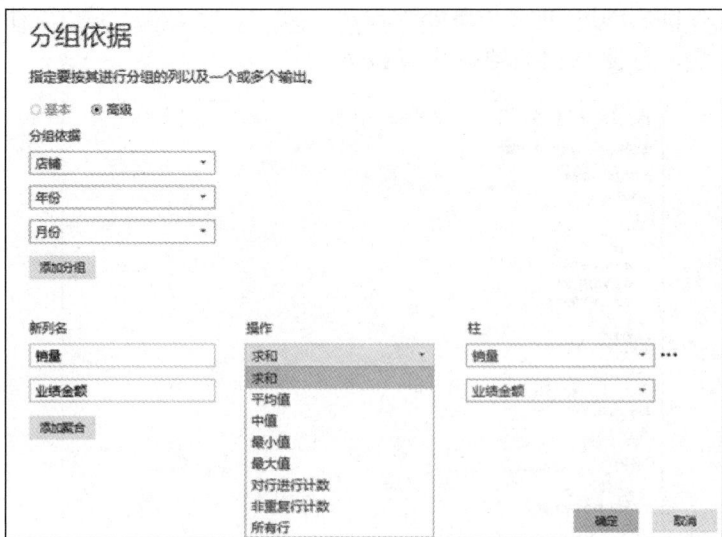

图 2-58　分组依据设置

将销售目标匹配到明细合并表中。在主页下面单击"合并查询",如图 2-59 所示,上面的明细合并表为操作表,下面可以选择与之匹配的表,如销售目标。单击"匹配"列,本例为明细合并表中"店铺"列和销售目标表中的"店铺名称",联接种类选择"左外部第一个中的所有行,第二个中的匹配行",单击"确定",实现匹配。Power Query 编辑器中的合并查询,不仅可以进行单条件匹配,还可以进行多条件匹配,其功能比 Excel 中的 VLOOKUP 更加强大。

此外,在菜单栏还有"替换值"、"重命名"、"移动"、"转置"、"反转行"和"拆分列"等数据整合命令,都比较容易理解,在此不做一一赘述。

图 2-59　表间数据合并

3.　数据建模

数据建模是指 Power BI 通过新建度量值、聚合维度表和数据表等建立多表格、多来源、多维度数据关系模型的过程。数据建模打破了数据透视表需要利用 VLOOKUP 进行多表取数的限制,实现了不同维度、不同逻辑的数据聚合分析,因此通过数据建模可以进一步开展关联分析和层次分析。在 Power BI 中数据建模主要通过新建列和新建一系列的度量值实现。

在 Power BI 切换区模型界面,可以通过鼠标单击拖拉的方式建立对应管理关系,如图 2-60 所示。同时也可以利用函数(如 Calculate 函数、Related 函数、Relatedtable 函数、Summarize 函数、Lookupvalue 函数等)新建度量值和新建列来实现。此处以 Calculate 函数为例,通过新建度量值来建立数据模型。

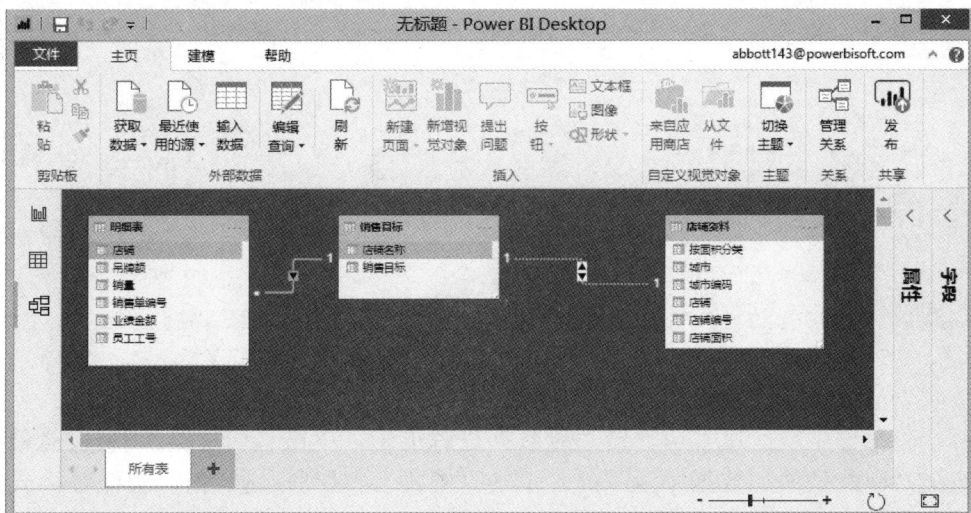

图 2-60　建立关系

首先，导入销售数据表，在主页建模下面单击"新建度量值"，利用 Sum 函数来统计商品数量总数，建立"商品总计"度量值，如图 2-61 所示。

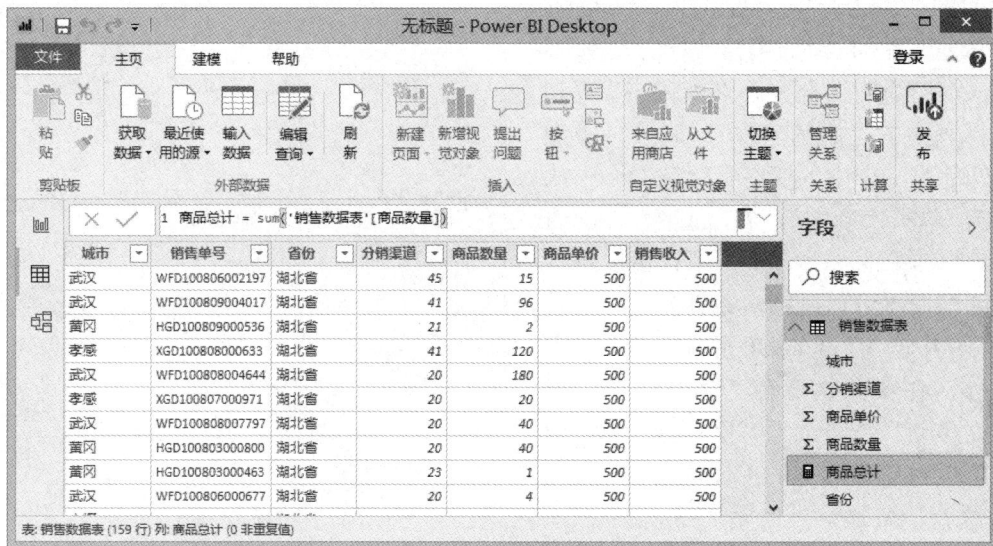

图 2-61　建立"商品总计"度量值

其次，再单击"新建度量值"，利用 Calculate 函数统计销售数量表中城市为武汉和黄冈的商品数量总计，建立"武汉黄冈商品总计"度量值，如图 2-62 所示。

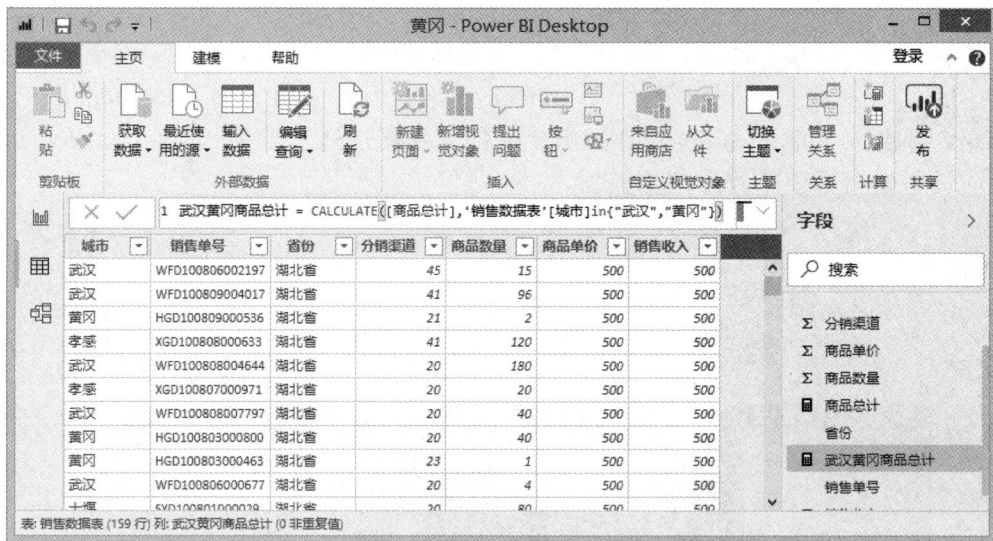

图 2-62　建立"武汉黄冈商品总计"度量值

最后，在报表呈现区用"切片器"对数据进行展示，单击"切片器"，将度量值"商品总计"拖至"在此处添加数据字段"处，单击"格式"，对列标题、值、边框等格式进行调整，然后复制切片器，将度量值"武汉黄冈商品总计"拖至"在此处添加数据字段"处，此时不用再次进行格式调整，如图 2-63 所示。

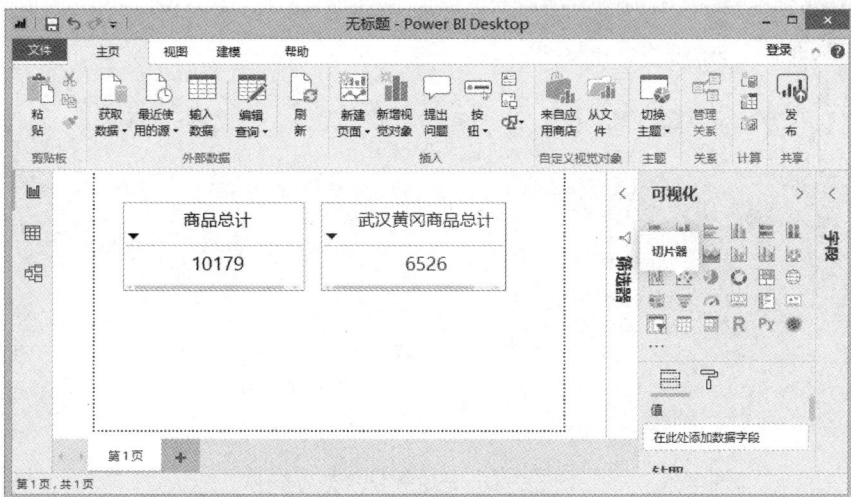

图 2-63　度量值结果

4．数据可视化

数据可视化是指 Power BI 具有多样易用的数据可视化分析功能，在可视化区域仅需将整合好的数据进行拖放即可呈现可视化图表，Power BI 呈现的可视化图表颜色直观鲜明，形式丰富多样，主要包括堆积条形图、堆积柱形图、簇状条形图、环形图、着色图、旭日图、漏斗图、卡片图、雷达图、瀑布图、分解树、KPI 和信息地图等，如图 2-64 所示。

图 2-64　数据可视化

数据表的分析方式虽然准确，但缺乏直观的视觉效果，为此我们可以使用可视化图表对分析结果进行转化。下面我们通过对某公司各分店业绩收入的结构环形图来说明数据可视化的步骤。基本操作步骤如下：

① 获取可用数据表，单击"获取数据"，选择"Excel"，单击"编辑"，进入 Power Query 编辑器中，如图 2-65 所示，可以根据需求对数据表进行整合、建模、重命名等操作，本例数据已经准备完毕，直接单击"关闭并应用"，进入 Power BI Desktop 界面。

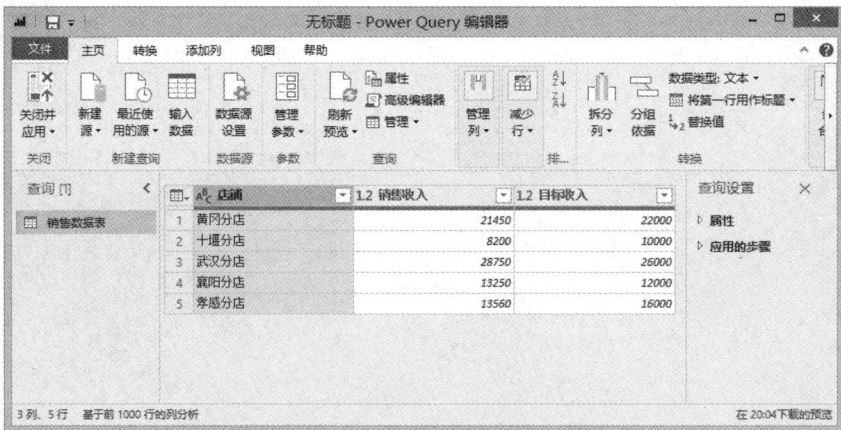

图 2-65　进入 Power Query 编辑器

②　绘制某公司销售收入分店结构图，在切换区，切换到"报表"界面，在字段区域选中"店铺"和"销售收入"，在可视化区域，单击"环形图"，如图 2-66 所示，即完成图形绘制。

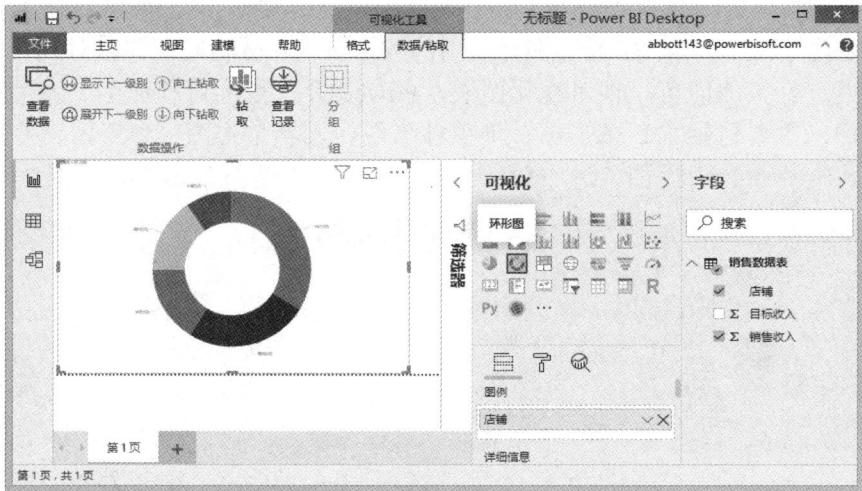

图 2-66　某公司销售收入分店结构

③　根据可视化效果对图表进行设计。在可视化区域下面有字段列，可以对"图例"和可视化选择的"值"进行更改，如图 2-67 所示。

在可视化区域下面有格式列，可以对"图例"、"数据颜色"、"详细信息标签"和"标题"等进行设置，如图 2-68 所示。首先单击右侧短线的最右边，空心圆点变为实心圆点，打开编辑命令。"图例"可以设置图例"位置"、"名称"、"颜色"、"字体系列"和"文本大小"。"详细信息标签"可以设置"标签样式"、"颜色"、"百分比的小数位"、"显示单位"、"字体系列"和"文本大小"等。"背景"、"形状"和"数据颜色"等功能设计丰富多样，容易理解，不再一一介绍。

根据个人喜好对环形图进行图例、数据颜色、详细信息标签等进行设计后，如图 2-69 所示。最后确认可视化图形编辑完成，在文件栏下单击"保存"或"另存为"或"导出"对成果进行保存，也可以直接单击"导出为 PDF"进行转化保存。

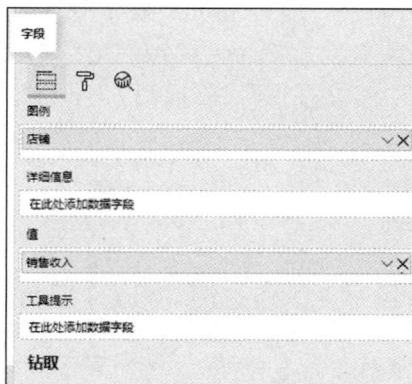

图 2-67　选择字段

图 2-68　设计格式

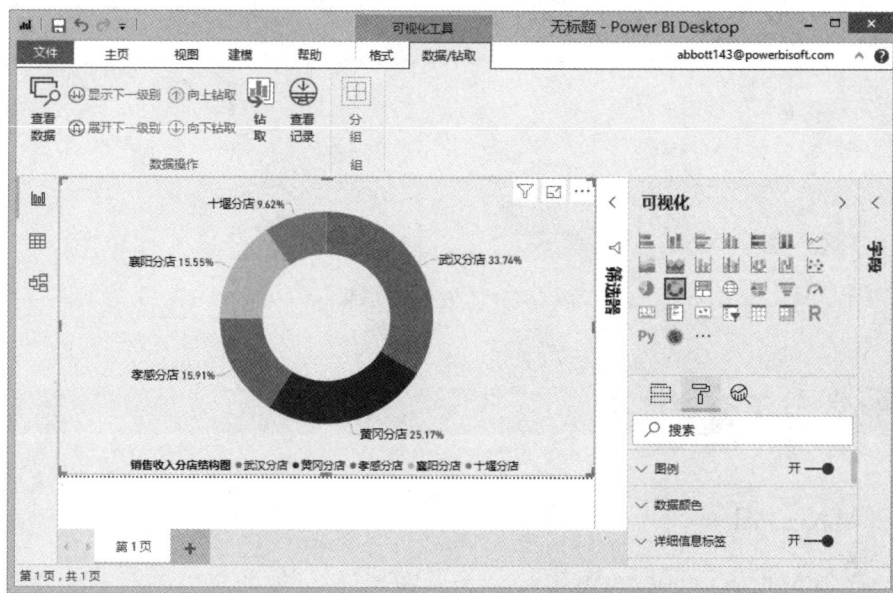

图 2-69　图设计完成

5．分享图表

单击左上角的"保存"，先将文件保存在计算机上，再单击工具栏右边的"发布"，如图 2-70 所示，便实现了将文件发布到云端处理。

图 2-70　"发布"界面

我们将销售数量表中各城市的商品数量以漏斗图进行展示，单击"漏斗图"，以"城市"为组，以"商品数量"为值，建立漏斗图，单击图片右上角"···"，单击"显示数据"，将数据列显示在漏斗图下方，单击左上角的"保存"，将文件保存在计算机上，再单击"发布"，就获得了如图 2-71 所示的结果。

图 2-71 "发布"结果

2.4 其他常用平台与工具

2.4.1 MATLAB

MATLAB 是 Matrix Laboratory（矩阵实验室）的缩写，最初是美国数学和计算机科学家 Cleve Moler 为解决学生线性代数课程的矩阵运算问题所写。之后在 1984 年由 Join Little、Cleve Moler、Steve Bangert 合作成立的 Mathworks 公司正式推向市场。目前，MATLAB 已经成为线性代数、高等数学、概率论与数理统计、自动控制原理、数字信号处理、信号与系统、时间序列分析、动态系统仿真和数字图像处理等课程的基本教学工具，也是科学计算、控制设计、仿真分析、信号处理与通信、图像处理、信号检测和金融建模设计与分析等的应用工具。MATLAB 系统由 MATLAB 开发环境、MATLAB 数学函数库、MATLAB 语言、MATLAB 图形处理系统和 MATLAB 应用程序接口（API）五大部分构成。2021 年 3 月，MathWorks 公司发布了最新的 MATLAB 2021a 版本，新增了 DDS Blockset、Radar Toolbox、Satellite Comunication Toolbox 三个产品，并对其他部分产品做了重要更新。

1．MATLAB 的基本功能

MATLAB 的目的是进行科学计算、强化可视性、实现设计程序的交互性，营造更加科学的计算环境。基于上述目的，MATLAB 将数值分析、矩阵和符号计算、数据可视化以及非线性动态系统的建模和仿真等诸多功能集成在一个易于使用的视窗环境中，方便用于矩阵运算、绘制函数和图像、创建用户界面、连接其他编程语言的程序等，为科学研究、工程设计以及必须进行有效数值计算的领域提供了全面完整的解决方案。另外，MATLAB 也为数据采集、模型预测、优化算法、神经网络、金融分析等专门领域开发了功能强大的模块集和工具箱。一般来说，它们均由特定领域的专家开发，用户可以直接使用工具箱来学习、应用和评估分析。

2．MATLAB 的基本应用方法

MATLAB 不同版本的操作界面存在一定差异，以 MATLAB 2016a 为例，打开 MATLAB 软件后，进入如图 2-72 所示的主页面，会看到由"当前文件夹""命令行""工作区"三个窗口构成的界面。其中，"当前文件夹"窗口用于显示当前运行的文件夹，"命令行"窗口用于输入命令并显示执行结果，"工作区"窗口用于显示、存储变量及变量值。在主页界面的功能菜单栏，你可以选择新建一个应用或者打开一个已有应用。如图 2-73 所示是新建应用界面，可以在"新建"选项卡的下拉列表中选择需要建立的具体应用。

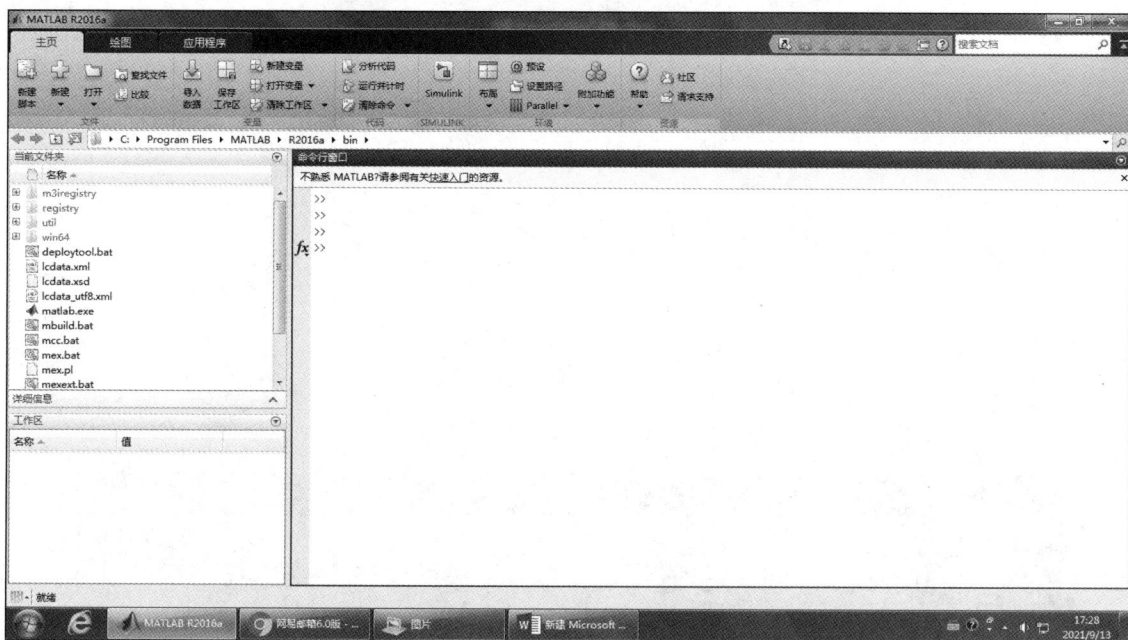

图 2-72　MATLAB 主页面

MATLAB 操作界面中命令行窗口出现的">>"与闪烁的光标一起表明系统准备就绪，等待命令输入，如图 2-74 所示。输入命令后按回车键，命令行窗口会显示执行结果。

如果需要绘图也可以进入"绘图"选项卡。其结构与主页完全一致，如图 2-75 所示。

在执行命令过程中，需要选择当前运行的文件夹，该操作通过三种方式实现：从当前文件夹工具栏或当前文件夹窗口选择，或使用 cd 命令。在使用 cd 命令时，要注意应当先建立一个文件夹，再通过命令将其设为当前文件夹。

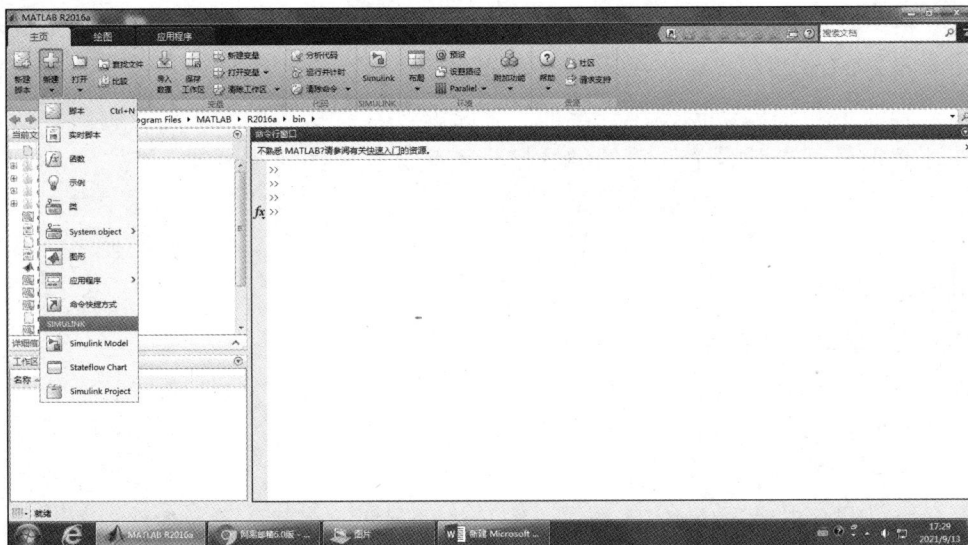

图 2-73　MATLAB 的"新建"选项卡

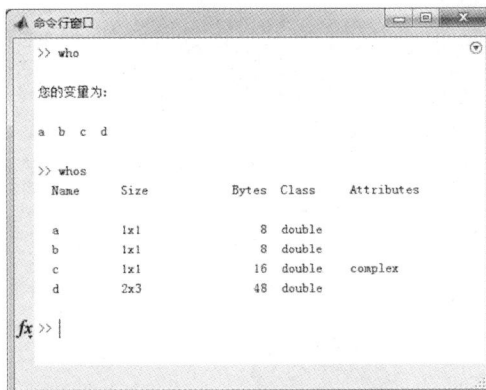

图 2-74　命令行窗口

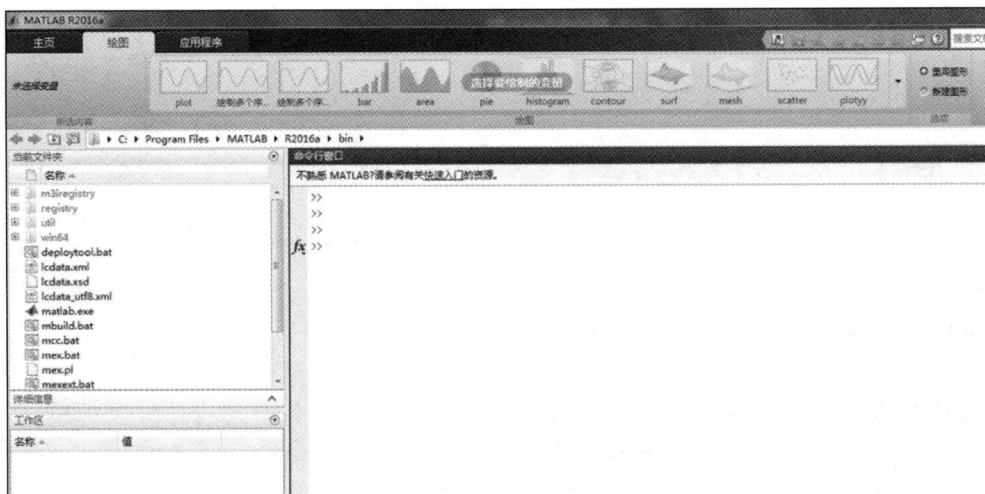

图 2-75　绘图窗口

3．MATLAB 的主要应用

MATLAB 应用非常广泛，已经在信号和图像处理、通信、控制系统设计、测试和测量、财务金融建模与分析等众多领域有成熟的应用。MATLAB 提供的工具箱扩展了其解决各个领域内特定问题的功能。我国金融投资领域的研究者已经运用 MATLAB 构建的 KMV 模型对我国上市公司的信用风险和风险管理水平进行度量（赵丹和陈哲，2008；韦茜等，2016），或是基于 GARCH 模型量化股票交易、分析预测投资收益（孙伟，2017；崔文喆，2019）。在企业战略决策分析方面，MATLAB 的神经网络工具箱将混合编程技术应用在预警系统，实现了计算机编程融合算法，从而完善了企业预警系统的智能化程度和可操作性，辅助管理者做出科学决策（虞文美和方扶星，2020）。在经济专业领域，MATLAB 已应用在区域经济效率评价（万艳春等，2019）、投入产出效率分析（徐齐利，2019）、人口变化统计（于道涵，2019）等方面的研究。MATLAB 在经济、企业管理及金融领域已经贡献了其非凡的力量。

2.4.2　RapidMiner

RapidMiner 最初被称为 YALE（Yet Another Learning Environment），是由人工智能部门的 Ingo Mierswa、Ralf Klinkenberg 和 Simon Fischer 在 2001 年共同开发完成的。这是一款用于数据挖掘的开源计算软件。数据挖掘流程以 XML 文件加以描述并通过图形用户界面显示，这让用户可以通过在图像化界面拖曳实现建模，轻松进行数据准备、机器学习和预测模型部署。RapidMiner 被认为是世界领先的数据挖掘解决方案。RapidMiner 主要利用 Java 编程语言编写，集成了 WEKA 学习器和评估方法，并且可以与 R 语言协同工作。目前，国内 RapidMiner 的应用版本已到 RapidMiner 7.6.0。

1．RapidMiner 的基本功能

RapidMiner 是专业数据挖掘工具，基本功能有数据挖掘、机器学习、语意和预测分析，具体包括数据探索、数据准备、数据预处理、数据可视化、建模、模型验证、数据分析等。利用 RapidMiner 可以轻松完成从数据处理到建模再到分析的全部处理。这些功能都是通过连接各类算子（Operator）形成流程（Process）来实现的，即从输入原始数据到输出模型结果的流程，整个流程可以看成是工厂车间的生产线，而各类算子可以看成是执行某种具体功能的函数。

2．RapidMiner 的基本应用方法

打开 RapidMiner 软件后，单击"New Process"新建流程，可以进入设计窗口。其主要由算子选项窗口、资源库窗口、设计画布、参数窗口、帮助窗口五部分构成，如图 2-76 所示。"算子选项窗口"用于选择算子、拖动算子至设计画布中。"资源库窗口"用于存储用户现有数据和已建立的流程。"设计画布"进行流程编辑。"参数窗口"用于设置算子的相关参数，决定着算子的特征或行为。"帮助窗口"可以获得关于所选中算子的信息和操作方法介绍。

RapidMiner 基本操作是：

（1）数据导入

数据导入主要有两种方式。第一种方式是以算子（Operator）形式导入。首先，选择需要导入的算子。在"Operators"算子选项窗口下，依次单击"Import"文件夹下的"Data"

文件夹，如图 2-77 所示，从中选定需要运行的算子类型后拖动该算子到设计画布中。然后，选定该算子，此时右侧参数窗口发生变化，单击其中的文件夹图标，选取需要导入的数据文件。第二种方式，在"Repositories"资源库窗口单击"Import"，可以读取 CSV、Excel 等多种格式的数据，如图 2-78 所示。导入后该数据以 data 形式存储在库中，可随时拖动到设计画布中调用，将会显示为 Retrieve。

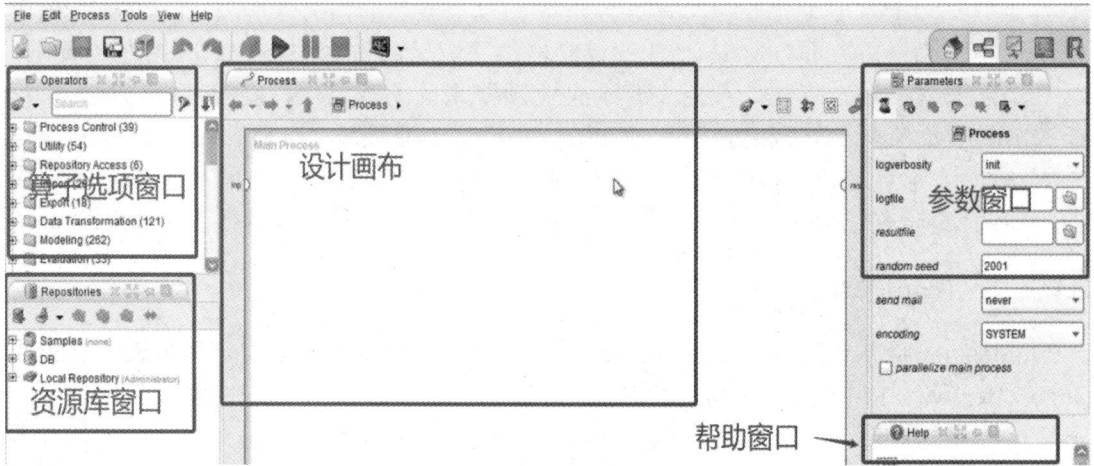

图 2-76 RapidMiner 的设计窗口

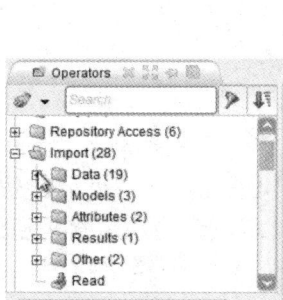

图 2-77 "Operators"算子选项窗口

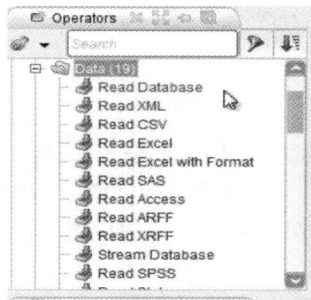

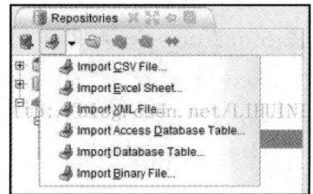

图 2-78 "Repositories"资源库窗口

(2) 数据预处理

数据预处理主要通过 Data Transformation 算子实现。根据数据的预处理需要，比如替换默认值、数据过滤等，可以从算子选项窗口选择适用的算子（如 Replace Missing Values 算子），选定后拖动至设计画布中，再在右侧参数窗口对数据进行定义，并运用线条将其与设计画布中的上一项算子相连，如图 2-79 为替换默认值的数据预处理界面。

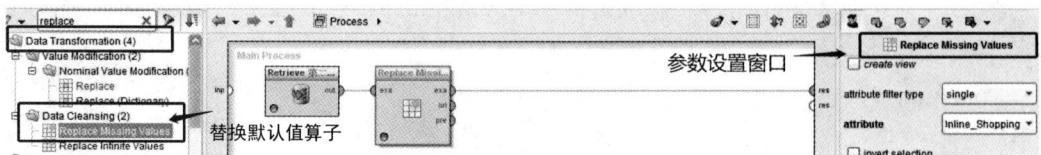

图 2-79 数据预处理界面

（3）执行数据

根据实际需求从算子选项窗口的搜索栏选择适当的算子拖至画布中，再从参数设置窗口对选中的算子进行具体定义。下面以预处理完的数据进行线性回归操作为例展示。首先，从左侧算子选项窗口选择"Linear Regression"算子拖动至画布。然后，在右侧参数窗口对线性回归模型的参数（如最小容忍度）进行设置。最后，保证算子输出端与系统输出端相连接，即从最后一项算子半圆拖动线条至"res"半圆，单击 ▶ 运行按钮，如图 2-80 所示，系统将执行分析流程并自动显示结果。

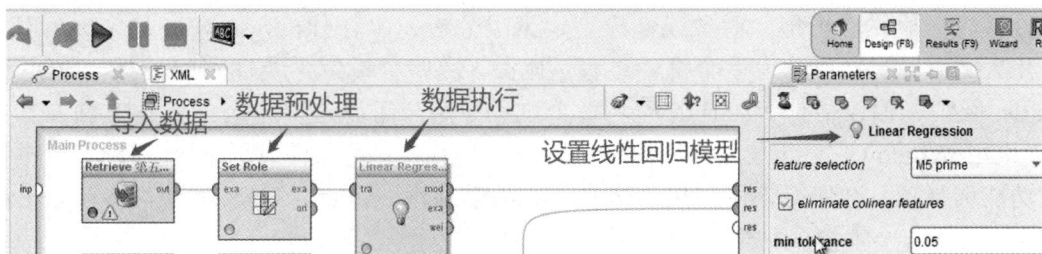

图 2-80　数据执行

（4）输出结果

进入 Result 窗口，单击"Linear Regression"子窗口便可查看模型执行效果，如图 2-81 所示。单击右上角的 Design（FS）选项卡可返回画布，根据需求利用各种类型的算子，按照上述步骤继续进行操作。

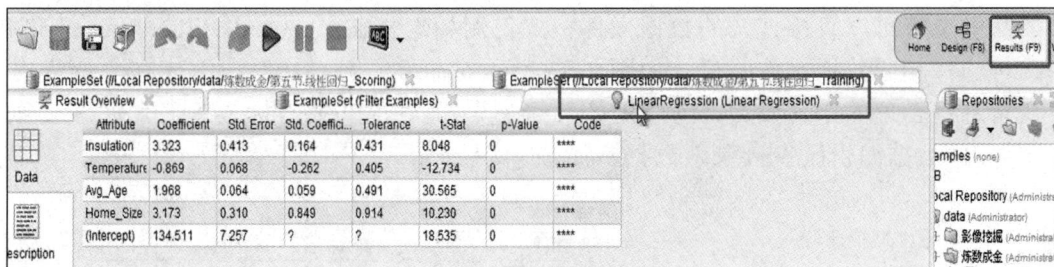

图 2-81　输出分析结果

3．RapidMiner 的主要应用

RapidMiner 简化了数据挖掘过程的设计和评价，常用于解决企业中各种关键的商业问题。例如，通过对市场信息和社交媒体信息的分析挖掘助力产品创新和管理，利用数据挖掘平台整合企业数据让财务管理更深入，或是基于 PROV 模型清晰完整地表达数据挖掘过程，使挖掘结果更可信，以便决策者更好地利用其做出合理的经营决策（柯洁，2016）。金融投资领域已利用 RapidMiner 的数据预处理和随机森林算法对互联网金融行业的信用风险进行评级（张纯，2019），消费者满意度分析方面也有应用 RapidMiner 的情况，并取得了初步研究成果。

2.4.3　SPSS

SPSS（Statistical Product and Service Solutions）是一款集成化的计算机数据处理应用软

件，是由美国斯坦福大学的三位研究生在 1968 年开发出来的。SPSS 是世界上最早采用图形菜单驱动界面的统计分析软件，现在已经广泛应用于自然科学、技术科学、社会科学的各个领域。2019 年 4 月 SPSS 推出了 26.0 版本，增强了现有统计和脚本编写过程，并增加了贝叶斯分析等新功能。

1．SPSS 的基本功能

SPSS 集数据录入、整理、分析功能于一身，具备数据管理、统计分析、图表分析、输出管理等基本功能。其中，SPSS 的统计分析功能包括了描述性统计、均值比较、相关分析、回归分析、一般线性模型、对数线性模型、聚类分析、生存分析、时间序列分析、多重响应等几大类。每类又可分为多个统计过程，比如，回归分析包含线性回归分析、曲线估计、Logistic 回归、加权估计等统计过程，每个过程中用户可以选择不同的操作方法及参数。SPSS 采用 Windows 窗口方式将各种功能以统一、规范的界面展现，同时利用对话框展示各种功能选择项，这使得分析结果清晰直观、易学易用。另外，SPSS 可以直接读取 Excel、STATA、SAS、文本等多种格式的数据。

2．SPSS 的基本应用过程

SPSS 运行时会出现多个窗口，最常用的窗口有数据编辑窗口、结果输出窗口、语法编辑窗口，通过各个窗口可以完成相应的操作。SPSS 基本操作方法如下：

（1）数据录入

SPSS 数据录入有间接法和直接法两种选择。采用间接法时，依次单击"文件"下的"打开"中的"数据"，如图 2-82 所示，此时弹出"打开数据"对话框，单击"文件类型"列表框，从中选择可以直接打开的数据文件格式，例如选择 Excel（*.xls,*.xlsx,*.xlsm）格式的文件，再选择相应数据文件即可，如图 2-83 所示。而采用直接法时，首先在"变量视图"下对变量进行合理的定义设置，包括变量名称、类型、小数位数、标签等，然后切入至"数据视图"，在数据编辑区直接录入数据，如图 2-84 所示。

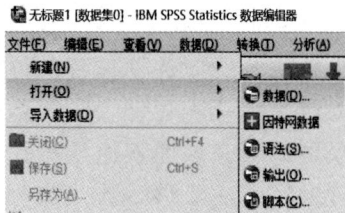

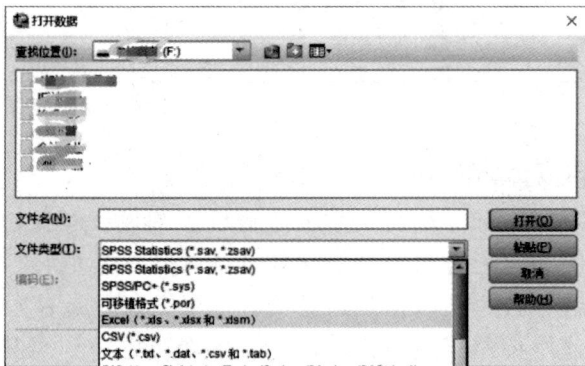

图 2-82　间接法进入　　　　图 2-83　选择数据文件窗口

（2）数据分析

单击工具栏中的"分析"菜单会出现一系列 SPSS 能够实现的功能选项，如描述性统计、一般线性模型、相关分析、回归分析、对数线性模型、聚类分析、生存分析、多重响应等。根据具体需求选择不同的功能选项，例如对样本进行描述性统计，如图 2-85

所示，选定后弹出相应对话框，从中选择输出项或输入相关值，单击"确定"按钮，如图 2-86 所示。

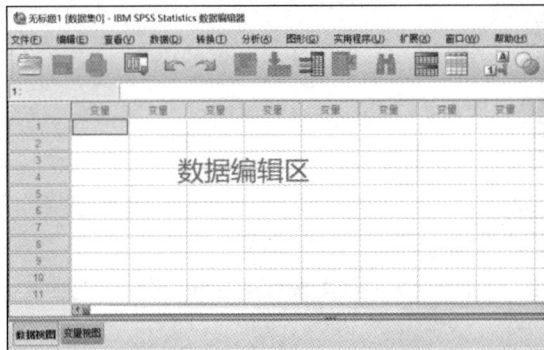

图 2-84　直接法录入数据窗口

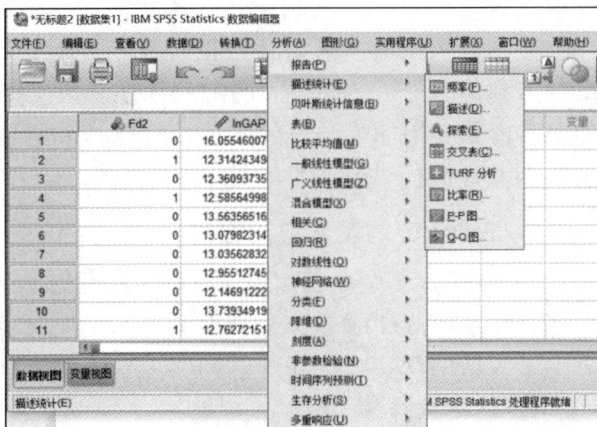

图 2-85　数据编辑功能

3. SPSS 的主要应用

SPSS 以强大的数据管理功能、方便的图表展示功能，以及良好的兼容性、界面的友好性等吸引了众多领域研究者，被广泛应用在生态学、医疗保健、金融经济学等行业领域。由于每个行业存在着与众不同的行业特点和行业需求，因此，SPSS 根据各个行业数据分析和数据挖掘的特点，设计了更具针对性的解决方案。在我国金融经济学领域，SPSS 目前主要用于统计分

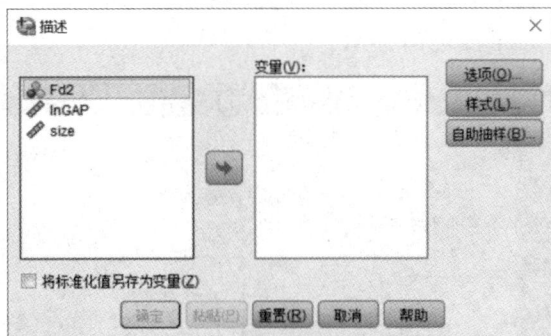

图 2-86　选择描述性统计变量

析、数据挖掘、预测分析和企业应用服务。近年来企业对财务绩效的评估分析开始应用 SPSS 中的因子分析法，也有企业利用 SPSS 建立财务预警模型综合分析自身财务状况。在经济预测方面，SPSS 已应用于地区农业发展水平预测、宏观经济预测、人数预测等研究领域。SPSS 也在价格促销策略分析、产业发展能力评估等方面取得了不少研究成果。

2.4.4　Smartbi

Smartbi 是广州思迈特软件有限公司旗下的一款商业智能 BI 和大数据分析软件，通过 Smartbi 应用商店(BI+行业应用)为客户提供场景化、行业化的数据分析应用。目前，Smartbi 标准化产品有三种，分别是企业报表平台、自助分析平台、数据挖掘平台。2021 年思迈特软件公司已发布 Smartbi V10 版本。

1. Smartbi 基本功能

Smartbi 作为企业级商业智能应用软件，通过三种平台软件实现报表制作、自助分析、数据可视化、数据挖掘、移动协同、人工智能等基本功能。其中，企业报表平台 Spreadsheet

是一款借助 Excel 的插件设计企业 WEB 报表的工具软件，允许用户在 Excel 中进行数据查询、样式设计、数据计算、互动逻辑、共享发布等操作，融合了 Excel 和传统报表软件的双重优势，提高了报表制作的效率和能力。自助分析平台 Eagle 为企业业务人员提供自助式的数据分析工具，可进行数据过滤、分析计算、数据可视化等操作，缩短了业务人员提出需求到得出分析结果之间的时间周期。数据挖掘平台 Mining 具有流程化、可视化的建模界面，内置实用的、经典的统计挖掘算法和机器学习算法，并支持 Python 扩展算法，为个人和企业决策提供预测性智能分析功能。

2. Smartbi 的基本应用方法

Smartbi 软件产品以"真 Excel"为特色，于 2020 年专门推出了 Excel 融合分析功能，能够直接在 Excel 上取数后进行自助分析。考虑到企业在日常经营过程中离不开制作、分析电子表格的现实，本部分以构建可视化数据集的电子表格为例介绍 Smartbi 的基本操作。

（1）创建数据源

单击"数据连接"，从可供选择的数据库类型中选择需要的数据源，如图 2-87 所示。比如选择 MySQL，出现"新建关系数据源"对话框，如图 2-88 所示。在对话框中对名称（如命名为 demo）等进行设置，单击"测试连接"，出现"测试通过"的提示则表明连接成功。然后可以单击"保存"。

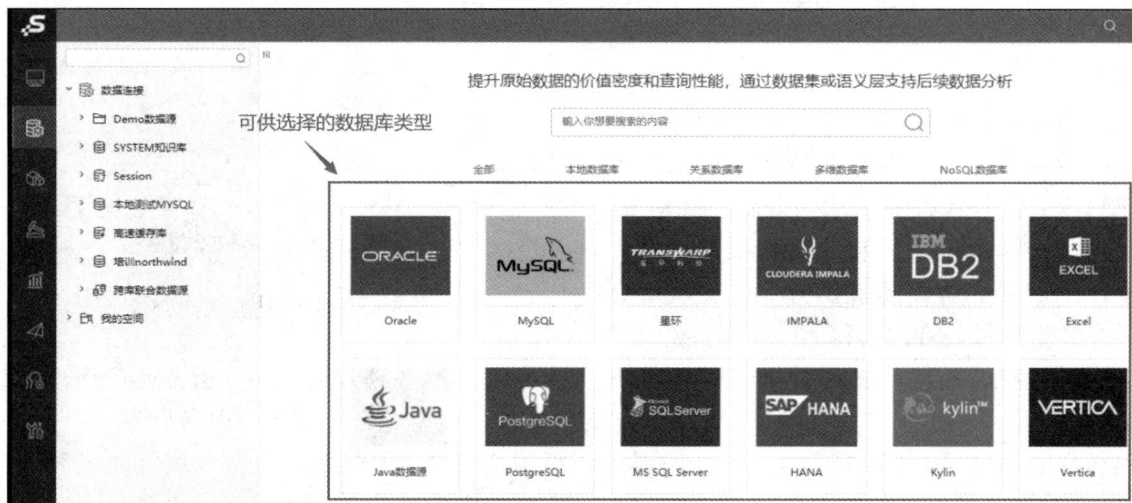

图 2-87　选择数据源

（2）数据库管理

从左侧找到创建的数据源 demo，然后右击，选择"数据库管理"，如图 2-89 所示。然后，添加需要的表格后单击"保存"，此时左侧数据源 demo 下会出现添加的表格，双击表格可以进行属性编辑。

（3）创新表关系视图

右键单击"表关系视图"，选择"新建"下的"表关系视图"，如图 2-90 所示。然后将创建关系视图的表格拖曳到编辑区，按照需求建立表格之间的关系后，单击"保存"，可以创建起一个关系视图。

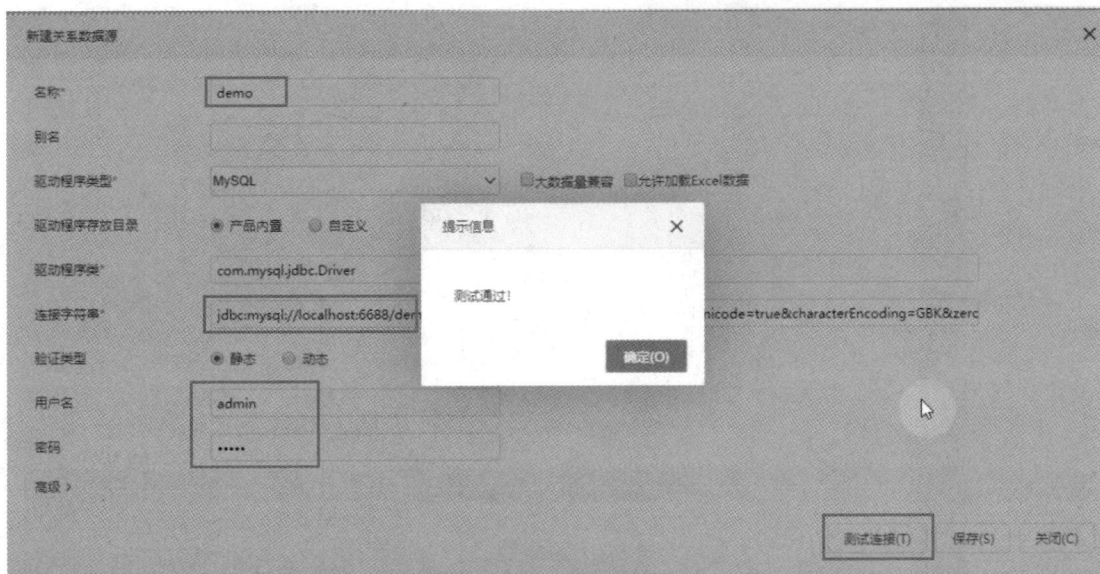

图 2-88　MySQL 数据源设置

图 2-89　编辑数据源的属性

图 2-90　创新表关系视图

(4) 创建可视化数据集

如果要创建上述数据源的可视化数据集，则单击"数据准备"下的"数据集"，找到存储文件的合适位置后右键单击，选择"新建数据集"下的"可视化数据集"，如图 2-91 所示，出现"选择数据源"对话框后，选定已建立的数据源 demo，单击"确定"，如图 2-92所示，此时便创建了可视化数据集。然后可以根据需要在编辑区进行操作并保存。

(5) 创建电子表格

如果要在电子表格设计器中基于上述可视化数据集创建电子表格，则首先安装一个电子表格插件，然后打开电子表格设计器单击"设置"命令，在出现的"设置"对话框中填入 URL、用户名和密码，执行"确定"后，便会连接到服务器，导入已创建的数据集，激活工具栏，如图 2-93 所示。此时根据需求进行操作就可以完成基于可视化数据集——电子表格的创建。

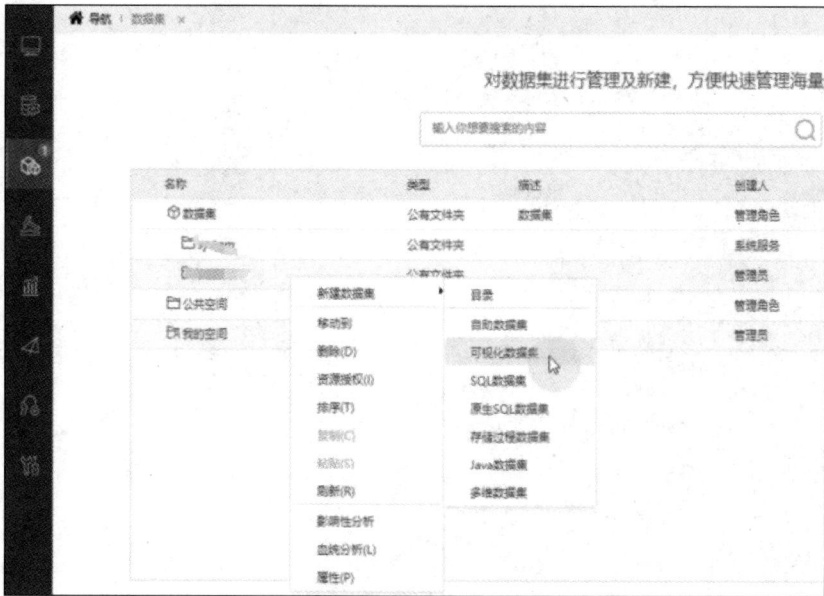

图 2-91　创建可视化数据集

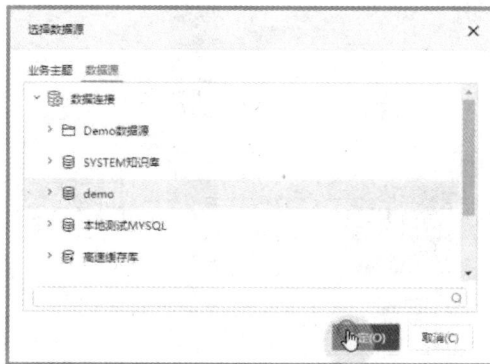

图 2-92　选择数据源

3．Smartbi 的主要应用

Smartbi 基于"BI+行业"战略解决了资源占用与实施质量之间的矛盾，而且通过对不同行业场景的深入理解，也定制了专门的行业模板。目前，Smartbi 已经广泛应用于金融、大型制造业、政府、电信等行业，其用户包括了华为、阿里巴巴、万达、中国银行、交通银行、深交所、蒙牛等企业。在金融领域，Smartbi 自助分析云平台全力打造出银行移动管理驾驶舱，通过实时图形化展示业务指标数据，辅助企业管理者直观地监测企业运营情况，并对异常关键指标进行预警和挖掘分析。在财务管理方面，Smartbi 能够基于企业业务和需求，实现数据的可视化展示和分析挖掘，同时能够对企业的数据权限进行统一管理。Smartbi 还提出了针对零售行业数字化转型的解决方案，构建了基于数据驱动的零售经营分析平台。

Smartbi 在一些政府部门也有应用，帮助政府财政部门、审计部门建立了面向业务数

据的统一分析平台,还用于了税收征管系统的设计与实现(林贝禹,2017)。可以说,Smartbi
做到了整合各行业的数据分析和决策支持需求,给企业各层级人员带来了不同的体验和
价值。

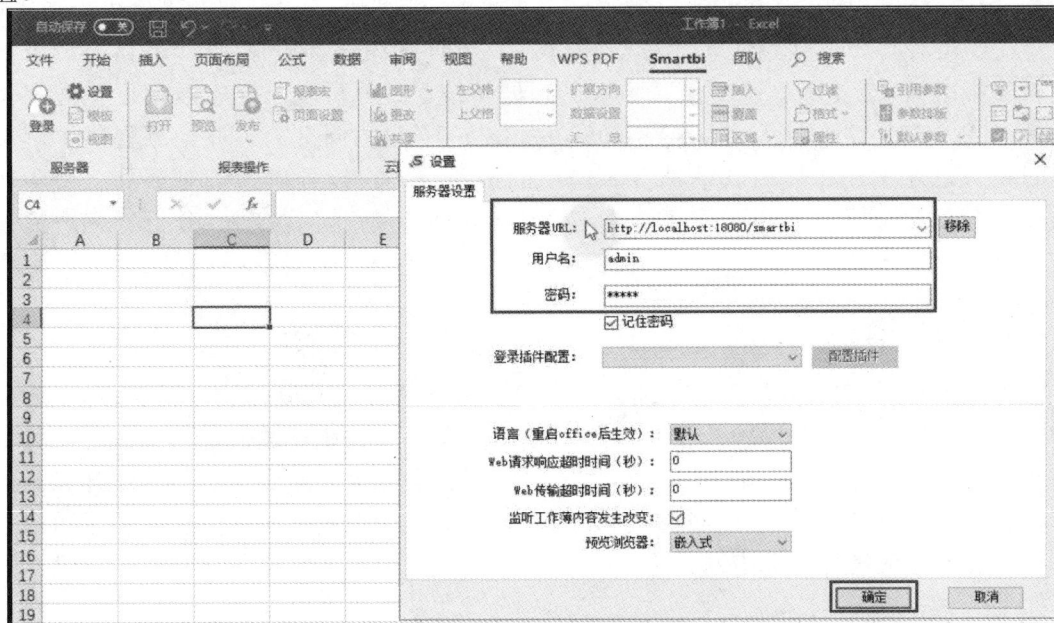

图 2-93 "设置"对话框

2.4.5 SAS Sentiment Analysis

SAS Sentiment Analysis 也称 SAS 情感分析,是一款模块化、集成化的大型应用软件系
统,由 SAS 公司开发。SAS Sentiment Analysis 是基于 SAS 可视化文本分析模块设计的,
通过收集信息、统计建模和基于规则的自然语言处理技术,可以搜索与企业相关的内外部
文本文档,定义情感模型,识别文本中的主观信息并将其标记为积极、消极、中立的情感
类型,实现了自动对电子文本中表达的观点进行评估和分类。

1. SAS Sentiment Analysis 的基本功能

SAS Sentiment Analysis 由数十个专用模块构成,基本功能包括数据访问、数据储存及
管理、应用开发、图形处理、数据分析、报告编制、运筹学方法、计量经济学与预测等。
该软件支持一种或多种与术语、正则表达式、部分语言标记等相匹配的复杂语言规则,利
用硬件扩展能力可实时或以批次方式搜索内联网和互联网网站信息并进行收集处理,预定
义 API 可用于各种流行的社交网站,而交互式标记匹配器便于提取 XML 或 HTML 现场数
据。SAS Sentiment Analysis 支持各类电子文档,并且可以轻松扩展提供多语言支持,从而
能够在全球范围内进行情感评估。

应用 SAS Sentiment Analysis 时,首先从网站、社交媒体和内部文件系统等信息来源渠
道获取其中的文本信息,解决方案会在接收过程中自动评估输入文档,提供情绪变化的实
时最新状态。然后,利用统计建模和基于规则的自然语言处理技术的独特组合,自动提取
实时或某个时间段的情绪,识别文本中描述的特征和性质的细微差别,并进一步通过丰富

的图形、报表和监测工具评估文本文档中提取出来的情绪，这能够让企业轻松地发现潜在问题，评估其竞争地位，从而调整相应措施。

2. SAS Sentiment Analysis 主要应用

当前经济环境下，快速了解不同渠道(网站、通信中心、电子邮件、表格、调查、内部文件和报表)的意见和体验是至关重要的。但传统上，分析电子文本以发现正面和负面情绪的过程一直耗费大量人力，SAS Sentiment Analysis 的问世为上述问题提供了解决方案。目前，其主要用于实时评估消费者情绪的最新状态，以提供人们对产品、服务和品牌整体印象的量化洞察，也已用于企业竞争排位评估、股市的波动性分析、客户流失预测等研究领域。

2.4.6 R 语言

R 语言诞生于 1980 年前后，由新西兰奥克兰大学的有关人员开发，属于 GNU 操作系统的一个自由、免费、源代码开放的软件。与其说 R 是一种统计软件，不如说是一种集统计分析、绘图于一体的编程语言和操作环境。R 语言不仅可以提供一些集成统计工具，而且能提供各种数学计算、统计计算的函数，让使用者灵活地进行数据分析，甚至可以创造出符合需要的新的统计计算方法。

1. R 语言的基本功能

R 语言是一套完整的数据处理、计算和制图软件系统，使用者只需指定数据库和若干参数便能够实现统计分析。相比其他统计学或数学专用的编程语言，R 语言有着更强的面向对象程序设计的功能。除此之外，R 语言还具有如下功能：数据存储和处理、数据挖掘、数组运算(R 语言在向量、矩阵运算方面功能尤其强大)、统计分析、统计制图、操作数据的输入和输出、用户自定义功能等。

2. R 语言的主要应用

R 语言能够通过用户撰写的套件增强应用功能，增加的功能有特殊的统计技术和分析速度、绘图功能，以及编程界面和数据输出/输入功能，这使得 R 语言常用于经济计量、财经分析、人文科学研究以及人工智能等领域。在我国金融经济领域，研究者主要应用 R 语言的动态数据可视化技术分析大数据对金融审计、财务风险管理等方面带来的影响，基于 R 语言中的 K-means 聚类算法评估企业的经济效率，或是通过 R 语言的 Spark 集群、Hadoop 集群为企业搭建数据分析建模平台，以帮助企业找到适合自身的经营领域。在人口预测、股价行情预测、消费预测等方面也已应用 R 语言进行研究，均取得成果。

2.5 浪潮大数据平台——DMP 与 BA

2.5.1 浪潮数据管理平台——DMP

随着企业发展，企业所要处理的数据类型和数据量越来越多，数据仓库、大数据分析系统逐渐成为企业信息化建设热点。为此，浪潮总结二十多年的数据治理、数据仓库实施、大数据分析应用的经验，通过自主研发，推出了数据管理平台产品(以下简称浪潮 DMP)。

浪潮 DMP 是一款专业面向数仓实施的智能、敏捷的数据全生命周期管理应用平台，能够有效解决企业面临的数据架构、数据标准、数据质量问题，可全方位满足用户对数据管理和数据服务应用的时效性和准确性需求，在较大程度上能降低数据集成项目实施技术门槛，使复杂的工作简单化、重复的工作智能化。浪潮 DMP 产品架构如图 2-94 所示。

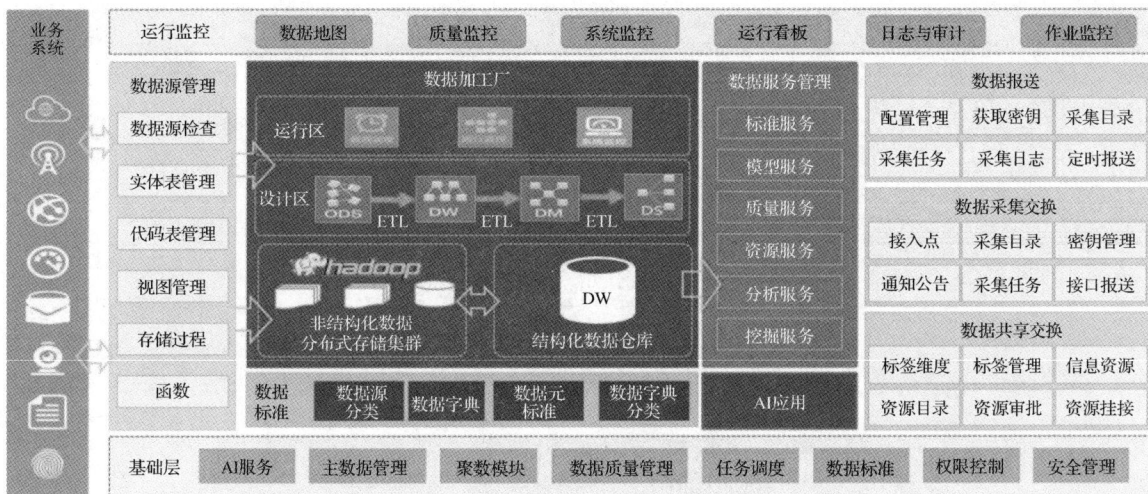

图 2-94　浪潮 DMP 产品架构图

浪潮 DMP 是支撑企业数仓建设和数据管理的工具，具有智能、敏捷、高效、协同等特点，拥有数据源、数据加工厂、数据质量管理、数据标准管理、数据服务管理、数据服务共享、聚数等模块，可实现对数据全生命周期的管理。主要功能如下：

数据源模块，提供数据源"一站式"管理界面，能够对数据源的代码表、实体表、存储过程等内容提供业务化描述，做到业务和数据的结合。同时提供数据源检查功能，实现数据源实时在线监管，有效监控对数据源的非法操作。

数据加工厂模块，提供高效、协同的 ETL 和数据仓库建模工具，构建数据仓库，使数据能够得到充分的管理和应用，为发挥数据价值提供有力保障。

数据质量管理模块，通过制定数据检核规则和方案，实现对数据质量的监控。当数据产生质量问题时，系统自动告警，为数据管理者提供详细的数据质量分析报告。

聚数模块，为客户提供了机器学习算法、拖曳式 ETL 工具，提供上百种 ETL 组件，ETL 配置简单、功能强大。

数据标准管理模块，实现数据标准的落地，预置国标、行标等标准数据项，为企业数据标准化提供专业的支撑，同时提供标准扩展，实现企业自有标准的管理。

数据服务管理模块，为客户提供高质量的数据服务，服务内容涵盖数据标准服务、数据模型服务、数据质量服务、数据资源服务、数据分析服务、数据挖掘服务。

运行监控模块，通过数据全景功能，实现数据仓库运行状况"一张图"；通过资源检索，帮助数仓管理人员实现资源的快速检索，提高工作效率，实现数仓的可视、可控、可检索。

浪潮 DMP 产品操作步骤如下。

第一步，配置数据源，如图2-95所示。

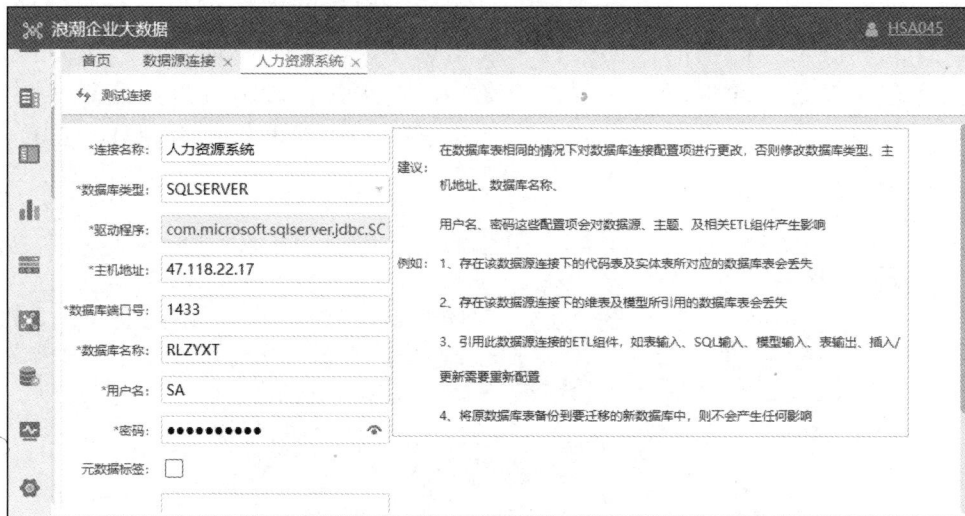

图2-95　配置数据源

第二步，创建维表和模型，如图2-96所示。

图2-96　创建维表和模型

第三步：利用ETL组件进行数据清洗和数据处理，如图2-97所示。

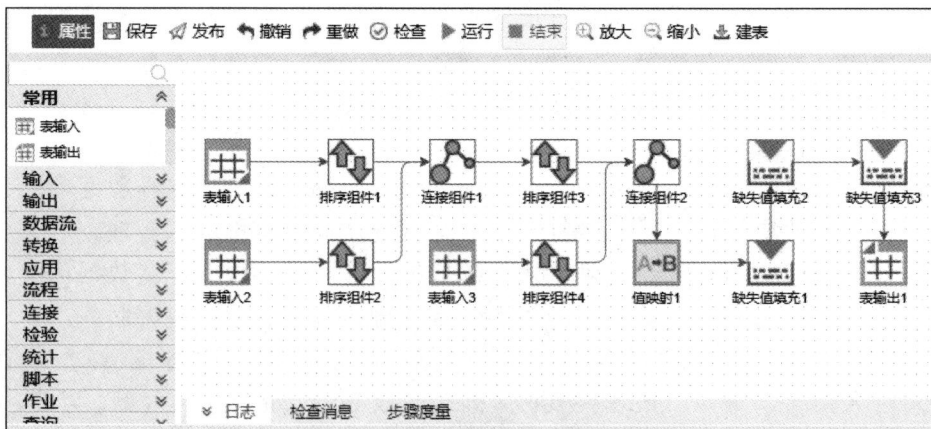

图2-97　数据清洗和数据处理

2.5.2　浪潮大数据分析平台——BA

浪潮使用大数据深度信息分析技术，挖掘海量数据背后蕴含的价值，确立大数据应用的业务目标、应用场景、可能获得的业务价值以及为此设计的业务运营模式、商业模式等。借助于大数据技术，企业可以更好地贴近消费者，融入互联网，更好地发现价值。在生产方面，提升网络化协同能力、产业配套能力，实现由大规模制造向大规模定制转移，更好地创造价值；在营销服务方面，构建以用户为核心的互动营销手段和服务理念，透析信息背后所传递出的消费者偏好，更好地提升服务；在经营管理方面，提高社会化网络环境下的风险控制能力与产业应变能力，推动企业实现精细化运营。

浪潮大数据分析平台（以下简称浪潮 BA）面向中国集团企业，以"助力数字化转型，成就智慧企业"为目标，通过数据治理、展示工具、分析应用等三个层次提供服务。充分挖掘、发挥数据资源的价值，以数据重构企业智慧。浪潮 BA 产品架构如图 2-98 所示。

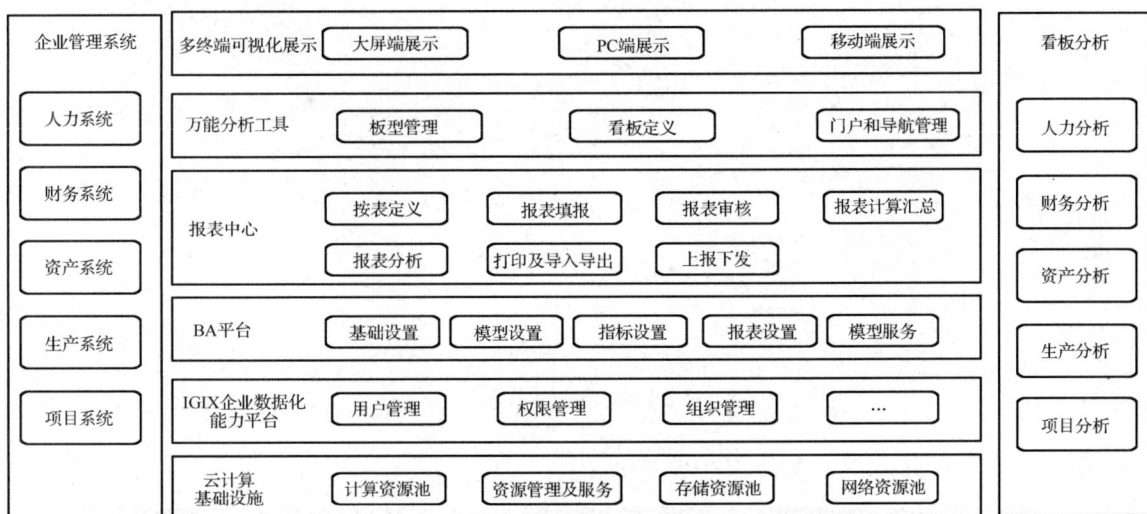

图 2-98　浪潮 BA 产品架构图

浪潮 BA 产品主要功能如下：

商务分析平台是浪潮 BA 的重要组成部分，设置灵活简单，功能丰富，适用于各类企事业单位进行基础设置。商务分析平台包括运行平台、基础数据、控制面板、移动应用、模型管理五个部分，具有 BI 资源管理、BI 桌面、BI 数据源管理、系统配置管理、OLAP 角色管理、BI 标准编码类别定义、BI 标准编码定义、BI 组织机构类别定义、BI 组织机构维度定义、BI 组织机构定义、语义对象及函数设计器、定义 BI 取数模型、定义 BI 参数模板等功能。

指标工具平台适用于财务指标的监控分析，包括指标维度定义、指标体系定义、指标取数设置、指标导入导出、指标计算任务管理等功能。

仪表盘主要包括支持移动风格展现、界面样式切换、支持 GIS 部件、页面一键发布等功能。仪表盘支持客户端、浏览器两种形式的访问。可定义某一个分析图形或图表对应数据的数据集。可对数据集进行封装，包括图形部件、表格部件、参数部件、地图部件、类 Excel 表格部件、组合部件等多种类型部件。HTML 页面是分析展现的页面，是最终呈现的结果形态。页面中包含已经封装好的部件，同时可调整各部件之间的位置、大小等布局信息。

万能查询通过多种取数方式抓取所需数据，能够利用表格、图形等多种途径展示数据，是一种面向客户的简单灵活的数据展现工具。万能查询模块可利用报表函数、取数模型、存储过程等方式开发个性化查询，满足管理、决策对数据的需要。

大屏设计器，可根据需要灵活配置，方便快速定义出大屏页面。包括页面类型、大屏风格、鼠标模式、元素类别、数据集定义、部件定义、大屏页面定义等。

浪潮 BA 产品操作步骤如下：

第一步，定义参数模板，如图 2-99 所示。

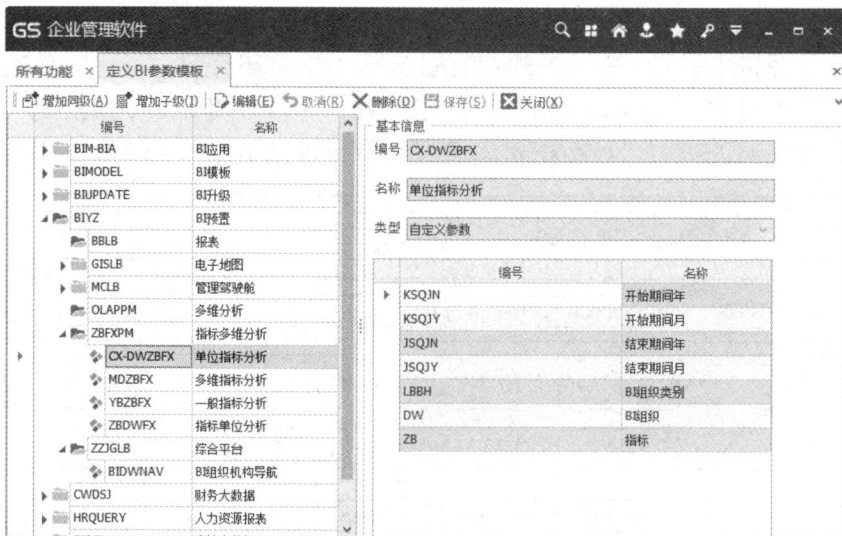

图 2-99　定义参数模板

第二步，数据集定义，如图 2-100 所示。

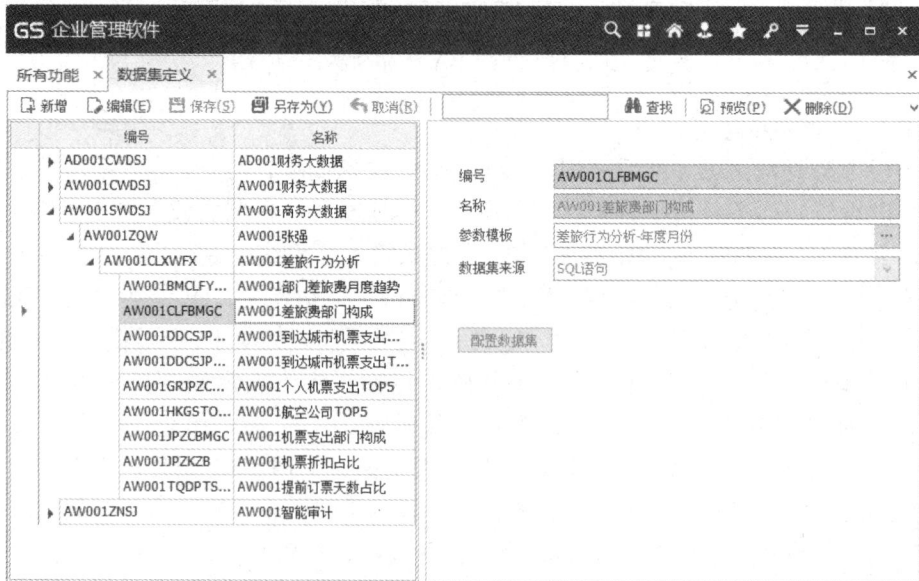

图 2-100　数据集定义

第三步：部件定义，如图 2-101 所示。

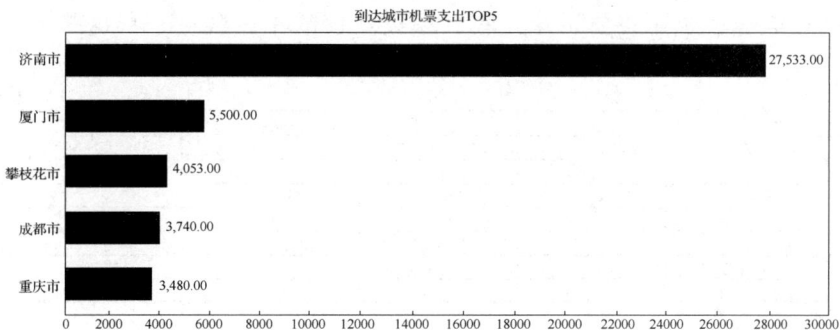

图 2-101　部件定义

第四步：分析看板，如图 2-102 所示。

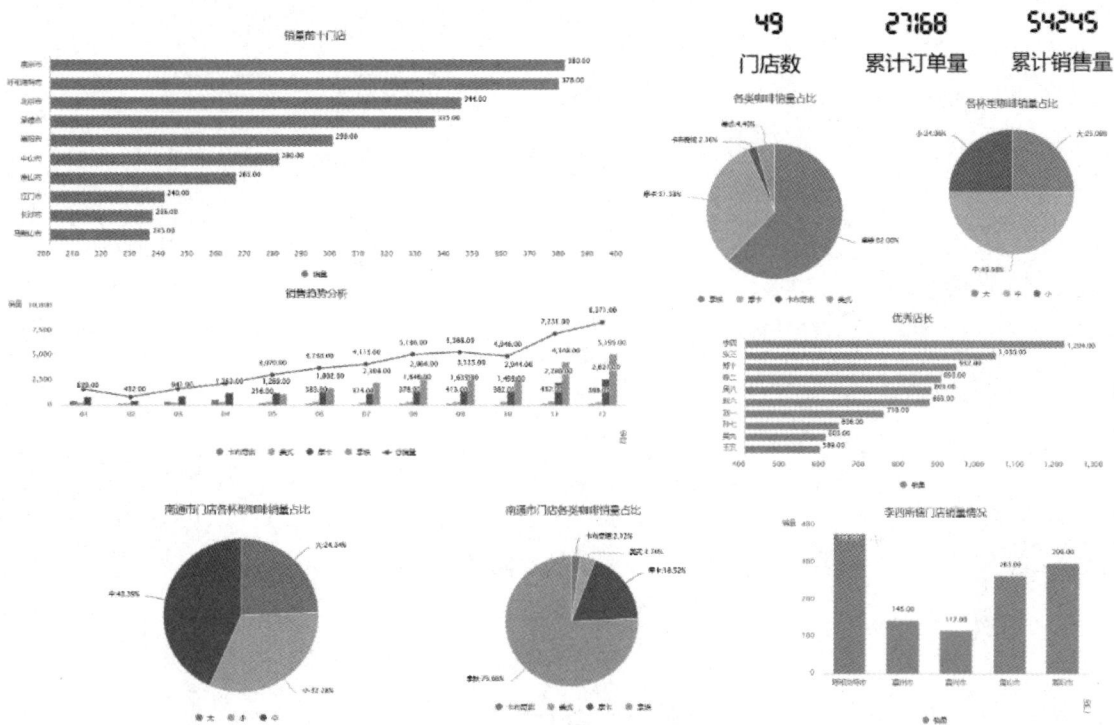

图 2-102　分析看板

思考题

1．什么是 Power BI 的数据建模和数据整合？

2．在 Power BI 中如何进行数据分组与合并？

3．在 Excel 中写一个 sub 过程能够在屏幕上显示一个消息框，消息框上显示"存货不足，请进货：芯片"。消息框的名字叫"提示"。

4．已知某公司 1994—2021 年的营业收入如下表所示，试采用函数统计该公司营业收入最好和最差的年份，统计该公司营业收入超过均值的年份数量，将这些数据分类、分段进行可视化展示。

1994年	1995年	1996年	1997年	1998年	1999年	2000年
26346680.9	44644600.88	92744747.09	72999403.94	101800818.9	100095544.1	135702765.3
2001年	2002年	2003年	2004年	2005年	2006年	2007年
210535090.1	275715715.2	599645542.1	856904841.4	941866580	1022729796	1127513715
2008年	2009年	2010年	2011年	2012年	2013年	2014年
1337435298	1441529091	1481969603	1312648969	1488122150	1975214446	2014042616
2015年	2016年	2017年	2018年	2019年	2020年	2021年
2142418351	2134146877	5071811169	7177952084	5444845625	3302144019	4102144028

5．试着采用 Python 从巨潮资讯网下载医药制造业上市公司 2021 年的年报。

第 3 章

大数据财务决策常用方法

本章内容提要

本章主要介绍了财务决策中常用的大数据分析方法，包括聚类分析、分类方法、回归分析、关联规则分析和离群点分析。讲解了这些方法的定义、算法种类、主要实施步骤和主要财务应用领域。

3.1 聚类分析

3.1.1 定义及算法种类

聚类分析是关于分组或划分数据的方法，目的是发现隐藏在数据中的潜在结构。聚类分析作为从数据中获取知识的重要途径，是数据挖掘和机器学习的一个重要研究领域。

在财务领域，基于大数据的聚类分析是根据财务大数据的内在性质将数据分成一些聚合类，每一聚合类中的元素尽可能具有相同的特性，不同聚合类之间的特性差别尽可能大的一种分类方式。按照学术界的一般看法，聚类分析是一种无监督的学习过程，可以在无须给定先验知识的情况下揭示出数据元素之间的内在关系，但聚类分析所划分的类是未知的，所以，聚类分析没有完全意义上的对错之分，随着无监督学习过程和内容不同，聚类结果也会有所不同。

随着对聚类分析研究的不断增多和深入，人们提出了很多聚类算法。其中应用最多的聚类算法主要有基于划分的聚类算法、基于密度的聚类算法和层次的聚类算法。基于划分的聚类算法是最早提出的，具有很好的理论研究基础。该类算法对包含球形簇数据集的聚类效果较好，但是由于总是将数据对象划分到其最近的聚类中心和目标优化函数的局限性，使其在发现非球形簇方面存在问题。基于密度的聚类算法把簇看作数据空间中被稀疏区域分开的稠密区域。因此，与基于划分的聚类算法相比，它在识别任意形状或流形簇方面更具有优势。但是如何定义数据对象的密度是其面临的主要问题。利用 ε-邻域定义，算法容易对参数敏感，且由于采取全局定义的方法，使其无法处理包含具有较大密度差异的簇的数据集。层次聚类算法通过自底向上或自顶向下的策略构造层次聚类树，可以得到满足不同条件的聚类结果。但是，其面临的主要问题是如何定义子簇之间的相似度。最小距离的子簇相似性度量方法容易产生"链效应"，最大距离的子簇相似性度量方法无法识别环形的簇，平均距离的子簇相似性度量方法容易受到噪声点的影响。因此，现有的聚类算法在对包含复杂流形簇进行聚类方面普遍存在问题，为了解决这些问题，聚类算法一直处于进化之中。

3.1.2 主要实施步骤

聚类分析主要实施步骤包括数据预处理、聚类函数定义、聚类或分组、评估输出。对于不同的聚类算法，具体的实施步骤有所差异。

1. 基于划分的聚类方法

基于划分的聚类的基本含义是将有 n 个对象的数据集 D 划分成 k 个簇，$k \leqslant n$，且满足如下的要求：①每个簇至少包含一个对象，②每个对象属于且仅属于一个簇，那么就创建一个初始 k 划分（k 为要构造的划分数）；不断迭代地计算各个簇的聚类中心并依照新的聚类中心调整聚类情况，直至收敛，达到：①同一个簇中的对象之间尽可能"接近"或相关，②不同簇中的对象之间尽可能"远离"或不同；这些实现了收敛的簇就是数据集 D 的聚类分析结果。

常用的基于划分的聚类方法的实施步骤如下：

(1) K-均值（K-means）聚类算法实施步骤

① 数据集中随机取 K 个样本作为初始的聚类中心 $C=\{c_1, c_2, c_3 \cdots c_k\}$；

② 对数据集中每个样本 X_i，计算它到 K 个聚类中心的距离，并将其分到距离最小的聚类中心对应的类中；

③ 分别对每个类别 C_i 中的所有样本点求均值，作为新的聚类中心 $C_i = \frac{1}{|C_I|} \sum_{x \in c_i} X$；

④ 重复②和③，直至达到最大迭代次数，或者更新后的聚类中心与原来的聚类中心几乎吻合（形成不动点）。

(2) K-means++聚类算法实施步骤

① 从输入的数据点集合中随机选择一个点作为第一个聚类中心；

② 对于数据集中的每一个点 X，计算其与聚类中心的距离 $D(X)$；

③ 选择一个 $D(X)$ 最大的点作为新的聚类中心；

④ 重复②和③直到 K 个聚类中心被选出；

⑤ 利用 K 个初始聚类中心运行 $D(X)$。

(3) K-中心点（K-medoids）聚类实施步骤

① 随机选择 K 个对象作为初始的代表对象；

② 指派每个剩余的对象给离它最近的代表对象所代表的簇；

③ 随机地选择一个非代表对象 0_{random}；

④ 计算用 0_{random} 代替 0_j 的总代价 S；

⑤ 如果 $S<0$，则用 0_{random} 替换 0_j 形成新的 K 个代表对象的集合，直到不发生变化。

2. 基于层次的聚类方法

基于层次的聚类方法的基本含义是对给定对象数据集进行层次的分解，使用层次间的距离矩阵作为聚类标准，设定终止条件，进而形成层次分明的簇类。在层次聚类算法中，数据被逐层合并或者分解成一棵层次分明的聚类树。按照树的生成步骤可分为两大类：自顶而下的分裂式层次聚类算法和自底而上的凝聚型层次聚类算法。

基于层次的聚类方法的实施步骤如下：

首先，将数据集中的每个样本作为一个簇；

其次，根据不同簇中最近样本间的距离找到最近的两个簇，合并这两个簇，生成新的簇的集合；

最后，合并的过程反复进行，直至不能再合并或者达到终止条件为止。

终止条件为：

① 设定一个最小距离阈值 d，如果最相近的两个簇间的距离已经超过 d，则无须合并，即聚类终止；

② 限定簇的个数 k，如果得到的簇的个数已经达到 k，则聚类终止。

3．基于密度的聚类方法

基于密度的聚类是指利用簇类的密度连通特性，根据密度条件对邻近对象进行搜索分类，或者根据特定的密度函数(只要邻近区域的密度超过某个阈值，就继续聚类)，通过设置密度参数作为终止条件，将数据集分类的方法。其优点是能够较好地处理任意形状和大小的簇，较之现有基于划分和基于层次的算法效果显著。

基于密度的聚类方法的实施步骤如下：

① 通过检查数据集中各个点的 ε-邻域来搜索簇，如果点 p 的 ε-邻域包含的点多于设定值，则创建一个以 p 为核心对象的簇；而将在核心点邻域内的噪声点则标记为边界点；

② 迭代地聚集从这些核心对象直接密度可达的对象，并对所有的密度可达簇进行合并；

③ 重复①和②，直到没有新的点添加到任何簇时，该过程结束。

3.1.3　主要财务应用领域

聚类分析技术在财务系统中的应用对提高财务人员的财务分析能力起到了重要作用，其应用分布在证券投资、客户管理、信用管理等领域。

1．证券投资

聚类分析是一种行之有效的指导证券投资的方法。聚类分析首先是基于各类股票的行业因素、公司因素、收益性、成长性等基本层面的考察，然后利用综合评价指标体系来衡量样本股票的"相似程度"。运用聚类分析模型能帮助投资者准确地了解和把握股票的总体特征，确定投资范围，并通过总体价格水平来预测股票价格的变动趋势，选择有利的投资时机。聚类分析建立的是一种长期投资的理念，因此在我国证券市场走向成熟的过程中，提倡运用这种理性的投资分析方法，不仅可以降低投资风险，规范投资行为，还有利于促进股票公司从经营业绩和成长能力出发参与市场竞争，促进我国证券市场的健康发展。

2．客户管理

通过聚类分析，基于客户个人行为和交易等用户数据、市场信息、行业状况、同行企业情况等对客户和市场进行分群，深入了解不同市场的特征以及每个客户的消费偏好，针对不同客户制定不同的营销策略。通过对大数据进行聚类分析，了解不同客户群的差异化需求，加大差异化产品的研发力度，尽可能为不同客户群提供定制化的产品或者服务。同时，通过对同行业其他企业的分析，明确同行企业产品相关情况，了解自身的不足之处。通过市场调研来了解潜在客户的产品需求，挖掘新的产品和服务机会，加大对产品创新相关资金人力等各个方面的投入，不断提高企业的创新能力和竞争力。这样，不仅能够更好地留住原有客户，而且能够吸引更多的潜在客户。

3．信用管理

企业可以通过聚类算法来分析上下游企业的相关数据，来判断上下游企业的信用状况，并建立对应的信用档案。根据分析结果，企业能够选择更优的上游供应商，能够慎重考虑对于不同的下游客户是否可以采取赊销方式进行销售，这样能够更好地提升产品质量，降低企业应收账款的坏账风险。

对于银行、金融机构等金融行业的企业来说，根据企业的经营情况将企业按信用等级进行分类可以大大降低信贷风险。聚类分析技术恰好能够提供这样的服务，它从银行已有的数据库中按照信用评估的标准将账户进行分类处理，这样在提供信贷服务时就可以作为一个参考标准。同样，在分析信用卡使用情况时也可以采用聚类分析方法，将使用信用卡的顾客群进行细分，这样一方面，可以通过顾客对信用卡的使用方式来监测信用卡的恶意透支行为，另一方面，还可以针对不同顾客群采取各种不同的优惠措施，从而提高银行收益。

4．风险管理

公司在进行经营管理的过程中会遇到各种各样的风险，这些风险涉及公司日常经营及投融资各个方面，有些是显性的，有些是隐性的。一方面，企业在进行产品销售的过程中可能会出现应收账款转变为坏账的情况，甚至可能会因为国家政策的转变而导致潜在经营风险。另一方面，近年来一些上市公司的负面新闻频传。虽然事后监管方对当事公司采取了各种制裁措施，但投资人的损失已经无法避免。对此，我们应该反思如何才能预判这样的风险，对这些风险进行充分分析与探究。

通过对公司财务数据进行挖掘，选取四大主要财务指标展开分析，由无监督聚类算法分析之后形成的高风险簇便能够很好地体现风险公司的特征，很大程度上簇内许多公司会于此后陆续出现"风险警示"事件，企业在投资时应尽量避开被划入高风险簇的公司。此外，通过聚类分析捕捉到这些高风险公司的相似特征，企业应在未来的经营活动中密切关注，应取数据挖掘技术针对各个阶段公司的不同情况构建风险预测模型，预知潜在风险，提前采取相应措施保障公司未来在发生风险的情况下能够从容应对，维持正常的生产经营。通过无监督聚类算法研究企业财务风险的甄别问题，可以为财务风险模型的研究提供一些新的思路，也为国内金融市场的研究提供了一些新的方法。

3.2　分类方法

随着大数据时代的到来，财务系统中所积累的数据越来越多，给数据的直接使用带来一定的困难。海量杂乱的数据背后隐藏着许多重要的信息，如果能对其进行深入分析，将会为财务决策提供更好的支持。尽管目前的数据库系统可以高效实现数据的录入、查询、统计等功能，但无法发现数据中存在的关系和规则，很多时候不能根据现有的数据可靠地预测未来，出现了"数据爆炸但知识贫乏"现象。数据挖掘技术旨在对大数据进行微观、中观乃至宏观的统计、分析、综合和推理，以发现事件间的相互关联，以指导实际问题的求解。大数据分类方法是数据挖掘的核心技术之一，近年来已被有效地用于科学实验、医疗诊断、气象预报、信贷审核、商业预测、案件审核等领域，取得了良好的效果。

分类是通过有监督的学习训练建立分类模型，应用分类模型把数据分成不同的类，依据分类所采用的不同模型，主要可分为：基于决策树模型的数据分类、基于支持向量机的数据分类、基于逻辑回归模型的数据分类等。

3.2.1　基于决策树的数据分类

决策树算法是一种常用的数据挖掘算法，它是从机器学习领域中逐渐发展起来的一种分类函数逼近方法。基于决策树的分类模型已经广为人们采用。第一，决策树方法结构简单，便于人们理解。第二，决策树模型效率高，对训练集数据量较大的情况较为适合。第三，决策树方法通常不需要受训数据外的知识。第四，决策树方法具有较高的分类精确度。

1. 决策树的基本原理

决策是根据信息和评价准则，用科学方法寻找或选取最优处理方案的过程或技术，对于每个事件或决策，都可能引出两个或多个事件，导致不同的结果或结论。把这种分支用一棵搜索树表示，即叫做决策树。也就是说，决策树因其形状像树而得名。决策树由一系列节点和分支组成，在节点和子节点之间形成分支，节点代表决策或学习过程中所考虑的属性，而不同属性形成不同的分支。为了使用决策树对某一事例进行分类，可以利用该事例的属性值并由决策树的树根往下搜索，直至叶节点为止。此叶节点即包含学习或决策结果。

2. 决策树分类的主要实施步骤

Hunt 等人于 1966 年提出的概念学习系统(Concept Learning System，CLS)是最早的决策树算法，之后的许多决策树算法都是对 CLS 算法的改进或由 CLS 衍生而来。决策树分类的基本算法是贪心算法，它是采用自顶向下的递归的各个击破方式构造决策树的。决策树算法通常分为两个阶段：决策树的构建和修剪。

(1)决策树的构建

下面给出一个通用的自顶向下的构建决策树的算法。

决策树的构建算法：

```
made_decision_tree(N,S,A)
//由给定的训练数据集 S 产生一棵判定树。
输入：节点 N，训练样本集 S，分类属性集 A；
输出：一棵判定树(以节点 N 为根节点的基于数据集 S、分支的属性集 A)
Procedure_ made_decision_tree(N,S,A)
初始化根节点；
在 S 中计算 A，求解节点 N 的分支方案；
If(节点 N 满足分支条件)
选择最好的分支方案将 S 分为 S1 和 S2；
创建 N 的子节点 N1 和 N2；
made_decision_tree(N1,S1,A)
made_decision_tree(N2,S2,A)
```

```
endif
end
```

(2) 决策树的修剪

创建了初始决策树后，要对其进行修剪才能形成一棵真正的分类树，下面给出决策树修剪的基本算法。

```
Prune_tree(节点 N)
If(节点 N 为叶节点)
返回 C(t)+1;
minCost1= Prune_tree(N1);
minCost2= Prune_tree(N2);
minCostN=min{ C(t)+1,C_A(N)+1+ minCost1+ minCost2};
if(minCostN== C(t)+1)
将 N 的子节点 N1 和 N2 从决策树中修剪掉;
返回 minCostN
```

其中，t 为属于节点 N 的所有训练样本，C(t) 和 $C_A(N)$ 分别为将 N 作为叶节点和内部节点来构建决策树的代价，算法基本思想是要使构建决策树的总代价最小。

3.2.2 基于支持向量机的数据分类

支持向量机(Support Vector Machine, SVM)是一种有监督的机器学习算法，是用于分类的一种经典算法。它使用一种称为核技巧的技术来转换数据，然后根据这些转换在可能的输出之间找到一个最佳边界。简单地说，它做一些非常复杂的数据转换，然后根据定义的标签或输出来划分数据。SVM 既可以解决线性问题又可以解决非线性问题，解决高维特征的分类问题很有效，分类准确率高，泛化能力强。

1. 支持向量机的工作原理

SVM 是一个二分类或多分类的分类模型。SVM 方法是建立在统计学习理论的 VC 维理论和结构风险最小原理基础上的，根据有限的样本信息在模型的复杂性(对特定训练样本的学习精度，Accuracy)和学习能力(无错误地识别任意样本的能力)之间寻求最佳折中，以期获得最好的推广能力(或称泛化能力)。所谓 VC 维，是对函数类的一种度量，可以简单地理解为问题的复杂程度。VC 维越高，一个问题就越复杂。SVM 将分类样本映射为向量空间的特征向量集合，并在向量空间中构造最优分类超平面，使得在保证分类正确的同时，不同类别的集合与最优分类超平面的间隔最大。SVM 算法最初提出是为了解决二元线性可分问题，目前 SVM 在线性可分、线性不可分等方面均有广泛应用。其基本原理为：

① 在线性可分方面，如图 3-1 所示为最初的二元线性可分模式，图中的圆圈和三角代表两个分类类别，H 为分类线，用于划分二者类别，H_1 和 H_2 分别是过两类样本中离 H 最近且平行于 H 的样本点所在直线，H_1 和 H_2 间的距离我们称之为最大分类间隔，表示为 M，H 为最优分类线，黑色所表示的样本点决定最优分类线 H，我们将这类样本点称为支持向量。

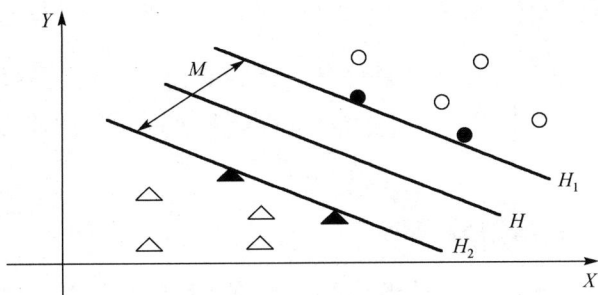

图 3-1　支持向量机两类线性可分模式

② 当分类问题变为线性不可分时，需要使用核函数将原空间映射变为在更高维度的向量空间中寻求最优分类面，效果如图 3-2 所示。

2．支持向量机算法步骤

SVM 是一种分类模型，在完成数据分析前首先应建立标注好的训练样本训练 SVM 分类器，以基于高斯核函数构造 SVM 分类器为例，SVM 的具体算法概述为：

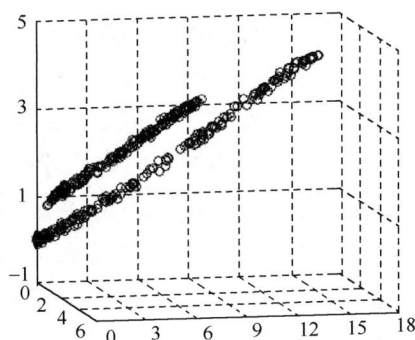

图 3-2　低维样本集映射到高维效果图

第一步：识别训练样本中的正负样本，统计样本总数 m、特征向量维数 n，建立训练样本的向量矩阵 T；

第二步：将样本的特征向量写入向量矩阵，如正样本 A，读取 A 中的特征项，假设第 i 个特征项为 0.123，则 $T[0][i]=0.123$。

第三步：引入核函数，高斯核函数的公式为：

$$K(x_i x_j) = \exp\left(-\frac{\|x - x_i\|^2}{\sigma^2}\right) \tag{3-1}$$

其中，设置参数 σ 和惩罚系数 C，设拉格朗日乘子为 a，将向量矩阵 T 导入下式：

$$Q(a) = \sum_{i=1}^{m} a_i - \frac{1}{2} \sum_{i=1,j=1}^{m} a_i a_j T[i][n] T[j][n] K(x, x_i) \tag{3-2}$$

由此可得到最优值 a_i'，其中

$$x_i = (T[i][0], T[i][1], \cdots, T[i][n-1]) \tag{3-3}$$

第四步：根据最优决策面公式可得

$$\omega' = \sum_{i=1}^{m} a_i' y_i K(x, x_i) + b' \tag{3-4}$$

最优偏置 ω' 相等于 b' 第一分量，则可知

$$\sum_{i=1}^{m} a_i' T[i][n] K(x, x_i) + b' \tag{3-5}$$

分类器训练完成。

第五步：SVM 分类器一次训练过程完毕，多次训练保存最优参数模版。在预测阶段，使用同样格式的未标注数据验证 SVM 分类器效果即可，若测试效果达到风险分析的一般要求，即可保存该模版。

3.2.3　基于逻辑回归的分类方法

逻辑回归(Logistic Regression)是当前业界比较常用的机器学习方法，用于对事物进行二分类，也用来估计某种事物的可能性。它属于一种有监督机器学习方法，由于算法的简单和高效，在实际中应用非常广泛。

1．二元 logistic 回归模型的原理

二元 logistic 回归可以解决被解释变量为非线性的问题，其原理主要是利用了 logit 变换。通过 logit 变换，一方面可以使被解释变量的取值范围扩展到整个实数集，另一方面可以实现非线性关系的映射。假设事件 A 发生的概率是 p，则不发生的概率是 $1-p$，发生和不发生的概率比则是 odds=$p/1-p$，取其对数，即得到 logit 变换。二元 logistic 回归主要通过 logit 变换实现变量取值范围扩展和非线性关系的映射。logit 变换公式为：

$$\text{logit}(p) = \ln(\text{odds}) = \ln\frac{p}{1-p} \tag{3-6}$$

公式中，p 为某种结果出现的概率。通过上述变换，因变量的取值范围相应地发生改变，概率 p 的分布范围为 0～1 之间，其对称点为 0.5，对应的 $\text{logit}(p)$ 的大小为：

$$p=0\text{时，}\ \text{logit}(p) = \ln\frac{0}{1} = -\infty \tag{3-7}$$

$$p=0.5\text{时，}\ \text{logit}(p) = \ln\frac{0.5}{0.5} = 0 \tag{3-8}$$

$$p=1\text{时，}\ \text{logit}(p) = \ln\infty = \infty \tag{3-9}$$

显然，变换后的取值范围扩大到以 0 为对称点的整个实数集，即不论自变量取何值，得出的 p 值均有意义。其次，$\text{logit}(p)$ 和自变量之间是线性关系。基于此，只需要设立因变量为 $\text{logit}(p)$，具有 m 个自变量的二元 logistic 回归模型，具体如下所示：

$$\text{logit}(p) = \beta_0 + \beta_1 x_1 + \cdots + \beta_n x_n \tag{3-10}$$

上述公式就是本研究最终建立的 logistic 回归模型。由此可逆推得：

$$p = \frac{\exp(\beta_0 + \beta_1 x_1 + \cdots + \beta_n x_n)}{1 + \exp(\beta_0 + \beta_1 x_1 + \cdots + \beta_n x_n)} \tag{3-11}$$

公式(3-11)反映了事件发生概率 p 与自变量 x 间的非线性关系。

二元 logistic 回归具有以下两个特点：一是不限制解释变量和被解释变量的变量类型，可以是连续型也可以是分类型，对变量类型的包容性较大；二是被解释变量允许为二分类变量，即取值为 0 或 1。

2．二元 logistic 回归模型的主要实施步骤

① 选择能够代表待分类对象特征的自变量，同时对每个自变量选择合适的量化方法。

② 定义自变量的线性组合 y，即针对自变量的线性回归结果。

③ 将线性回归结果 y 映射到 logistic 回归函数，生成一个 0～1 范围取值的函数概率值。

④ 根据概率值，定义阈值（通常为 0.5），判定分类结果的正负。

⑤ 重复以上步骤①～④，直到得出满意的分类结果。

3.2.4　主要财务应用领域

1. 成本分析

利用分类分析方法能帮助管理者确定成本动因，更加准确计算成本。同时，也可以通过分析成本与价值之间的关系，确定采用其最佳策略的成本，持续改进和优化企业价值链。

2. 财务风险分析

管理者可以利用数据分类工具来评价企业的财务风险，建立企业财务危机预警模型，进行破产预测。破产预测或称财务危机预警模型能够帮助管理者及时了解企业的财务风险，提前采取风险防范措施，避免破产。另外，破产预测模型还能帮助分析破产原因，对企业管理者意义重大。在 20 世纪 30 年代，Smith 和 Winakor 率先进行了破产预测的尝试。随后到了 20 世纪 60 年代，Altman 利用多维判别式分析方法提出的 Z-score 破产预测模型取得了很大的成功，预测准确率高达 90% 以上。此后，数据分类技术包括多维判别式分析、逻辑回归分析、遗传算法、神经网络以及决策树等方法在企业破产预测中得到广泛应用。

另外，也可以利用数据分类技术，对企业筹资和投资过程中的行为进行识别，监测恶意的商业欺诈行为，维护企业利益。尤其是在金融企业，通过数据分类分析，可以解决银行业面临的信用卡恶意透支及可疑信用卡交易等欺诈行为等。

3.3　回归分析

在统计学中，回归分析（Regression Analysis）指的是确定两种或两种以上变量间相互依赖的定量关系的一种统计分析方法。回归分析按照涉及变量的多少，分为一元回归分析和多元回归分析；按照因变量的多少，可分为简单回归分析和多重回归分析；按照自变量和因变量之间的关系类型，可分为线性回归分析和非线性回归分析。

3.3.1　基于大数据的回归分析方法

在大数据分析中，回归分析是一种预测性的建模技术，它研究的是因变量（目标）和自变量（预测器）之间的关系。在大数据条件下，数据是大规模并且存在病态的，常用回归方法通常表现得不尽人意。对于海量数据和高维问题，目前有学者[①]提出随机坐标下降算法、坐标下降的并行算法以求解大规模病态数据的回归问题，并且对于海量数据，提出随机优化的方法求解回归模型的正则化问题。

---

① 翁洋. 现代回归分析方法引论，北京：科学出版社，2020.

1．求解大数据逻辑回归分析的正则化问题描述

由于目标函数中含有未知的分布，无法求出目标函数的确定性形式，以及储存与分析数据的能力无法与存在的数据相匹配，所以采取随机样本，希望利用有限样本获得尽可能多的信息，因此，随机化问题的主要问题就是极小化期望风险函数。具体形式如下：

$$\min_{\beta} F(\beta) \underline{\Delta} E_{\xi}\left[f(\beta,\xi)\right] \tag{3-12}$$

其中，$\beta \in R^n$ 是极小化变量，及优化变量。$\xi=(x,y)$ 是输入输出对，服从一个位置分配，$f(\beta,\xi)$ 是损失函数，关于 β 的凸函数。

传统一般采用样本平均近似法，但分析发现此方法要极小化一连串的经验风险函数，仍然没有跳出批量处理的范畴，因此，采用在线的方法，即在每次迭代时，只利用一个样本对变量进行更新。把正则项加入目标函数，求解的问题便成为：

$$\min_{\beta} F(\beta) \underline{\Delta} E_{\xi}\left[f(\beta,\xi)\right] + \varnothing(\beta) \tag{3-13}$$

2．求解大数据正则化逻辑回归问题的方法

在大规模问题下，分布式计算是一种提升计算效率的重要方法，随机坐标下降法对分布式数据有种天然优势，同时随机坐标下降法也适用于稳定数据，在迭代过程中，坐标下降法无法收敛，而随机坐标下降法通过其随机性跳出循环的迭代值，达到收敛。受此启发，翁洋（2020）提出随机坐标持续上界极小化算法 RCSUM。此外，在面临高维问题时，由于不具备足够的处理器，且优化所有块不切实际，因此设计了轻微改进块选取准则的 RPSUM，同时优化随机选取 p 个块，其中 p 与所拥有的处理器的数量一致。

3.3.2　基于大数据的回归分析实施步骤

1．求解大数据正则化逻辑回归分析的步骤

① 随机梯度下降法求解 ℓ_1 范数正则化的逻辑回归问题的实施步骤，如算法 1 所示。

算法 1　随机梯度下降法求解 ℓ_1 范数正则化的逻辑回归问题

①输入：步长序列 $\{\mu_t\}_{t \geqslant 1}$

②初始化：$\beta_{1,0} \in R$，$\beta_1 \in R^p$

③对 $t=1,2,3,\cdots$

④抽样 $\xi_t=(x_t,y_t)$

⑤计算 $g_0 = \dfrac{\beta_{t,0}+x_t^{\mathrm{T}}\beta_t}{1+e^{\frac{\beta_{t,0}+x_t^{\mathrm{T}}\beta_t}{1+e}}} - y_t$

⑥ $\beta_{t+1,0} \leftarrow \beta_{t,0} - \mu_t g_0$

⑦对 $j=1,2,3,\cdots,p$

⑧ $\beta_{t+1,j} = \beta_{t,j} - \mu_t(x_{tj}g_0 + \lambda\,\mathrm{sgn}(\beta_{t,j}))$

结束

② 向前向后分裂法求解 ℓ_1 范数正则化的逻辑回归问题的实施步骤，如算法 2 所示。

算法 2　向前向后分裂法求解 ℓ_1 范数正则化的逻辑回归问题

①输入：步长序列 $\{\mu_t\}_{t\geqslant 1}$

②初始化：$\beta_{1,0} = \bar{\beta}_{1,0} \in R$，$\beta_1 = \bar{\beta}_1 \in R^p$

③对 $t = 1,2,3,\cdots$

④抽样 $\xi_t = (x_t, y_t)$

⑤计算 $g_0 = \dfrac{\beta_{t,0} + x_t^{\mathrm{T}} \beta_t}{1 + \mathrm{e}^{\frac{\beta_{t,0} + x_t^{\mathrm{T}} \beta_t}{1 + \mathrm{e}}}} - y_t$

⑥ $\beta_{t+1,0} \leftarrow \beta_{t,0} - \mu_t g_0$

⑦ $\bar{\beta}_{t+1,0} \leftarrow \dfrac{t}{t+1} \bar{\beta}_{t,0} - \dfrac{t}{t+1} \beta_{t+1,0}$

⑧对 $j = 1,2,3,\cdots,p$

⑨ $\beta_{t+1,j} \leftarrow S(\beta_{t,j} - \mu_t x_{tj} g_0, \lambda \mu_t)$

⑩ $\bar{\beta}_{t+1,j} \leftarrow \dfrac{t}{t+1} \bar{\beta}_{t,j} - \dfrac{t}{t+1} \beta_{t+1,j}$

结束

2. 求解大数据的正则化逻辑回归问题的 RCSUM 和 RPSUM 步骤

① RCSUM 求解 ℓ_1 范数正则化逻辑回归问题的实施步骤，如算法 3 所示。

算法 3　RCSUM for ℓ_1 regularized logistic regression

① *Initialization*

② $k \leftarrow 0$；choose $w^0 \in R^{P+1}$

③While not converged do

④Choose $i_k \in \{1,2,3,\cdots,n\}$　uniformly

⑤Or choose i_k　form a random permutation of $\{1,2,3,\cdots,n\}$

⑥ $y_i^{*k} \leftarrow \sqrt{2} y_i - \sqrt{2} \dfrac{\mathrm{e}^{w_0^k + \sum\limits_{i=1}^{p} x_{il} w_l^k}}{1 + \mathrm{e}^{w_0^k + \sum\limits_{i=1}^{p} x_{il} w_l^k}} + \dfrac{x_{ij}}{2\sqrt{2}} w_j^k$

⑦ $\hat{w}_j^k \leftarrow \dfrac{1}{N} \sum\limits_{i=1}^{N} x_{ij}^* y_i^{*k}$

⑧ $\varsigma_j^k \leftarrow 8 S(\hat{w}_j^k, \lambda)$

⑨ $w^{k+1} \leftarrow w^k + (\varsigma_j^k - w_j^k) e_{ik}$

⑩If $k \mid p$　then

⑪ $w_0^{k+1} \leftarrow w_0^k + \dfrac{4}{N} \sum\limits_{i=1}^{N} \left(y_i - \dfrac{\mathrm{e}^{w_0^k + \bar{y}_i^{(k+1)0}}}{1 + \mathrm{e}^{w_0^k + \bar{y}_i^{(k+1)0}}} \right)$

⑫else

⑬ $w_0^{k+1} \leftarrow w_0^k$

⑭end if

⑮ $k \leftarrow k+1$

⑯end while

② RPSUM 求解 ℓ_1 范数正则化逻辑回归问题的实施步骤，如算法 4 所示。

算法 4　RPSUM for Logistic Regression with ℓ_1 regularization

① *Initialization*

② $t \leftarrow 0$

③ Set $\beta_0 = 0,\ \beta = 0_p$,where 0_p represent a p dimension vector whose elements are all 0

④ While not converged do

⑤ In parallel on q processors

⑥ Choose $j = 1, 2, \cdots, p$ uniformly at random

⑦ $\beta_j^{t+1} \leftarrow z_j^t$, where z_j^t are defined as above but use $\beta_0^t,\ \beta^t$ where Appropriate

⑧ For those coordinates (js) that are not chose, $\beta_j^{t+1} \leftarrow \beta_j^t$

⑨ $t \leftarrow t + 1$

⑩ end while

3.3.3　基于大数据的回归分析的财务应用领域

1．贷款违约预测

随着互联网金融的飞速发展以及数字化时代的到来，网贷行业运用数据分析技术进行风险控制管理已经取得了一定成效，比较成熟的产品有 Zest Finance 公司开发的基于数据挖掘和机器学习理论的分析模型，以及美国使用最广泛的个人信用评分系统——FICO 信用评分。机器学习的蓬勃兴起使借贷业务可以利用多维大数据构建智能风控模型，更加准确地评估个人信用状况，有效降低违约风险。

(1) 样本和指标的选择和数据的预处理

选取用户基本属性数据以及下载 App 种类的数据为样本进行分析，为确保模型运行的有效性，将数据进行预处理。由于用户数据均为从互联网下载的开放数据，数据会存在个别及小部分默认，因此首先需对数据进行预处理工作，首先使用 Pandas、Numpy 对用户基本属性数据进行读取及处理，丢掉数据中整体默认的特征数据。运用随机坐标下降算法避免过度拟合，解决非凸优化问题，实现贷款客户违约风险预测评估。

(2) 预测结果与分析

正则化的逻辑回归模型根据用户基本属性数据以及下载 App 种类的数据，运用随机坐标下降法进行数据处理构建预测模型，提升对于贷款客户是否会违约的判断准确性，进而可以提升银行对于贷款客户的风险评估及管理控制，采用此方法极大地降低了银行的客户贷款隐患。

2．上市公司财务预警

上市公司财务预警模型，可以对反映上市公司财务状况的指标和相关数据进行研究和分析，从而有效地预警企业财务危机。

(1) 样本和指标的选择和数据的预处理

比如，选取 2017—2018 年间被 ST 的上市公司作为财务危机公司样本，其中包括 2017 年 50 家和 2018 年 41 家。根据规模、时段相当的原则，1∶1 比例选取同时段的财务正常的公司作为配对样本。考虑综合反映上市公司的偿债能力、盈利能力、营运能力、成长能力、现金流量等变量因素，初步筛选以下 48 个财务指标，如图 3-3 所示。

为保持数据的完整性和指标对整体预警的影响，对于样本数据中的默认值，我们采用样本的平均值来代替。同时，对数据进行标准化，具体公式为：

$$X^* = \frac{x - \mu}{\sigma} \tag{3-14}$$

2) 预警结果与分析

实验中，我们以 2017 年的 ST 公司和配对的正常公司样本作为训练集（共 100 个样本），估计最优参数，得到最优的预警模型。2018 年的 ST 公司和配对的正常公司样本共 82 个样本作为独立测试集，检验模型在新的数据集上的预警效果。正则化逻辑回归估计用 R 软件编写程序实现，随机优化问题中的参数 λ 和 α 均利用 k 折交叉验证确定。通过上述 48 个财务指标进行相关性分析，结果表明上市公司各财务指标之间存在高相关性。利用正则化逻辑回归分析不仅实现了优化模型的同时进行变量选择，还充分考虑了财务指标的相关性，提升了财务预警模型的有效性。

类型	名称	符号	类型	名称	符号
每股指标	每股收益	X_1	营运能力	营业周期(天/次)	X_{26}
	每股净资产	X_2		存货周转率(次)	X_{27}
	每股营业收入	X_3		存货周转天数(天/次)	X_{28}
	每股营业利润	X_4		应收账款周转率(次)	X_{29}
	每股资本公积金	X_5		应收账款周转天数(天/次)	X_{30}
	每股盈余公积金	X_6		应付账款周转率(次)	X_{31}
	每股公积金	X_7		应付账款周转天数(天/次)	X_{32}
	每股未分配利润	X_8		流动资产周转率(次)	X_{33}
	每股留存收益	X_9		固定资产周转率(次)	X_{34}
	每股经营活动现金流量	X_{10}		股东权益周转率(次)	X_{35}
	每股净现金流量	X_{11}		总资产周转率	X_{36}
资产结构	资产负债率	X_{12}	成长能力	每股收益增长率	X_{37}
	非流动资产/总资产	X_{13}		营业收入增长率	X_{38}
	固定资产比率	X_{14}		净利润增长率	X_{39}
	股东权益/全部投入资本	X_{15}		净资产增长率	X_{40}
	权益乘数	X_{16}		资产总计相对年初增长率	X_{41}
	营运资金	X_{17}	偿债能力	流动比率	X_{42}
盈利能力	净资产收益率	X_{18}		速动比率	X_{43}
	资产报酬率	X_{19}		产权比率	X_{44}
	资产净利率	X_{20}		股东权益/负债合计	X_{45}
	投入资本回报率	X_{21}		有形净值债务率	X_{46}
	销售净利率	X_{22}		经营净现金流量/负债合计	X_{47}
	销售成本率	X_{23}		经营净现金流量/流动负债	X_{48}
	营业总成本/营业总收入	X_{24}			
	净利润	X_{25}			

图 3-3　财务预警指标

3.4 关联规则分析

关联规则是数据挖掘知识模式中比较重要的一种。关联规则模式属于描述型模式，挖掘关联规则的算法属于无监督学习范畴。关联规则的概念是由 Agrawal、Imielinski、Swami 提出，隐含于数据中的一种简单而实用的知识模式，是对一个事物和其他事物相互关联的一种描述。针对数据而言是发现数据中项集之间潜在的关联或依赖联系。最初产生于零售业中，在传统零售商店中顾客通常是到一个柜台买完东西后再到另一个柜台去买另一样东西，这样一来，商场经理虽然知道每一种商品的销售情况，但并不知道是哪些顾客购买的，也不知道顾客同时还买了哪些东西。随着超级市场的出现，顾客可以在超市一次购得所有自己需要的商品，而条形码技术的广泛应用，使商家非常容易收集和存储数量巨大的销售数据。一条这样的数据记录通常都包括与某个顾客相关的交易日期、交易中所购物品等。通过对以往的大量交易数据进行分析就能获得有关顾客购买模式的有用信息，从而提高商业决策的质量。

在交易数据项目之间挖掘关联规则的典型例子就是"90%的顾客在购买面包和黄油的同时也会购买牛奶"，其直观的意义是，顾客在购买某些东西的时候有多大倾向也会购买另外一些东西，找出所有类似这样的规则，对于确定市场策略是很有价值的。关联规则的其他应用还包括附加邮递、目录设计、追加销售、仓储规划以及基于购买模式对顾客进行划分等。现在关联规则已广泛地应用于其他领域，比如医学研究人员从已有的成千上万份病历中找出患某种疾病的病人的共同特征，从而为治愈这种疾病提供一些帮助。警方通过对各种线索加以分析，找出其中之关联。这些应用中的数据库都是极其庞大的，因此，不仅需要设计高效的算法来挖掘关联规则，而且如何维护和更新这些规则，如何确认这些规则是否有价值，如何在挖掘过程中加入需求，如何快速有效地挖掘出有用的信息，如何将挖掘出的信息以更好、更容易理解的形式进行展现等都是关联规则挖掘必须解决的问题。

3.4.1 定义及算法

与关联规则分析相关的一些概念。

① 关联规则：反映一个事物与其他事物之间的相互依存性和关联性。如果两个或多个事物之间存在一定的关联关系，那么，其中一个事物发生就能够预测与它相关联的其他事物的发生。

② 关联规则分析：用于发现隐藏在大型数据集中令人感兴趣的联系，所发现的模式通常用关联规则或频繁项集的形式表示。

③ 关联规则挖掘问题：给定事务的集合 T，关联规则发现是指找出支持度大于或等于 minsup 并且置信度大于或等于 minconf 的所有规则，minsup 和 minconf 是对应的支持度和置信度阈值。

大多数关联规则挖掘算法通常采用的一种策略是，将关联规则挖掘任务分解为频繁项集产生和规则产生两个主要的子任务，典型算法有：Apriori 算法、FP-Growth 算法、CARMA 算法、基于距离的量化关联算法。

1. Apriori 算法

Apriori 算法是挖掘产生布尔关联规则所需频繁项集的基本算法。该算法的先验原理是：如果一个项集是频繁的，则它的所有子集一定也是频繁的；相反，如果一个项集是非频繁的，则它的所有超集也一定是非频繁的。

该算法的核心思想是通过对候选集的产生和对情节的向下封闭检测这两个过程来挖掘频繁项集。与最小支持度相比较的情况下，大于或等于的集合为频繁项集，其中的支持度用于表示给定数据集的频繁程度。置信度是另一个与之相对应的概念，它是用于表达某规则的可信度有多少。算法的基本思想为：首先设置最小支持度阈值，在初始数据中搜寻出所有候选 1-项集的集合 C_1，把数据中小于最小支持度阈值的候选 1-项集去除得到频繁 1-项集 L_1，利用 L_1 找候选 3-项集 C_2，再通过最小支持度阈值进行筛选得到频繁 3-项集 L_2。如此重复上述步骤，直到无法找到频繁 k-项集为止。

2．FP-Growth 算法

FP-Growth 算法是采用树结构对事务进行压缩的同时，保留事务当中属性之间的关系。该方法并不会产生候选项集，而是通过加大频繁集方法进行数据的挖掘。在 FP-Growth 算法过程中，对于 FP 树的构造是非常重要的一个过程，对事务集的扫描需要进行两次：第一次是对事务集 W 进行扫描，得到其中的频繁 1-项集，同时对频繁 1-项集按照支持度计数降序的方式进行排列；第二次对事务集 W 进行再次扫描，将项集作为一个根节点，构建一个基于频繁 1-项集的树。为了在遍历树的时候可以简单便捷，还需要创建一个项头表。在该表中的一个频繁项用每一行来表示，并且使得在 FP 树中对应的节点都有一个指针指向它。

3．CARMA 算法

CARMA 算法的提出是为了在交易集合 D 中找出数据项频集的集合。CARMA 算法的过程是将整个交易集合进行遍历两次，所以算法可以分为两个步骤，分别为第一次 Phase I 遍历、第二次 Phase II 遍历。在第一次的遍历中会产生一个超集，也就是数据项频集的集合，称之为数据项频集的潜在的集合(Potentially Large Itemsets)。在第二次的遍历过程中会把第一次遍历所产生的集合进行删减，从而得到最终的结果。在这两次的遍历过程中，CARMA 算法对一个数据项集的集合 V 进行维护，对每一条读入交易集合 D 的交易进行逐条的处理，在第二次遍历过程结束的时候，集合 V 就是算法的结果，也就是数据项频集的集合。

4．基于距离的量化关联算法

最初关联规则的挖掘都是针对交易数据库进行的，即布尔型关联规则的挖掘，使用的都是经典的 Apriori 算法。但实际生活中关系型数据库应用广泛，并且大部分包含量化属性，如工资、年龄。由于量化属性的有序性和多值性，区间划分成为量化关联规则挖掘的预处理方法，即把量化属性离散化，转化成布尔型数据，再使用经典的 Apriori 算法进行挖掘。

3.4.2 主要实施步骤

1．Apriori 算法步骤

① 生成候选集：找出候选集，即有可能成为频繁集的项集。
② 生成频繁集：通过数据库扫描筛选出满足条件的候选集组成频繁集。

③ 生成关联规则：用得到的频繁集生成关联规则。

- 对于每个频繁项集 L，产生 L 的所有非空子集。
- 对于 L 的每个非空子集 s 和它的补集(L-s)，如果条件概率大于最小置信度阈值，则输出规则"$s \to (L$-$s)$"。

2．FP-Growth 算法步骤

(1)对原始 FP 树的创建

① 对事务集合 W 进行扫描，将符合支持度计数条件的项找出来，把这些得到的项并 1-频繁项集合 K，按照支持度计数把 K 降序排列从而得到 K_null。

② 对原始 FP 树的构造，同时将"Null"设置为根节点。

③ 项头表的构建。在项头表中一个频繁项用每一行来表示，并且用相应的指针向 FP 树中的节点，这样可以使得遍历原始 FP 树变得更加方便。

④ 对事务集合 W 进行扫描，将根据 K_null 对 W 中的所有事务项的顺序进行整理。对每个整理后的事务建立一个事务分支。

(2)通过递归的方法在 FP 树上找出全部的最大频繁项集

① 通过递归的方法在 FP 树上搜索频繁项集，要是单独一个分支在 FP 树上，那么在这个分支上的所有节点的结合就是一个前缀模式。

② 采用同样的方法在条件 FP 树上寻找频繁项集。

③ 将所有的最大频繁项集都进行取子集的操作，当中的每个子集作为一个频繁项集。

3．CARMA 算法步骤

① 第一次 Phase I 遍历：在第一次的遍历中会产生一个超集，也就是数据项频集的集合，称之为数据项频集的潜在的集合(Potentially Large Itemsets)。

② 第二次 Phase II 遍历：在第二次的遍历过程中会把第一次遍历所产生的集合进行删减，从而得到最终的结果。

4．基于距离的量化关联算法步骤

① 对某量化属性进行聚类，形成满足要求的簇。

为了能把属性间的关系考虑进来，用聚类算法对数据的所有属性整体进行聚类，找出满足稠密度和频繁度阈值的簇，然后这些簇投影到用户所关心的各个数值型属性上。这样就可以得到簇在各属性上的投影区间。

② 将簇组合得到基于距离的关联规则。

将上步产生的区间内的数据作为在各属性上的簇，再将簇组合，根据基于距离的关联规则的定义，找出满足条件的簇组合，最后形成规则。

3.4.3 主要财务应用领域

1．客户画像分析

公司在经营发展过程中对于客户信息的管理非常重要，在公司数据库中及时地录入各种客户信息，通过对这些客户的数据进行充分的挖掘，较为全面地抽象出每一个用户的信息全貌。然后分析这些用户的行为，最终为每个用户打上标签，以及该标签

的权重，这样能够快速了解客户情况并且方便计算机进行处理。对公司客户的流失、忠诚度以及价值贡献等信息进行关联分析，充分保证每个客户的行为规律都能够被充分地掌握。同时还可以追踪重要客户，确保公司为重要客户提供信息的全面性以及针对性。

例如，在产品销售过程中，公司有些客户会出现资金周转问题，需要采用赊销的方式进行产品销售。针对这种问题，公司能够通过数据挖掘技术对数据库中客户的数据进行挖掘，给客户画像，进而保证客户的真实状况能够被详细描述，以此为参照来明确是否对该公司以赊销的方式进行销售。这样，便于企业提前进行应收账款等的坏账情况预测分析，减少企业未来的可能损失，降低资金回笼风险。数据挖掘技术的应用不仅能够充分保障公司自身的风险得到有效的控制，同时还能够最大限度地避免潜在长期客户的流失。

2．产品销售预测

关联规则在现实中的应用主要体现在销售系统当中，即确定产品与产品之间的关联性，考虑产品之间的共同趋势。比如，一般消费者在超市购物时，购买了各种生吃蔬菜之后还会选择购买沙拉酱或者千岛酱，用于制作蔬菜沙拉。还有，消费者在购买衣服的时候，选择了上衣之后也会考虑到裤子或者鞋子的搭配等。"啤酒和纸尿裤"就是个经典案例，20 世纪 90 年代美国沃尔玛通过分析销售数据发现购买纸尿裤的客户会顺便购买一些啤酒，如果把纸尿裤和啤酒放在一起的话很显然可以增加销量。例如，可以通过超市 POS 机处理终端，收集大量客户的历史购买数据，来预测分析客户的兴趣爱好及购买倾向，并进行关联规则挖掘分析。然后，依据关联规则分析结果来调整商品之间的摆放位置(如强正规则商品集中摆放，强负规则商品分开摆放)，进行产品间的合理搭配，从而促进商品的有效捆绑销售，增加商品成交的可能性。例如，电子购物网站使用关联规则进行用户购买信息挖掘，然后设置用户有意一起购买的捆绑包，或者设置一些交叉销售产品的广告，刺激用户购买的欲望。

此外，关联挖掘技术还被金融企业用于预测银行客户需求。如各银行在自己的 ATM 机上就捆绑了顾客可能感兴趣的本行产品信息，供使用本行 ATM 机的用户了解。如果在数据库中显示，某个高信用限额的客户更换了地址，这个客户很有可能最近购买了一栋更大的住宅，因此有可能需要更高信用限额，更高端的信用卡，或者需要一个住房改善贷款，这些产品都可以通过信用单邮寄给客户。当客户打电话咨询时，销售代表还可以查询出客户的特点以及其兴趣点，这样有利于更好地促成交易。

3．风险预测

运用数据挖掘技术进行数据分析可以在一定程度上降低企业未来可能面临的风险。例如，可以在网易财经、任意券商平台上搜集所有 ST 公司四大主要财务指标数据，并剔除掉含有异常或残缺数据的公司。然后，把选取的财务指标输入 SAS 软件，使用 Apriori 算法进行数据关联挖掘，通过设置不同的置信度值和支持阈值，在财务指标之间寻找关联规则数目，从而找出企业发生危机时哪些指标会频繁出现。对于这些频繁出现的风险性财务指标，企业可以密切关注并提前采取措施进行预防。

3.5 离群点分析

3.5.1 内涵及特征

Hawkins 在 1980 年给出了离群数据的最初定义:"离群数据是数据集中一些特殊的数据对象,这些对象同数据集中其他对象明显不同,从而使人怀疑这些特殊的数据对象不属于随机误差或方差,可能由另一种截然不同的机制产生。"例如,在图 3-4 中,大多数对象遵循近似高斯分布。然而,区域 R 中的对象是显著不同的,因为它们不可能遵循与数据集中的其他对象相同的分布。因此,R 中的对象在数据集中是离群数据。该定义在某种程度上指出了离群数据的本质,事实上,由于应用背景及离群度量方式的不同,很难给离群数据一个统一的、准确的形式化定义。

离群数据不同于噪声,噪声是测量变量中的随机误差或方差。一般来说,噪声在数据分析中,甚至在离群检测中是没有价值的,反而带有一定的副作用。例如,在信用卡欺诈检测中,客户的购买行为可以被构建成一个随机变量。顾客有时会产生一

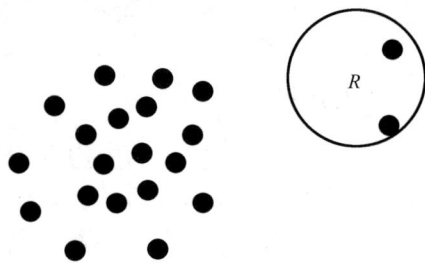

图 3-4 离群数据

些噪声交易,例如购买了比平常更多的午餐或者喝一杯比平常多的咖啡,这些交易看起来像是随机误差或方差,但是这样的交易不应被视为离群数据。如果将这些噪声视为离群,信用卡公司会因为核实许多交易而付出巨大代价,另外该公司也可能会因为多重错误警报而打扰客户。正如在多数其他数据分析中一样,噪声应该在离群数据挖掘之前被去除。

离群点检测和聚类分析是两个高度相关的任务。聚类分析发现数据集中的相似模式并将其组织成聚簇,而离群数据挖掘同聚类分析正好相反,它旨在发现不相似对象,试图捕捉那些偏离多数模式的例外情况。离群点检测和聚类分析有着不同的用途。离群数据挖掘与数据演化中的新颖性检测有关。例如,在监测新内容进入的社交媒体网站时,新颖性检测可以及时地识别新的主题和趋势。新颖的主题最初可能表现为离群值,在这点上,离群数据挖掘与海量高维离群数据挖掘方法与技术新颖性检测在建模和检测方法上具有一定的相似性。但是,两者具有本质差异。关键区别是,在新颖性检测中,新主题一旦被确认,它将被纳入正常行为的模型中,使得后续相近主题或行为不再被视为离群数据。

3.5.2 主要方法及实施步骤

离群数据挖掘方法多种多样,本节主要介绍基于距离的离群挖掘方法、基于近邻的离群挖掘方法和基于子空间的离群挖掘方法三种方法。

1. 基于距离的离群挖掘方法

基于距离的离群挖掘方法最早由 Knorr 提出,其思想是假定 X 为输入数据集,p 是用户设定的数据点个数,D 为距离阈值。对于 X 中任一对象 o,如果在 X 中能找到至少 p 个对象使得这些对象到 o 的距离大于 D,那么 o 被称为 $DB(p,D)$ 的离群数据。该类离群可由多种算法加以实现,比如,基于索引的算法、基于嵌套循环的算法以及基于网格单元的算

法。该类算法的核心步骤是需要反复计算对象与对象之间的距离，因此，具有较高的时间复杂度。一种特殊的基于距离的离群挖掘是提出密度的概念，采用密度来判断离群，主要应用在局部离群数据检测。当数据集中且分布不均衡时，必然出现稠密区域和稀疏区域，采用传统距离的方法很难找到稠密区域附近的离群数据，为此，Breunig 提出了 LOF 算法，即采用局部离群因子度量数据的离群程度。在给定距离阈值 MinPts 的基础上，数据对象 p 的局部离群因子可采用以下公式定义：

$$\text{LOF}_{\text{MinPts}(p)} = \frac{\sum_{o \in \text{MinPts}(p)} \dfrac{\text{lrd}_{\text{MinPts}}(o)}{\text{lrd}_{\text{MinPts}}(p)}}{\left| N_{\text{MinPts}(p)} \right|} \tag{3-15}$$

式中，$\left| N_{\text{MinPts}(p)} \right|$ 表示与对象 p 之间的距离小于 MinPts 阈值的对象个数；$\text{lrd}_{\text{MinPts}}(p)$ 表示数据对象 p 周围的密度，利用近邻对象到 p 的平均距离的倒数来计算。LOF 算法引起很多学者的关注，并提出了一系列 LOF 扩展模型。例如，不确定的局部离群因子（ULF）；柔性核密度估计（KDEOS）；基于存储的增量式局部离群检测算法。这些算法在固定的存储器边界内检测离群，在提高算法效率的同时保证了离群结果的准确性接近于 LOF 算法。基于距离的硬划分聚类分析算法主要有三种算法：SL、DB-HDLO 和 C-means 算法。经过实验分析，三种算法在 100 条以上的较大样本级上运行时，DB-HDLO 算法的效率明显优于另外两种算法，是处理海量高维数据问题的有效解决办法。

DB-HDLO 方法分为以下 3 个步骤：利用距离矩阵确定待处理数据集的聚类中心点；利用基于距离的方法将待处理数据集聚类；设定距离支持度，发现离群数据。首先，确定聚类中心点。构造距离矩阵后，计算原始距离矩阵的平均距离并保存，接着确定聚类中心点，这需要找到距离矩阵各元素的最小值，这里采用一趟冒泡排序法的方法，接着将对应两个样本合并生成一个新对象，将新对象插入数据集同时删除以上两对象，重复以上工作直到数据集中只有 k 个对象，即为 k 个聚类中心点。然后聚类，以产生的 k 个点作为聚类中心点，按最近分配原则把数据集中所有对象 O_i 分配到以 K_i 为中心的簇中。最后是离群数据的发现，确定距离支持度取值范围，根据距离支持度判断离群数据并输出。

2．基于近邻的离群挖掘方法

基于近邻的离群挖掘方法通过计算查询点与其最近邻居之间的距离来比较数据对象之间的相似性，并以此来判断对象的离群特性。该类方法可以看成是基于距离或基于密度方法的扩展，能适用于海量高维的数据特征，可用于天体光谱、物联网、医学等应用领域。基于近邻的方法主要有局部邻域度量方式和 k 最近邻度量方式。基于局部邻域的度量是通过判断查询点在指定邻域范围内数据对象的稀疏度来确定离群点，即给定一个稀疏度阈值 k，如果邻域内的对象数小于 k 个，则认为该查询点是离群数据，反之，是正常数据。基于 k 近邻方式，即 kNN（k-Neareset Neighbor）是指对于参数 k 和 n，计算每个数据点 k 个近邻的距离之和，从中选出 n 个最大值，其对应的 n 个数据点为离群数据。典型算法包括：基于邻域度量的方法来检测属性邻域的离群数据，解决面向图的异常检测问题；基于 k 近邻度量离群度的方法，不可避免地会多次扫描数据集，因而不适用于大规模的数据运算；两段算法 RBRP，通过循环嵌套算法减少 I/O 操作次数；可扩展的 Top-N 局部离群检测算法，采用密度感知索引结构不仅实现了数据的剪枝，而且加快了 kNN 的搜索；基于快速 k 近邻的最小生成树离群检测方法，该方法可以检测多种类型的离群数据；基于反向近邻的无监督离群检测方法，通过检测出现在近邻集中的频率来度量离群，该方法只适用于无监督学习，不能扩展到有监督和半监督场景中。

3. 基于子空间的离群挖掘方法

基于子空间的离群挖掘方法是通过搜索子空间来检测异常值。多数传统算法是从数据集的全维空间中来检测离群数据，但随着海量、高维数据的涌现，从部分属性上检测离群数据具有更高价值。通常情况下，高维空间中的数据对象是稀疏的，因而源于部分维度而不是源于整个空间的离群数据是更加精确、有意义的。这一问题可以通过将数据集映射到子空间来解决。基于子空间的离群数据检测方法按照度量方式可被分为两类：相关子空间投影方法和稀疏子空间投影方法。基于相关子空间投影的方法是通过构造有意义属性维的相关子空间来检测离群数据。现有的构造相关子空间的方法主要有线性相关策略和统计模型策略。第一类策略使用两个局部参考数据集之间的线性相关性来创建子空间，而基于统计模型的策略通过在局部参考数据集上应用统计模型来建立子空间。基于稀疏子空间投影的方法是通过用户给出的稀疏系数阈值来测量子空间的密度，将数据密度（即数据集中的对象个数）明显低于平均值的子空间定义为稀疏子空间，离群数据就是包含在稀疏子空间中的对象。例如，可将高维数据对象映射到多个低维子空间，从子空间中利用遗传算法搜索满足条件的离群数据，该算法提高了离群数据检测效率，但不能保证离群结果的完备性和准确性。为了解决海量高维离群数据挖掘方法与技术这一问题，有人提出面向离群检测的交叉变异算子，并使用改进的遗传算法搜索子空间。

3.5.3 主要财务应用领域

1. 内部审计中的大数据孤立点分析

在金融内部审计里，使用大数据孤立点分析能对异常信用贷款与正常信用贷款之间的规律展开分析，揭示金融企业信用贷款风险分类的相关规律；进行撒网式搜索，全方位对比，综合发现审计的可疑点，可以减少审计的检查风险，提高审计工作的质量。

2. 在可疑金融交易识别的应用

一个典型的洗钱交易过程包括入账、分账、融合3个阶段。入账是指将非法钱财存入金融机构；分账是通过一系列多层次复杂的转账交易，使这笔钱财脱离其来源；融合是指将非法钱财与合法所得融为一体。其中分账过程是数据分析的主要对象，通过对多个交易及账户进行汇总比较分析可以发现有价值的线索。

例如，筛选某个时段那些最可能有问题的账户，对其进行分析。并结合执法部门提供的嫌疑对象（包括个人、账号、组织）的线索进行跟踪分析，可显著缩小数据处理量。在缺乏线索时，缩小数据范围可采取离群数据检测算法找出最异常的账户。

数据预处理后会得到和原始交易数据截然不同的属性，从而刻画出与洗钱有关联的一些交易特点。基于网格和密度的蚁群聚类算法可以针对这些特征属性进行聚类分析，那些远离聚类中心的账户则是交易特征不符合常规模式的，值得进一步做洗钱确认分析的数据。

　　对于原始交易记录，一般包含账号、交易日期、交易名称、交易金额、公司名、行业代码、企业性质等 7 个字段。对原始记录进行数据预处理初步提取特征后，可以提取的特性有：平均单笔转入金额、平均单笔转出金额、月转账频率、总转入金额、总转出金额。从企业行业代码、平均单笔转入金额、平均单笔转出金额以及记录每个账户注册资金的固定表可以计算出每个行业的线性相关性系数。根据前面提出的线性相关性分析，这里提出模型 $y = \beta_0 + \beta_1 X_1 + \beta_2 X_2 + \varepsilon$，其中 y 是注册资金，X_1 是平均单笔转入金额，X_2 是平均单笔转出金额，可以计算各行业的线性系数。根据子样中位数方法可以计算出每个账户单笔交易金额的近似正态分布的 μ 和 σ。最后得出供挖掘的数据源，即偏离度、月转账频率、月流动资金/企业注册资金。

　　其中的偏离度表示，假设某个行业中的某企业账户某月共有 m 次资金流动，分别表示为 $X = (i = 1, 2, 3, \cdots, m)$，其平均值表示为 $\overline{X}$，标准差为 σ，则该企业账户该月偏离度可表示为：$\dfrac{\sigma}{\overline{X}}$。该表达式能反映某企业某月每次账户资金变动情况，$X$ 值越大则表示偏离越多，该账户该月各次资金流动量之间变动越大，资金流动量的稳定性越差。

　　月转账频率是指某行业内的某企业在某段时间内每个月的平均进出账的次数。设某账户在 m 个月内的交易数据样本为 $X_1, X_2, X_3, \cdots, X_n$，计算合计值 $\text{Sum} = \sum\limits_{i=1}^{n} X_i$，转账频率 $\text{freq} = \dfrac{n}{m}$。

　　月流动资金/企业注册资金反映某个企业账户资金月流动总量，同时也表示该企业的资金流动能力。

　　通过以上三个属性可以看出不同类型的企业有不同的交易特点，企业注册资金少规模较小的账户转发金额小，但次数频繁，而一些规模较大的企业资金流动量大，但转账次数少。

　　蚁群优化算法主要应用于数据挖掘分析阶段，在算法应用过程中拟生的"蚂蚁"爬行过程可以用三维坐标来定位，这里采用偏离度、月转账频率、月流动资金/企业注册资金这样的三维空间。

　　对于偏离度平均划分为 a 个网格；对于月转账频率平均划分为 b 个网格；对于月流动资金/企业注册资金平均划分为 c 个网格。这样，我们共生成了 $a \times b \times c$ 个网格。需要说明的是，这些范围数据的选取是根据样本数据的实际大小来决定的，根据不同的数据源，这些参数可以灵活更改。

　　根据算法，先将每条数据记录映射到上述三维空间网格中，每个账户有所属网格，经过算法，每条记录被聚类到某个中心网格即所属聚类，可以得到数据点聚类的结果。设定参数 α、β，得到属于离群数据簇团，并根据离群指数的大小排列离群数据点，还原为原始数据点后就能发现小簇团内的数据往往是非正常交易时的数据。其中还需基于事先的实验和专家经验选取一个阈值，即任意聚类中心的距离。如果两个聚类中心的距离小于阈值，则合并。这样就可以在预处理后的账户中形成聚类中心和离群数据聚类中心。聚类中心包含了大部分记录，而离群聚类中心则包含与其他记录有明显差距的离群数据。

思考题

1．什么是聚类分析？财务业务中主要用聚类分析做什么？

2．简述基于决策树的数据分类、基于支持向量机的数据分类和基于逻辑回归的分类方法的差异。

3．简述基于大数据的回归分析的实施步骤。

4．在财务领域，关联规则分析主要有哪些应用？

5．财务中利用离群点分析能够做什么？

第 4 章

企业财务分析与评价

本章内容提要

本章在介绍企业财务分析与评价主要内容的基础上，重点讲解了采用 Excel 如何建立杜邦分析模型以及采用 Power BI 进行财务分析结果的可视化的方法。同时，基于案例讲解了如何利用浪潮大数据平台进行财务活动数据挖掘与呈现、销售活动数据挖掘与呈现、其他经营数据挖掘与呈现。

本章重点掌握 Power BI 工具

- GENERATESERIES()函数
- CALCULATE()函数
- SELECTEDVALUE()函数
- ALL()函数
- DIVIDE()函数
- IF()函数
- 模拟参数的使用、逆透视列、建立关系
- 筛选器
- 切片器、堆积面积图和分区图

4.1 企业财务分析与评价的业务场景

财务分析是企业管理人员、投资人、债权人及国家财税等职能部门了解、评价一个企业的重要手段和方法，它为改进企业财务管理工作、帮助有关人员做出相关经济决策提供了重要财务信息和依据。因此，财务分析无论对企业内部人员还是外部相关人员都是非常重要的。财务分析一般以企业的财务报告等财务资料为依据，采用一定的标准，运用科学系统的方法，对企业财务状况和经营成果、财务信用、财务风险以及财务总体情况和未来发展趋势等进行分析与评价。

传统的财务分析业务包括报表比较分析、财务指标分析、趋势分析、因素分析和综合评价分析等主要场景。大数据环境下，财务分析将面向决策和管理需要，通过数据的搜集、整理、清洗和挖掘等技术提供更为全面准确的数据和信息，进而扩展企业财务决策和控制的能力和有效性。

4.1.1　报表比较分析

比较分析是指通过主要项目或指标数值变化的对比，确定出差异，分析和判断企业经营及财务状况的一种方法。比较分析在财务分析中运用最为广泛。按比较对象的不同，比较分析可以分为绝对数比较分析、绝对数增减变动比较分析、百分比增减变动分析及比重比较分析等。报表比较分析是借助报表结构，对报表中的项目进行比较分析。通常，报表比较分析通过编制比较报表、共同比报表等形式完成。

1．绝对数及绝对数增减变动比较分析

绝对数比较分析是将各有关会计报表项目的数额与比较对象进行比较。绝对数比较分析一般通过编制比较财务报表进行，包括比较资产负债表和比较利润表。比较资产负债表是将两期或两期以上的资产负债表项目，予以并列，以直接观察资产、负债及所有者权益每一项目增减变化的绝对数。比较利润表是将两期或两期以上的利润表各有关项目的绝对数予以并列，直接分析利润表内每一项目的增减变化情况。

为了使比较更加明晰，一般在比较会计报表内，增添绝对数字"增减金额"一栏，以便计算比较对象各有关项目之间的差额，帮助报表分析人员获得比较明确的增减变动数字。

2．百分比增减变动分析

通过计算增减变动百分比，并列示于比较会计报表中，可以反映其不同年度增减变动的相关性，使会计报表使用者更能一目了然，有助于更好地了解分析主体的相关财务情况。

进行百分比增减变动分析时需要注意基数的影响：

① 如果基数金额为负，将出现变动百分比的符号与绝对增减金额的符号相反的结果；

② 如果基数金额为零，不管实际金额是多少，变动百分比永远为无穷大；

③ 如果基数金额太小，则绝对金额较小的变动可能会引起较大的变动百分比，容易引起误解。

通常的解决办法是：如果基数为负数，则取按公式计算出的变动百分比的相反数；若基数为零或太小，则放弃使用变动百分比分析法，只分析其绝对金额变动情况。

3．比重比较分析

比重比较分析是将财务报表上的某关键项目的金额当作百分之一百，将其余项目分别换算为对该关键项目的百分比，以显示各项目的相对地位。这种仅有百分比而无金额的财务报表也称为共同比报表。

4.1.2　财务指标分析

财务指标是企业总结和评价财务状况与经营成果的相对指标，它是利用指标间的相互关系，通过计算比率来考察、计量和评价企业经济活动效益的一种方法，也称比率分析。借助财务比率分析，可以有效地发现企业财务管理中的问题，同时使分析者准确、简单、

快速地把握企业财务状况。财务指标分析在财务分析方法中的地位日趋重要，现在已经建立了完整的财务比率指标体系，财务比率运用的程序和方法也基本规范。

基于信息使用者的需要，财务分析中需要进行分析的财务比率指标一般包括偿债能力指标、营运能力指标、盈利能力指标、发展能力指标四大类。此外，对上市公司分析时还可以进行上市公司特有财务指标分析。

4.1.3　财务综合评价分析

财务综合评价就是将营运能力、偿债能力、盈利能力和发展能力等诸方面的分析纳入一个有机整体之中，全面地对企业经营状况、财务状况进行解剖和分析，从而对企业经济效益优劣做出的评价和判断。目前上市公司财务综合评价分析的常用方法有：杜邦分析法、沃尔评分法、雷达图分析等。进行财务综合评价分析主要遵循下面的程序：

① 正确选择财务指标；

② 确定财务指标的标准值；

③ 计算财务指标个别得分；

④ 确定财务指标权数；

⑤ 计算综合财务得分；

⑥ 进行综合财务评价。

4.1.4　趋势分析

趋势分析是根据企业连续数期的财务报表，以第一期或另外选择某一期为基期，计算每一期各项目对基期同一项目的趋势百分比，或计算趋势比率及指数，形成一系列具有可比性的百分数或指数，以揭示出企业总体财务状况和经营成果或分项内容的发展趋势。趋势分析主要有以下三种运用方式：

1. 重要财务指标的趋势

它是将不同时期财务报告中的相同指标或比率进行比较，直接观察其增减变动情况及变动幅度，考察其发展趋势，预测其发展前景。不同时期财务指标的比较，可以有两种方法：

① 定基动态比率。它是以某一时期的数额为固定的基期数额而计算出来的动态比率。其计算公式为：定基动态比率=分析期数额÷固定基期数额。

② 环比动态比率。它是以每一分析期的前期数额为基期数额而计算出来的动态比率。其计算公式为：环比动态比率=分析期数额÷前期数额。

2. 会计报表的比较

将连续数期的会计报表的金额并列起来，比较其相同指标的增减变动金额和幅度，据以判断企业财务状况和经营成果发展变化，也是趋势分析的一种方法。

3. 会计报表项目构成的比较

它是以会计报表中的某个总体指标作为 100%，再计算出其各组成项目占该总体指标的百分比，从而来比较各个项目百分比的增减变动，以此来判断有关财务活动的变化趋势。

4.1.5 因素分析

因素分析是通过顺序变换影响某一经济指标的各个因素的数量，来计算各个因素的变动对该经济指标总的影响程度的一种方法。因素分析法主要用于寻找问题的成因，为下一步有针对性地解决问题和企业内部考核提供依据。

4.2 Excel 财务分析实现

4.2.1 数据获取

Excel 作为报表工具，如果用于处理海量数据，无论从处理速度、可用工具和建模方法都很受限并存在困难。但是对一个企业来说，由于日常财务分析中大量工作利用的都是有限数据的处理，因此，大数据环境下 Excel 依然是一个很好的工具。借助 Excel 工具，通过数据采集、建模分析等过程可以完成企业指标分析、趋势分析、财务综合评价等日常财务分析工作，满足大量企业管理和决策对信息的需要。

1. 财务分析数据采集模型

无论采用什么模型进行财务分析，也不管是进行单项分析还是综合分析，获取分析数据都是分析的基础，因此，数据采集是财务分析的重要环节。收集哪些数据取决于分析目标要解决的问题，财务分析的数据既包括企业财务报表、报表附注等财务数据，也包括反映企业内部产供销各个方面经济活动的数据和资料，以及企业外部的宏观经济形势数据、行业情况数据、其他同类企业的经营状况等其他相关财务信息。

利用 Excel 进行财务分析时，所有的分析数据都要首先采集到分析模型中，因此，如何获取数据成为分析的关键。图 4-1 所示是 Excel 中进行财务分析时获取数据的模型。

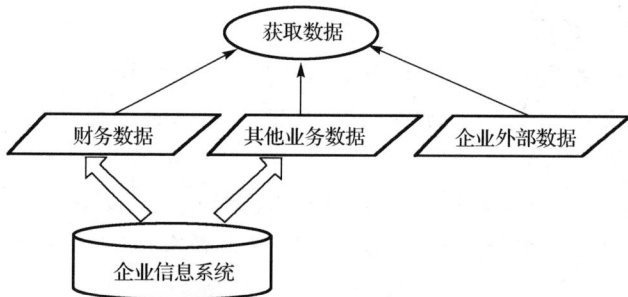

图 4-1　财务分析数据获取模型

如果企业没有建立信息系统，即会计核算和其他业务都是采用手工处理，则获取数据可以通过人工输入的方式，将需要的数据输入到 Excel 财务分析模型中。

如果企业已经建立了信息系统，财务数据或其他业务数据存储在该信息系统的一定数据库文件中，则可以通过一定方法从数据库内直接调用获取的数据。在 Excel 中调用外部数据库数据的方法主要包括三类：

① 利用 Microsoft Query 访问外部数据库。可访问的数据库包括 SQL Server 数据库、

Microsoft Access 数据库、dBASE 数据库、Microsoft FoxPro 数据库、Oracle 数据库、Paradox 数据库、文本文件数据库等多种数据库中的数据文件。

② 使用 Microsoft Visual Basic 中的 DAO 检索 Microsoft Exchange 或 Lotus 1-2-3 数据源中的数据。

③ 使用其他制造商的 ODBC（Open Data Base Connectivity）驱动程序或数据源驱动程序获取其他类型数据库中的信息等。

企业外部数据如果能够通过网络获得，则数据获取方法与企业内部数据方法相同。如果不能通过网络获得，则可以通过人工输入的方式输入到财务分析模型中。

2. 用 Microsoft Query 获取数据

由于企业中绝大部分会计核算和其他业务数据都存储在一定的数据库中，因此，如何从数据库中获得分析需要的数据是财务分析的重要环节。Excel 提供了多种从数据库中取得数据的方法，利用 Microsoft Query 从外部数据库获取数据是其中重要的方法之一。

Microsoft Query 是一种用于将外部数据源中的数据引入 Microsoft Excel 的程序。使用 Microsoft Query 可以直接检索企业数据库和文件中的数据，而不必重新键入需要在 Excel 中进行分析的数据。当数据库更新数据时，在 Excel 中建立的分析报表和汇总数据可以实现数据的自动更新。

通过 Microsoft Query 向 Excel 中引入外部数据需要三个步骤：①建立数据源以连接数据库；②选择所需数据；③将数据返回到 Excel 中，在 Excel 中设置数字格式，进行汇总计算并根据数据创建报表。

（1）启动 Microsoft Query，连接数据库

选择"数据"中"获取外部数据"下的"自其他来源"，执行"来自 Microsoft Query"命令，即启动 Microsoft Query，并显示"选择数据源"对话框，如图 4-2 所示。根据原始数据实际存储的数据库，选择数据源。

① 选择数据库。比如选择"MS Access Database"数据源类型，根据所找的数据存储的路径。如图 4-3 所示，找到所选择的数据库文件"财务系统.mdb"，单击"确定"，则与该数据库建立起连接。

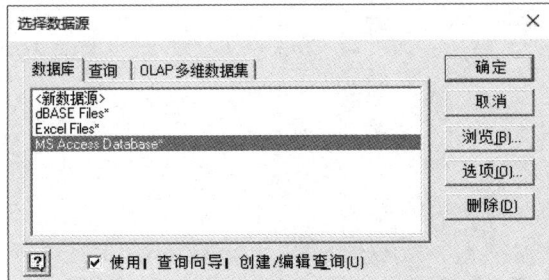

图 4-2 "选择数据源"对话框　　　图 4-3 "选定数据库"对话框

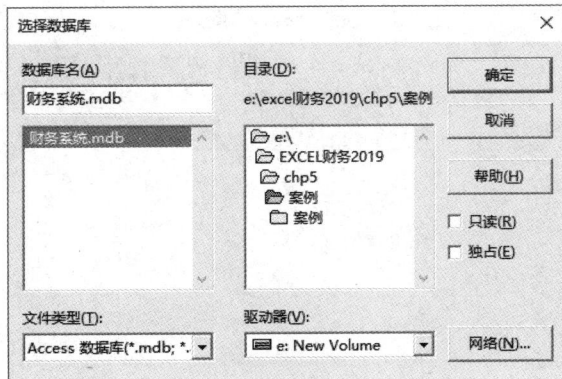

② 如果数据源是"OLAP 多维数据集"，则单击"OLAP 多维数据集"选项卡。OLAP（联

机分析处理)多维数据集是一种组织数据的方法，适合于分析和管理数据，使用 OLAP 可以花费较少时间和精力创建报表，可以在 Excel 中创建需要的 OLAP 多维数据集。

③"查询"是指为了回答对保存在数据源中的数据所提出的特定问题而进行查找记录。在 Microsoft Query 或 Microsoft Access 中，可以利用高级条件特性创建复杂的查询，也可以在"数据透视表和数据透视图向导"中创建查询。如果数据源是系统中已经建立的查询，则打开"查询"选项卡选择用于检索数据的查询。

(2)检索获取财务分析所需数据

与有关数据库建立连接以后，系统将列示该数据库中所有的表、视图等数据结构，以及每一个表或视图包括的字段，如图 4-4 所示。选择分析数据所在的表，选择分析数据的字段，并将检索到的数据调入指定的 Excel 工作表中。作为分析模型的设计者，事先一定要明确知道分析数据所在数据库的类型、数据库文件、数据结构的名称及每个字段的意义，否则无法取得所需分析数据。

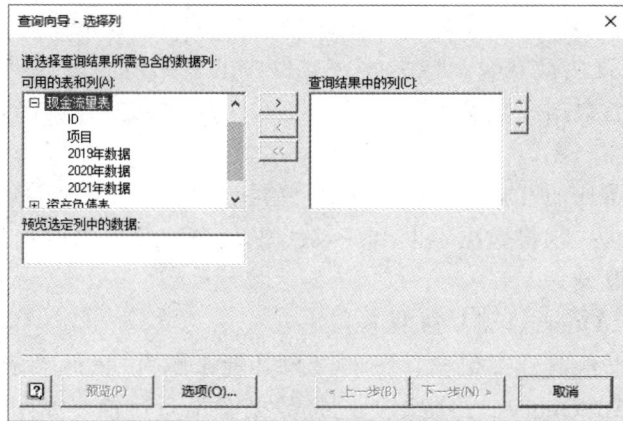

图 4-4　选择数据结构中的字段

选择了相关字段后，可以在图 4-5 所示的对话框中，通过设定查询条件对数据记录进行筛选，并进一步设置关键字。

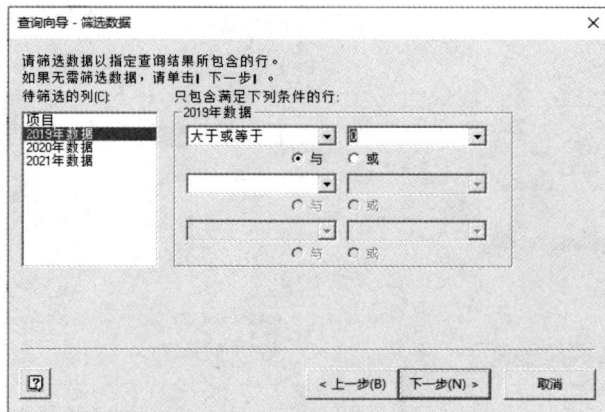

图 4-5　设置数据筛选条件

(3)将选择的数据返回到 Excel 指定的工作表中

指定关键字等操作之后，就可以将获取的数据保存到 Excel 中，如图 4-6 所示。在 Excel 中可以对返回到 Excel 指定工作表中的数据进行数字格式设置、汇总计算，在此基础上可以进行指标分析、趋势分析、比较分析、综合分析等分析处理，创建相应的分析报表。

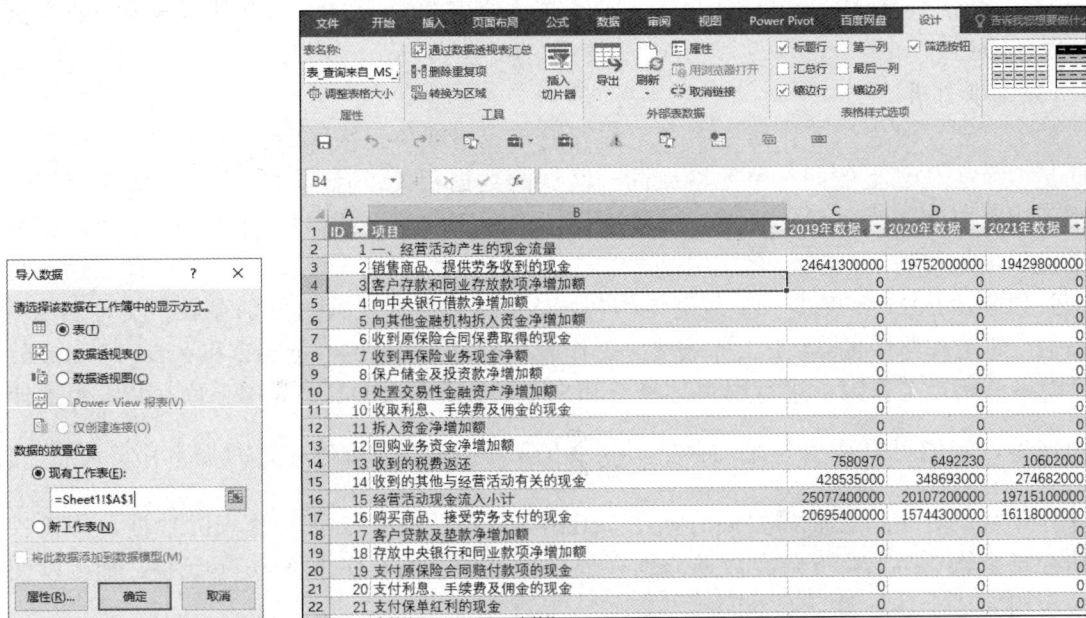

图 4-6　获取的数据库部分数据

获得外部数据库的数据并建立分析模型之后，如果对作为外部数据来源的数据库数据进行更新，可以在 Excel 中运用刷新功能实现分析数据的自动更新，这样的分析模型一旦建立，就可以永久用其进行分析。

3. 建立表与表之间的数据链接

在财务分析中，由于用于分析的原始数据种类多、数量大，为了便于对这些数据进行管理和共享使用，一般从数据库系统获取或输入分析需要的数据后都要存储到专门的工作表甚至专门的工作簿中。因此实际工作中，需要经常在不同的工作表之间建立联系，引用其他工作表甚至其他工作簿的数据。

(1)同一工作簿中工作表之间的链接

在同一工作簿中引用其他工作表中数据的方法是：在单元格引用前加上工作表的名字，并用感叹号(!)将工作表引用和单元格引用分开，链接格式：

工作表引用！单元格引用

(2)不同工作簿中工作表的链接

当不同工作簿中的工作表链接时，格式为：

[工作簿名字]工作表引用！单元格引用

假如 2021 年资产负债表数据存放在名称为"会计报表"的工作簿中的"资产负债表2021"的工作表上，其"流动资产"数据在 D17 单元格，"流动负债"在 D39 单元格，则在"财务分析"工作簿中计算流动比率时，其计算公式应为：=[会计报表.xls]资产负债表2021!\$D\$17/[会计报表.xls]资产负债表 2021!\$D\$39。

如果引用的工作簿未打开，则引用中应写出该工作簿存放位置的绝对路径，并用引号括起来。例如，='D:\Excel\[会计报表.xls]资产负债表 2021!\$D\$17/[会计报表.xls]资产负债表 2021!\$D\$39。

（3）三维引用

如果需要同时引用工作簿中多个工作表的单元格或单元格区域，可以使用"三维引用"。尤其是多个工作表上的同一单元格或同一区域的数据相关，且要对它们进行统计计算时，三维引用会带来很大方便。当然，三维引用不能用于数组公式、智能引用公式中，也不能与交叉引用运算符（空格）一起使用。

假如公司 2021 年度 1—12 月全年的利润表、资产负债表数据分别存放在文件名为"会计报表"的工作簿中的 24 张工作表上，工作表名分别为：syb1～syb12 和 zcfzb1～zcfzb12，在"财务分析"工作簿中进行财务比率分析时，需要计算 2021 年的年平均存货。为了计算更为精确，我们可以采用年平均存货 $= \dfrac{1}{24} \sum\limits_{i=1}^{12}$(第$i$月期初存货余额 + 第$i$月期末存货余额) 的公式计算年平均存货，此时需要同时调用 zcfzb1～zcfzb12 的 12 张工作表的数据。假设各月期初存货余额、期末存货余额数据分别存放在各工作表的 C16 和 D16 单元格，则可以使用三维引用完成上述计算。

① 在"财务分析"工作簿的"财务指标分析"工作表中，单击需要输入"年平均存货"公式的单元格 D7。

② 键入等号（=），输入函数名称 SUM 及左圆括号。

③ 单击需要引用的"会计报表"工作簿中的第一个工作表标签"zcfzb1"。

④ 按住 Shift 键，再单击需要引用的最后一个工作表标签"zcfzb12"。

⑤ 选定需要引用的单元格 C16，并输入分隔符（，）然后重复上述第三、四步，再选定需要引用的单元格 D16。

⑥ 最后完成"年平均存货"公式

=（SUM（[会计报表.xls]zcfzb1:zcfzb12!\$C\$16，[会计报表.xls]zcfzb1:zcfzb12!\$D\$16））/24

可以使用三维引用创建公式的函数主要包括：SUM（）、AVERAGE（）、AVERAGEA（）、COUNT（）、COUNTA（）、MAX（）、MAXA（）、MIN（）、MINA（）、PRODUCT（）、STDEV（）、STDEVA（）、STDEVP（）、STDEVPA（）、VAR（）、VARA（）、VARP（）和 VARPA（）。

4．编制指标分析工作表

财务指标分析依据的数据主要来源于资产负债表、利润表等会计报表，因此，应该从会计核算系统中获取总账数据生成并分别存放在"资产负债表"和"利润表"工作表中。

（1）分类输入各财务比率指标及计算公式

建立指标分析工作表，在该工作表中设计和安排好整个表的布局，然后按照前面介绍的方法分类输入所有需要计算的财务比率名称，并画好表格线，于是形成了一张没有数据的财务比率分析空表。在表中相应的位置分别输入各项财务比率指标及其计算公式，建立比率分析模型。

（2）对工作表格式进行编排

模型中所有比率指标建立完成之后，可以进一步对工作表进行编排、修饰，以便更美观、形象和清晰。比如不同的区域采用不同的颜色，加上边框和格线，调整字体、数值型单元格，根据不同的要求设定数值显示类型等，直到形成一张完整的模型表。

5. 更新分析表数据

在 Microsoft Excel 中，通过使用 Microsoft Query 中创建的查询、Web 查询或文本文件方式可以从某个外部数据库中导入数据，这些数据与 Excel 中直接输入的数据一样，可以为其设置格式或是在计算中使用这些数据。同时如果源数据库中的数据发生了变化，在 Excel 中还可以更新外部数据区域，使用这些外部数据的工作表也可以实现自动更新。

以财务分析为例，说明更新分析表数据的方法。财务指标分析模型设计完成之后，各种比率分析指标的数据就可以自动计算出来。如果会计期间发生改变，作为分析数据源的会计核算系统中的数据库数据也会进行更新。此时，由于已经建立了会计核算数据库与财务分析模型中存放原始数据的工作表动态数据链接，因此不需要改变分析模型就可以实现 Excel 中数据源的更新，并自动更新分析结果。更新方法如下：

① 选择与会计系统数据库建立链接的工作表（资产负债表工作表），单击要刷新的外部数据区域中的某个单元格。

② 单击"数据"→"全部刷新"→"刷新"命令，系统将自动运行，完成资产负债表工作表的更新。

"资产负债表"工作表、"利润表"工作表数据会随之自动更新，指标分析工作表中指标分析公式的计算结果也会进行自动更新。

数据更新还需要注意以下几点：

① 如果"查询"运行于后台且需要很长时间才能返回数据，数据更新过程中可以检查其状态。方法是在"查询"运行时，选择"数据"→"全部刷新"命令。

② 通过设置自动刷新属性，可以在打开工作簿时自动刷新外部数据区，并在保存工作簿时有选择地不保存外部数据，以缩减文件大小。方法是：

● 单击"数据"→"全部刷新"→"连接属性"，打开"连接属性"，如图 4-7 所示。

● 在对话框中选择"打开文件时刷新数据"复选框；如果要保存带有查询定义但无外部数据的工作簿，可选择"保存工作表之前删除来自外部数据区域的数据"复选框；如果要定期刷新数据，可选中"刷新频率"框，然后输入刷新的间隔时间（单位：分钟）。

③ 还可以通过"数据"→"属性"中的选项，设置外部数据区域的格式和布局，如图 4-8 所示。

④ 如果工作表中包含多个需要刷新的外部数据区域，那么可单击"数据"→"全部刷新"，这样就可以同时更新工作簿中的所有外部数据区域。如果有多个打开的工作簿，则需要在每个工作簿中都单击"全部刷新"，才能刷新外部数据。

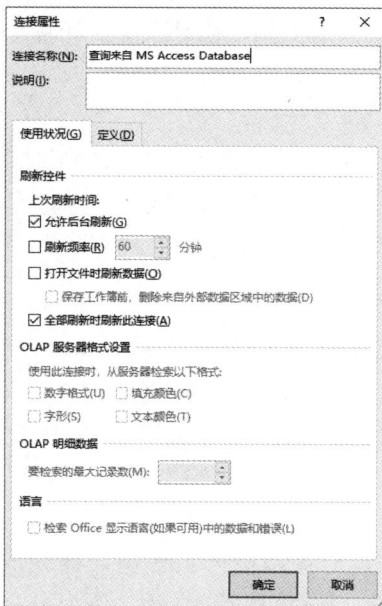

图 4-7 "连接属性"对话框

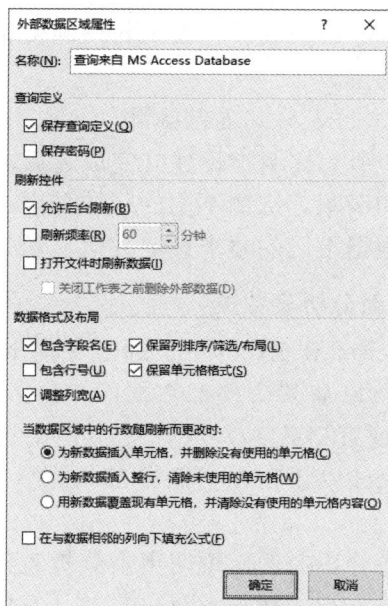

图 4-8 "外部数据区域属性"对话框

4.2.2　杜邦分析

1．Excel 杜邦分析内容

企业的各项财务活动、各项财务指标是相互联系、相互影响的，因此对企业的财务活动进行分析时，除了对企业的营运能力、盈利能力、偿债能力、发展趋势等各方面进行深入分析、评价外，还必须把企业的财务活动作为一个大系统，对系统内相互依存、相互作用的各种因素进行综合分析和评价，杜邦分析法就是利用各个主要财务比率指标之间的内在联系，来综合分析企业财务状况的方法。在 Excel 中可以通过建立杜邦分析模型完成企业财务状况的杜邦分析。

杜邦分析法是一种分解财务比率的方法，它将有关分析指标按内在联系排列起来，形成"企业杜邦图表"，从而解释指标变动的原因和变动趋势，为采取措施指明方向。

杜邦图中主要采用的比率指标及其相互关系如下：

① 净资产收益率相关公式：

$$净资产收益率＝总资产收益率×权益乘数$$

$$总资产收益率＝销售净利率×资产周转率$$

$$权益乘数＝1÷(1－资产负债率)$$

由前两个公式可得：净资产收益率＝销售净利率×资产周转率×权益乘数，决定净资产收益率的因素有 3 个：销售净利率、资产周转率和权益乘数。于是可以把净资产收益率这个综合性指标发生升、降变化的原因具体化。

② 销售净利率可以进一步分解为：销售净利率＝税后净利润÷营业收入

其中，税后净利润＝营业收入－全部成本＋投资收益＋营业外收入－营业外支出－所得税；

全部成本=管理费用+销售费用+财务费用+资产价值损失+营业成本+营业税金及附加

由此销售净利率的升、降变化的因素可以从销售额和销售成本两个方面进行分析。

③ 总资产周转率可以进一步分解为：资产周转率 = 营业收入 ÷ 平均资产总额

其中，资产总额=流动资产+长期资产；

流动资产=货币资金+有价证券+应收及预付款+存货+其他流动资产

由此，除可以对资产的各构成部分占用量是否合理分析外，还可以通过对流动资产周转率、存货周转率、应收账款周转率等有关资产组成部分使用效率的分析，判明影响资产周转的问题所在。

利用 Excel 进行杜邦分析主要是通过在 Excel 中建立起杜邦体系的各项分析指标模型，达到企业的相关财务数据发生改变，系统能够通过自动计算给出这些指标结果，从而帮助财务分析人员更好地了解企业财务状况的目的。

2．杜邦分析模型

建立杜邦分析模型之前，首先要在财务分析工作簿中增加一个新工作表，用于设计杜邦分析模型，并将工作表命名为"杜邦分析"。

(1)设计项目框

杜邦分析图是由指标项目和指标关系组成的，每个指标项目包括项目名称、计算公式和计算结果，由于计算公式和计算结果占用一个单元格，因此，每个项目框中至少包括上、下相邻的两个单元格(有的项目需要分别反映年初数、年末数，因而包括三个单元格)；用连线或底色把项目连接起来，可以反映各项目之间的关系。因此首先要确定一个框架并明确所需要的数据。

(2)定义项目名称和数据链接

在每个项目框上面的单元格中直接输入项目名称，然后定义数据链接。由于杜邦图中的"销售收入"、"营业成本"、"所得税"、"研发费用"、"管理费用"、"销售费用"、"财务费用"、"长期资产"、"货币资金"、"有价证券"、"应收账款"、"存货"和"其他流动资产"等项目直接来源于资产负债表和利润表，因此，可以通过工作簿内表间引用的方法建立杜邦分析工作表与资产负债表和利润表的数据链接，并直接获得上述这些项目的数据。

(3)定义项目计算公式

对不能直接取得数据的项目，需要定义项目计算公式，放在指标项目下面的单元格中，公式定义的方法参照表内数据链接的定义。

当企业成立时间较长，杜邦模型中需要全面反映企业多年的指标数据时，为了更清晰完整地进行杜邦分析，可以根据杜邦分析模型中指标计算的需要，将所有涉及指标的原始数据或计算结果汇聚在一张表内，比如可以放到名称为"杜邦数据"的工作表中，如图 4-9 所示。

3．杜邦分析图

按照上述方法，根据杜邦分析图项目的数量，在杜邦分析工作表中设计好所有项目，如图 4-10 所示。为了使设计出的模型更直观、清晰和美观，还可以选择为项目的单元区域加上边框、颜色和底纹等。

年份		1995	1996	1997	1998	1999	2000	2001	2002	2003	
1	年份	1995	1996	1997	1998	1999	2000	2001	2002	2003	
2	不含税销售额	￥ 1,215,984,304.05	￥ 1,430,664,542.08	￥ 1,511,050,619.79	￥ 1,339,307,228.04	￥ 1,250,236,846.04	￥ 1,446,244,259.01	￥ 1,445,393,248.31	￥ 1,715,723,961.44	￥1,850,050,120.82	￥ 1,468,278,96
3	营业总成本	￥ 1,073,391,101.05	￥ 1,281,990,188.66	￥ 1,372,925,052.26	￥ 1,241,501,744.31	￥ 1,213,557,693.05	￥ 1,391,289,546.03	￥ 1,677,156,401.45	￥1,825,464,606.44	￥ 1,524,714,237	
4	销售成本	￥ 948,160,442.36	￥ 1,137,215,429.88	￥ 1,219,780,256.62	￥ 1,073,999,435.29	￥ 810,709,590.43	￥ 1,212,569,364.86	￥ 1,424,353,745.64	￥1,548,506,500.76	￥ 1,233,937,074	
5	销售费用	￥ 45,454,328.02	￥ 61,883,819.65	￥ 67,154,305.23	￥ 80,228,940.09	￥ 76,175,895.47	￥ 102,101,109.10	￥ 137,153,342.61	￥ 133,651,015.68	￥ 86,635,159	
6	管理费用	￥ 53,274,186.89	￥ 51,724,036.01	￥ 49,312,493.28	￥ 63,275,674.53	￥ 80,768,276.70	￥ 68,428,920.42	￥ 92,247,755.39	￥ 94,667,764.72	￥ 119,504,332.82	￥ 182,574,387
7	研发费用	--	--	--	--	--	--	--	--	￥	
8											
9											
10											
11											
12	其他营业费用	33,220,323.07	34,832,149.26	37,176,528.54	26,404,926.71	34,510,150.77	20,763,361.78	20,788,281.84	21,266,764.48	23,941,282.52	21,700,736
13	营业税金及附加	3,658,095.82	4,370,117.45	4,497,582.62	4,081,460.69	5,034,931.16	6,786,808.56	5,635,429.35	5,989,536.12	5,051,663.32	5,591,112
14	财务费用	29,562,227.25	30,442,031.82	32,680,945.91	22,323,466.02	25,783,365.90	12,898,096.63	11,858,999.35	15,277,228.36	18,089,619.20	16,109,624
15											
16	其他收益/费用	11,946,852.75	11,662,667.94	12,947,025.56	25,276,375.29	20,980,184.94	29,922,507.42	31,292,837.95	17,946,122.00	21,498,623.00	8,824,641
17	资产减值损失			11,624,611.30	3,691,853.71	2,229,835.80	2,141,473.93				
18	信用减值损失										
19	其他收益										
20	公允价值变动收益										
21	投资收益	6,375,995.96	6,660,351.46	8,452,792.34	7,074,801.61	13,789,937.70	23,389,901.47	23,825,173.08	9,948,381.87	14,122,168.65	3,407,642
22	资产处置收益										
23	其他业务利润	5,570,856.79	5,002,316.48	4,494,233.22	6,576,962.36	7,190,247.23	6,532,605.95	7,467,664.28	7,997,740.13	7,376,454.35	5,417,004
24	营业利润	154,510,096.71	159,183,725.70	150,117,714.11	110,458,415.10	56,503,146.82	83,050,974.10	61,295,949.56	55,092,484.59	44,899,781.16	(48,226,410
25											
26	营业外收支	986,447.40	2,283,642.05	3,313,680.77	6,450,917.86	11,048,731.90	3,694,051.74	4,301,395.48	2,579,784.30	3,792,701.21	1,135,016
27	营业外收入	5,863,578.50	6,409,940.14	10,258,137.66	15,631,057.90	18,961,649.58	6,497,545.38	8,459,077.23	5,438,581.63	7,479,721.63	6,126,541
28	营业外支出	4,877,131.11	4,126,298.09	6,944,456.89	9,180,140.03	7,912,917.68	2,802,693.64	4,157,681.74	2,858,797.33	3,687,020.42	4,991,528
29											
30	利润总额	155,426,083.58	161,538,239.14	152,860,498.35	116,537,164.91	67,100,410.87	86,657,853.18	65,567,335.04	57,542,778.85	48,692,482.37	(47,237,263
31	所得税费用	23,569,367.32	24,679,672.13	25,655,784.68	17,635,292.04	14,138,535.49	11,469,325.97	11,874,269.56	14,717,854.67	10,934,303	
32	净利润	137,444,711.76	141,785,704.48	130,706,171.20	98,239,491.99	55,852,815.75	73,345,718.81	55,022,847.93	47,088,703.03	36,769,988.37	(48,496,264
33											
34	资产总额	￥ 1,227,335,150.21	￥ 1,555,514,936.71	￥ 1,788,091,445.58	￥ 1,881,355,799.31	￥ 2,055,919,510.37	￥ 1,823,875,722.24	￥ 2,300,221,814.97	￥ 1,947,625,06		
35	负债总额	686,068,582.50	868,670,028.96	967,604,350.43	949,316,832.67	830,699,777.09	839,962,943.27	893,089,442.44	948,030,717.93	￥ 1,076,283,265.53	898,454,365
36											
37											
38	销售净利率	11.30%	9.91%	8.65%	7.34%	4.47%	5.07%	3.81%	2.74%	1.99%	
39	销售毛利率	77.97%	79.49%	80.70%	80.19%	81.40%	83.84%	83.12%	83.02%		
40	费用率	4.38%	3.62%	3.26%	4.72%	6.40%	4.73%	6.39%	6.40%	6.47%	12

图 4-9   杜邦分析指标数据

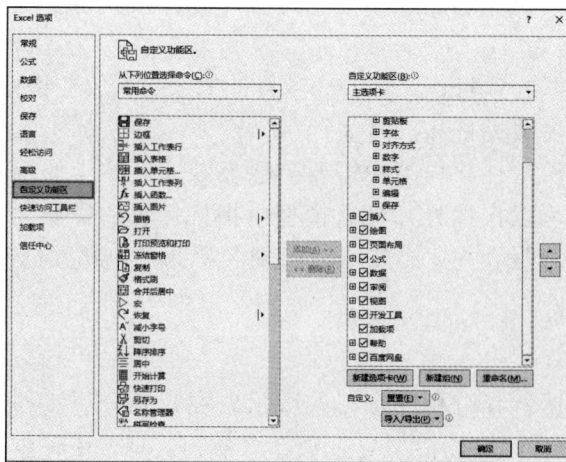

图 4-10   企业杜邦图表

① 为了让杜邦分析可以按照随意选择的时间展示相关年份的指标结果，可以设置年份选择工具按钮。方法是：

- 在"Excel 选项"的"自定义功能区"下勾选"开发工具"，确定之后开启开发工具。如图 4-11 所示。

图 4-11   Excel 选项

- 单击"开发工具"里的"插入"，在其中的"表单控件"中选择"数值调节钮(窗体控件)"，如图 4-12 所示。

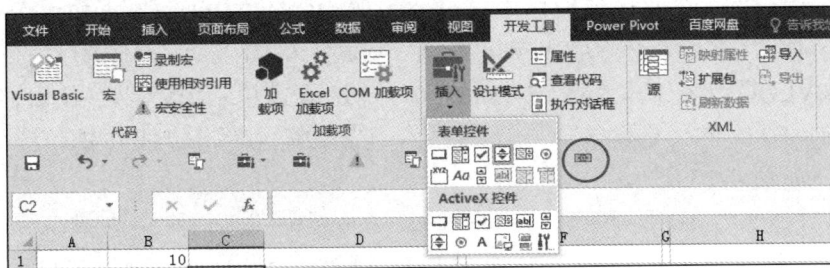

图 4-12　开发工具菜单

- 单击"数值调节钮(窗体控件)"，并在工作表的适当位置画出按钮。然后选中该按钮控件并单击鼠标右键，在弹出的"设置控件格式"对话框的"控制"选项卡中将单元格链接设置为 B1 单元格，同时设置该按钮控件的其他参数，如图 4-13 所示。

图 4-13　设置数值调节钮

- 在 A3 单元格输入"=LEFT(ADDRESS(1,B1−1,4),1+(B1−1>26)*1)"，B3 单元格输入"=LEFT(ADDRESS(1,B1,4),1+(B1>26)*1)"，选中数据所在单元格的列，如图 4-14 所示。
- 在 B2 单元格输入"=INDIRECT("企业杜邦数据!"&B3&"1")"，A2 单元格输入"=INDIRECT("企业杜邦数据!"&A3&"1")"，于是可以利用 INDIRECT()函数显示出时间，如图 4-15 所示。

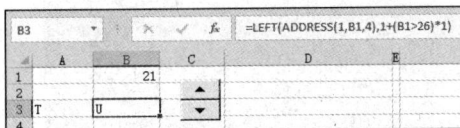

图 4-14　输入公式，选中数据所在单元格列

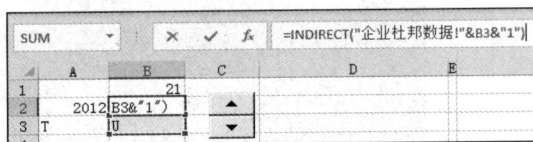

图 4-15　输入公式显示出时间

② 制作杜邦分析表

首先，为方便使用，将杜邦模型中用到的指标在"企业杜邦数据"工作表中的行号放在相应单元格里，如图 4-16 所示。

其次，利用 INDIRECT() 函数与 VLOOKUP() 函数在"企业杜邦数据"工作表中取出数据显示在特定指标项目下。比如，在"企业杜邦图表"的销售收入指标所在的 D19 单元格输入"=INDIRECT("企业杜邦数据!$"&$B$3&VLOOKUP(D18,$A$2:$B$26, 2,0))"计算或者显示出销售收入，营业总成本所在的 F19 单元格输入"=INDIRECT("企业杜邦数据!$"&$B$3&VLOOKUP(F18,$A$2:$B$26,2,0))"计算或者显示出营业总成本，在销售净利率指标所在的 H11 单元格输入"=F15/J15"，资产净利率指标所在的 H7 单元格输入"=H11*P11"，如图 4-17 所示。

图 4-16　指标行号

图 4-17　提取指标项目数据

以此类推，可以参照完成"企业杜邦图表"中其他指标项目数据的获取或者计算。于是，可以建立起完整的"企业杜邦图表"，如图 4-10 所示。

4．杜邦分析仪表盘

为了更直观、更形象地表示"企业杜邦图表"中各指标的情况，从而更好地帮助决策者理解企业相关财务情况的变化，可以选择某些关键指标制作杜邦分析仪表盘，如图 4-18 所示。

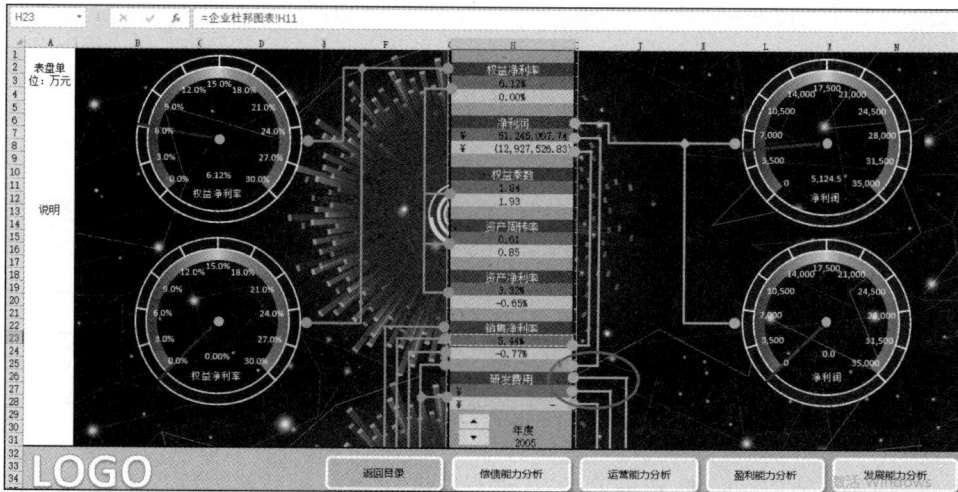

图 4-18　杜邦分析仪表盘

仪表盘的制作方法是：

① 首先确定仪表盘所代表的财务指标，如选择净利润、权益净利率两个指标，制作了四个仪表盘分别显示这两个指标相邻两年的数值，并希望显示年度的选择通过之前建立的数值调节按钮实现，即红色圆圈标示部分，图 4-18 所示。下面以权益净利率指标说明仪表盘的制作。根据已制作的"企业杜邦图表"工作表中权益净利率指标的值确定该指标仪表盘的数值上限，并制作仪表盘的刻度表及指针度数，如图 4-19 所示。

② 选中指针度数插入饼状图，建立如图 4-20 所示的一个圆饼。

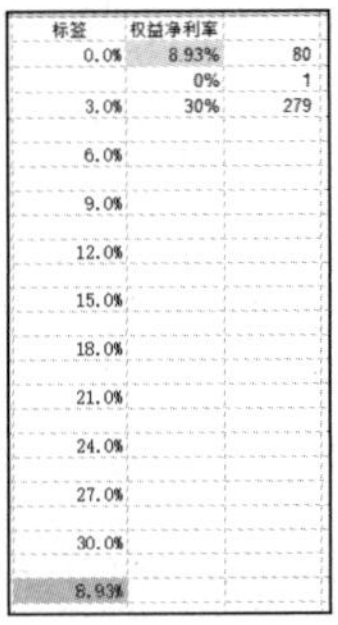

图 4-19　设置仪表盘数值 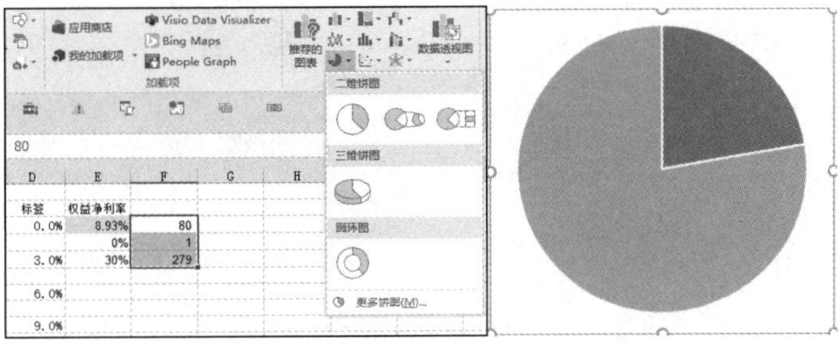　　　　　　　　　　图 4-20　插入饼状图

③ 单击鼠标右键，在弹出的菜单中执行"选择数据"，于是出现"选择数据源"对话框。首先选中系列 1，执行"编辑"，在"编辑数据系列"对话框中将"系列名称"改为权益净利率；然后再执行"添加"，逐一添加"外部刻度"、"内部标签"和"预警色带"3 个系列，如图 4-21 所示。

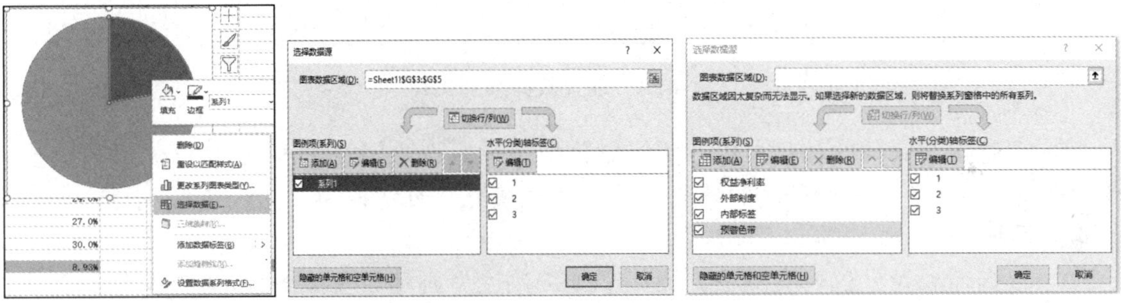

图 4-21　选择数据源

④ 选中饼状图，单击鼠标右键，在弹出的菜单中单击"更改系列图表类型"，在弹出的"更改图表类型"对话框中，选择自定义组合图类型，将权益净利率设为饼图，其余三个系列设为圆环。同时除权益净利率外的三个系列均勾选"次坐标轴"，如图 4-22 所示。

依次选择"外部刻度"、"内部标签"和"预警色带"三个圆环，分别在相应的编辑栏输入公式。其中，外部刻度圆环编辑栏输入"=SERIES("外部刻度",{1,2,3,4,5,6,7,8,9,10,11,12,13,14,15,16,17,18,19,20,21,22,23},{0,27,0,27,0,27,0,27,0,27,0,27,0,27,0,27,0,27,0,27,0,0,90},4)"，内部标签圆环编辑栏输入"=SERIES("内部标签",{1,2,3,4,5,6,7,8,9,10,11,12,13,14,15,16,17,18,19,20,21,22,23},{0,27,0,27,0,27,0,27,0,27,0,27,0,27,0,27,0,27,0,0,90},2)"，预警

色带圆环编辑栏输入=SERIES("预警色带",{1,2,3,4,5,6,7,8,9,10,11,12,13,14,15,16,17,18,19,20,21,22,23},{270,18,54,18},3)",同时将权益净利率圆饼与"外部刻度"、"内部标签"和"预警色带"三个圆环的角度偏转皆设置为225°。方法如图4-23所示。

图4-22　更改图表类型

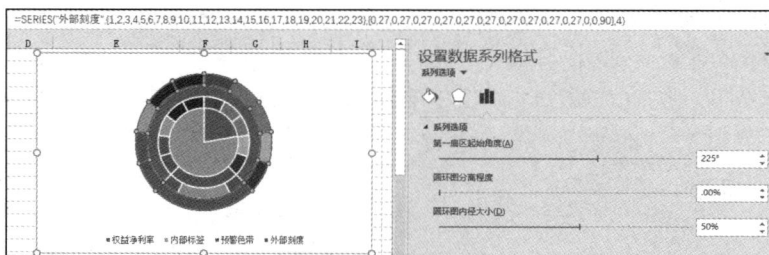

图4-23　设置数据系列格式

⑤　调整各个圆环的颜色与内部圆饼制作成指针。选中圆饼中1%的扇区，设置该扇区填充的颜色为红色，其他扇区的填充设置为"无填充"且边框为"无线条"，于是1%的扇区即显示成指针。如图4-24所示。

⑥　根据需要设置仪表盘颜色。比如"外部刻度"圆环设置成黑色，"预警色带"设置成渐变色，"内部标签"圆环设置成白色并设置数据标签，中心也可以加上一个实心椭圆形，于是形成了图4-25所示的仪表盘。

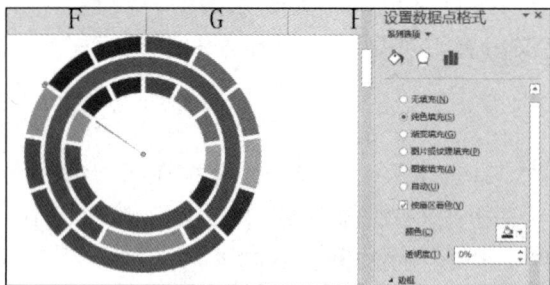

图4-24　设置数据点格式

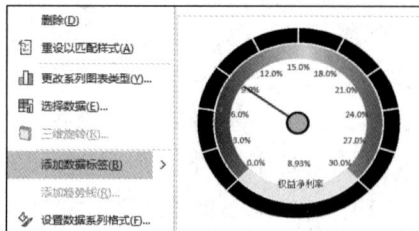

图4-25　设置仪表盘颜色

4.3　Power BI 财务分析结果可视化

Power BI 应用的函数类型数据建模分析语言为 Date Analysis Expressions（DAX）。DAX 中很多函数的使用方法与常规的 Excel 公式有相似之处，但两者在数据处理逻辑上有本质区别。Excel 数据表是由一个一个单元格组成的，每一个单元格有其唯一的行列坐标，用以准确表示具体单元格位置，并可以对其进行编辑。基于此，Excel 中所有运算表达式都是以单元作为处理对象，计算时指定具体要处理的单元格标识即可。但在 DAX 中，为了实现对数据的动态分析处理，Power BI 数据表中没有单元格概念，用户只能对整表或表中整列进行处理，不可对某一具体单元格单独编辑，在 DAX 函数中要使用某些指定值，应用的是上下文关系，即根据该指定值所在的前后左右行文内容来确定，换言之，DAX 函数中传入的参数都是列或者表。鉴于 DAX 语言是一门较为复杂的函数分析语言，计值上下文是 DAX 语言的核心，本节聚焦于应用 Power BI 完成财务分析，案例中仅设计少量简单的 DAX 公式。

4.3.1　数据获取

下面利用 Power BI 从茅台官网中获取贵州茅台酒股份有限公司的利润分配情况表，步骤如下：

① 在网页上访问贵州茅台酒股份有限公司官网，从中找到所需的利润分配情况表，单击复制该网页地址，复制结果如下："http://www.sse.com.cn/assortment/ stock/list/info/profit/index.shtml?COMPANY_CODE=600519"，如图 4-26 所示。

图 4-26　复制茅台酒股份有限公司利润表网址

② 在"获取数据"下拉项中单击"Web"，将复制的网页地址粘贴在"基本"选项卡对话框内，单击"确认"。若是第一次连接，会弹出连接网页认证方式，选择匿名连接即可，如图 4-27 所示。

③ 单击"确认"后弹出导航器窗口，Power BI 对所有可能是表类型的数据给出预览，查看这些预览图，确定表 1 即是我们的目标数据。

④ 勾选表 1，单击"转换数据"，进入查询编辑器中简单处理原始数据，如图 4-28 所示。

图 4-27　粘贴网页地址

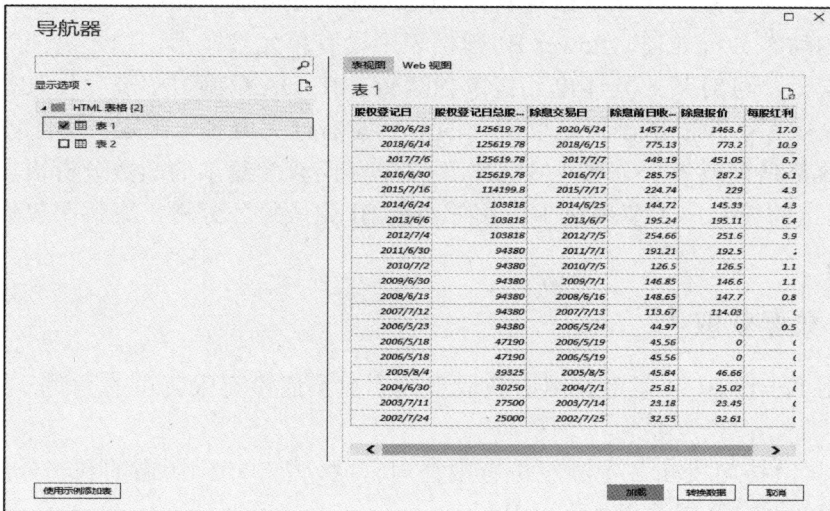

图 4-28　导航器窗口

当外部数据源以上述方式导入 Power BI 后，后续对其建模分析都将基于 Power BI 复制存储的数据来进行，不再需要与数据源进行交互。

单击 BI Desktop "主页" 导航栏下的 "转换数据"，再次进入 Power Query 编辑器。

4.3.2　数据建模分析

1．比率分析模型的设计

财务分析中的比率分析主要包括：变现能力比率（流动比率、速动比率等）、资产管理比率（存货周转率、应收账款周转率、流动资产周转率、总资产周转率等）、负债管理比率（资产负债率、产权比率、有形净值债务率、利息保障倍数等）、盈利能力比率（销售净利率、销售毛利率、资产净利率、净资产报酬率等）、市价比率（每股盈余、市盈率、每股股利、股利支付率等），具体计算公式及含义此处不再赘述，下面重点讨论在 Power BI 下如何完成财务比率指标计算。

（1）通过新增计算列计算财务比率

Power BI 中提供了多种方法新增计算列，将财务比率计算结果以新列的形式添加在数据表内。

在财务比率公式中，有一些比率公式的分析数据可以直接从报表中获取，且遵循相同的函数关系。例如：流动比率 $= \dfrac{流动资产}{流动负债}$、资产负债率 $= \dfrac{负债总额}{资产总额}$，同属 x/y 类型。对于应用同一类计算方法且数量较多的公式，为操作简便可以在 Power Query 编辑器内使用自定义函数计算。在本例中采用调取自定义函数的方法计算各年度流动比率。操作步骤如下：

① 在数据视图下，单击"主页"导航栏下的"转换数据"，进入 Power Query 编辑器，对数据进行编辑转换。

② 在顶层导航栏中，通过单击"主页"→"新建源"→"空查询"，新建一个空查询。空查询页面显示如图 4-29 和图 4-30 所示。

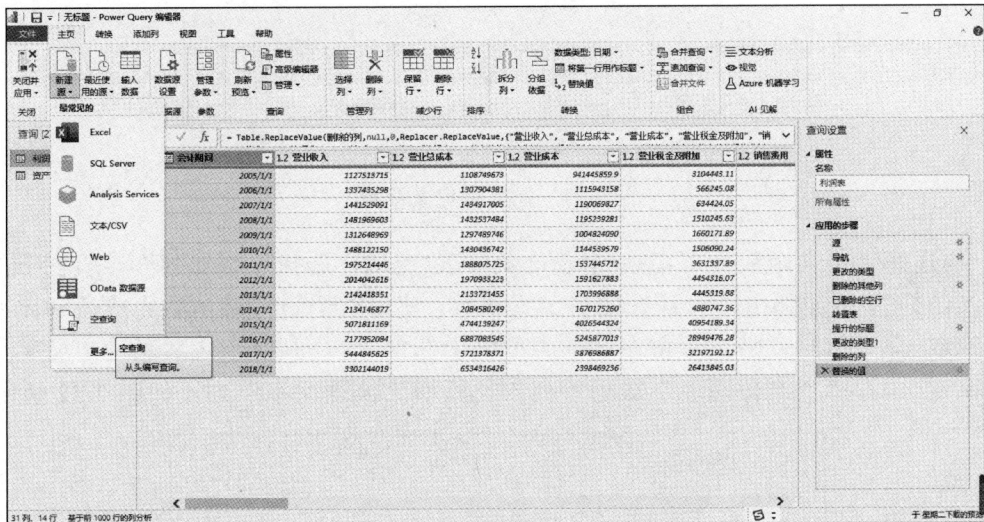

图 4-29　Power Query 编辑器

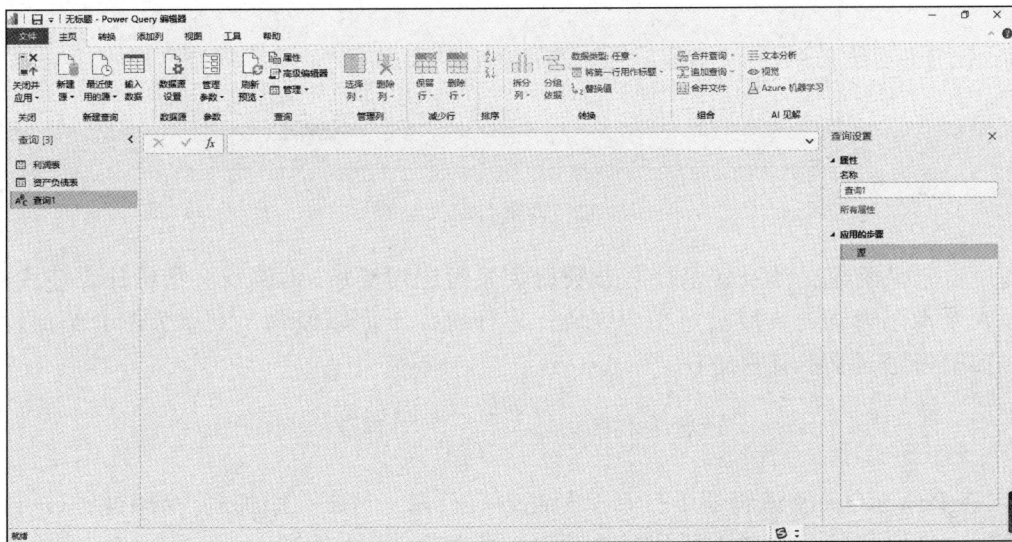

图 4-30　空查询页面

③ 单击顶层编辑栏左侧的"fx"，出现等号后输入图示公式，按回车键完成，如图 4-31 所示。

④ 在左侧"查询"栏下"查询 1"位置双击鼠标左键，将查询 1 重命名为"自定义函数 x/y"。

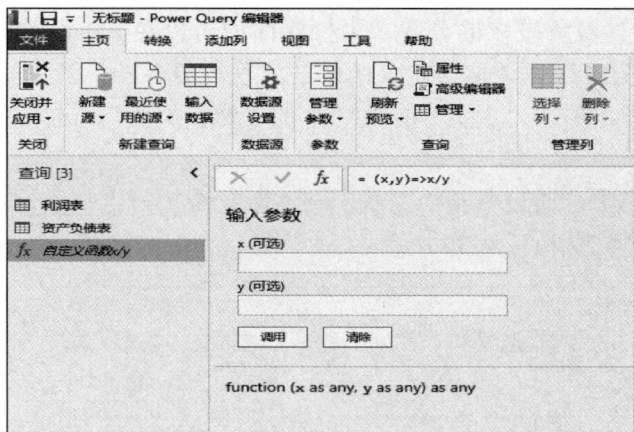

图 4-31　设置自定义函数

⑤ 构建好自定义函数后，切换到[资产负债表]查询，选择"添加列"导航栏下的"调用自定义函数"，页面弹出刚设计好的自定义函数，使用这个自定义函数完成流动比率的计算。在选取 x、y 值时，将选项框左侧的类型框中选中"按列名"，之后正确定义 x、y 值，单击"确定"，在"资产负债表"最后一列自动新增"流动比率"列，如图 4-32 所示。

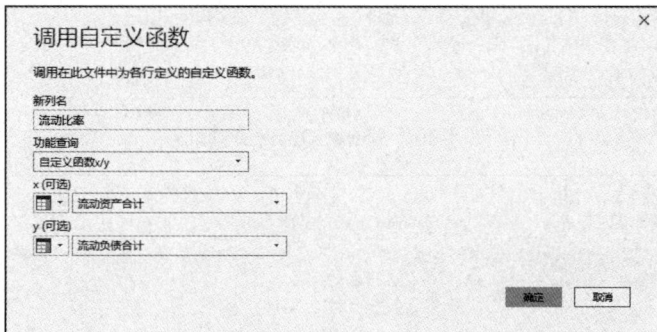

图 4-32　调用自定义函数

调用自定义函数在涉及较多较复杂数据关系时应用简单，本例财务指标计算公式简单，也可以在查询编辑器内直接自定义列完成比率计算。下面以销售毛利率为例介绍通过自定义列完成销售毛利率的计算方法。

$$销售毛利率 = \frac{营业收入 - 营业成本}{营业收入}$$

① 在 Power Query 编辑器下打开"利润表"查询，单击"添加列"导航栏下"自定义列"按钮，在弹出窗口中输入新列名"销售净利率"，如图 4-33 所示。
② 在右侧"可用列"选项框中选择相应列名，单击插入使其进入"自定义列公式"编辑栏中。
③ 在公式编辑栏内输入相应运算符号编辑公式，单击"确定"，表中新增"销售净利率"列。

按上述步骤可完成部分财务指标的计算。各财务指标在新增计算列计算完成后，为方便查看，可将这些财务比率列复制在一个新表中，复制方法在前述"输入数据"处已提及，此处不再赘述。

图 4-33　"自定义列"窗口

(2)通过新建度量值计算财务比率

对于某些需要跨表查询的列，上述方法无法实现从[资产负债表]和[利润表]中分别选取数据列计算新的财务比率，且通过添加计算列的方式会在原表中新增大量数据列，占用较多内存，拖慢数据查询速度。为弥补上述不足，在 Power BI 实际操作中，多用度量值代替计算列，与计算列不同，度量值的计算依据计值上下文对数据进行聚合，当创建一个度量值后，在原数据表中并不会看到实质的列增加，只在构建可视化对象时才能看到度量值的计算结果，因此不占用内存，且其不固定依附于具体表格，可实现跨表计算。下面以净资产报酬率的计算为例讲解过程。

$$净资产报酬率 = \frac{净利润}{所有者权益} \times 100\%$$

① 在 Power BI Desktop 主页面单击顶层导航栏，单击"新建度量值"。

② 在 DAX 公式编辑栏中输入"净资产报酬率=SUM('利润表'[净利润])/SUM('资产负债表'[所有者权益合计])"，单击空白处完成编写。

③ 如图 4-34 所示，新建度量值显示在右侧字段列表下，在构建可视化报表时可直接使用。

(3)可视化设计

新列生成后，可根据需要调整数据类型，选择舍取小数位数等。在构建可视化效果时，以流动比率为例，为读者更清晰判断财务指标优劣，可在"流动比率"列后添加表情图标以表示财务比率是否符合较好期望，如以"微笑"反应指标表现良好，"平静"反应指标表现一般，"哭泣"表示指标表现差等，通过添加这些图标使数据表格变得生动起来。比如，我们设定 A 公司流动比率在 1.3-2 时表现良好，1-1.3、2-3 时表现一般，小于 1 或大于 3 时表现较差，以此为标准，添加表情图标以便使用者获取更直观信息。方法如下：

① 通过新建计算列或度量值的方式计算出 A 公司的流动比率。

② 在 Power BI Desktop 的数据视图中打开资产负债表，在顶层导航栏中"主页"中找到"新建列"按钮并单击，在表中添加一列。

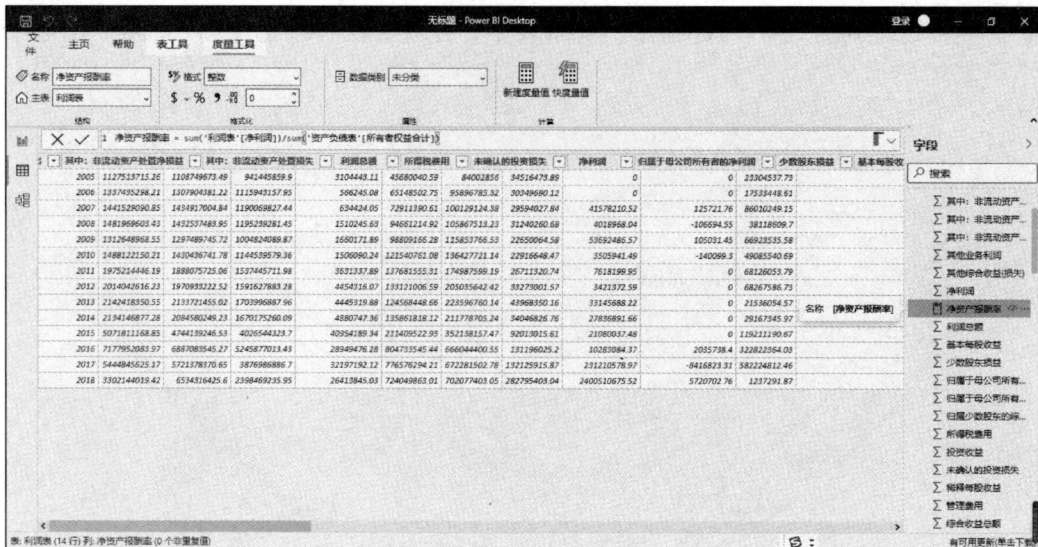

图 4-34　新建度量值

③ 在 DAX 公示栏里编写如下公式添加表情图标。

指标判断 = if([流动比率]<1||[流动比率]>3,UNICHAR(128557),if([流动比率]>=1.3 &&[流动比率]<=2,UNICHAR(128516),UNICHAR(128528)))

公式中 UNICHAR()函数的参数 128516 就是 Unicode 笑脸图标对应的 HTML 代码。获取方法可以通过 https://unicode-table.com/cn 网站进行查找。例如，找到 Unicode Blocks 下面的 Emoji 分类，选择需要用到 Emoji，点进去查看详细信息获得对应的 HTML 代码，如图 4-35 所示。

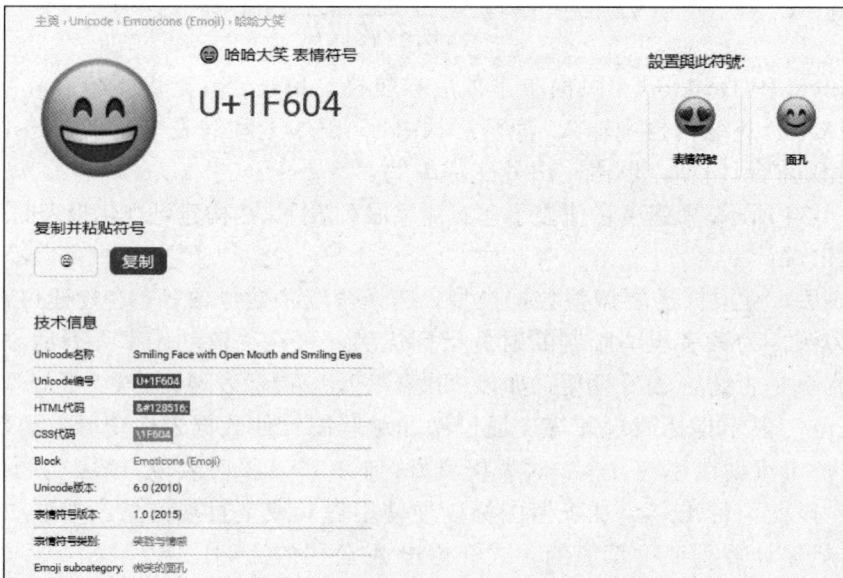

图 4-35　获取图标对应的 HTML 代码

④　数据视图下出现表情列，将其进一步可视化到报表视图。首先在报表视图的"可视化"窗格下选择"表"图，在"字段"列表下依次勾选[会计期间]、[流动比率]和[指标判断]列，并拖动到"值"下。

⑤　可视化报表可以根据需要在"字段"列表下依次选择[会计期间]和[指标判断]，单击鼠标右键添加至筛选器中，如图 4-36 所示。

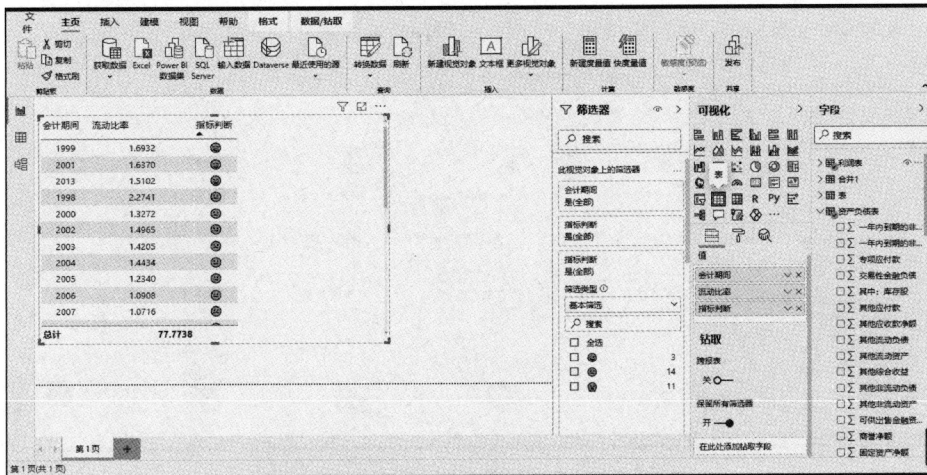

图 4-36　可视化报表

⑥　可在"筛选器"列表中勾选需要可视化在报表中的数据进行重点分析。

⑦　在"可视化"列表下的"格式"区对可视化报表格式进行调整，如放大字体，调整行列距离，改变字体颜色等，结果如图 4-37 所示。

图 4-37　调整可视化报表格式

2．趋势分析模型的设计

连续观察数年的财务报表和财务比率能了解更多企业信息，从而判别企业财务状况的发展变化趋势。趋势分析是对企业连续数年的财务报表进行纵向比较分析、结构百分比分析、定基百分比分析和图形分析等，应用 Power BI 进行趋势分析的重点在于绘制趋势分析图。

Power BI 默认安装的可视化图表主要有条形图、柱形图、折线图、面积图和散点图等 25 类，除 Power BI 桌面自带图表类型以外，Power BI 还提供了大量丰富的高级图表类型，在构建可视化效果时，为用户提供足够多的选择。用户可在官方网站上下载其他 300 余种可视化图表，下载地址为：https://appsource.microsoft.com/en-us/mark- etplace/apps?src=office & produce=power-bi-visuals。如图 4-38 所示。

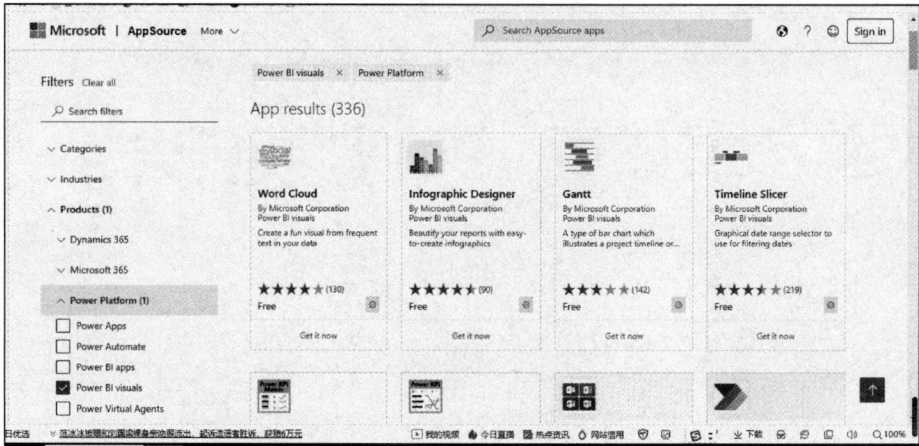

图 4-38　Power BI 官方网站提供的可视化图表

下面基于 Power BI Desktop 自带的可视化图表为例，详细讲解几种常用图表的可视化方法。

首先，尝试选取簇状柱形图分析 A 公司的营业情况变动趋势。通过分析 A 公司利润表中 2005—2015 年营业收入、营业成本和营业利润的变化趋势为例，将其可视化呈现在报表中，构建可视化趋势图。

① 单击"可视化"窗格中"簇状柱形图"图标，在画布区域会出现簇状柱形图模板，由于没有填入数据，此时模板图形呈灰色，如图 4-39 所示。

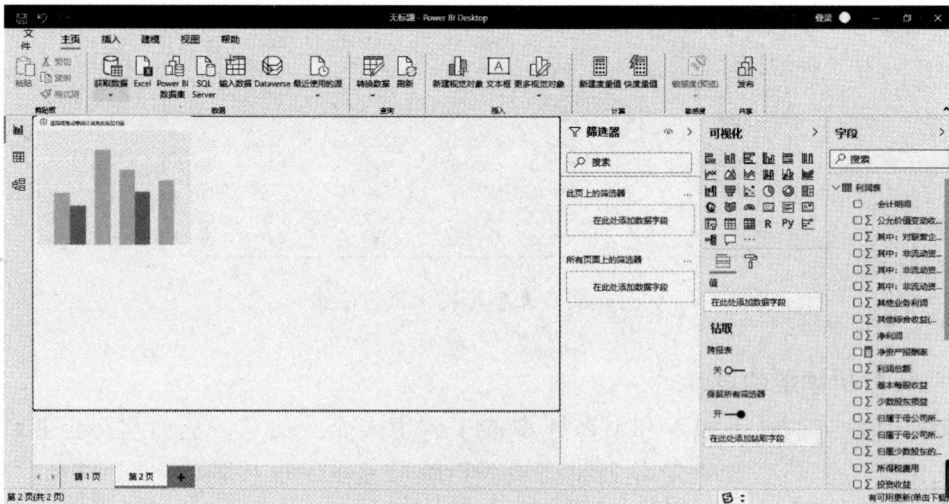

图 4-39　簇状图形模板

② 在"字段"窗格中勾选利润表下的"营业利润""营业成本""营业收入"3 个字段，使其显示在"值"域，再次勾选"会计期间"字段，一般情况下会自动显示为"轴"，如出现错误可手动拖动字段到合适位置。

③ 至此，可视化报表将显示该公司 2005—2018 年利润表所选字段的全部数据，单击筛选器中"会计期间"字段右侧下拉按钮，勾选出需要呈现的特定时段数据，这里选取 2005—2015 年十年间数据，报表显示如图 4-40 所示。

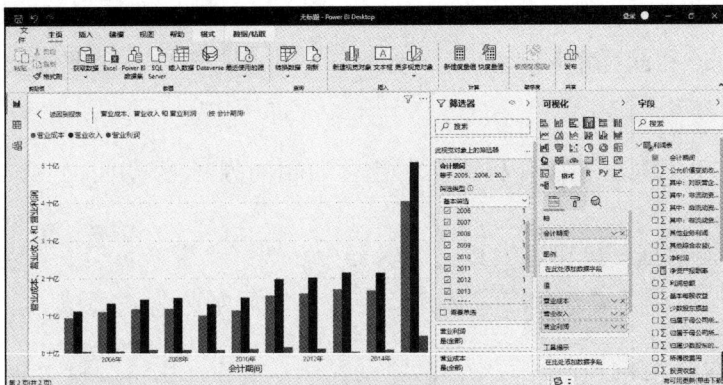

图 4-40　可视化报表

④ 在"可视化"窗格下单击"格式"按钮调整报表格式。如图 4-41 所示。

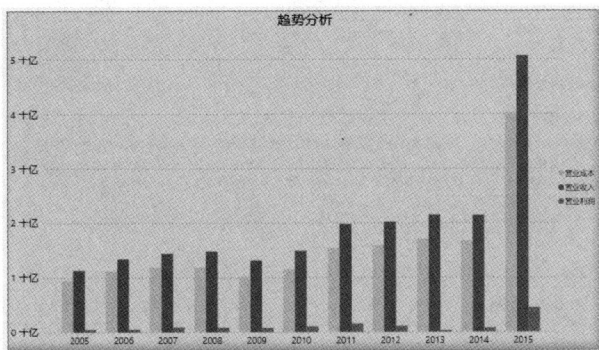

图 4-41　调整报表格式

完成可视化报表设计后，可在图 4-40 选项框中导出数据，或单击"以表的形式显示"在柱形图下方添加原始数据表等。对于某些图表类型，如柱形图、折线图等，"可视化"窗口下方会出现"分析"按钮，在"分析"界面可实现对已完成的可视化报表根据历史数据合理预测分析添加各种趋势线，以辅助使用者做出决策和判断。

3．综合分析模型的设计

综合各项财务指标系统分析才能对企业财务状况有更好的把握，从而做出更合理的决策。综合分析方法主要有财务比率综合分析和杜邦分析法。

本部分以财务比率综合分析可视化设计为例讲解。

经过前述步骤讲解，我们已经掌握如何用 Power BI 计算财务比率，运用财务知识，结合 Power BI 中函数的构建知识，计算出所需分析的全部财务指标以便对其进行综合分析。方法如下：

在 Power BI 利用新增计算列的方式计算出各年度财务比率具体数值，并将这些指标连同会计期间复制在一张新表中（通常情况下，在 Power BI 完成较多次计算尤其涉及跨表查询公式，我们更推荐新增度量值法，此处为演示合并查询及创建新查询）。

(1)合并查询

因为自定义计算列无法跨"资产负债表"和"利润表"项目进行计算，如 总资产报酬率 = $\dfrac{净利润}{资产总额}$，其中[净利润]和[资产总额]分别来自不同数据表中，因此需要对两表进行合并查询。

① 找到"资产负债表"和"利润表"包含的相同列[会计期间]，以[会计期间]为基准合并两列。

② 通过"转换数据"按钮进入数据编辑器中，选择"资产负债表"查询，单击查询编辑"主页"导航栏下的"合并查询"选项之后，可以看到两个子选项"合并查询"和"将查询合并为新查询"。

③ 为节省内存，保障分析速度，我们在当前表的基础上合并"利润表"即可，单击"合并查询"子选项。弹出配置界面，选择"利润表"作为匹配表，分别单击选中两表中的[会计期间]列，在连接种类下拉框中选择左外部（第一个中的所有行，第二个中的匹配行）。单击确定实现两表合并，如图 4-42 所示。

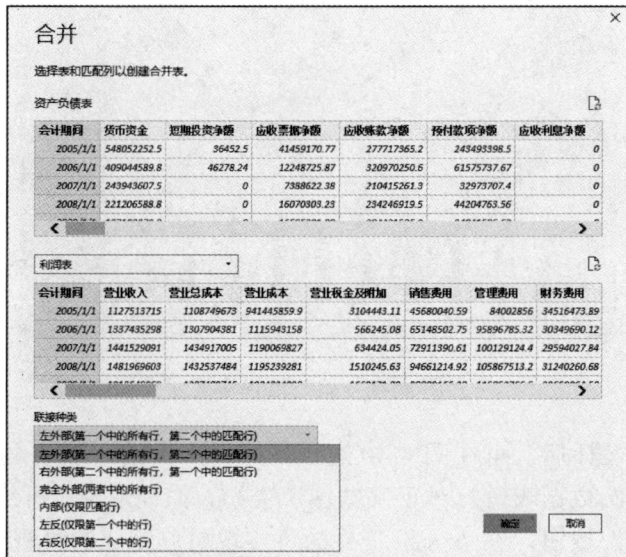

图 4-42　合并查询窗口

④ 合并后右侧的"利润表"以内嵌表形式存放在左侧"资产负债表"图中。单击利润表列旁边的"扩展选项"按钮，选择展开除会计期间的其他列，如图 4-43 所示。

(2)创建新查询

① 按比率分析模型构建演示方法，计算所需财务比率。

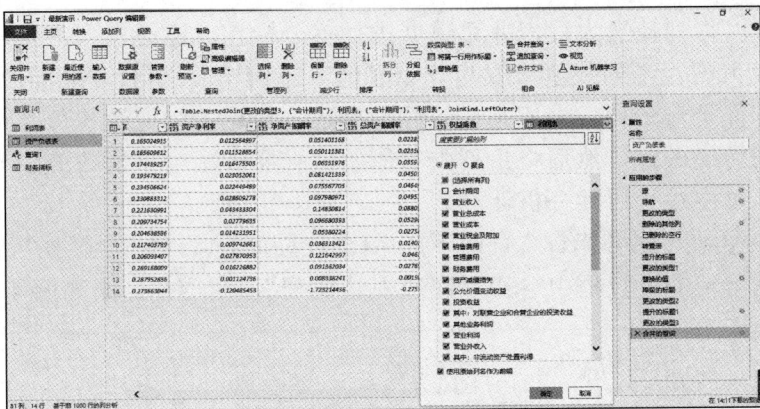

图 4-43　合并后表的设置

② 复制"会计期间"列和所有新增"财务比率"列，可通过 Ctrl 键选中不连续列右键复制，在"主页"导航栏下有"输入数据"按钮，单击创建空白表，创建过程中 Power BI 允许粘贴，在弹出的编辑界面中粘贴已复制数据，单击完成。

③ 双击表名，将新查询表更名为"财务指标"。删除原"资产负债表"中新增列。

(3) 导入新的可视化图表

创建好新表后，为更直观地反映每年该公司的各个财务指标变化情况及指标优劣，我们选取雷达图动态展示每年各财务指标的具体情况，雷达图不是 Power BI Desktop 的内置图，需要从官方网址中下载导入，导入步骤是：

① 打开浏览器，输入网址 https://appsource.microsoft.com/en-us/marketplace/apps?src=office&produce=power-bi-visuals 并转到指定页面，找到并单击"Rader Chart"可视化效果，进入雷达图的介绍页面，可以看到下载该可视化效果是否收费、星级和版本等信息，单击"Get it now"下载。

② 下载完成后，单击 Power BI 可视化窗格图表最后的"…"，选择"从文件导入"，打开导入自定义视觉对象对话框，单击"导入"按钮，选择自定义效果存放位置下的"Radar Chart.radarChartE89D21F3E4E64221B79113B5015EA81B.1.1.3.0"文件，单击"打开"，完成视觉对象的导入。

(4) 设计可视化报表应用效果

因计算所得各财务指标单位存在差异，将其列在一张雷达图中无法达到预期的指标分析效果，此时需要为各指标赋值并将其转化为可用数字大小及与标准指标差异情况来表现财务指标优劣。因此，我们采取财务分析中常用的赋值评分方法，调整各指标使其应用同一评价单位，为各财务指标按其重要性设定评分。并根据 A 公司所处行业情况找到标准比率，通过计算实际比率与标准比率之间的关系比率，乘上评分值确定该财务指标的最终得分。方法如下：

利用财务情况综合评分表计算各财务指标最终得分，并用雷达图动态呈现各年度的财务指标表现。

① 首先要实现"财务指标"表与"综合财务评分表"的结合计算。可以发现，如果仅对"财务指标"表进行行列转置，难以实现每一年度的财务比率与"综合财务评分表"中的列进行计算。因此，此处选择对"财务指标"表进行逆透视。

逆透视列可以将列转换为行，并对数据进行拆分操作。逆透视列主要针对有多列的数据表，选择一个主列，主列数值一般为非重复值，本例中可选[会计期间]列，其他列数据类型基本相同，都是对主列代表值某一属性的描述。对这些列逆透视可以将多列数据合并成一列，即将列转换成行，然后将主列中的原始值扩展成多个重复数值，与合并后的新列产生对应关系，以便进行后续分析计算。

② 逆透视列：在"财务指标"查询下选中[会计期间]列，单击"转换"导航栏下的"逆透视"按钮，在出现的下拉框中选择"逆透视其他列"，逆透视结果如图 4-44 所示。

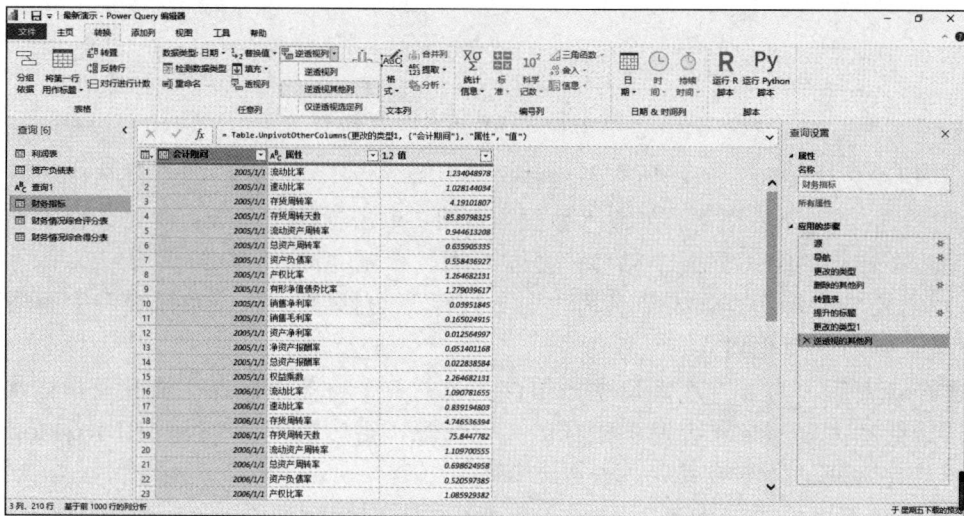

图 4-44　逆透视列

③ 合并查询：将调整后的财务指标表与财务情况综合评分表合并为一个新查询，合并方式前文已演示，在下拉选项中选择"将查询合并为新查询"。配置界面中分别选中"财务指标"表的"属性"列和"财务情况综合评分"表的"指标"列，"联接种类"选择"内部（仅限匹配行）"连接方式，如图 4-45 所示。

合并查询通常以多表存储数据的财务分析中应用广泛，且合并方式灵活多样。在合并查询配置页面，上侧表称"左侧表"，即基准表。下侧表称"右侧表"，是合并对象。连接的种类和各种类具体应用情况如下：

- 左外部（第一个中的所有行，第二个中的匹配行）：保留左侧表中全部原始行。在右侧表寻找匹配对象，未找到匹配对象的，则用 null 来填充，左侧表所有行都匹配完成后，右侧表未匹配到的数据将不再显示。
- 右外部（第二个中的所有行，第一个中的匹配行）：该操作与左外部操作相反，本质是左侧表与右侧表互换了位置。
- 完全外部（两者中的所有行）：合并两张表中的所有行，缺少匹配项时，会用 null 填充匹配位置。
- 内部（仅限匹配行）：该操作只会显示两张表中存在匹配关系的数据。
- 左反（仅限第一个中的行）：该操作是一个剔除操作，会移除左侧表中与右侧表相匹配的行，只保留左侧表中单独的行，且不显示右侧表中的数据。
- 右反（仅限第二个中的行）：与左反相似的剔除操作，用于剔除右侧表数据列。

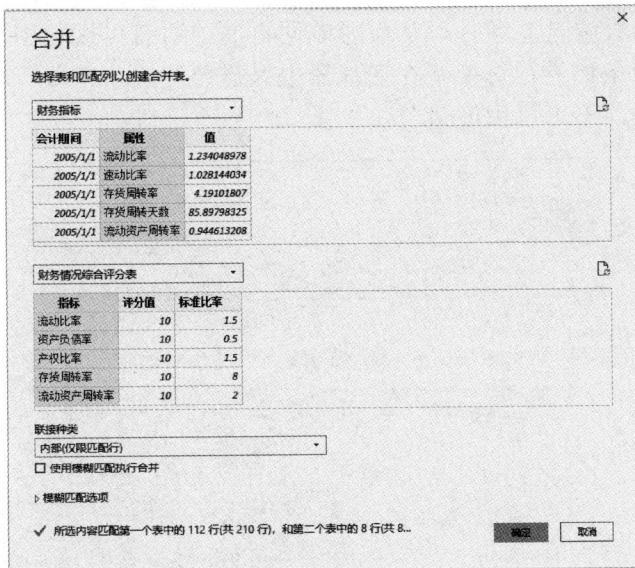

图 4-45 合并查询窗口

④ 合并后的新查询表只保留了每年与"财务情况综合评分表"涉及指标相同的财务比率，展开"财务情况综合评分表"中的评分值和评分比率，如图 4-46 所示。

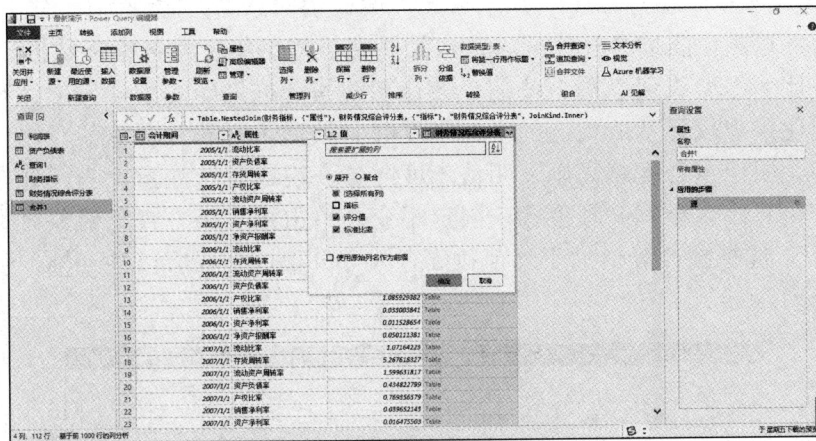

图 4-46 合并后的新查询表

⑤ 计算得分。在新创建的合并查询表中，新建计算列，输入公式[得分=值/标准比率*评分值]，单击确定，得出计算后的每项财务指标新得分。双击新查询的名称位置，将该数据表更名为"财务情况综合得分表"，如图 4-47 所示。

⑥ 制作雷达图。返回 Power BI Desktop 主界面，单击已导入的雷达图，在字段窗格下勾选"财务情况综合得分表"下的[属性]，添加到可视化窗格的"类别"字段中，再依次勾选[评分值]与[得分]添加到可视化窗格的"y 轴"字段中。

⑦ 添加切片器。上述操作完成后，报表显示的是所有年份财务指标的合计数额，该数据无参考意义，需进一步在报表页面添加切片器，使报表显示每一年度具体财务指标数据。切片器是 Power BI 中最常用但又相对比较特殊的小工具，它类似于筛选器，主要用于对可

视化报表显示的数据设置过滤条件，从而影响同页面中所有可视化图表的显示结果，使报表数据可以根据不同条件进行切换。在切片器中只需要配置"字段"一处设置，且只能用原始数据列或计算列，不可以用度量值。

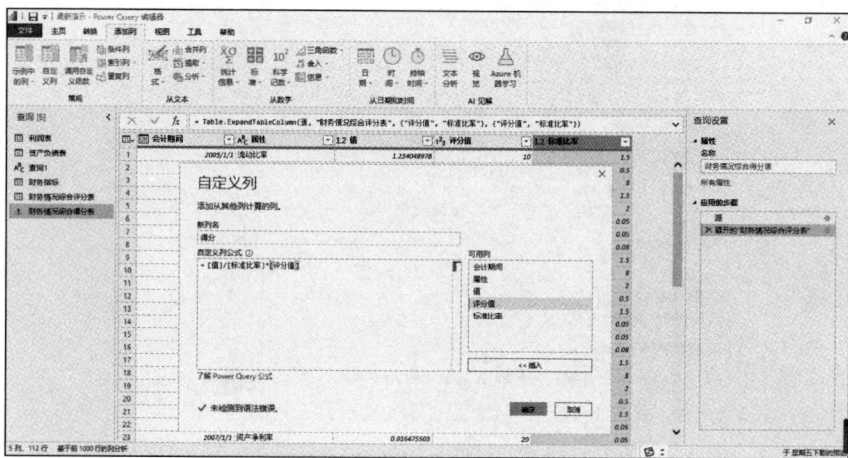

图 4-47　计算得分

单击报表空白处，离开雷达图效果区，在可视化窗格下选择"切片器"，勾选[会计期间]字段，使其加入报表切片器中，在"格式"面板中对该切片器进行调整，开启"单选"项。切片器即可对雷达图按会计期间切片，呈现某一特定年度财务指标数据。如图 4-48 所示，在"财务比率综合表现"图右侧的"会计期间勾选框"即为添加好的针对会计期间的切片器。可视化报表仅显示所勾选的会计年度财务数据表现和评分值的对比，而非所有年度比率的总和。图像重合度越高则表明该年度财务表现越好。注意，为保证在年份切换时各财务指标变化对比明显，y 轴位置应固定不变，单击报表下方视觉对象"更多选择"找到"排序方式"，选择按评分值的平均值排序，因评分值固定，所以各 y 轴位置在年份切换时不会发生变动。

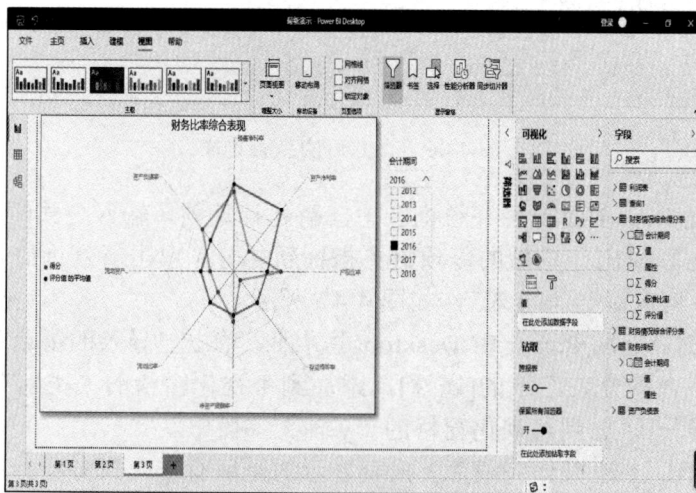

图 4-48　财务比率综合表现雷达图

⑧ 通过调整可视化窗格下的"格式"面板，美化可视化报表。图 4-48 为经过简单调整后的可视化效果展示。

4.3.3 综合应用

Power BI 作为数据分析可视化软件，在对数据以可视化效果呈现和分析方面，相比 Excel 有独到优势。下面以食品行业为例，利用 Power BI 可视化功能对其进行建模分析。文中涉及所有公司数据均已进行脱敏处理，结果仅用于 Power BI 教学使用。

1. 应用堆积面积图展示重要科目占比及周期性变化

目标：通过建立堆积面积图，使用者可以通过滑动会计期间，按重要性比例查看不同公司在各会计期间的主要会计科目占比情况。下述内容以收入支出类各科目与营收总额比较为例介绍。

面积图属于常用的可视化工具，主要反映各类数据变化趋势以及占比情况。在 Power BI 默认的可视化对象中，有分区图和堆积面积图两种面积图，如图 4-49 所示。

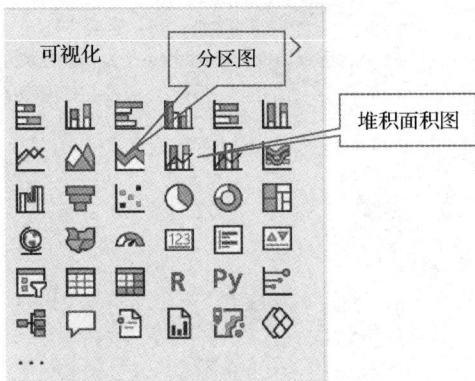

图 4-49 可视化对象——面积图

分区图是一种标准的面积图，通过用折线把每个序列的数据点连接起来，并将这条折线和纵横轴之间的区域用颜色或阴影填充，从而增加易读性。分区图不仅能表达折线图的变化趋势，还能通过没有重叠的阴影面积来反映差距变化的部分。

堆积面积图适合表达部分与整体的关系。与分区图不同，在堆积面积图中，色彩不会重叠、不会遮盖，每种颜色的阴影反映不同序列的数据。需要注意的是，纵轴数据对应的是总体的值，并不和单一序列数据相对应，每种阴影的相对高度才是该序列的值，每种色彩的面积和边界的缩放对应该序列量的大小和变化趋势。

可视化步骤如下：

(1)导入数据进行预处理

① 更改数据类型。选中需要更改数据类型的列(证券代码)，将其数据类型更改为文本，如图 4-50 所示。

② 逆透视列。选中需要逆透视的列(营业总收入、营业收入、营业成本、管理费用、销售费用、财务费用)，在 Power Query 编辑器中"转换"菜单栏下单击"逆透视列"，并更改列名。效果如图 4-51 和图 4-52 所示。

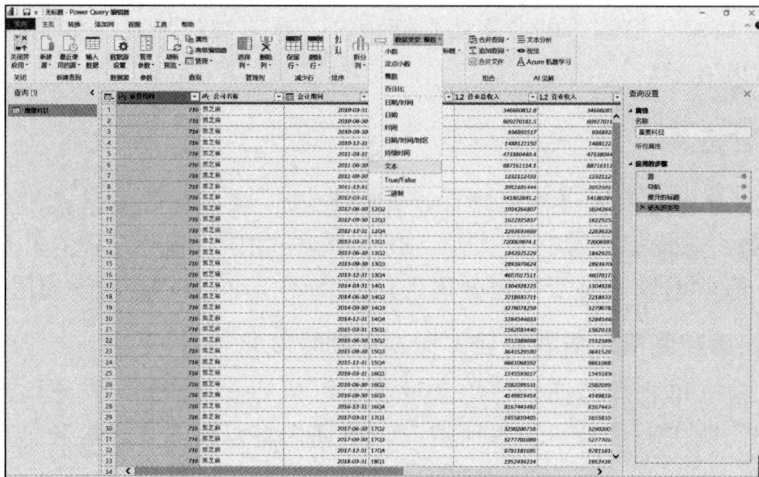

图 4-50　更改数据类型

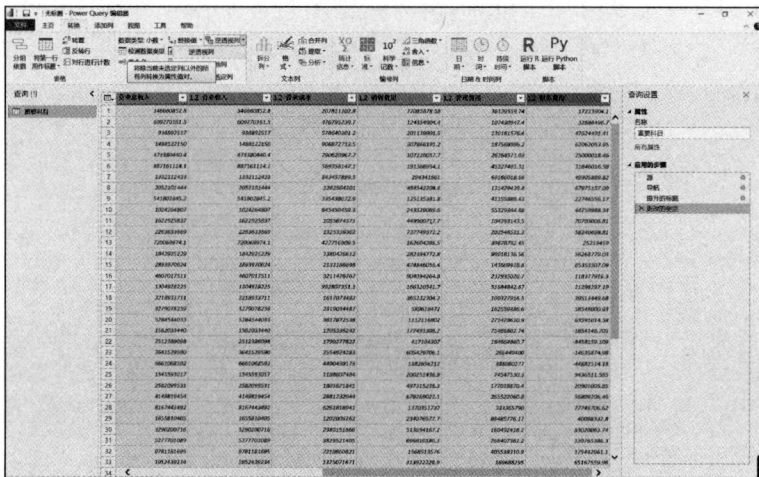

图 4-51　二维表逆透视列

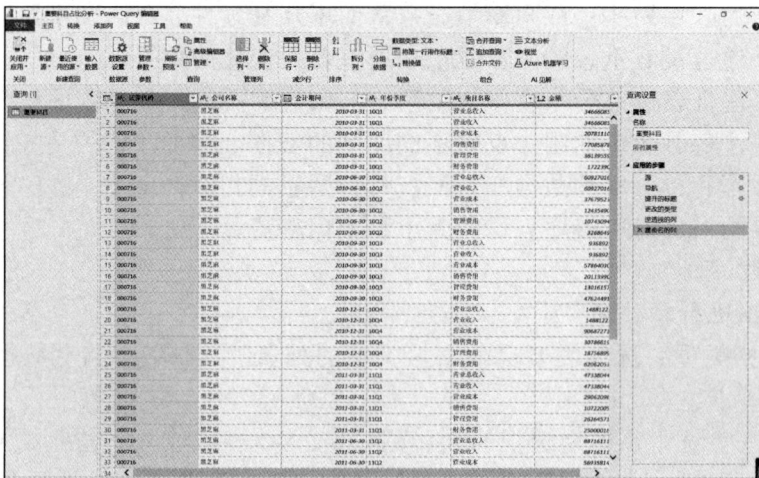

图 4-52　完成二维表向一维表的转换

注：虽然二维表（见图 4-51）更符合日常阅读习惯，但作为源数据进行数据分析时，一维表（见图 4-52）更合适。一维表的每一列是一个独立的维度，它们具有共同的属性，而每一行都是一条独立记录。其中，列名或字段名是数据分析的基础，比如制作图表时直接把字段拖入某个属性框中，也可以利用列名与其他表建立关系，编写 DAX 时也可以直接使用列名。对于简单的二维表，可以直接使用逆透视功能将其快速转换为一维表。比如可以选择需要透视的列进行"逆透视"，也可以选择不需要透视的列，通过"逆透视其他列"来实现。生成的结果表的列名，需自己手动更改。

（2）模型设计

① 添加切片器可视化组件。单击"切片器"，画布上就会出现一个空白的可视化对象，并在右下方出现该对象所需的字段框，如图 4-53 所示。

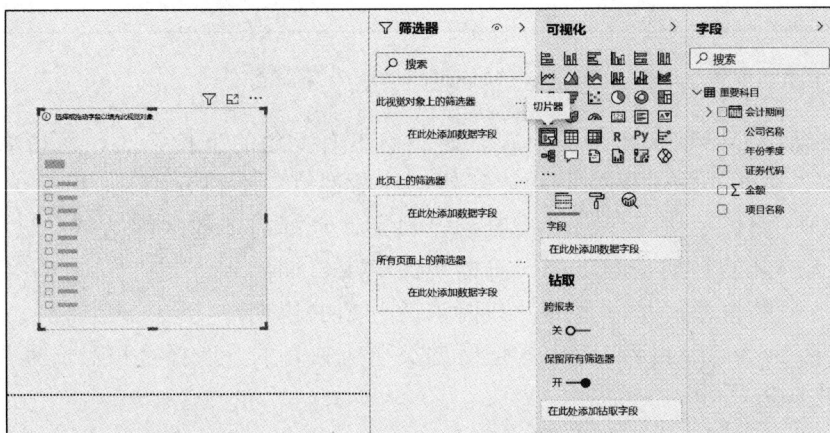

图 4-53　添加切片器可视化组件

将"公司名称"放入字段，并设置切片器格式（调整字体大小），得到如图 4-54 所示的效果。

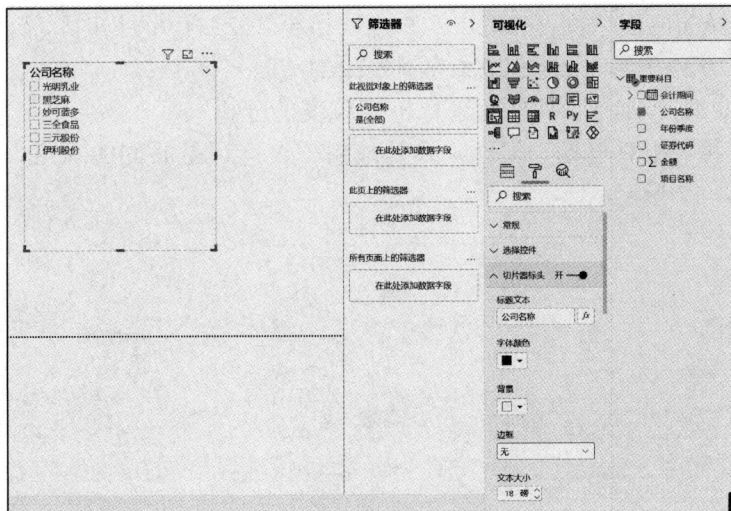

图 4-54　添加切片器所需字段

用同样的方法添加日期切片器，选择"会计期间"作为字段，效果如图 4-55 所示。

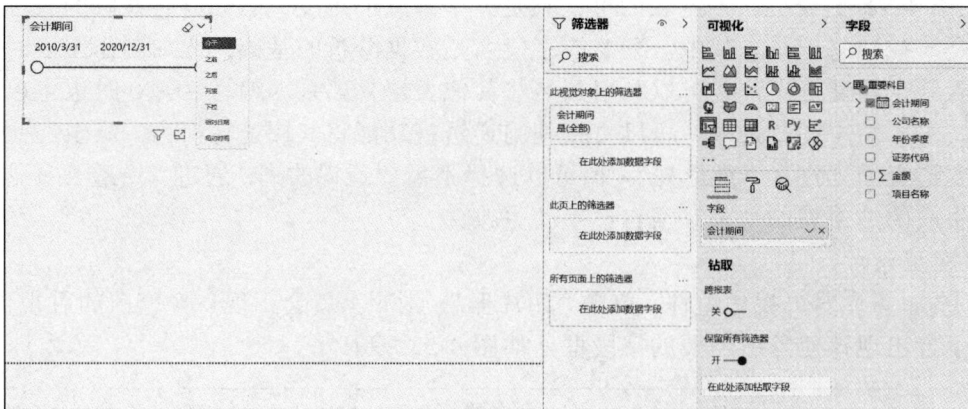

图 4-55　添加日期切片器

注意：日期切片器默认为滑块模式，通过单击右上角的下拉箭头，可以看到其功能选项更多，其中"列表"和"下拉"功能其他切片器都有，不再介绍。

"介于"——通过滑块可以自由控制起止日期，选择需要的区间数据；

"之前"——开始日期是固定的，只能更改结束日期；

"之后"——结束时间是固定的，只能修改开始的日期；

"相对日期"——相对日期切片器是日期类型所独有的，选择"相对日期"以后，切片器变成了如图 4-56 所示。

第一个框可以选择"上一段"、"当前"和"下一段"，如果最后一个框选择的是年，其实这三个选项的意思是上一年、本年和下一年。

中间输入框为选择区间的数值，比如 1 年、2 年、3 年。

最后一个选项是日期的粒度，可以选择的粒度有天、星期、周(日历)、月、月(日历)、年、年(日历)，其中括号内带日历的粒度为整个区间，比如今天的日期是 2021 年 6 月 6 日，"上 1 年"选择的时间区间是 2020 年 6 月 7 日至 2021 年 6 月 6 日，而"上 1 年(日历)"选择的区间是 2020 年 1 月 1 日至 2020 年 12 月 31 日。

通过相对日期切片器，可以灵活进行不同粒度的分析。

"相对时间"和"相对日期"类似，只是最后一个选项是时间的粒度，可以选择的粒度有分、时。如图 4-57 所示。

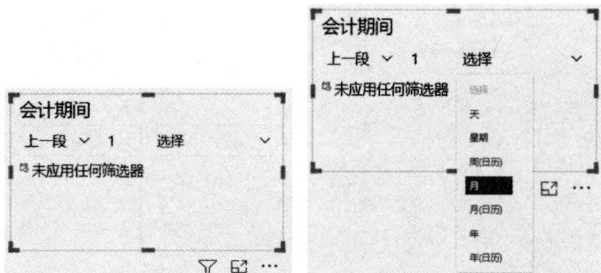

图 4-56　相对日期切片器

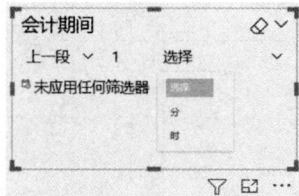

图 4-57　相对时间切片器

　　本案例设置的日期切片器是"介于"，通过滑块自由控制起止日期，从而选择需要的区间数据进行分析。

　　② 新建参数。静态分析有时不能满足实际分析的需要，因此还需要引入动态分析，通过调节某个维度的增减来观察对分析结果的影响。在 Power BI 中，可以使用参数，以切片器的形式来控制变量，与其他指标进行交互，进而完成动态分析。

　　在 Power BI Desktop 操作界面中，在"建模"选项卡下，单击"新建参数"，将会出现一个模拟参数窗口，如图 4-58 所示。

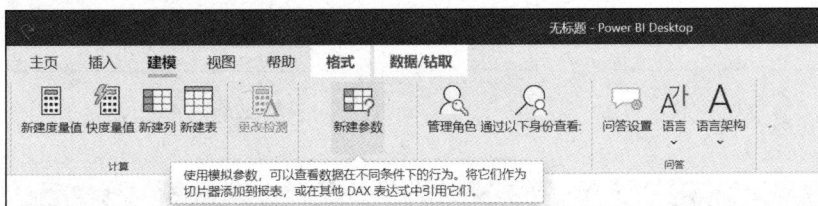

图 4-58　新建参数

　　若按照默认值建立参数，则将建立一个从 0 到 20 的整数序列：0、1、2、3…20，单击"确定"，画布上将出现一个切片器，这是因为新建参数时，左下角有个默认选项"将切片器添加到此页"，通过滑动该切片器可以调整参数的数值，如图 4-59 所示。

　　本案例中，根据模型设计(重要科目占比)，建立"重要性参数"，设置最小值为 0.01，注意这里的数据类型选择"十进制数字"，如图 4-60 所示。

图 4-59　模拟参数窗口　　　　　　　图 4-60　设置数据类型为"十进制数字"

　　单击"确定"即可得到切片器，如图 4-61 所示。

　　在数据视图下可以看到参数表，如图 4-62 所示。

　　新建参数就是利用 GENERATESERIES()函数新建了一个表，只是这里是通过单击功能界面的方式创建的。并且，通过新建参数方式，不只新建了表，同时也新建了一个度量值，并自动添加到数据模型中，可以在整个报表中使用，通过右边的字段区可以看到这个度量值，如图 4-63 所示。

```
参数值 = SELECTEDVALUE('参数'[参数])
```

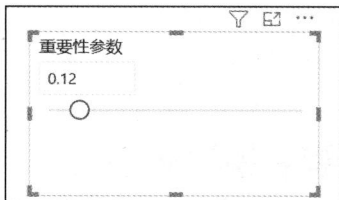

图 4-61　参数切片器

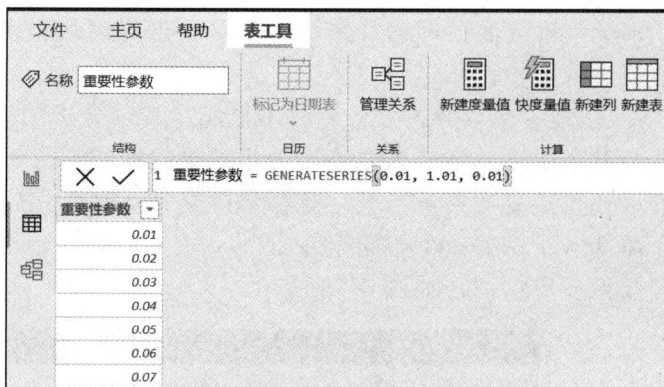

图 4-62　参数表

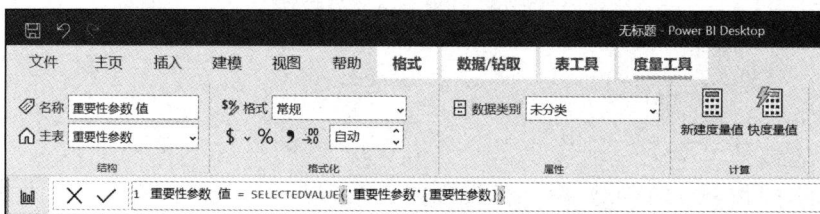

图 4-63　参数度量值

这个度量值就是提取被选中的参数值，切片器滑到哪个数值，该度量值就返回什么数值，通过切片器和度量值的结合来自由控制变量。

③ 新建度量值。新建一个度量值"重要科目"，如图 4-64 所示。

图 4-64　新建度量值——重要科目

新建度量值"营业总收入"，类似地，可以新建"营业收入"、"营业成本"、"管理费用"、"销售费用"和"财务费用"，如图 4-65 和图 4-66 所示。

财务费用 = CALCULATE([重要科目],'重要科目'[项目名称]="财务费用")

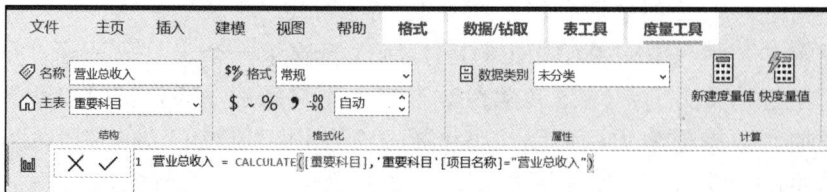

图 4-65　新建度量值——营业总收入

```
1  营业收入 = CALCULATE([重要科目],'重要科目'[项目名称]="营业收入")
1  营业成本 = CALCULATE([重要科目],'重要科目'[项目名称]="营业成本")
1  管理费用 = CALCULATE([重要科目],'重要科目'[项目名称]="管理费用")
1  销售费用 = CALCULATE([重要科目],'重要科目'[项目名称]="销售费用")
1  财务费用 = CALCULATE([重要科目],'重要科目'[项目名称]="财务费用")
```

图 4-66　新建度量值——营业收入、营业成本、管理费用、销售费用和财务费用

之后，新建度量值"重要科目占比"，如图 4-67 所示。

```
重要科目占比 =
var a= CALCULATE([重要科目],ALL('重要科目'[会计期间]))
var b= CALCULATE([营业总收入],ALL('重要科目'[会计期间]),ALL('重要科目'[项目名称]))
var c=DIVIDE(a,b)
var d=if(abs(c)>=SELECTEDVALUE('占比参数'[重要性参数]),1,0)
return  d
```

```
1  重要科目占比 =
2  var a= CALCULATE([重要科目],ALL('重要科目'[会计期间]))
3  var b= CALCULATE([营业总收入],ALL('重要科目'[会计期间]),ALL('重要科目'[项目名称]))
4  var c=DIVIDE(a,b)
5  var d=if(abs(c)>=SELECTEDVALUE('占比参数'[重要性参数]),1,0)
6  return  d
```

图 4-67　新建度量值——重要科目占比

上述过程所涉及的相关函数——筛选器函数主要包括：

● **CALCULATE()函数。** 该函数是 Power BI 中的重要函数，它的语法如下：

```
CALCULATE(<expression>,<filter1>,<filter2>…)
```

第一个参数是计算表达式，可以执行各种聚合运算（如 SUM、AVERAGE、MIN、MAX等）。从第二个参数开始，是一系列筛选条件，可以为空；如果多个筛选条件，用逗号分隔。所有筛选条件的交集形成最终的筛选数据集合，进而根据筛选出的数据集合，执行第一个参数的聚合运算并返回运算结果。

● **ALL()函数。** 该函数返回表中的所有行或列中的所有值，同时忽略可能已应用的任何筛选器。此函数对于清除表中所有行的筛选器以及创建针对表中所有行的计算非常有用。它的语法如下：

```
ALL( [<table> | <column>[, <column>[, <column>[,…]]]] )
```

ALL() 函数的参数必须是对基表的引用或对基列的引用。不能将 ALL() 函数与表表达式或列表达式一起使用。

● **SELECTEDVALUE()函数。** 该函数看起来很长，但其实比较简单，它在指定列中只有一个值时返回该值，否则返回替代结果。其语法如下：

```
SELECTEDVALUE(ColumnName,[ AlternateResult])
```

第一个参数 ColumnName 为使用标准 DAX 语法的现有列的名称，它不能是表达式；第二个参数 AlternateResult（可选），如果筛选 ColumnName 的上下文后剩下零个或多个非重复值，返回该值，如果没有提供，则默认值为 BLANK()。

- 添加堆积面积图可视化组件。与添加切片器组件类似，在图形所需要的轴、图例、值等字段分别放入"年份季度"、"项目名称"和"重要科目"，如图 4-68 所示。

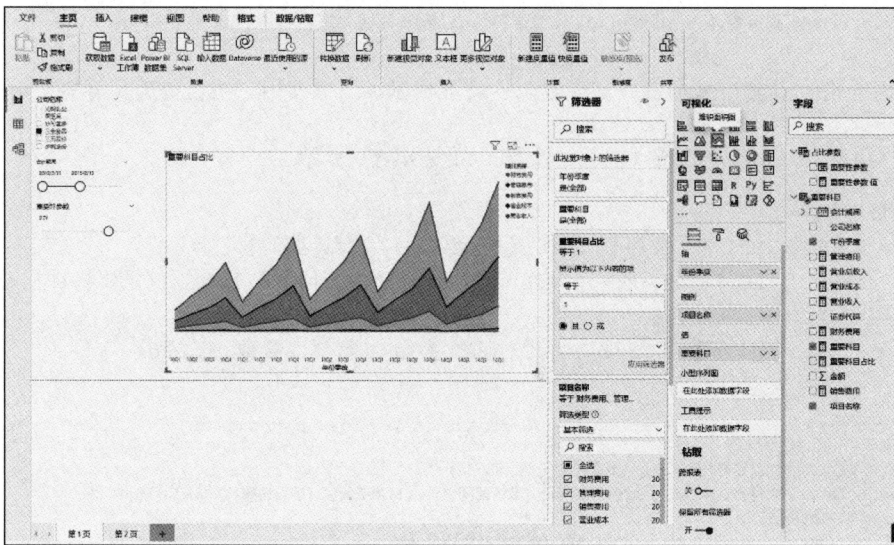

图 4-68　添加堆积面积图可视化组件及其所需字段

在该堆积面积图中应用之前所做内容作为筛选器，则通过改变切片器的内容，该图显示内容会随着选择不同而改变（包括公司名称、会计期间和重要性参数），效果如图 4-69 所示。

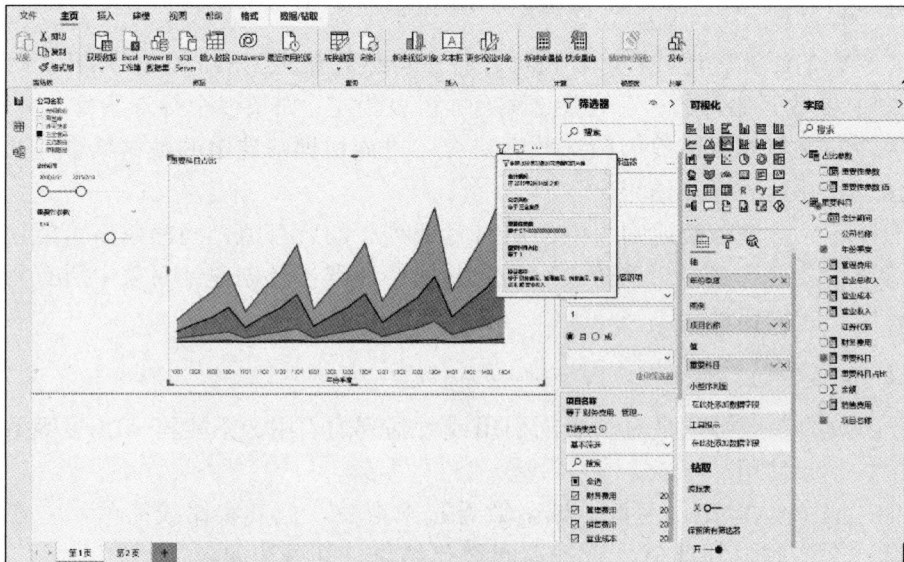

图 4-69　应用筛选器

通过上述模型,可以了解到选定期间重要科目的占比情况以及趋势变化(本案例中是收入支出占营业总收入的情况),并且在指定重要性参数的情况下,了解到占比超过该参数的科目具体有哪些,从而帮助我们在看财务报表时重点关注哪些科目,有利于报表使用者有针对性地了解目标企业的经营状况。类似地,如若想要分析企业的应收账款等,可以将上述重要性参数设置为金额大小、账龄等,从而有利于分析企业大额资金以及坏账情况,并根据分析结果对企业做出改善。

2. 以散点图灵活展示各公司财务比率情况

目标:如图 4-70 所示建立散点图,使用者可通过选择 X 轴 Y 轴数据灵活查看不同财务数据之间的比率关系,以及行业中各家比率的排布情况,同时可以通过标选公司名称查看某几家公司情况,并通过滑动坐标轴聚焦某一数字段的公司分布情况。步骤如下:

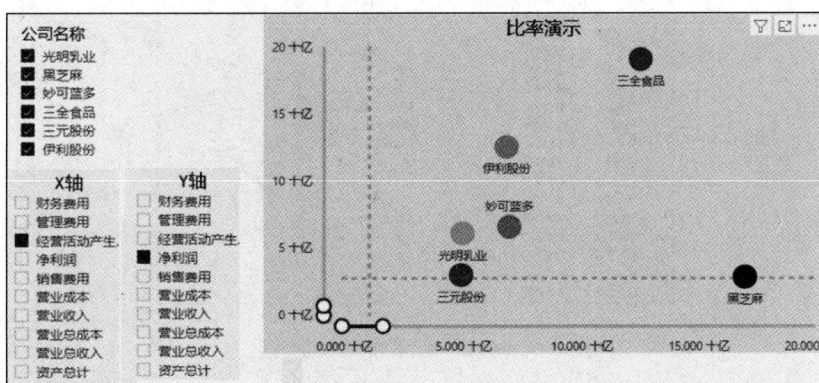

图 4-70　散点效果图

① 导入并整理数据。例如,我们需要通过散点图展示 2020 年度食品行业各公司财务比率情况,首先需要在图 4-45 导入的数据基础上仅保留 2020 年末数据,为与上一步操作互不干扰,可通过标题行自带的筛选功能筛选出 2020 年末数据,复制筛选表,通过"输入数据"功能粘贴为一个仅包括 2020 年末数据的新表。删除新表中冗余列,仅保留[公司名称]和各具体项目列。为暴露出表中各公司不同项目的金额值,此处应采取逆透视操作,逆透视[公司名称]列,使公司名称和项目名称成为各具体数值的上下文,以便通过添加切片器的方式准确获取各类数值。整理后的数据如图 4-71 所示,各部分具体操作请参考前文。

② 将上表命名为"x 表",通过"数据输入"功能复制一个相同"y 表"。同理输入"x轴"、"y 轴"和"公司名称表",如图 4-72 所示("y 轴"表同"x 轴")。

该步骤目的在于,通过建立数据完全相同但相互不存在关联关系的独立数据表,实现子目录完全一致的"x 轴""y 轴"切片器,对两数据表互不干扰的控制,为实现这一控制,还需在后面步骤中为"x 表"与"x 轴"、"y 表"与"y 轴"添加各自独立的表间关系。

③ 在关系视图中建立各表间关系,如图 4-73 所示。通常,我们将关系视图中一端对应多端情况中"一端"放上,"多端"放下,图中所示,x 表与 y 表间无相互关系,则目标图中,x 轴、y 轴各自科目虽完全相同,但可以实现各自独立控制。

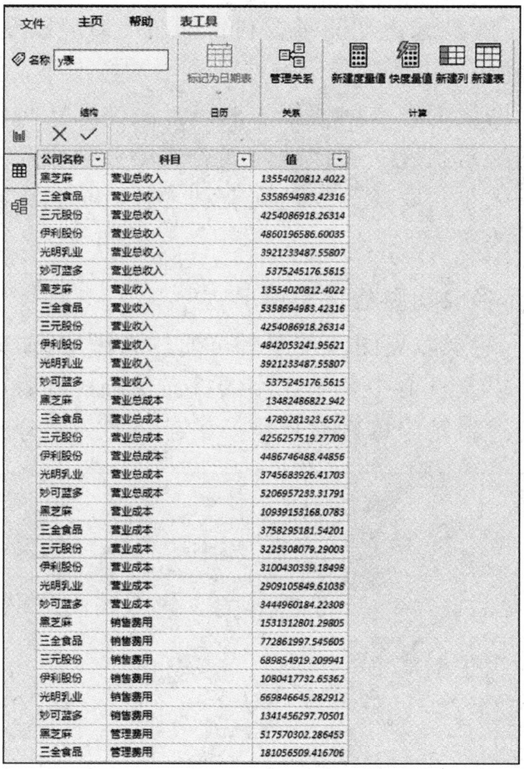

公司名称	科目	值
黑芝麻	营业总收入	13554020812.4022
三全食品	营业总收入	5358694983.42316
三元股份	营业总收入	4254086918.26314
伊利股份	营业总收入	4860196586.60035
光明乳业	营业总收入	3921233487.55807
妙可蓝多	营业总收入	5375245176.5615
黑芝麻	营业收入	13554020812.4022
三全食品	营业收入	5358694983.42316
三元股份	营业收入	4254086918.26314
伊利股份	营业收入	4842053241.95621
光明乳业	营业收入	3921233487.55807
妙可蓝多	营业收入	5375245176.5615
黑芝麻	营业总成本	13482486822.942
三全食品	营业总成本	4789281323.6572
三元股份	营业总成本	4256257519.27709
伊利股份	营业总成本	4486746488.44856
光明乳业	营业总成本	3745683926.41703
妙可蓝多	营业总成本	5206957233.31791
黑芝麻	营业成本	10939153168.0783
三全食品	营业成本	3758295181.54201
三元股份	营业成本	3225308079.29003
伊利股份	营业成本	3100430339.18498
光明乳业	营业成本	2909105849.61038
妙可蓝多	营业成本	3444960184.22308
黑芝麻	销售费用	1531312801.29805
三全食品	销售费用	772861997.545605
三元股份	销售费用	689854919.209941
伊利股份	销售费用	1080417732.65362
光明乳业	销售费用	669846645.282912
妙可蓝多	销售费用	1341456297.70501
黑芝麻	管理费用	517570302.286453
三全食品	管理费用	181056509.416706

图 4-71　逆透视数据表

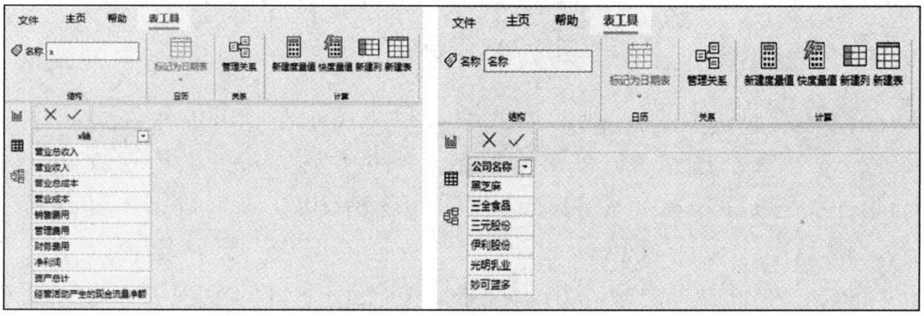

图 4-72　建立独立数据表

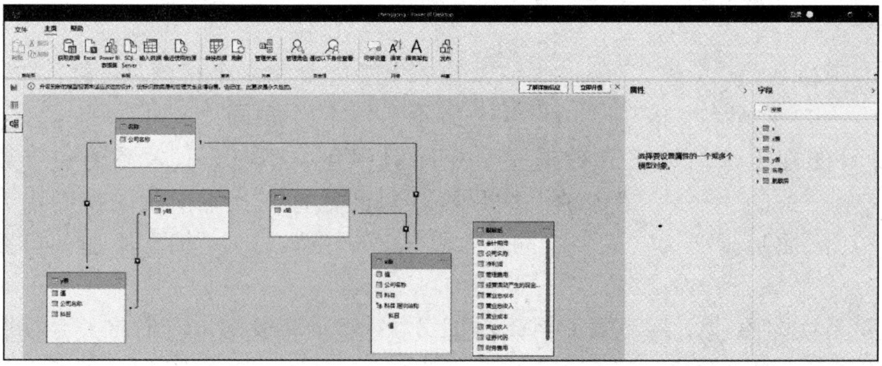

图 4-73　添加关联关系

④ 切回报表视图，选择散点图，在图例中放入名称表中的[公司名称]，x 轴、y 轴依次放入 x 表、y 表的[值]列，如图 4-74 所示。则此时 x 轴和 y 轴都代表不同公司所有项目金额的汇总值，图中代表各公司的散点按金额大小分布在斜率为 1 的直线上。为给 x 轴、y 轴赋予不同的代表值，可在后续操作中加入各项目切片器，通过在切片器中选择不同项目使 x 轴、y 轴显示某具体项目的数值。

⑤ 在报表中依次添加名称表中[公司名称]切片器，[x 轴]切片器和[y 轴]切片器，即可实现目标中对效果图的操纵。如图 4-70 所示，x 轴代表"经营活动产生的现金流"，y 轴代表"净利润"，则各点斜率为各公司净利润与经营活动产生的现金流之比。在实际财务分析中，我们可以在数据表中添加更多的会计项目，通过选取不同的 x、y 代表意义，轻松显示流动比率、资产负债率等不同的财务利率，通过各点的斜率和距离坐标轴的远近直观判断公司财务比率高低和规模大小。

⑥ 可视化图表修饰。选中构建好的散点图，在"格式"控件中打开"缩放滑块"实现数轴的缩放功能，如图 4-75 所示。调整数据颜色，并打开"工具提示"控件，使浏览中可随时查看图例背后的具体数字，如图 4-76 所示。

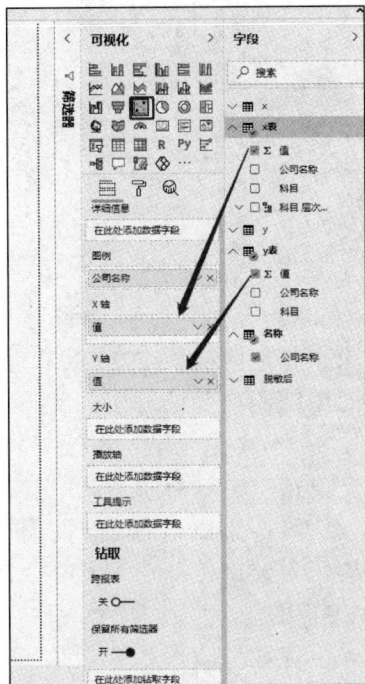

图 4-74　构建散点图

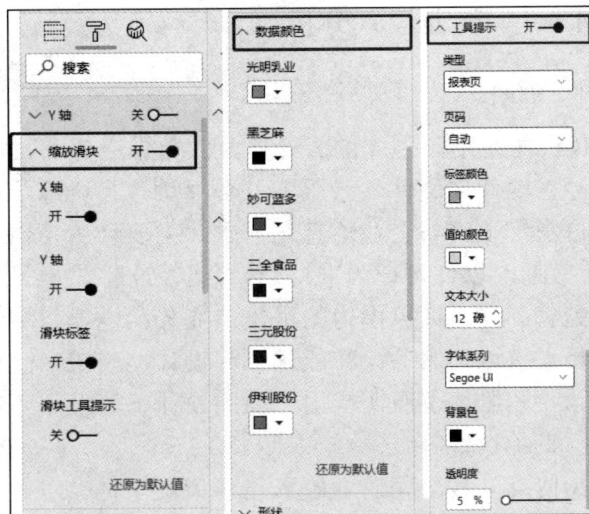

图 4-75　可视化效果调整

综上所述，我们用具体案例详细展示了利用 Power BI 工具进行数据可视化分析的一般步骤，包括导入数据、数据整理、数据处理、建立数据间关系，通过 DAX 公式新建度量值、数据列、数据表等进行数据建模，选择可视化效果图，构建可视化效果。因篇幅有限，本书对公式的介绍和应用描述较为浅显，感兴趣的同学可以自行学习拓展，希望该章节可以为同学们打开进入 Power BI 探索的大门，在未来能真正掌握 Power BI，将其变成我们在学习、工作中的得力工具。

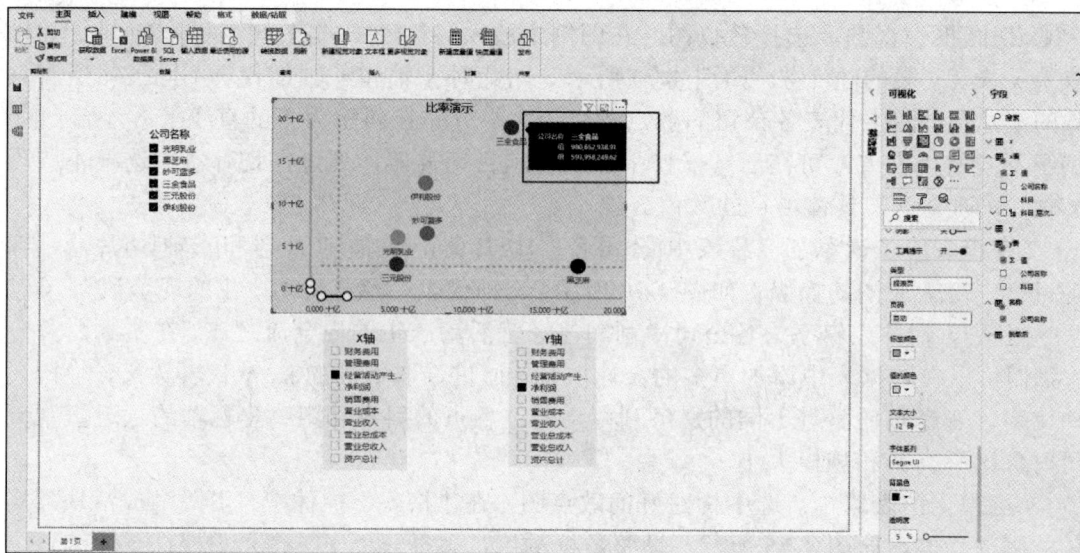

图 4-76　工具提示

4.4　浪潮大数据财务活动分析

4.4.1　营业收入分析

1. 案例

B 公司是中国领先的云计算、大数据服务商，成立于 1989 年，总部位于 S 省 Y 市，业务涵盖软件、硬件、云服务三个板块，为全球 100 多个国家和地区提供 IT 产品和服务，全方位满足政府与企业信息化需求。主要经营范围包括：商用密码产品的开发、生产、销售(有效期限以许可证为准)；计算机及软件、电子及通信设备(不含无线电发射设备)的生产、销售；许可证范围内的进出口业务；电器机械、五金交电销售；计算机应用、出租及计算机人员培训服务；智能化工程设计、施工(凭资质证书经营)；集成电路、半导体发光材料、管芯器件及照明应用产品的设计、开发、生产、销售、安装施工；房屋租赁、物业管理；设备租赁等。

2018 年，B 公司营业收入已经突破千亿。对企业来说，主营业务收入是企业从事持续的、主要的经营活动而取得的营业收入，对企业的经济效益起着举足轻重的影响作用，是企业营业收入管理的重点。主营业务收入增长率大于 8%，说明该企业的主业正处于成长期，如果该比率不足 5%，说明该企业的主要产品将进入生命末期，应及时考虑产品的升级与创新。

由于 B 公司规模较大，涉及的业务复杂、产品繁多，为了更好地进行营业收入管理，需要通过先进的可视化平台实时直观地对各业务板块的营业收入进行分析展示，以便管理层随时了解营业收入的情况。公司提出：①每月月初需要了解软件、硬件、云服务三个主要业务板块的营业收入情况，包括一级板块营收构成、一级板块本年累计营收占比、一级板块上年累计营收占比情况及一级板块本年营收趋势变动情况。需要展示 2016—2018 年的历史数据。②每月月初需要了解各细分业务板块的营业收入情况，包括细分板块营收构成、细分板块本年累计营收占比、细分板块上年累计营收占比等。

表 4-1 各细分业务板块的营业收入

业 务 板 块	细 分 板 块	年 度	月 份	本月发生数
软件	电子商务	2018	01	956.68
软件	电子商务	2017	01	763.76
软件	电子商务	2016	01	727.74
软件	电子政务	2018	01	4 163.71
软件	电子政务	2017	01	3 776.54
软件	电子政务	2016	01	3 662.43
软件	计算机及应用产品	2018	01	2 677.90
软件	计算机及应用产品	2017	01	2 655.28
软件	计算机及应用产品	2016	01	2 632.66
软件	进出口业务	2018	01	4 861.47
软件	进出口业务	2017	01	4 824.15
软件	进出口业务	2016	01	4 786.83
软件	审计软件	2018	01	1 851.43
软件	审计软件	2017	01	1 528.03
软件	审计软件	2016	01	804.63
软件	软件及系统集成	2018	01	3 892.00
软件	软件及系统集成	2017	01	3 780.70
软件	软件及系统集成	2016	01	1 087.33
软件	索道票销售	2018	01	603.61
软件	索道票销售	2017	01	575.53
软件	索道票销售	2016	01	551.41
软件	索道运输业务	2018	01	647.57
软件	索道运输业务	2017	01	622.25
软件	索道运输业务	2016	01	596.93

2．教学目标

① 了解大数据环境下企业营业收入分析应用场景与管理者对营业收入的关注点。
② 通过分析维度、分析频率、展示形式等梳理工作，掌握营业收入大数据分析思路。
③ 通过实验模拟，掌握营业收入分析大数据建模方法。

3．实验模拟

本实验借助浪潮 GS 管理软件建立营业收入分析模型，并进行可视化展现。首先，需要进行案例分析，确定需要从哪些维度进行分析，分析的时间频率细化到什么程度，主要分析哪些报表，每个报表包含哪些指标，这些指标从哪些数据源提取，分析结果以什么形式展现，完成建模需要用到哪些工具等，在此基础上进行实验模拟，完成建模工作。该模型分为一级业务板块和细分业务板块两个层面，从一级业务板块可以向下穿透到细分业务板块进行数据分析。

（1）案例分析

① 分析维度。本实验从业务板块维度分析各板块营业收入构成及占比情况，B 公司主营业务分为软件、硬件、云服务三个板块，每个主营业务板块包含多个细分板块，具体维度划分如表 4-2 所示。

表 4-2　细分板块内容

一级板块	细分板块
软件	电子商务、电子政务、计算机及应用产品、进出口业务、内部抵消、软件及系统集成、索道票销售、索道运输业务、烟草、租赁、其他行业
硬件	电子行业、电子信息、服务器及计算机、服务器及微型计算机、计算机及相关设备制造业、计算机及终端类产品、进出口业务、软件及系统集成、其他
云服务	公安、气象、金融

另外，本实验也可从时间维度分析各业务板块营业收入的月度变动趋势情况。

② 分析频率。本实验将分析的最小时间跨度定义为月，即分析频率为月。

③ 分析报表。为了综合分析公司每月各业务板块营业收入情况，本实验从同比、占比、趋势等方面进行分析，具体的分析报表如表 4-3 所示。

④ 指标。分析报表确定之后需对每个报表涉及的指标进行梳理，明确每个分析报表需要分析哪些指标。现将每个分析报表包含的分析指标梳理如下：

一级板块营收构成主要分析 B 公司一级业务板块营业收入金额，指标包括本月发生数、本年累计数、上年累计数、本年累计数较上年累计数同比，数据经处理后得到表 4-4。

表 4-3　分析报表

分析层次	分析报表
一级板块	一级板块营收构成
	一级板块本年累计营收占比
	一级板块上年累计营收占比
	一级板块本年营收趋势变动
细分板块	细分板块营收构成
	细分板块本年累计营收占比
	细分板块上年累计营收占比

表 4-4　一级业务板块营收构成

业务板块	本月发生数	本年累计数	上年累计数	同比
软件	24 262.79	299 447.22	269 628.75	11.06%
硬件	559 311.08	5 777 322.96	6 566 968.60	−12.02%
云服务	23 186.23	167 686.51	212 675.86	−21.15%

一级板块本年累计营收占比主要分析各一级业务板块本年累计营业收入金额占三大业务板块本年累计营业收入总额的比重，指标为本年累计数，数据经处理后得到表 4-5。

一级板块上年累计营收占比主要分析各一级业务板块上年累计营业收入金额占三大业务板块上年累计营业收入总额的比重，指标为上年累计数，数据经处理后得到表 4-6。

表 4-5 一级板块本年累计营收占比

业 务 板 块	本年累计数
软件	299 447.22
硬件	5 777 322.96
云服务	167 686.51

表 4-6 一级板块上年累计营收占比

业 务 板 块	上年累计数
软件	269 628.75
硬件	6 566 968.60
云服务	212 675.86

一级板块本年营收趋势变动主要分析 B 公司各一级业务板块本年各月营业收入金额的变动趋势，指标为本月发生数，数据经处理后得到表 4-7。

表 4-7 一级业务板块各月营收趋势变动

月 份	软 件	硬 件	云 服 务
01	23 816.09	440 949.57	12 835.3
02	25 943.33	421 605.17	12 476.06
03	25 918.01	421 630.64	16 091.48
04	27 447.22	421 656.11	10 259.53
05	26 100.72	441 051.46	10 049.78
06	29 292.26	460 446.81	10 459.38
07	23 236.62	479 842.16	12 135.75
08	24 159.14	499 237.51	11 603.25
09	21 881.07	518 632.86	13 017.66
10	22 993.71	520 520.38	14 284.26
11	24 396.28	592 439.21	21 287.82
12	24 262.79	559 311.08	23 186.23

细分板块营收构成主要分析 B 公司各一级业务板块所包含的细分板块营业收入金额，指标包括本月发生数、本年累计数、上年累计数、同比，数据经处理后得到表 4-8（以软件板块为例）。

表 4-8 细分板块营收构成

细 分 板 块	本月发生数	本年累计数	上年累计数	同 比
电子商务	1 176.68	12 800.21	9 825.17	30.28%
电子政务	6 660.24	54 535.57	45 985.07	18.59%
计算机及应用产品	2 698.64	32 259.22	31 987.78	0.85%
进出口业务	4 895.68	58 542.94	58 095.10	0.77%
其他行业	1 251.52	14 813.03	14 365.19	3.12%
软件及系统集成	1 033.76	51 129.12	41 177.35	24.17%
审计软件	1 872.86	22 345.91	18 465.11	21.02%
索道票销售	637.82	7 448.62	7 039.00	5.82%
索道运输业务	670.78	7 910.14	7 606.30	3.99%
烟草	2 091.04	22 450.11	20 028.74	12.09%
租赁	1 273.75	15 212.36	15 053.96	1.05%

细分板块本年累计营收占比主要分析 B 公司各一级业务板块所包含的各细分板块本年累计营业收入金额占该一级板块本年累计营业收入总额的比重，指标为本年累计数，数据经处理后得到表 4-9（以软件板块为例）。

表 4-9　细分板块本年累计营收占比

细 分 板 块	本年累计数	细 分 板 块	本年累计数
电子商务	12 800.21	审计软件	22 345.91
电子政务	54 535.57	索道票销售	7 448.62
计算机及应用产品	32 259.22	索道运输业务	7 910.14
进出口业务	58 542.94	烟草	22 450.11
其他行业	14 813.03	租赁	15 212.36
软件及系统集成	51 129.12		

细分板块上年累计营收占比主要分析 B 公司各一级业务板块所包含的各细分板块上年累计营业收入金额占该一级板块上年累计营业收入总额的比重，指标为上年累计数，数据经处理后得到表 4-10（以软件板块为例）。

表 4-10　细分板块上年累计营收占比

细 分 板 块	上年累计数	细 分 板 块	上年累计数
电子商务	9 825.17	审计软件	18 465.11
电子政务	45 985.07	索道票销售	7 039.00
计算机及应用产品	31 987.78	索道运输业务	7 606.30
进出口业务	58 095.10	烟草	20 028.74
其他行业	14 365.19	租赁	15 053.96
软件及系统集成	41 177.35		

⑤ 数据源。本实验从初步处理后的"Fxyysrb"数据表中提取上述指标，"Fxyysrb"数据表如表 4-11 所示。

表 4-11　"Fxyysrb"数据表

dwbh	dwmc	ywbk	xfbk	nd	yf	byfss
02	B 公司	软件	电子商务	2018	12	1 176.68
02	B 公司	软件	电子商务	2018	11	1 156.68
02	B 公司	软件	电子商务	2018	10	1 136.68
02	B 公司	软件	电子商务	2018	09	1 116.68
02	B 公司	软件	电子商务	2018	08	1 096.68
02	B 公司	软件	电子商务	2018	07	1 076.68
02	B 公司	软件	电子商务	2018	06	1 056.68
02	B 公司	软件	电子商务	2018	05	1 036.68
02	B 公司	软件	电子商务	2018	04	1 016.68
02	B 公司	软件	电子商务	2018	03	996.68
02	B 公司	软件	电子商务	2018	02	976.68

续表

dwbh	dwmc	ywbk	xfbk	nd	yf	byfss
02	B 公司	软件	电子商务	2018	01	956.68
02	B 公司	软件	电子商务	2017	12	873.76
02	B 公司	软件	电子商务	2017	11	863.76
...	...	...	...	...	...	...

⑥ 展现形式。本实验将分析结果以可视化的形式展现，因此需为各分析报表选择合适的图表类型。一般而言，数据的分布可以选择柱形图，展示有多少项目(频率)会落入一个具有一定特征的数据段中；数据的构成可以选择饼状图，展示每一部分所占全部的百分比；数据的趋势可以选择折线图，展示随时间而变化的连续数据等。本实验各分析报表的展现形式见表 4-12。

表 4-12　分析报表展现形式

分 析 层 次	分 析 报 表	展 现 形 式
一级板块	一级板块营收构成情况	表格
	一级板块本年累计营收占比情况	饼状图
	一级板块上年累计营收占比情况	饼状图
一级板块	一级板块本年营收趋势变动情况	折线图
细分板块	细分板块营收构成情况	表格
	细分板块本年累计营收占比情况	饼状图
	细分板块上年累计营收占比情况	饼状图

⑦ 展现工具。借助浪潮 GS 管理软件商务分析平台、仪表盘工具，通过数据归集分析，最终在 Web 端(浏览器)展现分析结果。GS 管理软件应用的具体模块如表 4-13 所示。

表 4-13　GS 管理软件应用模块

应 用 模 块	应 用 场 景
定义 BI 参数模板	按查询维度定义所用参数的值
数据集定义	将 B 公司各业务板块营业收入由后台数据库按月归集整理，完成取数工作
部件定义	对数据集进行封装，包括表格部件、图形部件、参数部件三种类型。表格部件和图形部件依赖于数据集，是对数据集中结果信息的图形化展示。参数部件依赖于 BI 参数模板，是对查询维度的图形化展示
页面管理	HTML 页面，是分析展现的页面，是最终呈现的结果形态。页面中包含已经封装好的部件，同时可调整各图形之间的位置、大小等布局信息

(2) 实验步骤

以"一级板块营收构成情况"分析表为例，共分为六个实验步骤，请登录浪潮铸远官网申请试用账号并查看详细步骤。

步骤一：定义查询条件

B 公司以往在做财务分析时，每月都需执行一遍分析程序，为避免这种重复性工作，可以用浪潮 GS 管理软件将年度、月份定义为查询条件，通过选择不同的查询条件可以实现灵活查询不同月份数据的效果，避免重复性工作。

定义查询条件通过浪潮 GS 管理软件"定义 BI 参数模板"实现，即"查询条件"在浪潮 GS 管理软件中称为"BI 参数模板"。因此，需要按照实验要求定义"营业收入分析–年度月份"参数模板。

步骤二：数据提取

首先，应明确分析的对象是数据，因此，需将"一级板块营收构成情况"分析报表涉及的指标数据提取出来，可通过引入参数变量灵活提取不同时间的数据。

数据提取通过浪潮 GS 管理软件"数据集定义"实现，即提取出的数据在浪潮 GS 管理软件中称为"数据集"。因不同分析报表包含的指标不同，因此，在定义数据集之前，需先按照实验建立目录级次，将数据集定义在该实验主题目录下。

步骤三：可视化展现

提取数据之后，为了更加直观地展示分析结果，需对"一级板块营收构成情况"分析报表数据进行可视化展现。

可视化展现通过浪潮 GS 管理软件"部件定义"实现，即可视化图形在浪潮 GS 管理软件中称为"部件"。因不同分析报表包含的可视化图形不同，因此，在定义部件之前，需先按照实验建立目录级次，将部件定义在该实验主题目录下。

步骤四：联查配置

提取数据时引入了参数模板，按照参数模板定义的查询条件提取数据，则分析看板需显示查询条件按钮，因此需将参数模板定义为可视化部件。该过程通过浪潮 GS 管理软件"部件定义"实现，参数模板定义的部件在浪潮 GS 管理软件中称为"参数部件"。通过选择查询条件查看不同条件的分析结果，需配置"一级板块营收构成参数部件"与"一级板块营收构成表格"、"一级板块本年累计营收饼状图"、"一级板块上年累计营收饼状图"和"一级板块本年营收折线图"分析部件之间的联查。

步骤五：看板制作

本实验将分析模型分为了两个层次，分别为一级板块营业收入分析和细分板块营业收入分析，需分别制作两个分析看板，此处以"一级板块营业收入分析看板"为例进行说明。一级板块收入分析看板包括一级板块营收构成表格、一级板块本年累计营收饼状图、一级板块上年累计营收饼状图、一级板块本年营收折线图，一级板块营业收入分析包含的分析报表定义完成之后，需将所有分析报表部件部署到一级板块营业收入分析看板中，用于集中呈现。

看板制作通过浪潮 GS 管理软件"页面管理"实现，即看板在浪潮 GS 管理软件中称为"页面"。因不同分析报表包含的看板不同。因此，在定义页面之前，需先按照实验建立目录级次，将页面定义在该实验主题目录下。

步骤六：穿透配置

"一级板块营业收入分析"是对 B 公司一级板块营业收入的总体分析，"细分板块营业收入分析"是对 B 公司细分板块营业收入更加细化的穿透分析。相关领导期望在总体分析的基础上，能够对具体项目有针对性地进一步详细分析，由宏观层面穿透到微观层面。

通过设置"一级板块营业收入分析看板"与"细分板块营业收入分析看板"之间的联查可实现页面之间的穿透，即通过单击"一级板块营业收入分析看板"中表格的某一行或者饼状图的某个区域，将联查到所单击一级板块对应的细分板块的分析看板。该过程通过设置部件联查实现。

4.4.2 利润总体分析

1. 案例

B公司是中国领先的云计算、大数据服务商,成立于1989年,总部位于山东省济南市,业务涵盖云数据中心、云服务大数据、智慧城市、智慧企业四大产业群组,为全球100多个国家和地区提供IT产品和服务,全方位满足政府与企业信息化需求。主要经营范围包括:商用密码产品的开发、生产、销售(有效期限以许可证为准);计算机及软件、电子及通信设备(不含无线电发射设备)的生产、销售;许可证范围内的进出口业务;电器机械、五金交电销售;计算机应用、出租及计算机人员培训服务;智能化工程设计、施工(凭资质证书经营);集成电路、半导体发光材料、管芯器件及照明应用产品的设计、开发、生产、销售、安装施工;房屋租赁、物业管理;设备租赁等。

B公司主营业务分为软件、硬件和云服务三大板块,各大板块包含若干明细项目,如电子政务、物流等。为了对各业务板块进行精细化管理,对利润进行总体分析后,能够对具体项目有针对性地进行详细分析,由宏观层面穿透到微观层面。所以,公司提出:①每月需要了解软件、硬件和云服务三个主要业务板块的利润构成、走势及累计情况,包括一级业务板块利润同比情况、一级业务板块营业利润构成情况、一级业务板块利润总额构成情况、一级业务板块净利润构成情况、一级业务板块利润趋势情况、一级业务板块利润累计情况。需要展示2016—2018年的历史数据。②每月需要了解各细分板块的利润构成、走势及累计情况,包括细分板块利润同比情况、细分板块营业利润构成情况、细分板块利润总额构成情况、细分板块净利润构成情况、细分板块利润趋势情况、细分板块利润累计情况。表4-14所示是公司部分基础数据。

表4-14 2016—2018年各业务板块营业利润

利　润	业务板块	业务内容	年　度	月　份	本　期　数
营业利润	软件	电子政务	2018	01	3 163.71
营业利润	软件	电子政务	2017	01	2 776.54
营业利润	软件	电子政务	2016	01	2 662.43
营业利润	软件	烟草	2018	01	1 182.74
营业利润	软件	烟草	2017	01	1 157.49
营业利润	软件	烟草	2016	01	1 132.23
营业利润	软件	租赁	2018	01	761.65
营业利润	软件	租赁	2017	01	748.45
营业利润	软件	租赁	2016	01	735.25
营业利润	软件	其他行业	2018	01	817.31
营业利润	软件	其他行业	2017	01	779.99
营业利润	软件	其他行业	2016	01	742.67
营业利润	硬件	电子行业	2018	01	126 231.21
营业利润	硬件	电子行业	2017	01	235 598.53
营业利润	硬件	电子行业	2016	01	235 549.21
营业利润	硬件	物流	2018	01	273.88
营业利润	硬件	物流	2017	01	236.68
营业利润	硬件	物流	2016	01	199.48

续表

利　润	业务板块	业务内容	年　度	月　份	本　期　数
营业利润	云服务	公安	2018	01	2 107.63
营业利润	云服务	公安	2017	01	2 241.77
营业利润	云服务	公安	2016	01	2 108.45
营业利润	云服务	气象	2018	01	3 113.83
营业利润	云服务	气象	2017	01	2 101.96
营业利润	云服务	气象	2016	01	1 231.58
营业利润	云服务	金融	2018	01	4 763.83
营业利润	云服务	金融	2017	01	2 751.96
营业利润	云服务	金融	2016	01	881.58

2．教学目标

① 了解大数据环境下企业利润分析应用场景，了解企业管理者对利润的关注点。

② 通过分析维度、分析频率、展示形式等梳理工作，掌握企业利润大数据分析思路。

③ 通过实验模拟，掌握利润分析大数据建模方法。

3．实验模拟

本实验借助浪潮 GS 管理软件建立总体利润分析模型，并进行可视化展现。首先，需要进行案例分析，确定需要从哪些维度进行分析，分析的时间频率细化到什么程度，主要分析哪些报表，每张报表包含哪些指标，这些指标从哪些数据源提取，分析结果以什么形式展现，完成建模需要用到哪些工具等，在此基础上进行实验模拟，完成建模工作。该模型分为一级板块和细分板块两个层面，从总体板块能够向下穿透到细分板块。

（1）案例分析

① 分析维度。本实验从业务板块维度分析各板块利润构成及占比情况，B 公司主营业务分为软件、硬件、云服务三个板块，每个主营业务板块包含多个细分板块，具体维度划分如表 4-15 所示。

表 4-15　细分板块划分

一　级　板　块	细　分　板　块
软件	电子政务、烟草、租赁、其他行业
硬件	电子行业、物流
云服务	公安、气象、金融

另外，本实验从时间维度分析各利润板块的月度变动趋势情况。

② 分析频率。本实验将分析的最小时间跨度定义为月，即分析频率为月。

③ 分析报表。为了综合分析公司每月各业务板块利润情况，本实验从累计、构成、同比、趋势等方面进行分析，如表 4-16 所示。

表 4-16　分析报表

分　析　层　次	分　析　报　表	分　析　层　次	分　析　报　表
总体利润	一级业务板块利润同比	细分板块利润	细分板块利润同比
	一级业务板块营业利润构成		细分板块营业利润构成
	一级业务板块利润总额构成		细分板块利润总额构成
	一级业务板块净利润构成		细分板块净利润构成
	一级业务板块利润趋势		细分板块利润趋势
	一级业务板块利润累计		细分板块利润累计

④ 指标。分析报表确定后需对每张报表涉及的指标进行梳理，明确每张分析报表需要分析哪些指标。现将每张分析报表包含的分析指标梳理如下：

一级业务板块利润同比主要分析 B 公司一级业务板块利润本期较上年同期的变动情况，指标包括本期数、上年同期数、本期数较上年同期数同比，数据经处理后得到表 4-17。

表 4-17　一级业务板块利润同比

利　润	业务板块	本　期　数	上年同期数	同　比
净利润	软件	7 735.322 560 975	4 986.826 219 856 41	0.551 151 417 744 356
净利润	硬件	208 420.447 465 018	201 020.342 960 585	0.036 812 714 551 403 8
净利润	云服务	17 509.385 085 633 3	6 727.346 560 505	1.602 717 866 272 52
利润总额	软件	9 100.379 483 5	5 866.854 376 301 66	0.551 151 417 744 356
利润总额	硬件	245 200.526 429 433	236 494.521 130 1	0.036 812 714 551 403 8
利润总额	云服务	20 599.276 571 333 3	7 914.525 365 3	1.602 717 866 272 52
营业利润	软件	8 876.552 093 5	5 643.026 986 301 66	0.573 012 518 821 487
营业利润	硬件	244 620.526 429 433	235 914.521 130 1	0.036 903 219 257 674 3
营业利润	云服务	20 336.233 333 333 3	7 651.482 127 3	1.657 816 223 705 86

一级业务板块营业利润构成主要分析各一级业务板块本期营业利润金额占三大业务板块本期营业利润总额的比重，指标为本期数，数据经处理后得到表 4-18。

一级业务板块利润总额构成主要分析各一级业务板块本期利润总额占三大业务板块本期利润总额的比重，指标为本期数，数据经处理后得到表 4-19。

表 4-18　一级业务板块营业利润构成

业务板块	本　期　数
软件	8 876.552 093 5
硬件	244 620.526 429 433
云服务	20 336.233 333 333 3

表 4-19　一级业务板块利润总额构成

业务板块	本　期　数
软件	9 100.379 483 5
硬件	245 200.526 429 433
云服务	20 599.276 571 333 3

一级业务板块净利润构成主要分析各一级业务板块本期净利润金额占三大业务板块本期净利润总额的比重，指标为本期数，数据经处理后得到表 4-20。

一级业务板块利润趋势主要分析 B 公司各一级业务板块本年各月利润的变动趋势，指标为营业利润、利润总额、净利润的本期数，数据经处理后得到表 4-21。

表 4-20　一级业务板块净利润构成

业务板块	本　期　数
软件	7 735.322 560 975
硬件	208 420.447 465 018
云服务	17 509.385 085 633 3

表 4-21　一级业务板块利润趋势

月　份	营 业 利 润	利 润 总 额	净 利 润
01	142 415.807 616 584	143 482.678 244 584	121 960.276 507 897
02	122 706.096 971 045	123 772.967 599 045	105 207.022 459 188
03	126 379.447 208 489	127 446.317 836 489	108 329.370 161 016
04	120 605.430 779 267	121 672.301 407 267	103 421.456 196 177
05	139 823.488 588 989	140 890.359 216 989	119 756.805 334 441
06	159 660.901 954 267	160 727.772 582 267	136 618.606 694 927
07	180 765.076 430 656	181 831.947 058 656	154 557.154 999 857
08	199 660.384 240 378	200 727.254 868 378	170 618.166 638 121
09	219 168.571 854 267	220 235.442 482 267	187 200.126 109 927
10	224 411.829 248 711	225 478.699 876 711	191 656.894 895 204
11	304 779.954 190 267	305 846.824 818 267	259 969.801 095 527
12	273 833.311 856 267	274 900.182 484 267	233 665.155 111 627

表 4-22　一级业务板块利润累计

利　润	本年累计数
净利润	1 892 960.836 203 91
利润总额	2 227 012.748 475 18
营业利润	2 214 210.300 939 19

一级业务板块利润累计主要分析各一级板块本年利润累计总额，指标为本年累计数，数据经清处理后得到表 4-22。

细分板块利润同比主要分析 B 公司各一级业务板块所包含的细分板块利润数据，指标包括本期数、上年同期数、本期数较上年同期数同比，数据经处理后得到表 4-23（以软件板块为例）。

表 4-23　细分板块利润同比

利　润	细分板块	本 期 数	上年同期数	同　比
净利润	电子政务	4 811.207 121 058 33	2 454.493 351 45	0.960 163 028 437 66
净利润	其他行业	723.795 232 762 5	692.073 232 762 5	0.045 836 189 724 283 2
净利润	烟草	1 372.635 790 954 17	1 023.795 219 443 91	0.340 732 760 697 724
净利润	租赁	827.684 416 2	816.464 416 2	0.013 742 178 810 707 2
利润总额	电子政务	5 660.243 671 833 33	2 887.639 237	0.960 163 028 437 66
利润总额	其他行业	851.523 803 25	814.203 803 25	0.045 836 189 724 283 2
利润总额	烟草	1 614.865 636 416 67	1 204.464 964 051 66	0.340 732 760 697 723
利润总额	租赁	973.746 372	960.546 372	0.013 742 178 810 707 2
营业利润	电子政务	5 660.243 671 833 33	2 887.639 237	0.960 163 028 437 66
营业利润	其他行业	851.523 803 25	814.203 803 25	0.045 836 189 724 283 2
营业利润	烟草	1 591.038 246 416 67	1 180.637 574 051 66	0.347 609 360 725 842
营业利润	租赁	773.746 372	760.546 372	0.017 355 943 682 024 5

细分板块营业利润构成主要分析 B 公司各一级业务板块所包含的细分板块本期营业利润金额占该板块本期营业利润总额的比重，指标为本期数，数据经处理后得到表 4-24（以软件板块为例）。

　　细分板块利润总额构成主要分析 B 公司各一级业务板块所包含的细分板块本期利润总额占该板块本期总利润的比重，指标为本期数，数据经处理后得到表 4-25（以软件板块为例）。

表 4-24　细分板块营业利润构成

细 分 板 块	本 期 数
电子政务	5 660.243 671 833 33
其他行业	851.523 803 25
烟草	1 591.038 246 416 67
租赁	773.746 372

表 4-25　细分板块利润总额构成

细 分 板 块	本 期 数
电子政务	5 660.243 671 833 33
其他行业	851.523 803 25
烟草	1 614.865 636 416 67
租赁	973.746 372

　　细分板块净利润构成主要分析 B 公司各一级业务板块所包含的细分板块本期净利润金额占该板块本期净利润总额的比重，指标为本期数，数据经处理后得到表 4-26（以软件板块为例）。

　　细分板块利润趋势主要分析 B 公司各一级业务板块所包含的细分板块本年各月利润金额的变动趋势，指标为营业利润、利润总额、净利润的本期数，数据经处理后得到表 4-27。

表 4-26　细分板块净利润构成

细 分 板 块	本 期 数
电子政务	4 811.207 121 058 33
其他行业	723.795 232 762 5
烟草	1 372.635 790 954 17
租赁	827.684 416 2

表 4-27　细分板块利润趋势

月　　份	营业利润	利润总额	净利润
01	5 925.411 787 984 19	6 149.239 177 984 19	5 226.853 301 286 56
02	5 941.726 492 500 02	6 165.553 882 500 02	5 240.720 800 125 02
03	5 996.555 618 833 35	6 220.383 008 833 35	5 287.325 557 508 35
04	6 051.384 745 166 68	6 275.212 135 166 68	5 333.930 314 891 68
05	6 106.213 871 500 02	6 330.041 261 500 02	5 380.535 072 275 02
06	6 161.042 997 833 34	6 384.870 387 833 34	5 427.139 829 658 34
07	6 215.872 124 166 67	6 439.699 514 166 67	5 473.744 587 041 67
08	6 270.701 250 5	6 494.528 640 5	5 520.349 344 425
09	4 991.493 514 333 34	5 215.320 904 333 34	4 433.022 768 683 34
10	7 103.004 630 5	7 326.832 020 5	6 227.807 217 425
11	8 571.103 673 333 33	8 794.931 063 333 33	7 475.691 403 833 33
12	8 876.552 093 5	9 100.379 483 5	7 735.322 560 975

　　细分板块利润累计主要分析 B 公司各一级业务板块所包含的细分板块本年利润累计总额，指标为本年累计数，数据经处理后得到表 4-28（以软件板块为例）。

表 4-28　细分板块利润累计情况

利　　润	本年累计数
净利润	68 762.442 758 128 3
利润总额	80 896.991 480 151
营业利润	78 211.062 800 150 9

⑤ 数据源。本实验从初步处理后的"Fxlrb"数据表中提取上述指标,"Fxlrb"数据表如表 4-29 所示。

表 4-29　Fxlrb 数据表

dwbh	dwmc	lr	ywbk	xfbk	nd	yf	bqs
02	B 公司	营业利润	软件	电子政务	2018	12	5 660.24
02	B 公司	营业利润	软件	电子政务	2018	11	5 399.62
02	B 公司	营业利润	软件	电子政务	2018	10	3 976.35
02	B 公司	营业利润	软件	电子政务	2018	09	1 909.67
02	B 公司	营业利润	软件	电子政务	2018	08	3 233.71
02	B 公司	营业利润	软件	电子政务	2018	07	3 223.71
02	B 公司	营业利润	软件	电子政务	2018	06	3 213.71
02	B 公司	营业利润	软件	电子政务	2018	05	3 203.71
02	B 公司	营业利润	软件	电子政务	2018	04	3 193.71
02	B 公司	营业利润	软件	电子政务	2018	03	3 183.71
02	B 公司	营业利润	软件	电子政务	2018	02	3 173.71
02	B 公司	营业利润	软件	电子政务	2018	01	3 163.71
…	…	…	…	…	…	…	…

⑥ 展现形式。本实验将分析结果以可视化形式展现,因此需为各分析报表选择合适的图表类型。一般而言,数据的分布可以选择柱形图,展示有多少项目(频率)会落入一个具有一定特征的数据段中;数据的构成可以选择饼状图,展示每一部分所占全部的百分比;数据的趋势可以选择折线图,展示随时间而变化的连续数据等。本实验各分析报表的展现形式如表 4-30 所示。

表 4-30　分析报表展现形式

分 析 层 次	分 析 报 表	展 现 形 式
总体利润	一级业务板块利润同比情况	表格
	营业利润构成情况	饼状图
	利润总额构成情况	饼状图
	净利润构成情况	饼状图
	利润趋势情况	折线图
	利润累计情况	柱形图
细分板块利润	细分板块利润同比情况	表格
	细分板块营业利润构成情况	饼状图
	细分板块利润总额构成情况	饼状图
	细分板块净利润构成情况	饼状图
	细分板块利润趋势情况	折线图
	细分板块利润累计情况	柱形图

⑦ 展现工具。借助浪潮 GS 管理软件商务分析平台、仪表盘工具，通过数据归集分析，最终在 Web 端（浏览器）展现分析结果。GS 管理软件应用的具体模块如表 4-31 所示。

表 4-31　GS 管理软件应用模块

应 用 模 块	应 用 场 景
定义 BI 参数模板	按查询维度定义所用参数的值
数据集定义	将 B 公司营业利润、利润总额、净利润相关数据由后台数据库按月归集整理，完成取数工作
部件定义	对数据集进行封装，包括：表格部件、图形部件、参数部件三种类型。表格部件和图形部件依赖于数据集，是对数据集中结果信息的图形化展示。参数部件依赖于 BI 参数模板，是对查询维度的图形化展示
页面管理	HTML 页面，是分析展现的页面，是最终呈现的结果形态。页面中包含已经封装好的部件，同时可调整各图形之间的位置、大小等布局信息

（2）实验步骤

以"一级业务板块利润同比情况"分析报表为例，本实验总体上分为六大实验步骤，请登录浪潮铸远官网申请试用账号并查看详细步骤。

步骤一：定义查询条件

B 公司以往在进行财务分析时，每月都需执行一遍分析程序，为了避免这种重复性工作，可以使用浪潮 GS 管理软件将年度、月份定义为查询条件，通过选择不同的查询条件可以实现灵活查询不同月份数据的效果，避免重复性工作。

定义查询条件通过浪潮 GS 管理软件"定义 BI 参数模板"实现，即"查询条件"在浪潮 GS 管理软件中称为"BI 参数模板"。因此，需要按照实验要求定义"利润分析–年度月份"参数模板。

另外，为了实现业务板块穿透，需将"业务板块"定义为查询条件。按照要求定义"利润分析–年度月份业务板块"参数模板。

步骤二：数据提取

在做分析之前，要明确分析对象是数据，因此，需将"一级业务板块利润同比情况"分析报表涉及的指标数据提取出来，可通过引入参数变量灵活提取不同时间的指标数据。

数据提取通过浪潮 GS 管理软件"数据集定义"实现，即提取出的数据在浪潮 GS 管理软件中称为"数据集"。因不同分析报表包含的指标不同，因此，在定义数据集之前，需先按照实验建立目录级次，将数据集定义在该实验主题目录下。

步骤三：可视化展现

提取数据后，为了更加直观地展示分析结果，需对"一级业务板块利润同比情况"分析报表数据使用表格部件进行可视化展现。

可视化展现通过浪潮 GS 管理软件"部件定义"实现，即可视化图形在浪潮 GS 管理软件中称为"部件"。因不同分析主题包含的可视化图形不同，因此，在定义部件之前，需先按照实验建立目录级次，将部件定义在该实验主题目录下。

步骤四：联查配置

提取数据时引入了参数模板，按照参数模板定义的查询条件提取数据，则分析看板需显示查询条件按钮，因此需将参数模板定义为可视化部件。该过程通过浪潮 GS 管理软件"部件定义"实现，参数模板定义的部件在浪潮 GS 管理软件中称为"参数部件"。通过选择查询条件查看不同条件的分析结果，需配置"一级业务板块利润同比表格"、"营业利润构成饼状图"、"利润总额构成饼状图"、"净利润构成饼状图"、"利润趋势折线图"和"利润累计柱形图"分析部件之间的联查。

步骤五：看板制作

本实验将分析模型分为两个层次，分别为总体利润分析和细分板块利润分析，需分别制作两个分析看板，此处以"总体利润分析"为例进行说明。总体利润分析看板包括："一级业务板块利润同比表格"、"营业利润构成饼状图"、"利润总额构成饼状图"、"净利润构成饼状图"、"利润趋势折线图"和"利润累计柱形图"，总体利润分析页面定义完成之后需将所有分析报表部件部署到总体利润分析看板中，用于集中呈现。

看板制作通过浪潮 GS 管理软件"页面管理"实现，即看板在浪潮 GS 管理软件中称为"页面"。因不同分析报表包含的看板不同，因此，在定义页面之前，需先按照实验建立目录级次，将页面定义在该实验主题目录下。

步骤六：穿透配置

"总体利润分析"是对 B 公司一级业务板块利润的总体分析，"细分板块利润分析"是对各细分板块利润更加细化的穿透分析。相关领导期望在总体分析的基础上，能够对具体项目有针对性地进一步详细分析，由宏观层面穿透到微观层面。

通过设置"总体利润分析看板"与"细分板块利润分析看板"之间的联查可实现页面之间的穿透，即通过单击"利润分析看板"中表格的某一行或者饼状图的某个区域将联查到所单击一级板块对应的细分板块的分析看板。该过程通过设置部件联查实现。

思考题

1．与传统环境相比，大数据环境下，企业高层对企业经营活动的关注点有何变化？
2．大数据技术对企业经营活动数据价值有何影响？
3．请搜集资料，结合具体案例谈谈大数据环境下的企业经营活动分析。
4．练习题：试选择某个行业的一家上市公司，在国泰安数据库（CSMAR）下载该上市公司自上市以来的资产负债表和利润表。然后建立该公司的杜邦分析模型，进行可视化分析。

思政提要

本章立足于利用大数据和商务智能的信息技术更深入地挖掘和剖析公司财务问题及其产生原因，正确引导学生对相关问题的认识。同时，如何让传统的财务指标在数字技术环境下更好发挥作用，以及借助数字技术如何拓展财务分析的方式和内容，这也是党的二十大报告所说的"新型工业化"在企业财务分析和评价工作中的一项具体体现。

企业投资决策

本章内容提要

本章讲解如何利用 Power BI 构建投资决策模型，包括折旧对比模型、独立项目决策模型、投资决策分析模型、互斥项目(固定资产更新)决策模型和投资风险分析模型。投资决策是企业资金管理的重要环节，在投资决策过程中，通过投资决策模型的设计和建立对投资活动进行分析，为决策者提供参考依据。

本章重点掌握的 Power BI 工具

- 如何使用投资决策函数：净现值函数 NPV()、非周期现金流量净现值函数 XNPV()、非周期现金流量内含报酬率 XIRR()及其特例周期性现金流量内含报酬率如何计算
- 如何使用折旧方法函数：直线折旧函数 SLN()、双倍余额递减函数 DDB()、可变余额递减函数 VDB()、年限总和函数 SYD()
- 筛选类函数：CALCULATE()、FILTER()
- 逻辑判断函数：SWITCH()、ISFILTERED()
- 聚合函数：SUMX()
- 统计函数：POWER()、DIVIDE()、ABS()
- 表操作函数：GENERATESERIES()、ADDCOLUMNS()
- DAX 语句：VAR
- 模拟参数的使用、逆透视列、建立关系
- Power BI 可视化：切片器、卡片图、折线图、矩阵等

5.1 企业投资决策的业务场景

5.1.1 企业投资决策的业务内容

投资决策是指投资者为了实现其预期的投资目标，运用一定的科学理论、方法和手段，通过一定程序对投资的必要性、投资目标、投资规模、投资方向、投资结构、投资成本与收益等经济活动中重大问题所进行的分析、判断和方案选择。投资决策是企业资金管理的

重要过程，在市场经济条件下，企业能否把筹集到的资金投放到收益高、回收快、风险小的项目上去，对企业的生存和发展至关重要。

投资决策的业务内容之一是进行投资方案评价，此时使用的指标分为贴现指标和非贴现指标。贴现指标是指考虑了时间价值因素的指标，主要包括净现值、现值指数、内含报酬率等。非贴现指标是指没有考虑时间价值因素的指标，主要包括回收期、会计收益期等。相应地，投资决策方法也分为贴现的方法和非贴现的方法两大类。

投资总会伴随着风险，投资的不同阶段有不同的风险，投资风险也会随着投资活动的进展而变化，因此投资风险分析是投资决策的另一项重要内容。

5.1.2 大数据智能化工具在企业投资决策中的应用

企业每天在运营中产生的大量数据，已然成为企业的一项核心资产，如何有效利用这些数据、挖掘其中所蕴含的丰富价值，帮助决策者迅速而准确地做出判断，对企业的发展至关重要。在大数据时代，决策更应根据数据和分析做出，而非基于经验和直觉。

在投资项目决策中评价所需资本支出及每年产生的现金净流量，涉及许多变量，涵盖多个企业部门。例如来自销售部门的售价和销量；来自产品研发和技术部门的投资方案支出，涉及研发费用、设备购置、厂房建筑等；来自生产部门的制造成本，涉及原材料采购价格等。大数据智能化工具的有效利用，能够帮助企业轻松快速地连接到众多数据源，并将其清洗转换，通过模型构建并以多种可视化形式呈现，帮助企业优化投资决策流程，提高企业投资决策效率及控制企业投资决策风险，有利于实现企业资源最大化利用和优化配置，为企业经营创造更多经济效益。

5.2 投资决策相关函数

DAX 中的投资决策函数与 Microsoft Excel 中使用的函数类似，企业财务管理人员可以利用这些工具建立投资决策模型，进行投资项目决策、投资风险分析、固定资产更新决策、折旧分析等。

5.2.1 净现值类函数

净现值是指投资方案所产生未来现金流入现值与未来现金流出现值的差额。在该方法中，所有未来现金流入和流出都要以一定贴现率折现，然后计算他们的差额。

1. NPV()

(1)Excel 中的净现值函数 NPV()

语法：NPV(rate,value1,value2, …)

功能：在已知一系列现金流和固定的各期贴现率的条件下，返回某项投资的净现值。

其中 rate 为各期现金流量折为现值的贴现率，value1,value2, …代表流出及流入的现金流量，所属各期间的长度必须相等且流出及流入的时间都发生在期末，如果第一笔现金流支出发生在第一个周期的期初，则第一笔资金不应该包含在 values 参数中，而应该在得到 NPV() 函数的结果后减去该笔现金支出金额的大小。

【例 5-1】 假设某项目在年初的初始投入资金为 4 000 000 元，前五年的收入分别为 800 000 元、920 000 元、1 000 000 元、1 200 000 元和 1 450 000 元，假设折现率是 8%，计算该投资项目的净现值。

单击"公式"→"财务"命令下的 NPV()函数，如图 5-1 所示，将弹出"函数参数"对话框。按照提示输入各参数，Rate 为 8%，Value1、Value2…可以分别输入 800 000、920 000…也可以通过选择单元格 B3:B7 的方式，如图 5-2 所示。由于本例中第一笔投资发生在第一期期初，因此计算时不包含在 values 参数中，而是放在函数后作为函数结果的减项。单击"确定"将得到 NPV()函数的计算结果 4 192 206.155，在此基础上加上 B2 的值，可以得到该投资项目的净现值为 192 206.16 元。

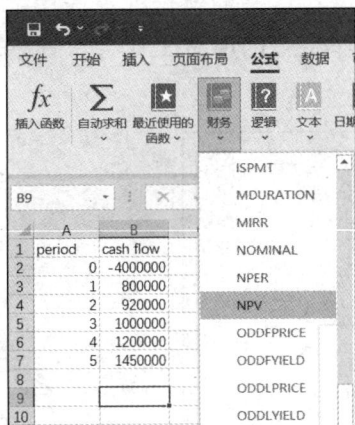

图 5-1 Excel 中的 NPV()函数

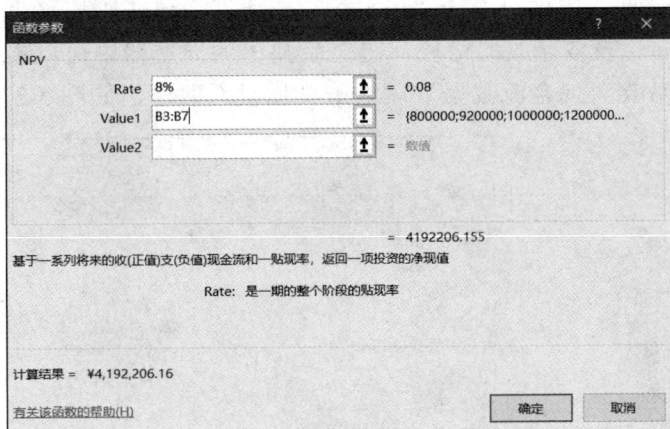

图 5-2 NPV()函数参数

(2) DAX 中的净现值函数

在 DAX 语言中没有直接提供一个类似于 Excel 中的 NPV()函数来计算净现值，可以通过使用 DAX 公式在 Power BI 中获取净现值。净现值的计算公式为：

$$NPV = \sum_{k=0}^{n} \frac{I_k}{(1+i)^k} - \sum_{k=0}^{n} \frac{O_k}{(1+i)^k} \tag{5-1}$$

式中：n——投资涉及的年限；

i——预定的折现率；

I_k——第 k 年的现金流入量；

O_k——第 k 年的现金流出量。

根据公式，净现值计算中涉及的函数包括：

1) POWER()

语法：POWER(<number>, <power>)。

功能：返回某一数字的乘幂结果。其中 number 是底数，power 是对底数求幂的指数。

2) DIVIDE()

语法：DIVIDE (<numerator>, <denominator> [,<alternateresult>])。

功能：执行除法运算，并在被 0 除时返回备用结果或空。其中 numerator 是分子，也是被除数，即被除的数字；denominator 是分母，也是除数，或要除以的数字；alternateresult

是可选的，被零除而导致错误时返回的值，如果没有提供，则默认值为空。

3）SUMX（）

语法：SUMX（\<table\>, \<expression\>）。

功能：返回表中每一行计算表达式的和。DAX 语言中有一系列后缀为"X"的函数，它们与 Filter 函数同属于行上下文函数，使用"聚合函数+X"的形式，如 SUMX、AVERAGEX、MAXX、MINX 等。它们可以对数据表进行逐层扫描并创造行上下文，对表的每一行执行计算，最后聚合结果以生成所需的单个值，因此也是一种迭代函数，SUMX 就是对表达式运算后的结果进行迭代求和。

沿用【例 5-1】，在 Power BI 中计算该投资项目的净现值。单击"主页"选项卡中的"获取数据"选项，选择"Excel 工作簿"后单击"连接"按钮，在打开的对话框中选择本例 Excel 表格存放的路径，在之后弹出的导航器中可以看到工作表下的所有工作簿，选择本例数据"现金流数据"后单击"加载"即可，如图 5-3 所示。

图 5-3　获取数据窗口

在"数据"视图模式下，由于本小节举例均为单独例题，因此在"表工具"选项卡中选择"新建度量值"选项创建度量值 NPV，并输入公式"NPV = SUMX（'例 5-1', DIVIDE（' 现金流数据'[cash flow], POWER（（1+0.08）,'现金流数据' [period] ）））"，如图 5-4 所示。

实际中若表格较为复杂、涉及度量值较多时，可新建一个空白表格存放所有度量值，以便与其他表格和字段区分，方便查找。度量值建立之后，在 Power BI Desktop 右侧"字段"栏中以 █ 图标样式显示。

正确地按层次缩进有助于厘清思路，也便于报告阅读者理解。SQLBI 团队开发的在线 DAX 格式化网站 daxformatter.com 可以辅助我们进行 DAX 的格式化。在打开的网站中粘贴公式，单击"FORMAT"按钮即可得到格式优化后的公式，如图 5-5 所示。

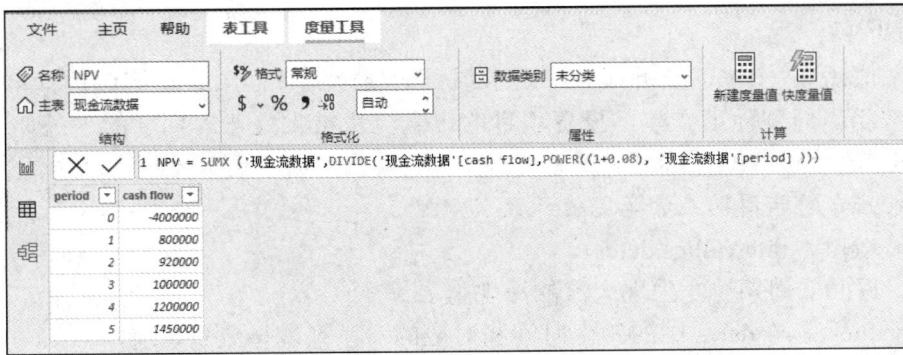

图 5-4　度量值 NPV

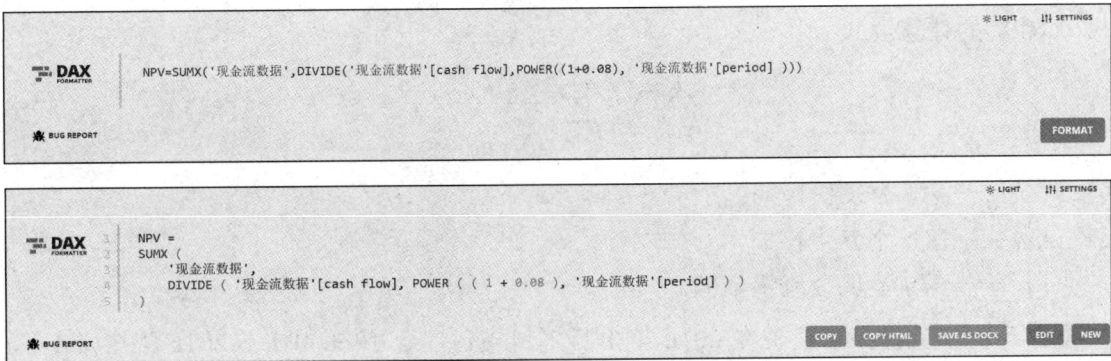

图 5-5　在线 DAX 格式化网站

计算结果以度量值形式存放，如果不在报表上使用它，甚至看不到结果是多少，因为 DAX 公式创造的度量值是一个虚拟字段的数据值，既不改变源数据，也不改变数据模型，但是只要被拖曳到报表上，将发挥巨大作用，可以随切片器的筛选而变化，是创建交互式报表不可或缺的元素。

切换到"报表"视图，可以通过简单的卡片图显示 NPV 度量值结果，卡片图用来显示单个数据，重要的数据使用卡片图罗列会有不错的效果。本例在"可视化"栏下选择"卡片图"按钮，在"字段"选项卡下选择度量值 NPV，结果与 Excel 的计算结果一致，如图 5-6 所示。

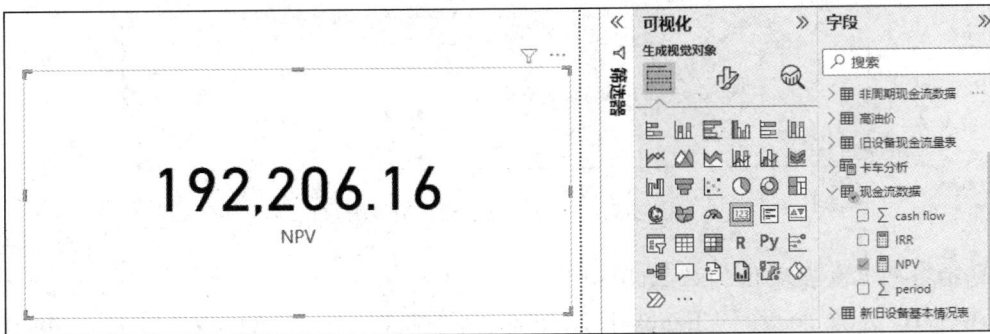

图 5-6　Power BI 计算的 NPV 结果

2. XNPV()

用净现值函数 NPV()分析项目时要求项目的现金流量必须是按固定的间隔发生的，如按月或按年，而实际工作中，投资项目的现金流量常常是非周期性的，Power BI 提供了与 Excel 类似的 XNPV 函数。

(1)Excel 中的非周期流量净现值函数 XNPV()

语法：XNPV(rate,values,dates)。

功能：返回非周期性发生现金流的净现值。

其中 values 是与 dates 中的发生时间相对应的一系列现金流量现值，dates 是与现金流相对应的现金流发生的日期表。values 中如果第一个值是投资成本或现金流出量，则它必须是负数，所有后续现金流都基于 365 天/年贴现。

XNPV 的计算公式为：

$$\text{XNPV} = \sum_{j=1}^{n} \frac{p_j}{(1+\text{rate})^{\frac{d_j - d_1}{365}}} \tag{5-2}$$

式中：d_j——第 j 个发生日期；

d_1——第 1 个发生日期；

p_j——第 j 笔现金流量金额。

【例 5-2】 假设某项投资在 2016 年 1 月 1 日支付现金 10 000 元，2016 年 3 月 1 日回收 2 750 元，2016 年 10 月 10 日回收 4 250 元，2016 年 12 月 15 日回收 3 250 元，2017 年 4 月 1 日回收 2 750 元。假设贴现率为 9%，计算该项投资的净现值。

选择"公式"→"财务"命令下的 XNPV()函数，按照提示输入各参数，单击"确定"按钮得到 XNPV()函数的计算结果为 2 148.87，如图 5-7 所示。

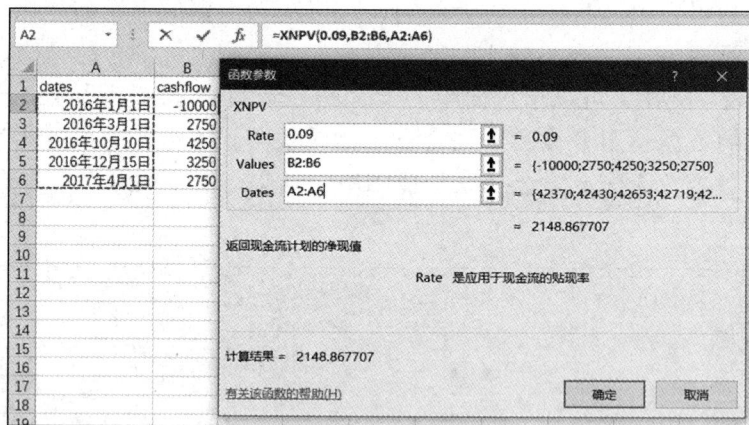

图 5-7　Excel 中的 XNPV()函数

(2)非周期流量净现值函数 XNPV()

Power BI 提供了一个与 Excel 中 XNPV()函数功能一样的 XNPV()函数，可以计算不一定具有周期性的现金流时间表的现值。

语法：XNPV(<table>, <values>, <dates>, <rate>)。

功能：返回一组现金流的净现值，这些现金流不一定定期发生。其中 table 是应为其计算值和日期表达式的表；values 返回表中每行现金流值的表达式；dates 返回表中每行的现金流日期的表达式；rate 为应用于表中每行现金流折现的贴现率。

沿用【例 5-2】的数据，在 Power BI 中计算该投资项目的净现值。单击"主页"选项卡中的"获取数据"按钮，选择 Excel 后单击"连接"按钮，导入本例数据"非周期现金流数据"。在"表工具"选项卡中选择"新建度量值"选项，创建度量值 XNPV，并输入公式：

```
XNPV = XNPV('非周期现金流数据',[cash flow],[dates],0.09)
```

切换到"报表"视图，通过简单的卡片图显示 XNPV 度量值结果。在"可视化"栏下选择"卡片图"按钮，在"字段"选项卡下选择度量值 XNPV，结果显示，与 Excel 的计算结果一致，如图 5-8 所示。

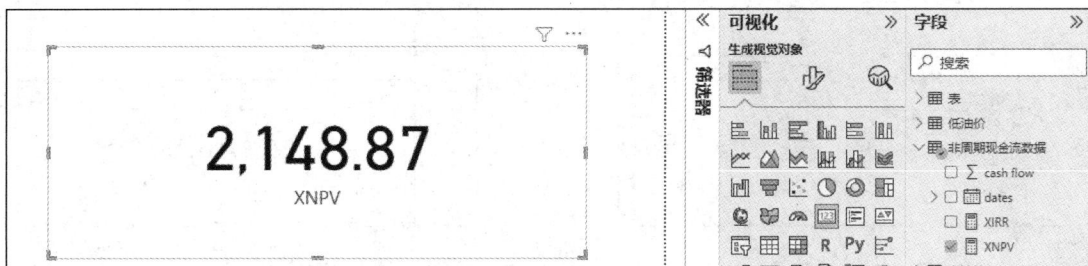

图 5-8　Power BI 计算的 XNPV 结果

为了使报表呈现的数据更加灵活，可以引入模拟参数这一功能，即允许用户自定义一个模拟参数放在切片器中使用，之后该模拟参数可以作为普通的度量值被其他 DAX 公式调用。模拟参数也叫 what-if parameters，它的功能是预先定义一些数值供报表使用者选择。当某个 DAX 表达式使用了 what-if parameters 作为其参数时，Power BI 会自动将报表使用者在切片器选择的具体数值代入 DAX 表达式中进行计算，这样就实现了用户选什么、输出什么结果的功能。

本例中给定的贴现率为 9%，实际中若要求给定现金流在不同贴现率下的净现值，可以通过新建模拟参数 Rate 代替公式中的 0.09，并在"报表"视图中配合"切片器"的使用查看。

在"建模"选项卡中选择"新建参数"，在弹出来的对话框中输入参数内容，名称为"Rate"，数据类型选择"十进制数字"，分别输入最小值、最大值和增量，单击"确定"按钮。切换到"数据"视图，单击新建的"Rate"参数，在"列工具"选项卡中将其格式调整为"百分比"，小数点位数为"0"，如图 5-9 所示。

在度量值 XNPV 中，使用新建的[Rate 值]替代公式中原有的 0.09，使度量值的 DAX 公式变为 XNPV = XNPV('非周期现金流数据',[cash flow],[dates],[Rate 值])，"报表"视图中将自动出现该参数的切片器。切片器是 Power BI 中的一个重要功能，它可以更直观地反映当前数据筛选的状态，根据微软官方文档的描述，其作用包括：

① 在报表画布上显示常用或重要的筛选器，用以简化访问。

② 更轻松地查看当前筛选的状态，而无须打开下拉列表。

③ 按数据表中不需要和隐藏的列进行筛选。

④ 通过将切片器放置在重要的视觉对象旁边来创建更多报表。

简而言之，通过切片器可以极大地简化报表格式，在同一报表上展现更多维度的内容。由于公式中引用了新建参数，通过切片器的滑动，将在公式中自动代入切片器所选择的值并进行运算。当 Rate 值为 0.09 时，XNPV 的值为 2 148.87，与在公式中直接输入 0.09 时的结果一致，如图 5-10 所示。

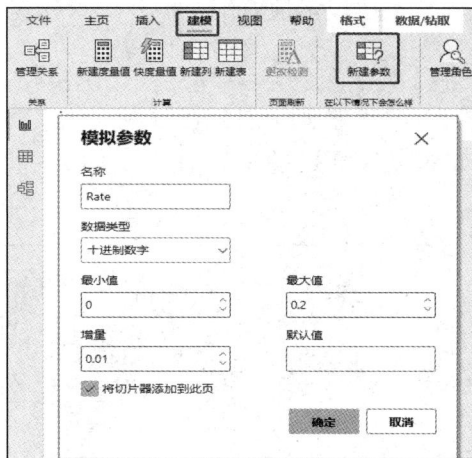

图 5-9　模拟参数 Rate

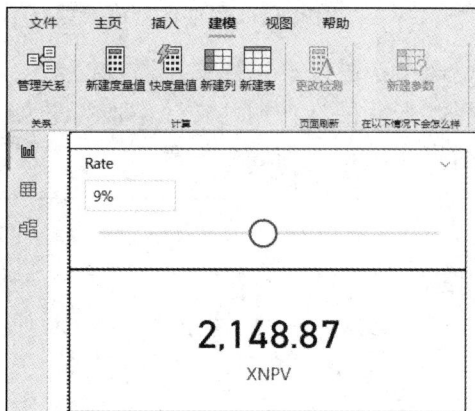

图 5-10　切片器

5.2.2　内含报酬率类函数

内含报酬率是指能够使未来现金流入量现值等于未来现金流出量现值的折现率，或者说是使投资项目净现值为零的折现率。计算内含报酬率通常需要逐步测试，方法是先预估一个折现率，通过内插法多次测试，找出使净现值接近于零的折现率，即为内含报酬率。

1．IRR（）

（1）Excel 中的内含报酬率函数 IRR（）

语法：IRR（values,guess）。

功能：返回连续期间的现金流量的内含报酬率。

其中 values 为数组或含有数值单元格的引用，现金流入用正数，现金流出用负数，且 values 的现金流必须是按固定间隔发生的，且其中必须包含至少一个正值和一个负值。

guess 是内含报酬率的估计值，如果省略则系统自动假设它为 0.1。

沿用【例 5-1】的数据计算该周期性现金流项目的内含报酬率，在单元格输入公式"=IRR（B2:B7）"，即可得到内含报酬率 9.63%，如图 5-11 所示。

图 5-11　Excel 中的 IRR（）函数

（2）DAX 中的内含报酬率函数

Power BI 没有直接提供一个类似于 Excel 中的 IRR（）函数来计算内含报酬率。但从实质上来看，周期性现金流的内含报酬率其实是非周期现金流内含报酬率的一个特例。根据 XIRR 的计算公式，后续现金流是基于 365 天/年进行贴现的，其中 $(d_j - d_1)/365$ 即将后续现金流发生日期与第一个发生日期折算为天，而 IRR 的现金流发生间隔是固定的，因此计算 IRR 只需在 XIRR 公式中将期间参数乘以相应的数转换为天，如按月发生的现金流，初始投资在第 0 期，那么期间为 2，现金流折现只需将期间参数(2–0)乘以 30 即可。

沿用【例 5-1】的数据，在 Power BI 中计算该周期现金流投资项目的内含报酬率。在"表工具"选项卡中选择"新建度量值"选项创建度量值 IRR，并输入公式"IRR = XIRR('现金流数据',[cash flow],[period]*365)"。

这里的现金流是按年度周期性发生的，因此在 XIRR 公式的<dates>参数中，用期间数乘以 365 转化为天数。切换到"报表"视图，通过简单的卡片图显示 IRR 度量值结果。在"可视化"栏下选择"卡片图"按钮，在"字段"选项卡下选择度量值 IRR，结果与 Excel 的计算结果一致，如图 5-12 所示。

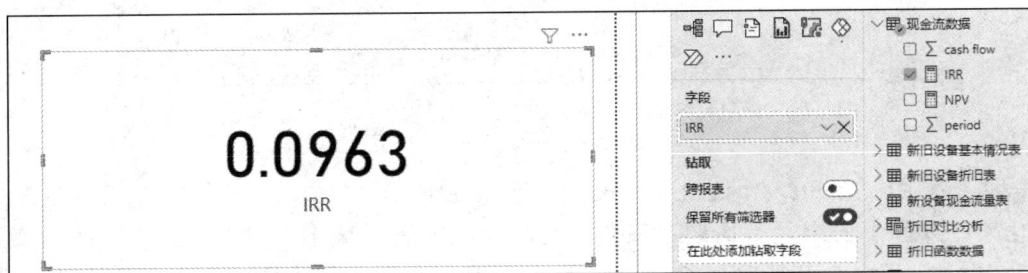

图 5-12　用 Power BI 计算机的 IRR 结果

2. XIRR

(1)Excel 中的非周期现金流内含报酬率函数 XIRR()

语法：XIRR(values,dates,guess)。

功能：返回一组非定期发生的现金流的内含报酬率。

其中 values 是与 dates 中的支付时间相对应的一系列现金流量值；dates 是与现金流相对应的现金流发生的日期表；guess 是对函数 IRR()计算结果的估计值。

XIRR()函数的计算公式如下：

$$0 = \sum_{j=1}^{n} \frac{p_j}{(1 + \text{rate})^{\frac{d_j - d_1}{365}}} \tag{5-3}$$

式中：d_j——第 j 个发生日期；

d_1——第 1 个发生日期；

p_j——第 j 笔现金流量金额。

沿用【例 5-2】的数据，在 Excel 中计算该投资项目的内含报酬率。单击"公式"→"财务"命令下的 XIRR()函数，按照图 5-13 提示输入各参数，单击"确定"按钮得到 XIRR()函数的计算结果 0.407。

(2)DAX 中的非周期内含报酬率函数 XIRR()

在实际工作中，投资项目的现金流往往是非周期性的，DAX 语言中提供了一个与

Excel 中 XIRR () 函数功能一样的 XIRR () 函数，可以计算不一定具有周期性现金流时间表的内含报酬率。

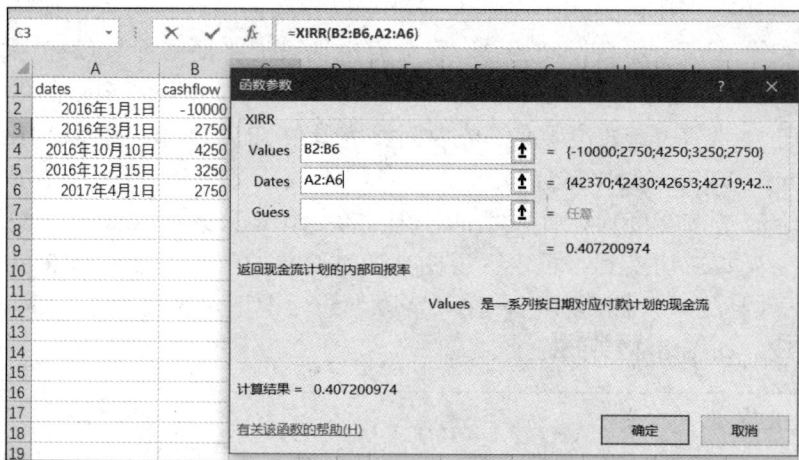

图 5-13　Excel 中的 XIRR () 函数

语法：XIRR (\<table>, \<values>, \<dates>, [guess])。

功能：返回不一定具有周期性现金流时间表的内含报酬率。

其中 table 是应为其计算值和日期表达式的表；values 返回表中每行现金流值的表达式；dates 返回表中每行现金流日期的表达式；guess 是对内含报酬率的初步猜测值。如果省略，则使用默认猜测值 0.1。

沿用【例 5-2】的数据，在 Power BI 中计算该非周期现金流投资项目的内含报酬率。在"表工具"选项卡中选择"新建度量值"选项创建度量值 XIRR，并输入公式"XIRR = XIRR ('非周期现金流数据',[cash flow],[dates])"。

切换到"报表"视图，通过简单的卡片图显示 XIRR 度量值结果。在"可视化"栏下选择"卡片图"按钮，在"字段"选项卡下选择度量值 XIRR，结果显示如图 5-14 所示，与 Excel 计算结果一致。

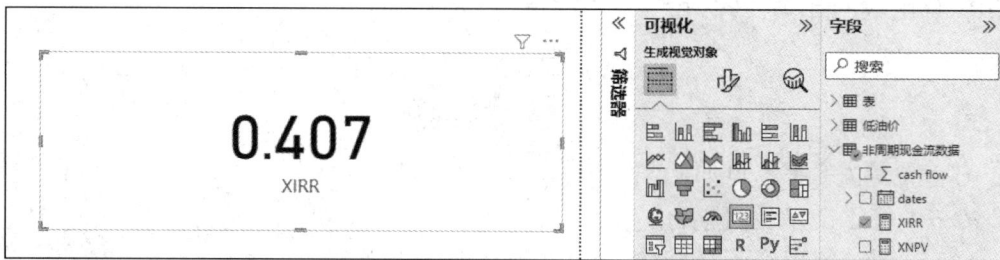

图 5-14　用 Power BI 计算的 XIRR 结果

5.2.3　固定资产折旧类函数

实际工作中企业最常用的折旧方法是直线法、年数总和法和余额递减法，Excel 提供了相应的函数 SLN ()、SYD ()、DDB () 等来计算，在 Power BI 中也存在类似的函数。通过不同折旧方法的计算比较，可以定量了解折旧对企业的影响，通过选择适当的折旧方法，既符合谨慎原则又可以减少企业税负，达到合理避税的目的。

1. 直线折旧法

直线折旧法是根据固定资产的原始价值、预计残值和预计清理费用，按照预计使用年限平均计算折旧的一种方法。用该方法计算出来的折旧额每个年份或月份都是相等的。计算公式是：

$$年折旧额 = \frac{原始价值 - 预计净残值}{折旧年限}$$

（1）Excel 中的直线折旧函数 SLN（）

语法：SLN（cost,salvage,life）。

功能：返回一项固定资产每期的按照直线法计算的折旧费。

其中，cost 是固定资产原值；salvage 是预计的固定资产净残值；life 是折旧期限。

【例 5-3】　某企业购买了一项价值 40 000 的固定资产，其折旧年限为 10 年，预计净残值为 5 000 元，采用直线法计算每年的折旧额。

按图 5-15 所示填写相关参数后，单击"确定"按钮完成计算。

每年的折旧额=SLN（40 000,5 000,10）

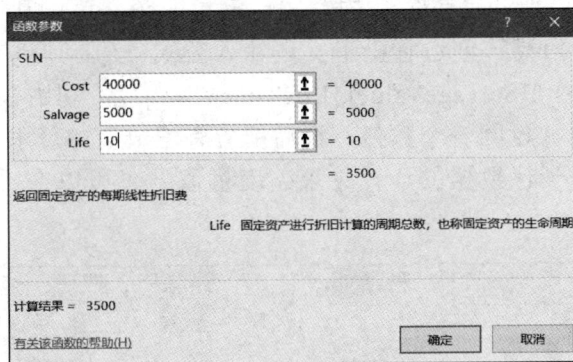

图 5-15　Excel 中的 SLN（）函数

（2）Power BI 中的直线折旧函数 SLN（）

语法：SLN（<cost>, <salvage>, <life>）。

功能：返回一段时间内资产的直线折旧。参数说明与 Excel 一样。

沿用【例 5-3】的数据，在 Power BI 中计算该固定资产采用直线法计算的每年折旧额。选择"主页"选项卡中的"获取数据"选项，选择 Excel 后单击"连接"按钮，导入本例数据"SLN 函数数据"。如图 5-16 所示，在"表工具"选项卡中选择"新建列"选项，并输入公式"SLN 折旧 = SLN（[InitialCost],[SalvageValue],[LifeTimeYears]）"。

值得注意的是，在用 SLN 公式计算年折旧额时，如果单击"新建度量值"按钮，在等号的右边输入 SLN 公式后，无论输入单引号" ' "还是中括号" ["，Power BI 智能感知的结果都不会是某一列的名称，而是其他已创建好的度量值，如图 5-17 所示。因为度量值输出的是一个计算结果，不能直接等于某一列的数据，所以需要先使用聚合函数对列进行聚合运算才有效。例如，在单击"新建度量值"按钮后，输入以下公式"SLN 度量值=SLN（[Initial Cost], [Salvage Value], [LifeTimeYears]）"，将出现"此列当前没有行"的错误提示，因为若"SLN 函数数据"是一个有近万条资产数据的表，该表达式是没有任何意义的。

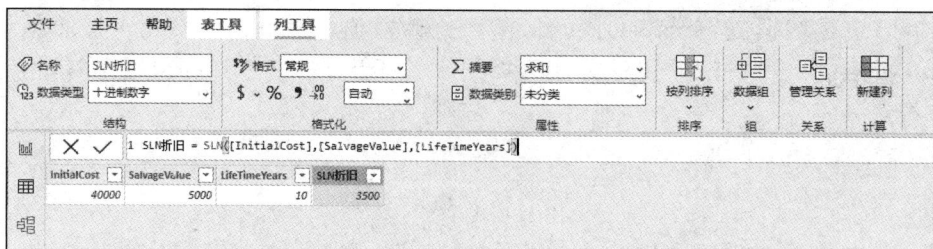

图 5-16　SLN 度量值

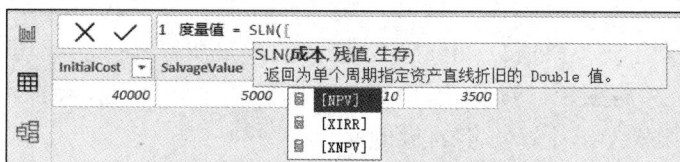

图 5-17　Power BI 智能感知度量值

在本例中，若要以"新建度量值"的方式计算折旧额，可以利用前文介绍过的"X"系列函数对表进行逐层扫描，创造行上下文。输入公式：SLN 度量值 = SUMX（'SLN 函数数据', SLN（[InitialCost],[SalvageValue],[LifeTimeYears]）），利用 SUMX 函数，在每一行按照 SLN 公式执行运算并返回一个数值，最后把所有的数值加总求和，若存在多行数据，可以配合筛选器查看每一行数据的计算结果。度量值结果可以在"报表"视图显示，如图 5-18 所示。

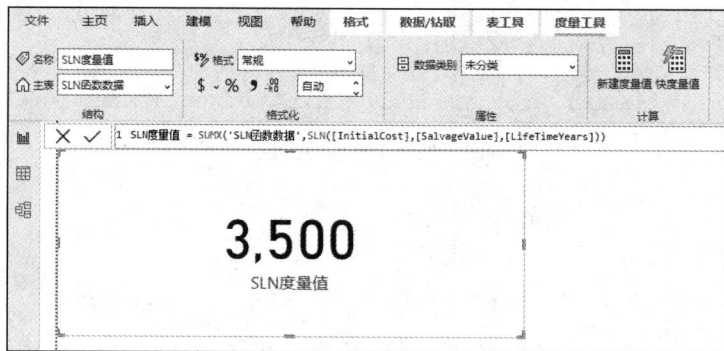

图 5-18　用 Power BI 计算的 SLN 结果

如果没有 SumX 这样的函数，分别新建度量值[原值]=SUM（[InitialCost]），[残值]=SUM（[SalvageValue]），[年限]=SUM（[LifeTimeYears]），再通过"新建度量值"放到 SLN 公式中的方式可以达到与使用 SumX 函数同样的效果，但远不如 SumX 函数方便。

2．年限总和法

年限总和法是根据折旧总额乘以递减分数来确定年折旧额的一种方法，它也是一种递减加速折旧法。计算公式：

递减分数＝固定资产尚可计提折旧的年数／固定资产折旧年限的各年年数之和×100%

年折旧额＝(固定资产原值－预计净残值)×该年折旧率

(1)Excel 中的年数总和函数 SYD()

语法：SYD(cost,salvage,life,per)。

功能：返回某项固定资产某期按年限总和法计算的折旧额。

其中，cost 是固定资产原值，salvage 是预计的固定资产净残值，life 是折旧期限，per 为需要计算折旧额的期间，且必须使用与 life 相同的单位，介于 1 至 life 之间(含首尾)。

【例 5-4】假设购买一台设备，价值 300 000，使用期限为 5 年，残值为 35 000 元，计算第 3 年的折旧额。

单击"公式"→"财务"命令下的 SYD()函数，填写相关参数后，单击"确定"按钮完成计算，如图 5-19 所示。

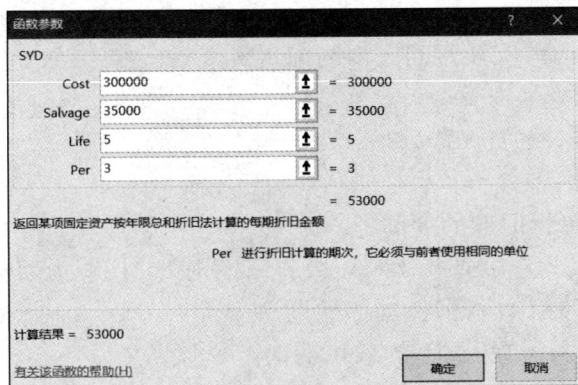

图 5-19　Excel 中的 SYD()函数

(2)Power BI 中的年数总和函数 SYD()

语法：SYD(<cost>, <salvage>, <life>, <per>)。

功能：返回指定期间内资产的年限总额折旧。参数说明与 Excel 一样。

沿用【例 5-4】的数据，在 Power BI 中计算该设备采用直线法计算的第 3 年折旧额。选择"主页"选项卡中的"获取数据"选项，选择 Excel 后单击"连接"按钮，导入本例数据"折旧函数数据"。如图 5-20 所示，在"表工具"选项卡中选择"新建列"选项，并输入公式：SYD 折旧 = SYD([InitialCost],[SalvageValue],[LifeTimeYears],[Per])。

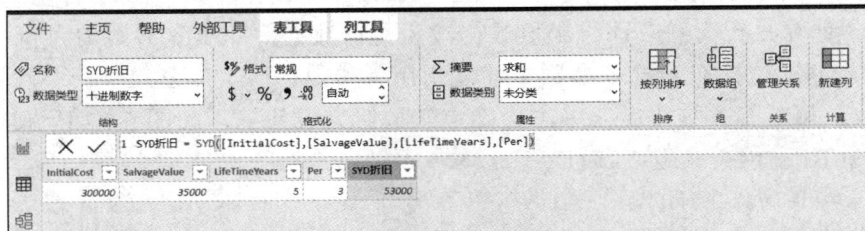

图 5-20　新建列"SYD 折旧"

3. 余额递减法

余额递减法是用直线法折旧率的倍数作为定率乘以该资产的账面净值来计算折旧额的方法，采用该方法时需要在固定资产折旧年限到期前两年内，将固定资产净值扣除预计净残值后的净额平均摊销。

当倍数为 2 时，成为双倍余额递减法，其计算公式是：

$$年折旧率 = 2 / 折旧年限 \times 100\%$$

$$年折旧额 = (固定资产原值 - 预计净残值) \times 该年折旧率$$

(1) Excel 中的余额递减函数

1) 双倍余额递减函数 DDB()

语法：DDB(cost,salvage,life,period,factor)。

功能：计算一项固定资产在给定期间内的折旧额，公式中的 5 个参数都必须为正数。

2) 可变余额递减函数 VDB()

语法：VDB(cost,salvage,life,start_period,end_period,factor,no_switch)

功能：返回指定期间内或某时间段内的固定资产折旧额。

其中：cost 为固定资产原值；

salvage 为预计的固定资产净残值；

life 为折旧的期限；

period 为需要计算折旧额的期间；

factor 为余额递减速率，如果 factor 被省略，则为 2，即为双倍余额递减法；

start_period 为需要计算折旧额的起始期次；

end_period 为需要计算折旧额的截止期次；

no_switch 为逻辑值，如果为 FALSE 或省略，则当折旧大于余额递减计算时，VDB 将切换为直线折旧。则直线法折旧值大于余额递减计算值时，将转到直线折旧法；否则不转换。

可变余额递减函数 VDB() 与双倍余额递减函数 DDB() 类似，双倍余额递减函数是 factor 为 2 时的可变余额递减函数，是可变余额递减函数的特例。但双倍余额递减函数只能计算各期的折旧额，而 VDB() 可以计算某期间的折旧额。

沿用【例 5-4】的数据，采用双倍余额递减法计算该设备第 3 年的折旧额。单击"公式"→"财务"命令下的 DDB 函数，填写相关参数后，单击"确定"按钮完成计算，得到结果 43 200，如图 5-21 所示。

沿用【例 5-4】的数据，采用可变余额递减法计算该设备第 6～18 个月在 Factor 为 1.5 时的折旧额。计算月折旧额应该将年份数据改为月份数据，即 life 参数为月份数，本例中 5 年即为 60 个月，这样在 period 参数中才能引用月份值。单击"公式"→"财务"命令下的 VDB 函数，填写相关参数后，单击"确定"按钮完成计算，如图 5-22 所示。

(2) Power BI 中的余额递减函数

1) 双倍余额递减函数 DDB()

语法：DDB(<cost>, <salvage>, <life>, <period> [,<factor>])。

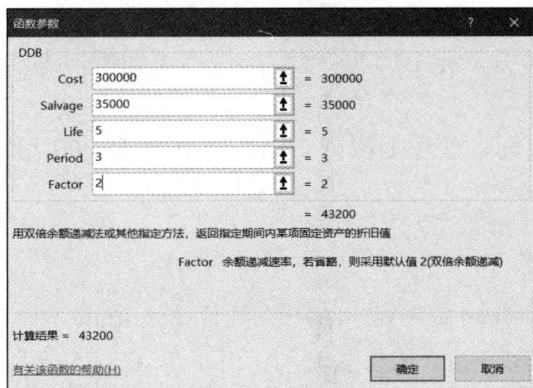

图 5-21 Excel 中的 DDB 函数　　　　图 5-22 Excel 中的 VDB 函数

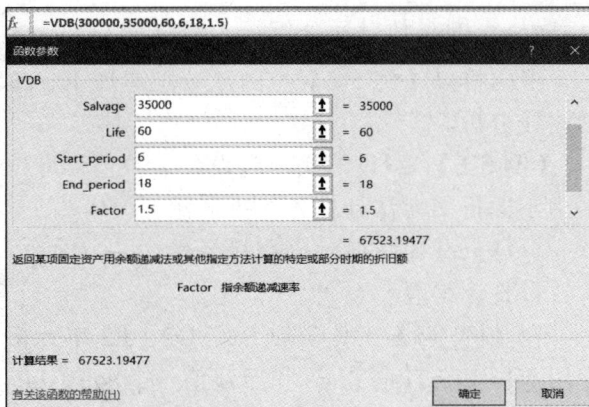

沿用【例 5-4】的数据，在 Power BI 中计算该设备采用双倍余额递减法计算第 3 年折旧额。如图 5-23 所示，在"表工具"选项卡中选择"新建列"选项，并输入公式"DDB 折旧 = DDB（[InitialCost],[SalvageValue],[LifeTimeYears],[Per],2）"。

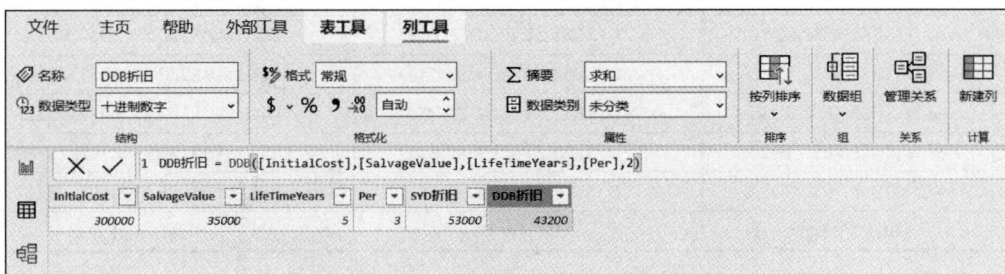

图 5-23　Power BI 新建列"DDB 折旧"

2）可变余额递减函数 VDB（）

语法：VDB（<cost>,<salvage>,<life>,<start_period>,<end_period>[,<factor>[,<no_switch>]]）

功能：返回指定期间内或某时间段内的固定资产折旧额。参数说明与 Excel 一样。

沿用【例 5-4】的数据，采用可变余额递减法计算该设备第 6～18 个月在 Factor 为 1.5 时的折旧额。life 参数需要从年转换为月，因此需要在[LifeTimeYears]的基础上乘以 12，如图 5-24 所示，在"表工具"选项卡中选择"新建列"选项，并输入公式。

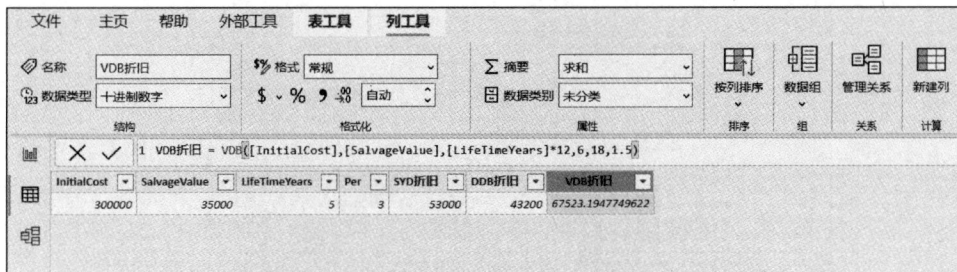

图 5-24　用 Power BI 新建列"VDB 折旧"

4. 折旧函数对比分析

下面将以【例 5-5】为例，分别通过 Excel 和 Power BI 建立模型，进行不同折旧方法的比较分析。

【例 5-5】 假设购买一台设备，价值 400 000 元，使用期限为 5 年，残值为 35 000 元，采用不同折旧方法计算各年折旧额。

（1）Excel 的折旧对比分析模型

1）设计模型

在【例 5-5】工作表的 B2、D2、F2 单元格中分别输入固定资产原始价值 InitialCost、使用年限 LifeTimeYears 和净残值 SalvageValue。B3:F3 单元分别输入年份 1-5，B5:F5 分别存放直线法折旧的公式与计算结果，B6:F6 分别存放年数总和法折旧的公式与计算结果，B7:F7 分别存放双倍余额递减法折旧的公式与计算结果，如图 5-25 所示。

同时计算各种折旧方法下的折旧合计，计算公式如表 5-1 所示。

表 5-1 Excel 不同折旧方法计算公式

折旧年份	直 线 法	年数总和法	双倍余额递减法
1	=SLN($B$2,$F$2,$D$2)	=SYD($B$2,$F$2,$D$2,B3)	=DDB($B$2,$F$2,$D$2,B3,2)
2	=SLN($B$2,$F$2,$D$2)	=SYD($B$2,$F$2,$D$2,C3)	=DDB($B$2,$F$2,$D$2,C3,2)
3	=SLN($B$2,$F$2,$D$2)	=SYD($B$2,$F$2,$D$2,D3)	=DDB($B$2,$F$2,$D$2,D3,2)
4	=SLN($B$2,$F$2,$D$2)	=SYD($B$2,$F$2,$D$2,E3)	=($B$2−SUM($B$7:$D$7)−$F$2)/2
5	=SLN($B$2,$F$2,$D$2)	=SYD($B$2,$F$2,$D$2,F3)	=($B$2−SUM($B$7:$D$7)−$F$2)/2
合计	=SUM(B5:F5)	=SUM(B6:F6)	=SUM(B7:F7)

2）绘制折旧比较分析图

选中 A5:F7 单元区域，单击"插入"菜单下的"折线图"，绘制出折线图，形成折旧比较分析图，如图 5-25 所示。因为表内数据之间已经建立了链接，表中数据与分析图之间也建立了联系，因此计算不同固定资产的折旧时，只需要改变固定资产原值、使用年限和净残值 3 个单元格的值，其各期的折旧额将自动计算出来，分析图也将随着数据的变化而自动更新。

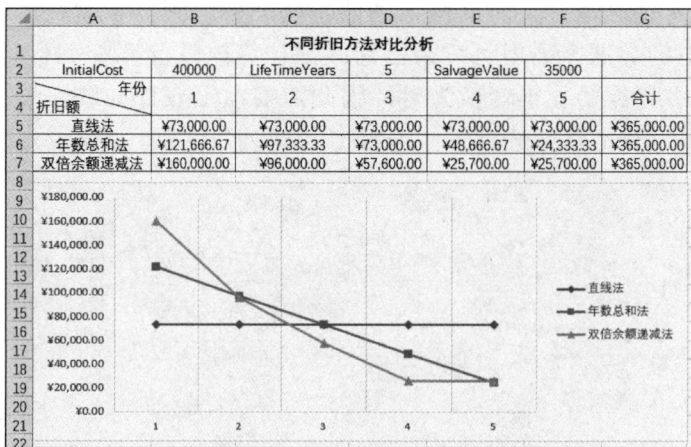

图 5-25 Excel 折旧比较分析图

（2）Power BI 的折旧对比分析模型

选择"主页"选项卡中的"获取数据"选项，选择本例数据"折旧对比数据"后单击"加载"按钮导入本例数据，通过新建表建立折旧对比分析模型。

1）表操作函数

在 Power BI 中使用 DAX 的三个地方为：新建度量值、新建列和新表，此时将用到 DAX 中的表操作函数。像 SUM（）函数返回的是一个值，表操作函数返回的就是一张表，如果我们用表操作函数直接建立度量值或者新建列时，很可能会报错。比如很常见的 FILTER（）函数，可以作为值函数的参数存在，但它无法独立建立度量值，因为 FILTER 函数返回的就是一张表，本例中将用到 GENERATESERIES（）函数、ADDCOLUMNS（）函数。

① GENERATESERIES（）函数。

语法：GENERATESERIES（<startValue>, <endValue>[, <incrementValue>]）。

功能：返回一个使用连续值填充的单列表，其中每个值与前面的值相差一个常数，返回的列的名称为 Value。其中 startValue 为用于生成序列的初始值，endValue 用于生成序列的最终值，incrementValue 为序列的增量值，如果省略，则使用默认值 1。

折旧对比分析模型需要对每年的折旧进行比较和分析，因此新建一个最小值为 1，最大值为固定资产使用年限的增量序列，本例中固定资产使用年限为 5，因此可以在新建表中输入以下 DAX 公式：

$$DepreciationPeriods = GENERATESERIES（1, 5）$$

将生成列名为"Value"，包含 1 至 5 的增量序列。

但假设某表"Asset"中有多个固定资产，所生成单列表的序列最终值应为该表中固定资产使用年限最大的值，DAX 公式变为：DepreciationPeriods = GENERATESERIES（1, MAX（'Asset'[LifeTimeYears]））。

② ADDCOLUMNS（）函数。

语法：ADDCOLUMNS（<table>, <name1>, <expression1>[, <name2>, <expression2>]…）

功能：将计算列添加到给定的表或表达式。其中 table 为返回数据表的任何 DAX 表达式；name 为列指定的名称，用双引号引起来；expression 为返回标量表达式的任何 DAX 表达式，针对表的每一行进行计算。

ADDCOLUMNS（）函数返回包含原始列和所有新添加列的表。由于新列使用的标量表达式沿着第一参数的每行计值，所以 ADDCOLUMNS（）函数也是迭代函数。换句话说，ADDCOLUMNS（）函数提供了和计算列相同的语义，但是计算的结果属于本地查询的缓存，而不是数据模型中的持久结果。因此可以调用其他迭代函数（如 FILTER（）函数）获取 ADDCOLUMNS（）函数的新列中的结果。

在 GENERATESERIES 函数新建的表基础上，本例中使用 ADDCOLUMNS（）函数添加不同折旧方法的表达式，在其参数中 table 为 GENERATESERIES（1, MAX（'Asset'[LifeTime Years]）），name 分别为不同折旧方法的名称"SLN""SYD"和"DDB"，表达式即为对应的折旧函数公式。

2）DAX 语句 VAR

VAR 指 Variables，即变量。可以使用 VAR 在表达式中创建变量。从技术上讲，VAR

不是函数，而是用于将表达式的结果存储为命名变量的关键字。然后，可以将该变量作为参数传递给其他度量值表达式。它的工作原理是先录制一个变量，再配合使用 Return 函数把录制好的内容拿出来反复使用，因此在为变量表达式计算结果值后，在其他表达式中引用该变量，它的值也不会发生更改。

语法：VAR <name> = <expression>。

其中 name 为变量（标识符）的名称，但不支持分隔符，不支持其他任何特殊字符，不允许使用保留关键字，不允许使用现有表的名称，不允许使用空格。支持的字符集包括 a～z、A～Z、0～9，但 0～9 作为第一个字符是无效的。双下画线"＿"可用作标识符名称的前缀。

在本例中 ADDCOLUMNS()函数的参数中包含了 GENERATESERIES()函数创建的表，因此先将其用 VAR 定义为 DepreciationPeriods 变量，随后应用到 RETURN()函数后面的 ADDCOLUMNS()函数中。

如图 5-26 所示，单击"新建表"，以"折旧对比分析"为名建立折旧方式对比模型表，输入图中公式，即可得到三种折旧方式在不同折旧期间的折旧额。当计算结果包含小数点时，选中该列，在"列工具"中找到"格式化"选项卡，将小数位数调整至所需，本例设置小数点位数为 2。

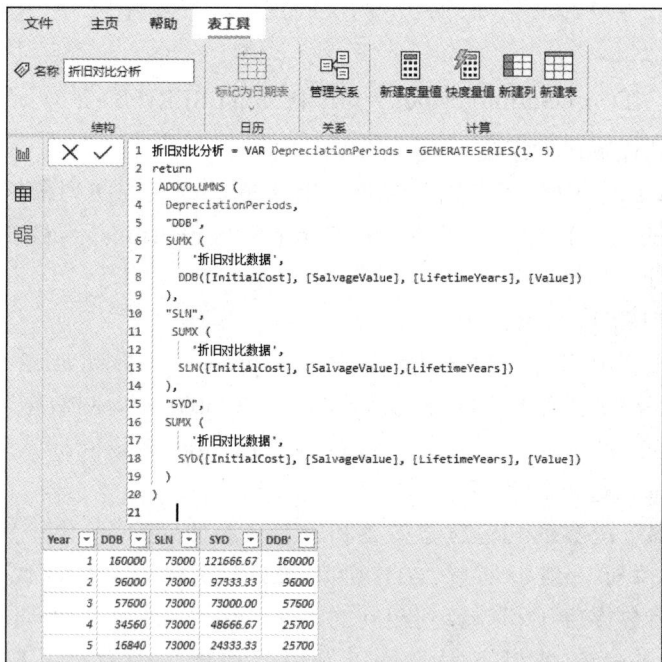

图 5-26 用 Power BI 新建表"折旧对比分析"

值得注意的是，会计中的双倍余额递减法在固定资产使用年限的最后两年改用年限平均法，将最后两年的固定资产账面净值平均分摊，而 DDB 函数中的最后两年仍然按照公式计算，因此新建一列 DDB'重新计算最后两年的折旧额。单击"新建列"按钮，输入公式"DDB' = IF('折旧对比分析'[Value]<=5-2,VALUE('折旧对比分析'[DDB]),(34 560+16 840)/2)"。最后将 GENERATESERIES()函数自动生成的列名"Value"改为"Year"，得到最终的折旧对比分析表格。

3）Power BI 折旧对比可视化

切换到"报表"视图，选择"可视化"中的折线图，并在"字段"中选择"折旧对比分析"表中的 DDB'、SLN、SYD 和 Year，并将轴设置为"Year"字段，得到三种折旧方法的对比分析图，如图 5-27 所示。字号大小、图标颜色、边框等都可以设置。

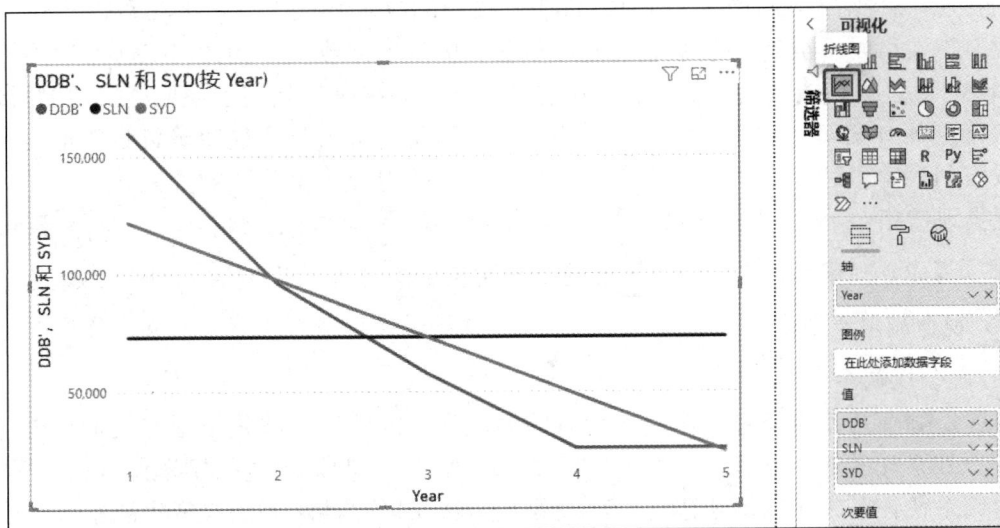

图 5-27　Power BI 折旧对比分析图

5.3　Power BI 投资决策的建模与应用

5.3.1　投资决策方法

5.2 节介绍了投资决策分析的相关函数，根据分析评价指标的类别，投资项目评价分析方法也被分为折现的分析评价方法和非折现的分析评价方法两种。

1．折现的分析评价方法

折现的分析评价方法，是指考虑货币时间价值的分析评价方法，也被称为折现现金流量分析方法。

（1）净现值法

该方法使用净现值大小作为评价方案优劣的指标，净现值大于零则方案可行，且净现值越大，方案越优，投资效益越好。其原理是：假设预计的现金流入在年末肯定可以实现，并把原始投资看成是按预定贴现率借入的，当净现值为正数时说明该项目在偿还本息后仍有剩余的收益，当净现值为负数时则说明该项目收益不足以偿还本息。

净现值法具有广泛的适用性，在理论上也比其他方法更完善，但其应用的主要问题是如何确定贴现率，一种办法是根据资金成本来确定，另一种方法是根据企业要求的最低资金利润来确定。此外，该方法的计算结果是一个金额的绝对值，在比较不同投资额的项目时有一定局限性。

（2）现值指数法

现值指数是指某方案未来各期现金流入的现值和未来现金流出的现值之间的比率，也称为现值比率、获利指数等。现值指数是一个相对指标，反映投资效率。其原理是：如果现金流入的现值与现金流出的现值之比大于 1，说明其收益超过成本，即投资报酬率超过预定的折现率；如果现值指数小于1，说明其投资回收水平低于预定报酬率。

现值指数可以看成是 1 元原始投资可望获得的现值净收益，因此可以作为评价方案的一个指标。通过现值指数的计算，能够知道投资方案的报酬率是高于或低于所用的折现率，但无法确定各方案本身能达到多大的报酬率，因而使管理人员不能明确肯定地指出各个方案的投资利润率可达到多少，以便选取以最小投资获得最大报酬率的方案。

根据现值指数公式：现值指数=$\sum$现金流入现值/$\sum$现金流出现值，其中=$\sum$现金流入现值可以写成（$\sum$现金流入现值−$\sum$现金流出现值+$\sum$现金流出现值），因此现值指数=1+NPV/$\sum$现金流出量现值。

（3）内含报酬率法

内含报酬率是使投资方案净现值为零的贴现率，因此该方法是根据方案本身内含报酬率来评价方案优劣的一种方法。在计算方案净现值时，以预期投资报酬率作为贴现率计算，净现值结果往往是大于零或小于零，这就说明方案实际可能达到的投资报酬率大于或小于预期投资报酬率；而当净现值为零时，说明两种报酬率相等。根据这个原理，内含报酬率就是要计算出使净现值等于零时的贴现率，这个贴现率就是投资方案实际可能达到的投资报酬率。

内含报酬率法和现值指数法相似，都是根据相对比率来评价方案，而不像净现值法那样使用绝对数来评价方案，在评价方案时需要注意的是，比率高的方案绝对数不一定大，反之也一样。内含报酬率法和现值指数法也有区别，在计算内含报酬率时不必事先选择折现率，根据内含报酬率就可以对独立投资的优先次序进行排定，而现值指数法需要一个合适的折现率，以便将现金流量折为现值，折现率的高低将会影响方案的优先次序。

2．非折现的分析评价方法

非折现的方法不考虑时间价值，把不同时间的货币收支看成是等效的，这些方法在选择方案时起辅助作用，在实际中以考虑时间价值的分析为主。

（1）回收期法

回收期是指投资引起的现金流入累积到与投资额相等所需要的时间。它代表收回投资所需要的年限，回收年限越短，方案越有利。当每年现金净流入量相等时，回收期=初始投资/年现金净流入量，当每年现金净流入量不相等时的回收期是使 $\sum_{k=0}^{n} I_k = \sum_{k=0}^{n} O_k$ 成立的 n。

回收期法计算简便且容易理解，它的缺点在于忽略时间价值且没有考虑回收期以后的收益。事实上，有战略意义的长期投资往往早期收益较低，而中后期收益较高，因此该方法可能导致放弃长期成功的方案，目前作为一种辅助方法使用。

（2）会计收益率法

会计收益率是根据估计的项目整个寿命期内年平均会计利润与估计的资本占用之比计

算出来的。实际应用中有两种资本占用定义：第一种就是简单地把投资初始资本支出当作资本占用；第二种更为普遍的方法是用项目寿命期内的平均资本占用进行计算。会计收益率=年平均会计利润(折旧后)/平均资本占用。一般还需要先计算项目寿命期内的平均资本占用，计算公式如下：平均资本占用=(初始资本投资+投资残值回收)/2。

这种方法在计算时使用会计报表上的数据，以及普通会计的收益和成本观念，应用范围广。但它使用平均利润，与回收期法一样忽略了金钱的时间价值，并且会计收益率的定义没有给出清晰、准确地计算资本占用的方法。

5.3.2　投资决策类型

1．生产性资产投资和金融性资产投资

投资按其对象可以划分为生产性资产投资和金融性资产投资。生产性资产是指企业生产经营活动所需要的资产，如机器设备、存货等，这些资产是企业进行生产经营活动的基础条件。企业利用这些资产可以增加价值，为股东创造财富，本章所讨论的企业投资主要是指企业进行的生产性资本投资，可以分为以下几类：

① 新产品开发或现有产品的规模扩张。这种决策通常需要添置新的固定资产，并增加企业的营业现金流入。

② 设备或厂房的更新。这种决策统筹需要更换固定资产，但不改变企业的营业现金收入。

③ 研究与开发。这种决策通常不直接产生现实的收入，而得到一项是否投产新产品的选择权。

④ 勘探。这种决策通常是企业得到一些有价值的信息。

⑤ 其他，包括劳动保护设施建设、购置污染控制装置等。这些决策不直接产生营业现金流入，而是使企业在履行社会责任方面的形象得到改善，它们有可能减少未来的现金流出。

这些投资项目的现金流分布有不同的特征，分析的具体方法也有区别，最具一般意义的是第一种投资，即添置固定资产的投资项目。

2．独立项目投资与互斥项目投资

独立项目是指不受其他项目影响而进行选择的项目，也就是说拒绝或接受该项目不会对其他项目的决策造成直接影响。独立投资方案的决策属于筛分决策，评价方案本身是否可行，即方案本身是否达到某种要求的可行性标准。独立投资方案比较时，决策要解决的问题是如何确定各种可行方案的投资顺序，即各独立方案之间的优先次序。排序分析时，以各独立方案的活力程度作为评价标准，一般采用内含报酬率法进行比较决策。

互斥项目是指当选择一个项目就必须放弃另外一个项目的情况。面对互斥项目，仅仅评价哪个项目是可以接受的还不够，因为它们都可能有正的净现值，需要知道哪一个更好。因此互斥投资方案要解决的问题是应该淘汰哪个方案，即选择最优方案。从选定经济效益最大的要求出发，互斥决策以方案的获利数额作为评价的标准。一般采用净现值法和年金净流量法进行优选决策，但净现值指标会受到投资项目寿命期的影响，因而年金净流量法是互斥方案最恰当的决策方法。

5.3.3　投资决策建模与应用

本章 5.2 节介绍了 Power BI 中的投资决策函数及其应用方法，利用这些函数就可以在 Power BI 中建立投资决策分析模型，利用模型对各种投资方案进行分析，做出要采用哪个项目的投资决策。下面以几个例题说明如何在 Power BI 中建立模型并进行投资决策分析。

1．独立项目决策模型

【例 5-6】　某企业有三种投资方案，资金成本为 10%，有关数据如下。要求进行投资指标分析，确定最优方案。

期间	A 方案现金流量/元	B 方案现金流量/元	C 方案现金流量/元
0	−20 000	−9 000	−12 000
1	11 800	1 200	5 000
2	14 000	5 000	4 500
3		6 000	4 800

（1）数据处理

日常财务工作中使用 Excel 建模时，当所使用的表有不规则之处时，第一步就是将表格中的数据进行整理、筛选，让表格更加规范，以便于后续操作。Power Query 是 Power BI 的数据查询模块，它可以非常高效地实现第一步数据清理。

由于本例中给出的原始数据是一张二维表，数值对应的列标题和行标题都为限制条件，比如"A 方案在第 1 期的现金流 11 800"是通过"期间"所在行和"A 方案现金流"所在列两个条件定位的，不容易进行取数。可以利用 Power Query 中的"逆透视"功能，先将二维表转化为一维表，然后按要求进行筛选。所谓一维表，就是限制条件只有行条件，比二维表的限制少一个维度。

选择"主页"选项卡中"获取数据"选项，选择 Excel 后单击"连接"，导入本例数据"独立项目决策数据"。选择"主页"选项卡中的"转换数据"选项，进入 Power Query 编辑器，对数据表进行整理，如图 5-28 所示。在左侧"查询"框中选择"独立项目决策数据"选项，选中"A 方案现金流量"、"B 方案现金流量"和"C 方案现金流量"三列之后，单击"转换"按钮，在"逆透视列"下拉框中选择"逆透视列"选项。除此之外，也可以在选择"期间"这一列后，通过"逆透视列"→"逆透视其他列"完成该操作。

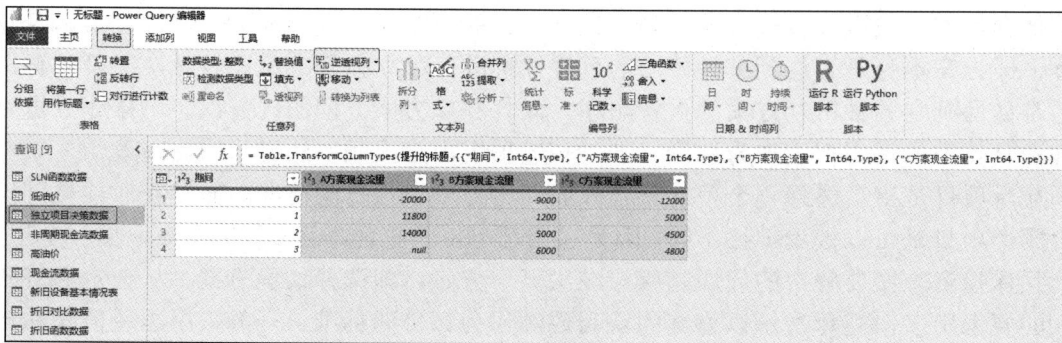

图 5-28　Power Query 编辑器中逆透视列

结果如图 5-29 所示，将"属性"和"值"分别重命名为"方案"和"现金流"。回到"主页"选项卡，单击"关闭并应用"，完成数据整理工作。此外，Power Query 的强大功能使它可以从不同来源、不同结构、不同形式获取数据并按统一格式进行横向合并、纵向(追加)合并、条件合并等，将原始数据转换成期望的结构或格式后，高效地完成后续分析所需的数据预处理工作。

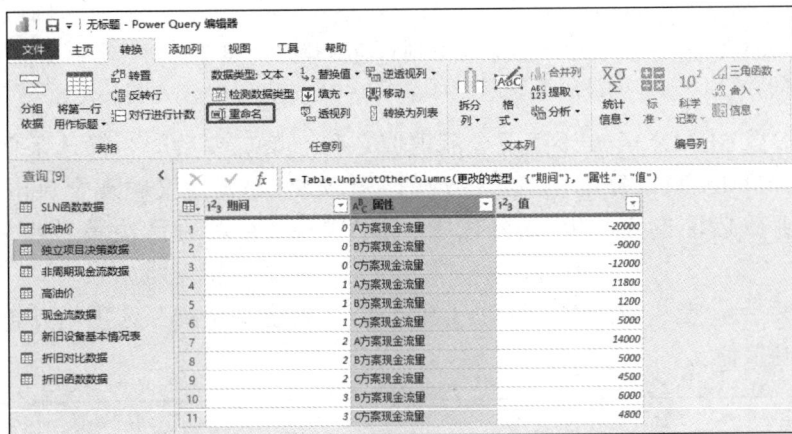

图 5-29 在 Power Query 编辑器中重命名列

(2)建立分析度量值

数据整理完成后，在"表工具"选项卡中选择"新建度量值"选项，分别为"净现值"、"现值指数"和"内含报酬率"的度量值。

1)净现值。净现值 = SUMX ('独立项目决策数据', DIVIDE('独立项目决策数据'[现金流], POWER((1+0.1), '独立项目决策数据' [期间])))

2)现值指数。根据现值指数的计算公式：现值指数=1+NPV/$\sum$现金流出量现值，其中的 NPV 已经建立了"净现值"度量值，可以在公式中直接运用，因此只需要计算现金流出量的现值之和即可。涉及的 DAX 函数包括 CALCULATE、SUMX、DIVIDE、POWER 和 ABS。其中 ABS 为数学函数，与 Excel 中的 ABS 求绝对值函数一样；CALCULATE 为筛选函数，而 SUMX、DIVIDE 和 POWER 在之前的 DAX 函数中已经涉及，不再过多赘述。

CALCULATE 函数是 DAX 语言中一个功能非常强大的求和函数，自身带有筛选和求和的功能，类似于 Excel 中的 Sumif 函数。

语法：CALCULATE (<expression>[, <filter1> [, <filter2> [,…]]])。

功能：在已修改的筛选器上下文中计算表达式。CALCULATE 第一个参数 expression 是需要计值的表达式，该表达式在本质上与度量值相同；第一个参数之后的条件表达式被称为筛选器参数。筛选器可以为布尔筛选表达式、表筛选表达式和筛选器修改函数。

布尔表达式筛选器是计算结果为 TRUE 或 FALSE 的表达式，它们可以引用单个表中的列，不能引用度量值，不能使用嵌套的 CALCULATE 函数，不能使用扫描或返回表的函数，包括聚合函数；表表达式筛选器是将表对象应用为筛选器，它可以是对模型表的引用，但更有可能是返回表对象的函数，可使用 FILTER 函数应用复杂的筛选条件，包括不能由布尔筛选表达式定义的条件；筛选器修改函数不仅仅可以添加筛选器，还可以在修改筛选上下文时提供额外的控制，如 ALL 函数可以删除一列或多列中的筛选器，KEEPFILTER 函数可以添加筛选器，但不删除相同列上的现有筛选器等。当存在多个筛选器时，可以使用 AND 逻辑运算符对它们进行计算，这意味着所有条件都必须同时为 TRUE，也可以使用 OR 逻辑运算符来计算，这意味着只要一个条件为 TRUE 即可。

首先运用 VAR 建立 OutflowPV 变量：

```
VAR OutflowPV=CALCULATE(
SUMX('独立项目决策数据',DIVIDE('独立项目决策数据'[现金流], POWER((1+0.1),'独立项目决策数据'[期间]))),'独立项目决策数据'[现金流]<0)
```

其中第一参数 SUMX 函数计算现金流现值之和，第二参数即为筛选条件，"'独立项目决策数据'[现金流]<0"只计算现金流出的现值。其次将 VAR 定义的现金流出量现值之和应用到 Return 函数后面的现值指数公式中：DIVIDE('独立项目决策数据'[净现值],ABS (CashPV))+1。

如图 5-30 所示，在"表工具"选项卡中选择"新建度量值"选项，并输入上述公式，得到现值指数度量值。

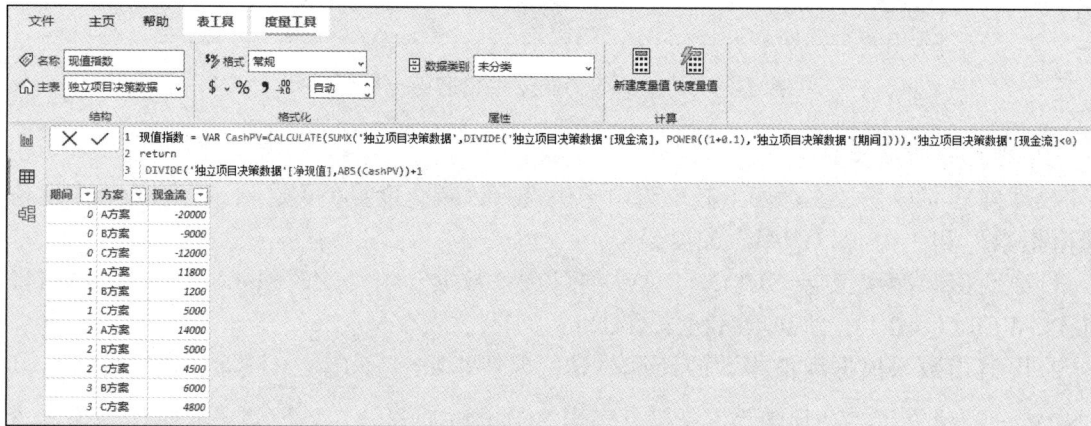

图 5-30　现值指数度量值

3）内含报酬率。内含报酬率 = XIRR('独立项目决策数据',[现金流],[期间]*365)

（3）Power BI 投资结果可视化

创建完上述度量值之后，在"报表"页面创建可视化模型进行分析。在"可视化"区域选择矩阵，并在"字段"中选择"独立项目决策数据"表中的净现值、现值指数和内含报酬率，并将行设置为"方案"字段，得到三种方案的投资指标决策模型，如图 5-31 所示。

上述模型具有一定通用性，即使投资项目期数不同，Power BI 度量值和切片器的筛选功能有很好的包容性，甚至决策的项目变了，只要原始数据格式一样，该模型仍可通过数据刷新得到应用。

根据可视化结果，从净现值来看，A、B 两方案的净现值均大于 0，方案可行且 A 方案最优，而 C 方案净现值小于 0，方案不可行；从内含报酬率来看，A、B 两方案的内含报酬率均大于资金成本率，方案可行且 A 方案最优；从现值指数来看，A、B 两方案的现值指数大于 1，方案可行且最优方案为 A。由上述分析可以得出结论：A 方案最优。

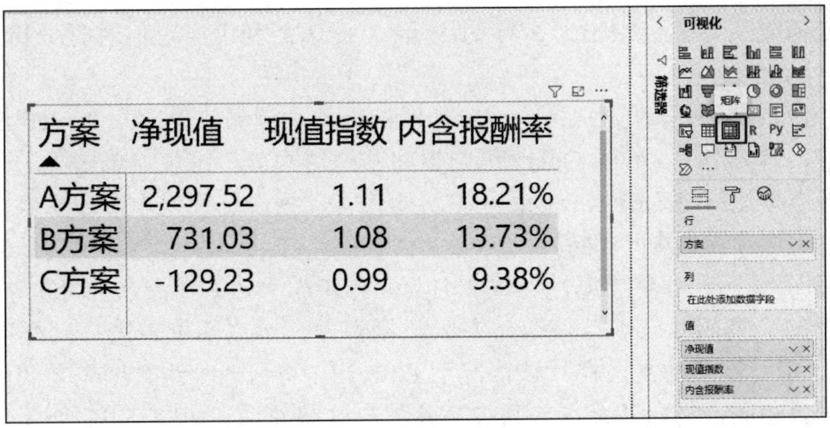

图 5-31　Power BI 投资指标决策可视化模型

2. 固定资产添置模型

【例 5-7】　五年前，K 公司考虑购买 60 辆新柴油卡车，新卡车的燃油效率比现有的卡车高 15%。公司总裁何先生发现，公司平均每年使用柴油 1 000 万升，每升柴油的价格是 1.25 元，如果油耗降低 15%，每年将节约 187.5 万元(即 10 000 000×15%×1.25)。

何先生考虑柴油价格取决于外部市场，自己公司不能控制。燃油成本的每一点增加，都通过洲际信托公司提高利率传递给公司。如果这样，则当柴油价格上升时，提高燃烧效率能够节约更多成本，如果每升柴油价格为 1.35 元，新卡车节约额总计为 202.5 万元。何先生预测了两种可能，如表 5-2 和表 5-3 所示，每一个方案发生的概率都是 50%。在第一种假设下，柴油价格相对较低；在第二种假设下，柴油价格相对较高。

表 5-2　第一种假设(低油价)的预测值

概率 (每年都一样)	每升柴油价格		
	第 1 年	第 2 年	第 3 年
0.1	0.80	0.90	1.00
0.2	1.00	1.10	1.10
0.3	1.10	1.20	1.30
0.2	1.30	1.45	1.45
0.2	1.40	1.55	1.60

表 5-3　第二种假设(高油价)的预测值

概率 (每年都一样)	每升柴油价格		
	第 1 年	第 2 年	第 3 年
0.1	1.20	1.50	1.70
0.3	1.30	1.70	2.00
0.4	1.80	2.30	2.50
0.2	2.20	2.50	2.90

K 公司要为 60 辆新卡车支付 500 万元，按照信托公司的规定，第 1 年允许计提折旧 25%，第 2 年计提折旧 38%，第 3 年计提折旧 37%。公司所得税税率为 40%，资本成本是 10%。

如果你是何先生，你会做出怎么样的决策？（提示：利用净现值进行分析）

（1）数据处理

① 导入原始数据表格。分别将高油价和低油价两种预测值表导入 Power BI，这两张表同样为二维表，首先进入 Power Query 编辑器将其逆透视为一维表。单击"主页"选项卡中的"转换数据"按钮，进入 Power Query 编辑器，对数据表进行整理，在左侧"查询"框中选择"低油价"选项，选中"概率"列后单击"转换"按钮，在"逆透视列"下拉框中选择"逆透视其他列"选项，并将"属性"重命名为"年份"，"值"重命名为"价格"，单击"主页"选项卡中的"关闭并应用"按钮，完成数据整理，对高油价表进行同样操作，结果如图 5-32 所示。值得注意的是，在默认情况下 Power BI 将自动检测数据表之间的关系，如果列名（或字段名）相同，将默认存在关联关系并创建这些关系，如图 5-33 所示。低油价表和高油价表由于相同的列名被自动创建了关系，如果不删除该关系，在对高油价表进行同样数据处理时将出现如图 5-34 所示的错误提示。因此回到"模型"视图，右击"低油价"和"高油价"表之间的关系连线，单击"删除"按钮。再重复以上逆透视工作完成数据处理。

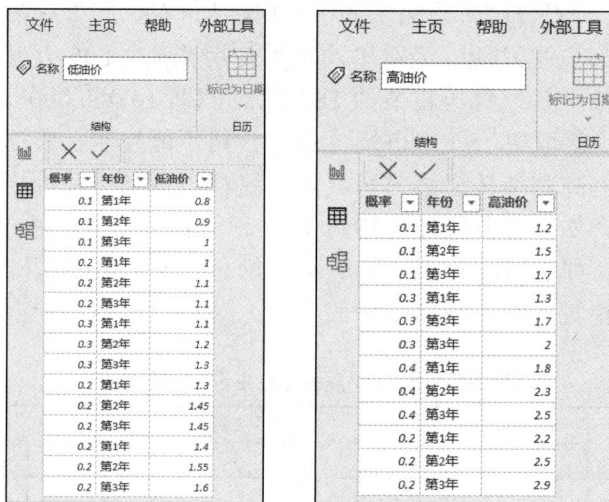

图 5-32　数据整理

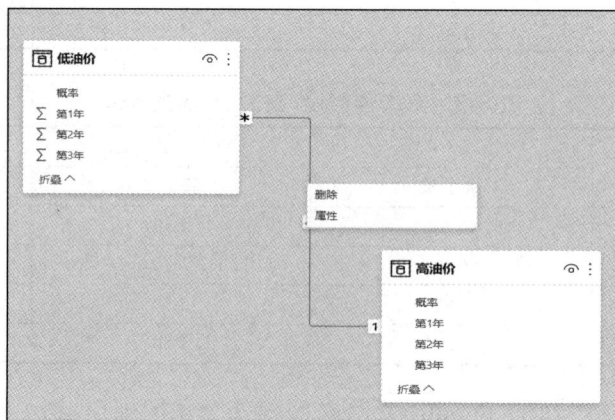

图 5-33　Power BI 自动创建的错误关系

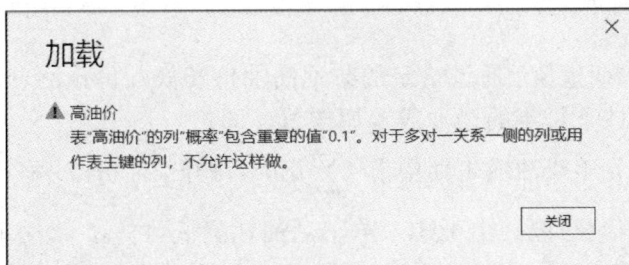

图 5-34　错误提示

② 新建卡车折旧率表格。单击"主页"选项卡中的"输入数据"，将出现"创建表"窗口，输入两列列名"年份"和"折旧率"及每列的值，单击"加载"完成卡车折旧率表格的建立，如图 5-35 所示。并且 Power BI 将自动建立"折旧率"表格和"低油价""高油价"表格的关系，如图 5-36 所示。

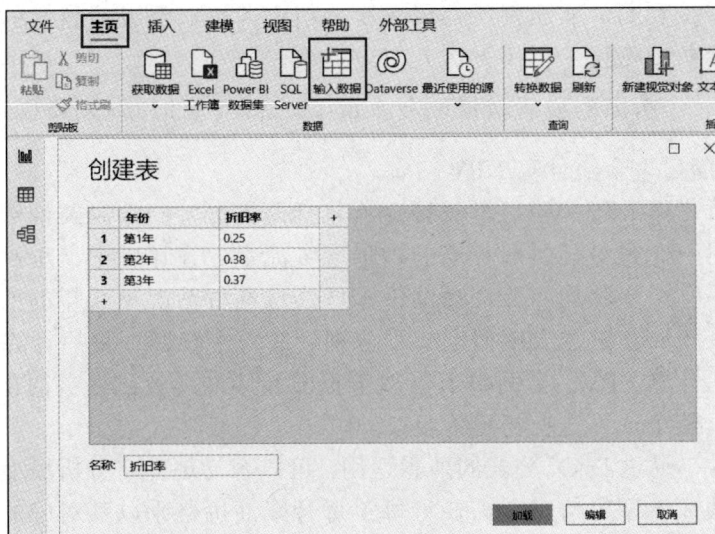

图 5-35　"创建表"窗口

图 5-36　Power BI 自动创建关系

（2）建模分析

① 每年柴油成本期望值。通过给定的柴油高油价和低油价预测表，可以分别求出高油价和低油价两种可能性下每年的柴油成本期望值，即：

$$第\ n\ 年柴油成本期望值=\sum 第 n 年每升柴油价格×概率$$

② 每年柴油费用节约额。由于购入卡车后油耗降低 15%，而公司每年平均使用柴油 10 000 000 升，因此有：

$$第\ n\ 年柴油费用节约额=第\ n\ 年柴油成本期望值×10 000 000×15\%$$

③ 柴油费用节约额对现金流的影响。费用的节约将使得现金流增加，但由于费用属于应纳税所得额的扣减项，因此将损失这部分费用的减税，因此有：

第 n 年柴油费用节约的税后增量现金流量=第 n 年柴油费用节约额×（1−所得税率）

④ 卡车折旧对现金流的影响

加大成本会减少利润，从而使所得税减少，折旧可以起到减少税负的作用。新购入卡车的折旧将产生"折旧抵税"作用，因此有：

$$第\ n\ 年折旧的税后增量现金流量=\sum 第 n 年折旧额×所得税率$$

⑤ 根据税后增量现金流计算 NPV

根据上述分析，第 n 年的税后增量现金流包括两部分，一个是柴油费用节约所带来的增量现金流量，另一个是卡车折旧带来的增量现金流量。在该题中卡车折旧为 3 年，因此在手工计算中①～④个步骤均需要在高油价和低油价两种情况下 3 年的值，每个步骤需要计算 6 次；即使在 Excel 中建立模型也必须分别计算每个步骤，最后计算第 n 年的税后增量现金流，并据此计算 NPV。本例中卡车每年折旧和柴油用量已经被简化，并且如果卡车的使用年限较长，整个计算过程将更为复杂。

在 Power BI 中，通过 DAX 公式的熟悉运用，可以容易地建立分析模型。例如，在 Excel 中求每年每升柴油成本期望值时，需要将每年每升柴油价格乘以其对应的概率再求和，并且需要每年计算一次，而在 Power BI 中，只需要利用 SUMX 公式即可完成该计算过程：

低油价柴油成本期望值= SUMX('低油价',[概率]*[低油价])

高油价柴油成本期望值=SUMX('高油价',[概率]*[高油价])

此外，柴油费用节约额是在柴油成本期望值的基础上乘以每年的柴油用量再乘以油耗降低量 15%，因此有：

低油价对现金流的影响= SUMX('低油价',[概率]*[低油价])×10 000 000×0.15×（1−0.4）

高油价对现金流的影响=SUMX('高油价',[概率]*[高油价])×10 000 000×0.15×（1−0.4）

而

卡车折旧额= SUMX('折旧率',[折旧率]*5 000 000)

因此，

卡车折旧对现金流的影响= SUMX('折旧率',[折旧率]*5 000 000)×0.4

低油价税后增量现金流=低油价对现金流的影响+卡车折旧对现金流的影响

高油价税后增量现金流=高油价对现金流的影响+卡车折旧对现金流的影响

通过 ADDCOLUMNS（）函数建立"卡车分析"表格，由于在计算 NPV 时要用到现金流发生时间的参数，而本例中年份为"第 1 年"、"第 2 年"和"第 3 年"的文本格式，因此需要用到 MID 函数提取文本中的数值，其语法为：Mid（string, start, [length]），功能即在提供开始位置和长度的情况下，从文本中间返回字符串。其中 string 是要从中提取字符的文本字符串或包含文本的列；start 是要提取第一个字符的位置，起始位置从 1 开始；length 是要返回的字符数。因此提取折旧率表中年份的函数为 Year=MID（'折旧率'[年份],2,1）。单击"新建表"按钮，输入公式即可得到低油价和高油价预测情况下的税后增量现金流，如图 5-37 所示。

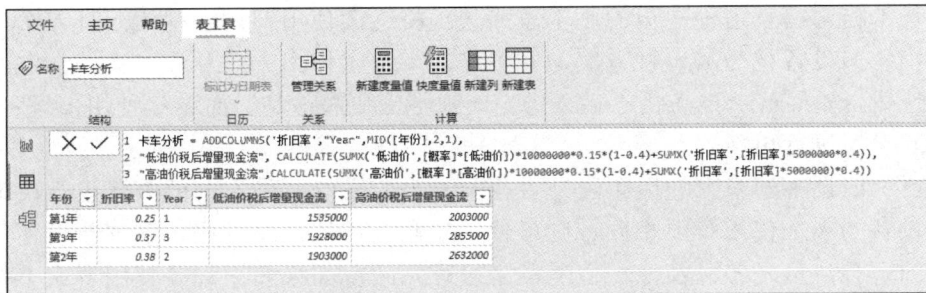

图 5-37　新建表计算税后增量现金流

低油价 NPV = SUMX（'卡车分析',DIVIDE（'卡车分析'
[低油价税后增量现金流], POWER（（1+0.1）,'卡车分析'[Year]）））–5 000 000

高油价 NPV = SUMX（'卡车分析',DIVIDE（'卡车分析'
[高油价税后增量现金流], POWER（（1+0.1）,'卡车分析'[Year]）））–5 000 000

（3）Power BI 投资结果可视化

创建完上述度量值之后，在"报表"页面创建可视化模型进行分析。在"可视化"区域选择"矩阵"和"卡片图"选项，矩阵在"字段"中选择"卡车分析"表中的低油价税后增量现金流和高油价税后增量现金流，并将行设置为"Year"字段，关闭"行小计"，否则将出现总计一行。卡片图分别选择低油价 NPV、高油价 NPV 和 NPV 期望值，如图 5-38 所示。

图 5-38　Power BI 柴油卡车投资决策可视化模型

根据可视化结果，低油价预期下的净现值 NPV 为−583 283.25 元，而高油价预期下净现值 NPV 为 1 141 119.46 元，因此该项投资对柴油价格的变化比较敏感。

低油价预期下柴油费用节约和折旧所带来的税后增量现金流量现值小于卡车的初始投资额，这一状况随着油价的提升有所改变，在高油价预期下柴油费用节约和折旧所带来的税后增量现金流量现值大于卡车的初始投资额，两种油价的可能性均为 50%，NPV 的期望值为 278 918.11 元，因此可以投资。

3. 固定资产更新决策

固定资产更新决策是指决定继续使用旧设备还是购买新设备，如果购买新设备，旧设备将以市场价格出售。这种决策的基本思路是：将继续使用旧设备视为一种方案，将购置新设备、出售旧设备视为另一种方案，并将这两个方案作为一对互斥方案按一定的方法来进行对比选优，如果前一方案优于后一方案，则不应更新改造，而继续使用旧设备；否则，应该购买新设备进行更新。

根据新、旧设备的未来使用年限是否相同，也应采取两种不同的方法进行决策分析：若新、旧设备的未来使用年限相同，则可使用差额分析法，通过比较购置新设备和继续使用旧设备的现金流量之差以及净现值差额来进行判断；如果新旧设备使用寿命不相同，则可使用平均年成本法，通过比较未来使用年限内现金流出总现值与年金现值系数的比值，即平均每年的现金流出来进行判断。

根据新设备是否扩充企业生产能力、增加企业销售收入，应采取不同的方法进行决策分析：若新设备能提高生产效率、扩充生产能力，从而能增加收入，那么分析现金流量就要考虑增加的收入及降低的成本；若新设备只是简单代替原有旧设备，没有改变企业的生产能力，不增加销售收入，只在一定程度上节约成本、减少现金流出，那么一般通过比较现金流出量的总现值或年均现金流出量来分析。

表 5-4　XX 公司设备情况

项　目	旧 设 备	新 设 备
原价	60 000	50 000
税法规定残值(10%)	6 000	5 000
税法规定使用年限	6	4
已使用年限	3	0
尚可使用年限	4	4
每年操作成本	8 600	5 000
两年后大修成本	28 000	
最终报废残值	7 000	10 000
目前变现价值	10 000	

【例 5-8】　XX 公司的一台设备购于 3 年前，现在考虑是否需要更新。该公司所得税税率为 25%，其他有关资料如表 5-4 所示。要求：建立模型，做出决策。

(1) 准备工作

本例中新、旧设备的未来使用年限相同，则可使用差额分析法，通过比较购置新设备和继续使用旧设备的现金流量之差以及净现值差额来进行判断。输入本例中给出的已知变量，在 Power BI 的"主页"选项卡中单击"输入数据"按钮，建立"新旧设备基本情况表"，如图 5-39 所示。

建立"新旧设备折旧表"后，由于本例中旧设备实际使用年限和税法规定的使用年限不一致，"Year"列取到旧设备的实际使用年限 7，分别计算新旧设备每年折旧额，并且由于旧设备是 3 年前购入，以第 3 年末第 4 年初为固定资产更新决策起始点，新设备折旧实际上是从旧设备折旧的第 4 年开始，因此新设备折旧的时间参数为 Year-3，如图 5-40 所示。

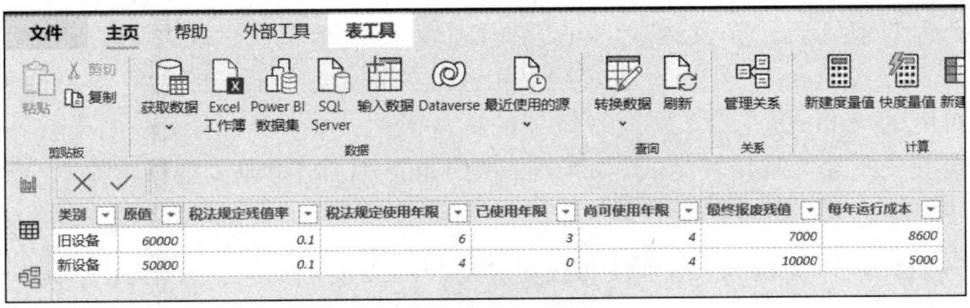

图 5-39　新旧设备基本情况表

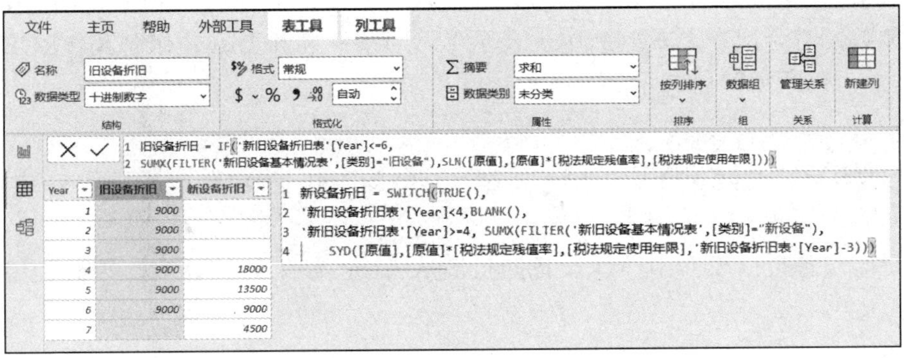

图 5-40　新旧设备折旧表

本例中用到的两个新函数为 FILTER() 和 SWITCH()：

1）FILTER() 函数

语法：FILTER（<table>, <FilterExpression>）。

功能：返回一个表，用于表示另一个表或表达式的子集。换而言之就是获取一个表并返回一个与原始表具有相同列的表，逐行应用筛选条件，最后返回满足筛选条件的行。table 就是要筛选的表，也可以是生成表的表达式；FilterExpression 是要为表的每一行计算的布尔表达式，FILTER 迭代整张表，当计值结果为 TRUE 时，FILTER 返回当前行；否则，就跳过当前行。

可使用 FILTER 减少表中要使用的行数，并且在计算中仅使用特定数据，但 FILTER 一般用作嵌入到需要表作为参数的其他函数中的函数，不单独使用。例如在计算旧设备折旧时，只需用到"新旧设备基本情况表"中的旧设备数据，因此 SUMX() 函数的第一参数为表，可以用 FILTER() 函数进行筛选并嵌套在 SUMX() 函数中：

```
旧设备折旧 = IF('新旧设备折旧表'[Year]<=6,
SUMX(FILTER('新旧设备基本情况表',[类别]="旧设备"),SLN([原值],[原值]*[税法规定残
值率],[税法规定使用年限])))
```

2）IF() 和 SWITCH() 函数

IF() 函数是最常见的逻辑函数，用于条件判断，它的语法和 Excel 中的相同。SWITCH() 函数是多层 IF() 函数的简化形式，本质是 IF() 函数嵌套，但是写法更简明。

语法：SWITCH(<expression>, <value>, <result>[, <value>, <result>]…[, <else>])。

功能：针对值列表计算表达式，并返回多个可能的结果表达式之一。其中 expression 是被计算的表达式，value 是与表达式结果相匹配的常量值，result 则是当 expression 表达式结果与对应的 value 匹配时，要执行计算的标量表达式。一个标量值，如果与 value 匹配，则该值来自其中一个 result 表达式，如果与任何 value 值都不匹配，则该值来自 else 表达式。以下为创建月份名称的示例：

月份= SWITCH([Month], 1, "January", 2, "February", 3, "March", 4, "April" , 5, "May", 6, "June", 7, "July", 8, "August" , 9, "September", 10, "October", 11, "November", 12, "December" , "Unknown month number")

除了用第一参数返回的值作为判断条件，SWITCH 还有一种实用的写法，使用 TRUE 作为第一参数，适合用在逻辑判断中，表示"返回条件判断 List 中求值为 TRUE 的第一个结果"，以下为判断年龄段的示例：

年龄段 = SWITCH(TRUE(),
'例 4'[年龄]<30,"30 岁以下",'例 4'[年龄]<40,"30-40 岁",'例 4'[年龄]<50,"40-50 岁", "50 岁以上")

在"新旧设备折旧表"中，新设备的折旧从 Year 为 4 开始计算，因此利用 SWITCH 函数有：

新设备折旧 = SWITCH(TRUE(),
'新旧设备折旧表'[Year]<4,BLANK(),
'新旧设备折旧表'[Year]>=4, SUMX(FILTER('新旧设备基本情况表',[类别]="新设备"), SYD([原值],[原值]*[税法规定残值率],[税法规定使用年限],'新旧设备折旧表'[Year]-3)))

(2)建模分析

新建"旧设备现金流量表"和"新设备现金流量表"，以第 3 年末第 4 年初为固定资产更新决策起始点，新建的 NYear 列取值为 0-4。

本例中设备更换并没有改变企业的生产能力，不增加企业的现金流入，更新决策的现金流量主要是现金流出，影响现金流的因素主要包括以下几个部分：

1)初始投资额

对于新设备而言，初始投资额为目前市场上新设备的购价；对于旧设备而言，初始投资额为继续使用旧设备放弃的变现净收入。旧设备变现的现金流量属于现金流入，但由于继续使用旧设备，该流入视作投资支出。此外，初始投资额还包括垫支的营运资金，但本例中没有。

旧设备当前的税后净现金流(继续使用旧设备损失)=−目前变现价值(损失的变现收入)−
旧设备当前变现损失抵税额(处置亏损可以减税)=−目前变现价值−(目前变现价值−
旧设备当前的折余价值)×所得税率

在本例中，旧设备初始投资 = IF([NYear]=MIN([NYear]), −10 000−(10 000−(60 000− SUMX (FILTER('新旧设备折旧表',[Year]<=3),[旧设备折旧]))*0.25))。

对于新设备而言，初始投资额即为新设备购入价格−50 000 元。

2)各年现金净流量

包括税后的营运成本、折旧抵税额(现金流入)和大修理费用。税后营运成本=营运成本×

(1-所得税)；折旧的抵税作用使得税负减少额=折旧额×所得税率；付现大修理费用=大修理费用×(1-所得税)。

本例中旧设备第 2 年的付现大修理费用=28 000×(1-0.25)，同时，可以利用 VAR 分别定义折旧抵税额和税后营运成本：

VAR depreciation=SUMX(FILTER('新旧设备基本情况表',[类别]="旧设备"),SLN([原值],[税法规定残值率]*[原值],[税法规定使用年限])*0.25) VAR operating=SUMX(FILTER('新旧设备基本情况表',[类别]="旧设备"),[每年运行成本]*(1-0.25))

3) 最终回收额（现金流入）

包括设备税后残值净收入和收回的营运资金。

本例中最终报废残值大于税法规定残值，超出部分需要缴纳所得税，因此残值税后净收入= [最终报废残值] -([最终报废残值]-[原值]×[税法规定残值率])×0.25。

如图 5-41 所示，在"旧设备现金流量表"单击"新建列"，计算旧设备每年现金净流出量，用 VAR 分别定义折旧抵税额和税后营运成本后，利用(SWITCH+TRUE)()函数计算不同年份的现金流量：当年份为 0 时，现金净流量为初始投资额；当年份为 2 时，现金净流量包括付现大修理费用、税后营运成本和折旧抵税额；当年份为最大值时，现金流量为最终回收额；其他情况现金净流量包括税后营运成本和折旧抵税额两部分。

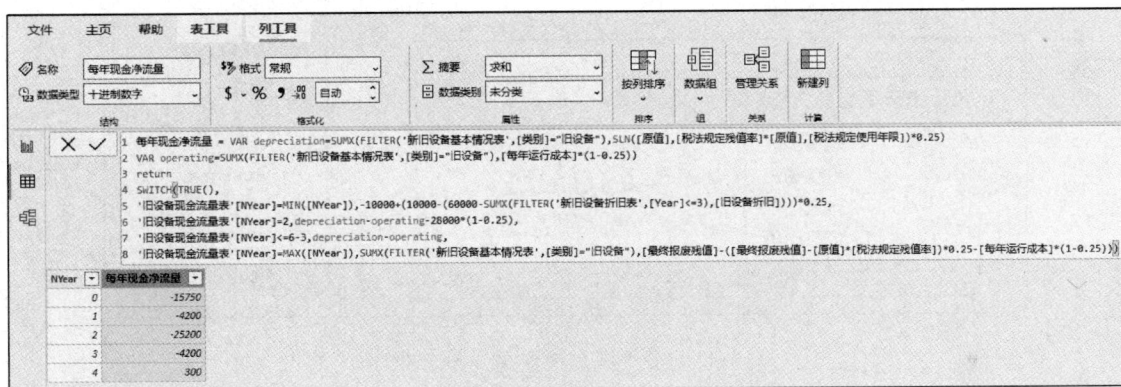

图 5-41　新建列计算旧设备每年现金净流量

如图 5-42 所示，在"新设备现金流量表"单击"新建列"，计算新设备每年现金净流出量，用 VAR 定义税后营运成本后，利用(SWITCH+TRUE)()函数计算不同年份的现金流量：当年份为 0 时，现金净流量为初始投资额；当年份为最大值时，现金流量为最终回收额；新设备没有付现大修理费用，其他情况现金净流量包括税后营运成本和折旧抵税额两部分。

（3）Power BI 投资结果可视化

计算完新旧设备每年现金流之后，在"报表"页面创建可视化模型进行分析。在"可视化"区域分别选择"矩阵"和"卡片图"选项，其中"矩阵"的"字段"分别选择"新设备现金流量表"和"旧设备现金流量表"中的"每年现金净流量"，并将行设置为"NYear"字段，关闭"行小计"，调整矩阵大小和格式。"卡片图"分别选择"新设备 NPV"和"旧设备 NPV"，如图 5-43 所示。

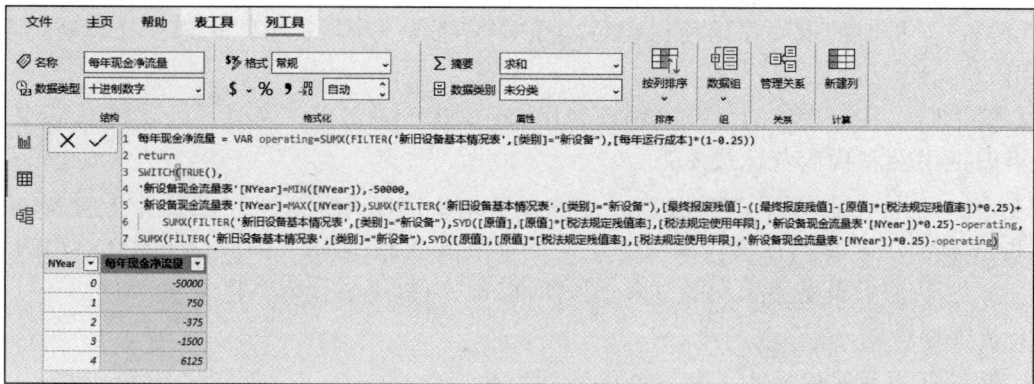

图 5-42　新建列计算新设备每年现金净流量

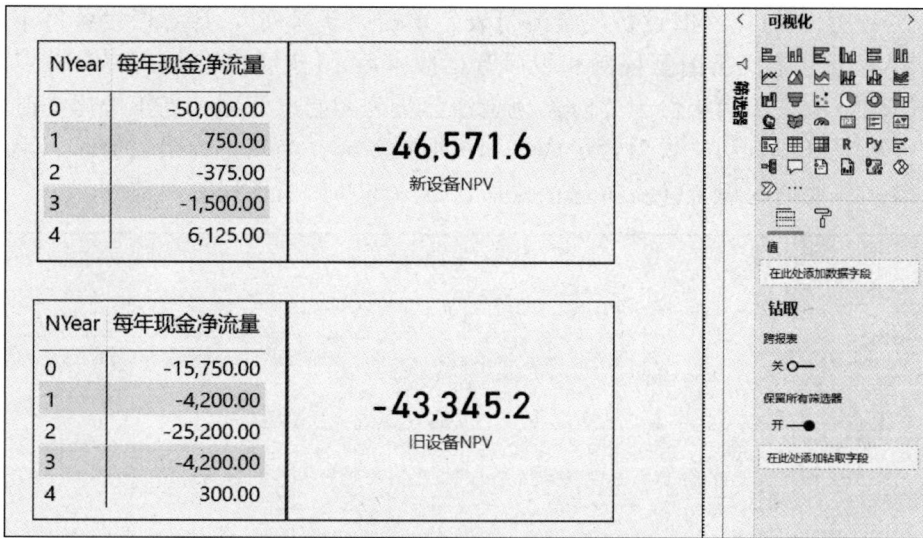

图 5-43　每年现金净流量可视化模型

由于两设备的生产能力相同，未来可使用年限相同，因此可以通过比较现金流的总现值判断方案劣势。根据可视化结果，新设备净现值 NPV 为–46 571.6 元，而旧设备净现值 NPV 为–43 345.2 元，根据净现值结果选择继续使用旧设备更好。

实际上每个决策项目往往存在多个可行方案，各有利弊，无法只凭借一个指标做出判断，因此决策模型只能作为决策参考，即辅助决策，决策结论还需要决策者综合多方面因素后做出。

5.3.4　投资风险分析

前面在讨论投资决策时，假定现金流量是确定的，没有考虑投资风险的问题。但事实上，投资活动充满了不确定性，如果不确定性较小，可以忽略其影响，但如果不确定性较大，则应对其进行计量并在决策时加以考虑。

投资风险分析的常用方法主要是风险调整贴现率法、肯定当量法和投资项目的敏感分析。

1．风险调整贴现率法

风险调整贴现率法是根据项目的风险程度调整贴现率，然后根据调整后的贴现率计算项目的净现值并判断项目是否可行的一种决策分析方法。该方法的关键是如何根据风险的大小来确定风险因素的贴现率。其计算公式为：

$$风险调整后净现值 = \sum_{t=0}^{n} \frac{预期现金流量}{(1+风险调整贴现率)^t}$$

风险和报酬的基本关系是风险越大，要求的报酬率越高。这一关系可以用以下公式表示：

$$期望报酬率 = 无风险报酬率 + 风险报酬率$$

$$风险报酬率 = 风险报酬斜率 \times 风险程度$$

因此，风险调整贴现率可以用的公式为：风险调整贴现率=无风险贴现率+风险报酬斜率×风险程度。可以看出，当项目风险较大时采用的贴现率也会较高，而风险小的项目采用的贴现率较低，简单明了，易于理解。但是在该方法下，分母既包含风险价值又包含时间价值，人为地假定风险一年比一年大，与实际情况可能存在较大差异。

2．肯定当量法

该方法的基本思路是先用一个系数(称为肯定当量系数)把有风险的现金流量调整为与之相关的无风险现金流量，然后以无风险报酬率作为贴现率来计算项目净现值并判断项目优势。其计算公式为：

$$风险调整后净现值 = \sum_{t=0}^{n} \frac{a_t \times 预期现金流量}{(1+无风险调整贴现率)^t}$$

式中 a_t 为第 t 年现金流量的肯定当量系数，它是肯定的现金流量对与之相当的、不肯定的现金流量的比值。在进行评价时，可根据各年现金流量风险的大小，选用不同的肯定当量系数。肯定当量系数的选择可能会因决策者主观判断的不同而造成偏误，许多企业根据标准离差率来确定肯定当量系数，其对照关系如表 5-2 所示。

表 5-2　标准离差率与肯定当量系数对照表

标准离差率	肯定当量系数	标准离差率	肯定当量系数
0.00～0.07	1.0	0.33～0.42	0.6
0.08～0.15	0.9	0.43～0.54	0.5
0.16～0.23	0.8	0.55～0.70	0.4
0.24～0.32	0.7	…	…

肯定当量法通过调整现金流量而不是贴现率来评估风险投资项目，克服了风险调整贴现率法高估远期风险的缺点，且易于计算。但在操作上也存在一定的困难，即如何合理、准确地估计肯定当量系数。

3．投资项目的敏感分析

敏感分析是投资项目评价中常用的一种研究不确定性的方法。它在确定性分析的基础上，进一步分析不确定性因素对投资项目的最终经济效果指标的影响及影响程度。通过寻找出影响最大、最敏感的主要变量因素，进一步分析、预测或估算其影响程度，找出不确定性的根源，并采取对应的措施。通常假定在其他变量不变的情况下，测定某一变量发生特定变化时对净现值(或内含报酬率)的影响，主要包括最大最小值法和敏感程度法两种。

敏感因素一般可以选择主要参数(如销售收入、经营成本、生产能力、初始投资、寿命期、建设期、达产期等)进行分析。若某参数的小幅度变化能导致经济效果指标的较大变化，则称此参数为敏感因素，反之则称其为非敏感因素。

(1)最大最小值法

其主要计算步骤如下：

① 确定计算净现值的每个变量的预期值。包括预期的原始投资、营业现金流入、营业现金流出等变量，这些变量都是最可能发生的数值，称为预期值。

② 根据变量的预期值计算净现值，由此得出的净现值称为基准净现值。

③ 选择一个变量并假设其他变量不变，令净现值等于零，计算选定变量的临界值。

④ 选择第二个变量，并重复步骤③。

通过上述步骤可以得出使基准净现值由正值变为负值(或相反)的各变量最大(或最小)值，可以帮助决策者认识项目的特有风险。

【例5-9】 X公司拟投产一个新产品，预计需要初始投资90万元，项目寿命为4年，假设税法规定按直线法计提折旧，无残值；预期每年增加税后营业现金流入100万元，增加税后营业现金流出69万元；公司的所得税率为20%。假设主要的不确定性来自营业现金流，试采用最大最小法分别就税后营业现金流入和税后营业现金流出对项目净现值作敏感性分析。

1)准备工作

导入本例中给出的已知变量，如图5-44所示，在Power BI的"主页"选项卡中单击"获取数据"按钮，导入"敏感分析基准情况"表。由于项目寿命为4年，税法规定按直线法计提折旧且无残值，因此，每年折旧抵税=(90/4)×0.2=4.5(万元)；根据各项预期值计算的净现值基准为22.53万元。

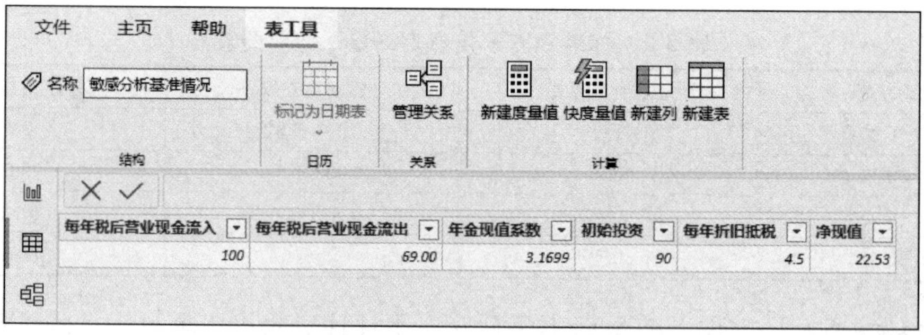

图5-44 敏感分析基准情况表

2)建模分析

在"报表"视图下单击"建模"按钮，分别新建"最大最小法税后营业现金流入"和"最大最小法税后营业现金流出"两个参数，如图5-45所示。数据类型选择"十进制数字"，由于净现值基准情况为正，因此使净现值为 0 的税后营业现金流入小于基准值 100，输入参数最小值 50，最大值 100；使净现值为 0 的税后营业现金流出大于基准值 69，输入参数最小值 69，最大值 100。

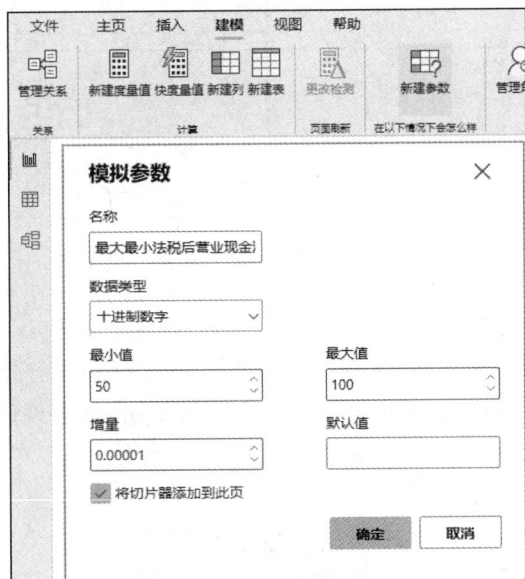

图 5-45　设置模拟参数

建立上述参数之后，使用度量值建立参数之间的连接，使用"主页"选项卡中的"输入数据"创建"最大最小法"空表存放度量值。在表中新建度量值"净现值 1"和"净现值 2"，分别分析营业流入和营业流出对净现值的影响。

净现值 1 =（[最大最小法税后营业现金流入值]−69+4.5）×3.169 9−90

净现值 2 =（100−[最大最小法税后营业现金流出值]+4.5）×3.169 9−90

3）Power BI 投资结果可视化

"报表"视图中将自动出现新建两个参数的切片器，由于公式中分别引用了新建参数，通过切片器的滑动，将在公式中自动带入切片器所选择的值并进行运算。如图 5-46 所示，可以看到当其他因素不变，税后营业现金流入约等于 92.89 万元时，净现值变为 0，该数据表示，如果每年税后营业现金流入下降到 92.89 万元，该项目不再具有投资价值；当其他因素不变，税后营业现金流出约上升至 76.11 万元时，净现值变为 0，该数据表示如果每年税后营业现金流出上升至 76.11 万元，则项目不再具有投资价值。如果决策者对于上述每年税后最小营业流入和最大营业流出有信心，则项目是可行的。如果相反，决策者认为每年税后现金流入很可能低于上述最小值，或者每年税后现金流出很可能超出上述最大值，则项目风险很大，应慎重考虑是否应承担该风险。

此外，还可分析初始投资额、项目的寿命等的临界值，或者进一步分析营业现金流量的驱动因素，如销量最小值、单价最小值、单位变动成本最大值等，而这在 Power BI 中很容易实现，只需要新建相应的参数和度量值，在报表视图便可一目了然，有助于更全面地认识项目风险。

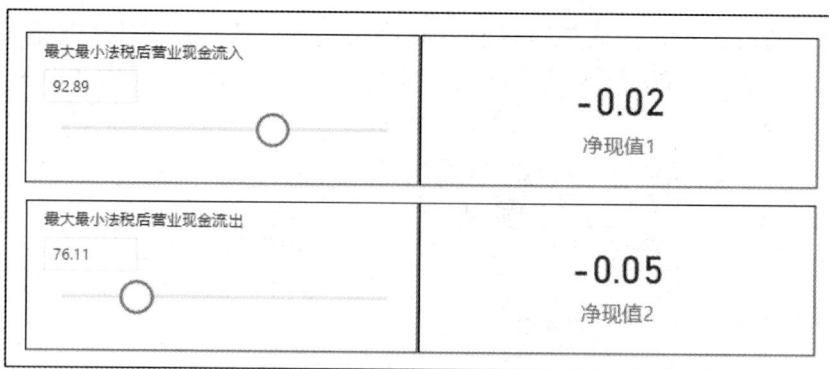

图 5-46　最大最小值法可视化模型

(2) 敏感程度法

敏感程度法通过选定变量变化 1%时导致目标值变动的百分比，反映目标值对于选定变量变化的敏感程度。敏感程度法向决策人展示了不同前景出现时的后果，这些信息可以帮助决策人认识项目的特有风险和应关注的重点。

敏感程度法的主要步骤如下：

① 计算项目的基准净现值（方法与最大最小值相同）。

② 选定一个变量，如每年税后营业现金流入，假设其发生一定幅度的变化，而其他因素不变，重新计算净现值。

③ 计算选定变量的敏感系数。

敏感系数=目标值变动百分比/选定变量变动百分比

④ 根据上述分析结果，对项目特有风险做出判断。

【例 5-10】 沿用【例 5-9】数据，分别计算税后营业现金流入、税后营业现金流出和初始投资变动百分比与净现值变动的敏感系数。

1) 准备工作

在"报表"视图下单击"建模"按钮，分别新建"现金流入变动百分比"、"现金流出变动百分比"和"初始投资变动百分比"三个参数，设置方法参照图 5-45。数据类型选择"十进制数字"，输入参数最小值–0.5，最大值 0.5，增量为 0.01。即以 1%为增量，计算变量增减 50%对净现值的影响。

2) 建模分析

使用"主页"选项卡中"输入数据"创建"敏感程度法"空表存放度量值。要计算目标值变动百分比，需要计算基准情况下的净现值和变动后的净现值，建立"基准情况净现值"度量值，同时通过建立"变动后营业现金流入"、"变动后营业现金流出"和"变动后初始投资"来计算变动后的净现值，因此有：

基准情况净现值 = SUMX('敏感分析基准情况',([每年税后营业现金流入]–
[每年税后营业现金流出]+[每年折旧抵税])*[年金现值系数]–[初始投资])

变动后营业现金流入 = SUMX('敏感分析基准情况',[每年税后营业现金流入])*
(1+[现金流入变动百分比值])

$$变动后营业现金流出 = SUMX('敏感分析基准情况',[每年税后营业现金流出])*$$
$$(1+[现金流出变动百分比值])$$

$$变动后初始投资 = SUMX('敏感分析基准情况',[初始投资])*(1+[初始投资变动百分比值])$$

$$变动后每年折旧抵税=[变动后初始投资]÷4*20\%$$

$$税后营业现金净流量 = [变动后营业现金流入]–[变动后营业现金流出]+$$
$$[变动后每年折旧抵税]$$

$$税后营业现金净流量总现值 = [税后营业现金净流量]*3.169\ 9$$

$$净现值 = [税后营业现金净流量总现值]–[变动后初始投资]$$

建立的"现金流入变动百分比"、"现金流出变动百分比"和"初始投资变动百分比"三个参数将自动生成三个相对应的切片器,分别计算三个参数对净现值变动的影响。若要实现其中一个切片器滑动而其他两个切片器不动,只通过滑动的切片器参数计算相应的敏感系数,其他两个参数变动对净现值的敏感系数显示空白,则需要用到 ISFILTERED 函数。

语法:ISFILTERED（<TableNameOrColumnName>）。

功能:检测指定的表或列是否被直接筛选。

当指定的表或列被直接筛选时,ISFILTERED 返回 TRUE,否则返回 FALSE,因此该函数可以和 IF 函数结合,作为 IF 函数的逻辑判断条件,当某个变动百分比被筛选时计算其相应的敏感系数,否则返回 blank（）空值,因此有:

$$现金流入敏感系数 = IF(ISFILTERED('现金流入变动百分$$
$$比'[现金流入变动百$$
$$比]),DIVIDE(([净现值]–[基准情况净现值])/[基准情况净现值],[现金流入变动百分$$
$$值],0),blank())$$

$$现金流出敏感系数 = IF(ISFILTERED('现金流出变动百分$$
$$比'[现金流出变动百$$
$$比]),DIVIDE(([净现值]–[基准情况净现值])/[基准情况净现值],[现金流出变动百分$$
$$值],0),blank())$$

$$初始投资敏感系数 = IF(ISFILTERED('初始投资变动百分$$
$$比'[初始投资变动百$$
$$比]),DIVIDE(([净现值]–[基准情况净现值])/[基准情况净现值],[初始投资变动百分$$
$$值],0),blank())$$

3）Power BI 投资结果可视化

敏感分析是一种常用的风险分析方法,计算过程简单、易于理解,但传统的手工分析存在一定的局限性,例如每次测算一个变化量对净现值的影响,可以提供一系列的分析结果,但是需要大量重复性的计算,并且很难列举所有变化的可能性,而在 Power BI 中通过引用新建参数,设置参数变化的间隔,能够方便、简洁地展示不同前景出现时的后果,更有利于决策者做出判断。

切换到"报表"视图,在"可视化"窗格中选择"矩阵"选项,选择"变动后营业现金流入"、"变动后营业现金流出"、"变动后每年折旧抵税"、"税后营业现金净流量"、"税后营业现金净流量总现值"、"变动后初始投资"和"净现值",并且在"值"字段中打开"在行上显示"。同时，在"可视化"区域中选择"卡片图"，创建"年金现值系数"、"基准情况净现值"、"现金流入敏感系数"、"现金流出敏感系数"和"初始投资敏感系数"的卡片图，加上自动生成的三个切片器，将可视化图标进行简单排版，如图 5-47 所示。

图 5-47　敏感程度法可视化模型

图中显示，当现金流入降低 10%就会使该项目失去投资价值，如果这种可能性较大就应考虑放弃项目，或者重新设计项目加以避免，至少要有应对的预案。该变量是引发净现值变化的主要敏感因素，营业收入每减少 1%，项目净现值就损失 14.07%，或者说营业收入每增加 1%，净现值就提高 14.7%。若实施该项目，应予以重点关注。次要敏感因素是税后营业现金流出，营业现金流出每增加 1%，净现值就减少 9.71%，相对不太敏感的因素是投资额，但都具有一定影响。从整体上看，该项目风险较大。

思考题

1．你认为 Power BI 可视化功能对投资决策的影响有哪些？
2．请结合 Power BI 的模拟参数功能，谈谈 What-if 假设分析在投资决策中起的作用。
3．练习题：某公司有一投资项目需要投资 60 000 元(54 000 用于购买设备，6 000 元用于追加流动资金)，预期该项目使企业销售收入增加：第一年为 30 000 元，第二年为 40 000 元，第三年为 60 000 元，付现成本每年增加 10 000 元，第三年末项目结束，收回流动资金 6 000 元。假设公司适用的所得税税率为 25%，固定资产按 3 年直线法计提折旧，没有残值，公司要求的必要报酬率为 10%。要求：(1)建立投资分析模型，利用净现值、内含报酬率、现值指数方法对该项目进行决策；(2)假设模型中公司要求的必要报酬率可变，试设计投资分析模型。

思政提要

投资决策是企业财务管理的基本内容，其结果也是指导企业实施投资的纲领。数字化环境下，企业应该更深入、全面地将大数据和商务智能技术应用于投资决策的各个环节，提高企业投资决策的科学化水平和精准性，这也是"新型工业化"发展的必然要求。

第6章

企业筹资决策

本章内容提要

本章介绍了企业筹资管理的主要内容，并着重分析了 Excel 中与筹资决策相关的函数，以及利用 Excel 进行筹资成本分析、贷款筹资影响因素分析和最佳贷款方案决策建模的方法。同时基于案例讲解了采用浪潮大数据平台进行企业资本结构的挖掘与呈现、公司资金状况的分析与呈现的相关方法。

6.1　企业筹资决策的业务场景

企业筹资管理是指企业根据其生产经营、对外投资和调整资本结构的需要，通过筹资渠道和资金市场，运用筹资方式，经济有效地筹集企业所需的资金的财务行为。

筹资活动是财务管理的首要环节。筹资决策的主要内容包括企业筹资数量的确定、企业筹资方式的优选，以及通过企业资本结构的规划，合理控制企业财务风险。随着市场经济的发展与完善，企业筹资渠道逐步扩宽，企业筹资渠道可以分为内部筹资和外部筹资两大类，筹资决策的关键在于确定合理的筹资组合，使企业筹资成本最低，财务风险得到有效控制。

1．筹资方式的选择和确定

筹资方式是指企业用何种形式取得资金，即企业取得资金的具体形式。企业对不同渠道可以用不同的方式筹集，即使是同一渠道的资金也可选择不同的筹资方式。不同的筹资方式，筹资成本不同、筹资风险不同，因此在筹资中需要选择筹资风险比较小、资金成本较低的方式。企业筹资方式的选择直接影响企业的资本结构，影响企业经营模式及重大经营决策的选择，因而要求企业必须结合实际情况选择适当的筹资方式。

2．筹资数量的确定

筹资数量是企业筹集资金的多少，它与企业的资金需求量成正比。企业必须根据资金的需求量来合理地确定筹资数量。

Excel 软件提供了较为丰富的与筹资决策相关的函数，可以帮助企业建立筹资决策模型，准确、高效地完成各项筹资决策工作。

6.2 Excel 筹资决策的建模与应用

6.2.1 与筹资决策相关的函数

筹资决策函数相关参数的意义：

① rate 为各期利率。

② per 为计算利息或本金期次。它必须介于 1 和总期数 nper 之间。

③ nper 为年金收付的总期数。

④ pmt 为年金，指等额、定期的系列收支。

⑤ pv 为现值，如果省略，则默认值为 0。

⑥ fv 为终值，如果省略，则默认值为 0。

⑦ type 为年金类型，取值为 0 或 1。若为 0，表示普通年金或后付年金，指付款时间是在各期的期末；若为 1，表示预付年金，指付款时间是在每期的期初。如省略，则默认值为 0。

⑧ guess 为对利率的估计值，如果省略，则假设为 10%。

另外，在所有参数中，若为现金流入，以正数表示，若为现金流出，则用负数表示。

1. 年金终值函数 FV()

语法：FV(rate,nper,pmt,pv,type)

功能：基于固定利率及等额分期付款方式，返回某项投资的未来值。

(1)普通年金终值

【例 6-1】 假设从 2017 年开始，恒昌公司在每年年末到某银行存款 12 000 元，年利率均为 5%，到 2022 年年末时，此存款的本利和为多少？

① 选定计算此存款的本利和所使用的单元格，如 A1 单元格。

② 在"公式"选项卡的"函数库"功能组中，单击"财务"按钮，将列出所有财务函数。从列表中选择"FV"函数，弹出"函数参数"对话框。在对话框中输入年利率(Rate)、付款期数(Nper)和每年分期付款额(Pmt)，不输入现值(Pv)即表示现值为 0，不输入年金类型(Type)即表示为期末(即年末)存款。对话框中即显示计算结果为 66 307.575，如图 6-1 所示。

③ 单击"确定"按钮，在 A1 单元格中显示该项存款 5 年后的本利和为 66 307.58 元。这是计算得到的 66 307.575 在单元格中四舍五入保留两位小数的结果。单击 A1 单元格，可在编辑栏上显示公式"FV(5%,5,–12 000)"。

【例 6-2】 假设从 2017 年 12 月开始，恒昌公司在每月月末到某银行存款 1 000 元，存款的年利率均为 5%，到 2022 年 12 月末时，此存款的本利和为多少？

① 选定计算此存款的本利和所使用的单元格，如 B1 单元格。

② 在"公式"选项卡的"函数库"功能组中，单击"财务"按钮，将列出所有的财务函数。从列表中选择"FV"函数，弹出"函数参数"对话框。在对话框中输入年利率(Rate)、付款期数(Nper)和每年分期付款额(Pmt)，不输入现值(Pv)即表示现值为 0，不输入年金类

型(Type)即表示为期末(即每月月末)存款。由于是每月月末存款,因此应将年利率转换成月利率,即 5%/12,付款期数也应按月计算,为 5*12。对话框中即显示计算结果为 68 006.082 84,如图 6-2 所示。

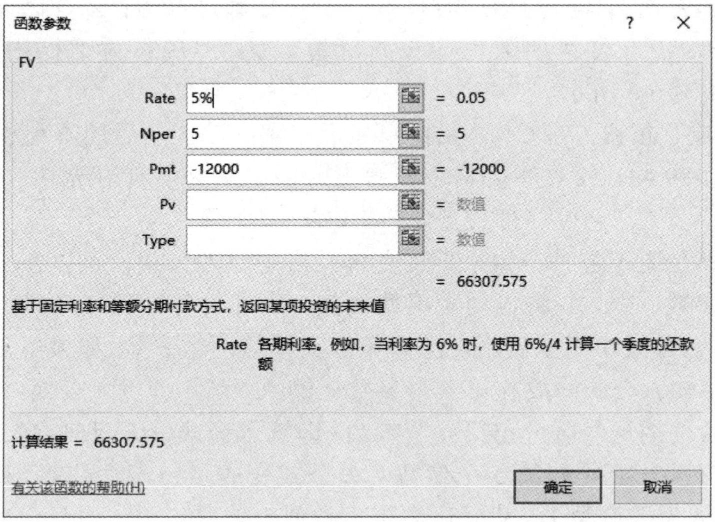

图 6-1　年金终值函数按年利率计算的 FV 结果

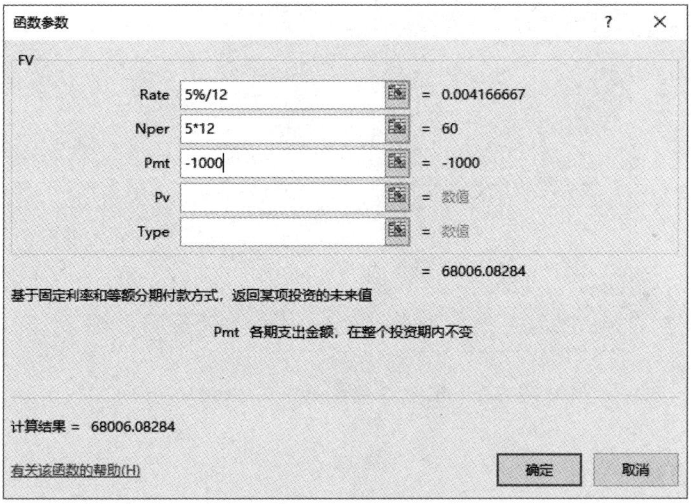

图 6-2　年金终值函数——按月利率计算的 FV 结果

③ 单击"确定"按钮,在 B1 单元格中显示该项存款 5 年后的本利和为 68 006.08 元。这是计算得到的 68 006.0824 在单元格中四舍五入保留两位小数的结果。单击 B1 单元格,可在编辑栏上显示公式"=FV(5%/12,5*12,-1 000)"。

(2)先付年金终值

【例 6-3】　假设从 2017 年 12 月开始,恒昌公司在每月月初到某银行存款 1 000 元,存款的年利率均为 5%,到 2022 年 12 月初时,此存款的本利和为多少?

① 选定计算此存款的本利和所使用的单元格,如 C1 单元格。

② 在"公式"选项卡的"函数库"功能组中，单击"财务"按钮，将列出所有的财务函数。从列表中选择"FV"函数，弹出"函数参数"对话框。在对话框中输入年利率（Rate）、付款期数（Nper）和每年分期付款额（Pmt），不输入现值（Pv）表示现值为 0，输入年金类型（Type）为 1，表示为期初（即每月月初）存款。由于是每月月初存款，因此应将年利率转换成月利率，即 5%/12，付款期数也应按月计算，为 5*12。对话框中即显示计算结果 68 289.441 52，如图 6-3 所示。

③ 单击"确定"按钮，在 C1 单元格中显示该项存款 5 年后的本利和为 68 289.44。这是计算得到的 68 289.441 52 在单元格中四舍五入保留两位小数的结果。单击 C1 单元格，可在编辑栏上显示公式"=FV（5%/12,5*12,–1 000,1）"。

说明：在计算普通年金时，如果直接在单元格中输入公式，可以在公式中省略现值和年金类型这两个参数，Excel 将自动采用默认值。而在计算即付年金时，如果直接在单元格中输入公式，则在公式中不能省略现值和年金类型这两个参数。如果第 4 个参数（即现值）为零，在单元格中输入公式时要在第 4 个参数处输入"0"，即输入公式"=FV（5%/12,5*12,–1 000,0,1）"，或者使用逗号区分出第 4 个参数，即输入公式"=FV（5%/12,5*12,–1 000,1）"。如果在公式中没有区分第 4 和第 5 个参数，如公式变成了公式"=FV（5%/12,5*12,–1 000,1）"，则 Excel 会认为现值为 1，从而认为年金类型为普通年金，由此会造成计算错误。

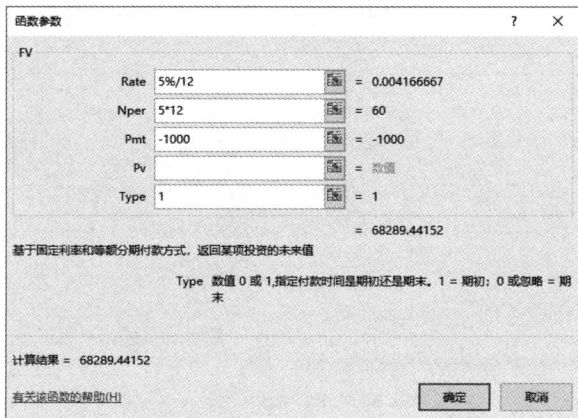

图 6-3　年金终值函数——先付年金

2．年金现值函数 PV（）

语法：PV（rate,nper,pmt,fv,type）。

功能：返回某项投资的一系列等额分期偿还额当前值之和（或一次性偿还额的现值）。

【例 6-4】　恒昌公司准备从银行借一笔钱，分 10 年偿还，每年年末公司可偿还借款 12 000 元，银行借款年利率为 8%，则该公司目前从银行借款的现值是多少？

在前节计算年金终值的过程中都采用了直接在单元格中输入公式的方法。这种方法比较麻烦，如果要修改其中的参数，如修改利率或年金期限等，都需要重新完成上述例子中的各个步骤。为了避免上述的繁杂操作，可以在输入公式时采用单元格引用的方法，即将公式中的参数变为单元格引用，以后要修改公式中的参数，只需修改被引用单元格里的值即可。

本例就采用在公式中使用单元格作为参数的方法，操作步骤如下。

① 按照图 6-4 所示，分别输入各单元格里的初始数据。每年偿还额以负数输入表示偿还的数，年金类型输入 0 表示期末偿还。设置好各单元格的格式，如将 C4 单元格设置为百分比且小数位数为 2，将 C6 和 C7 单元格设置为货币格式。

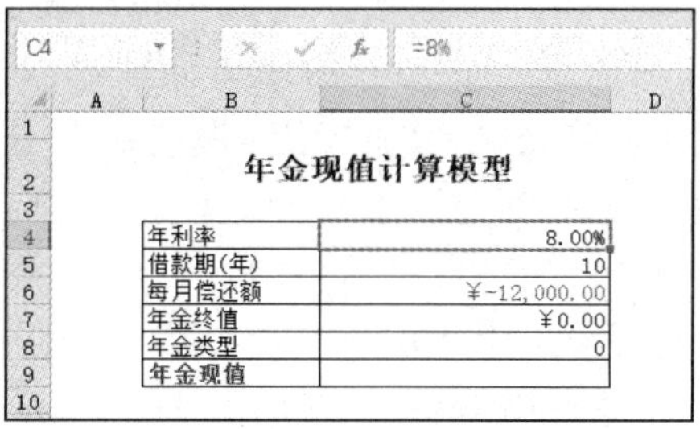

② 选定计算此银行借款的现值所使用的单元格，如 C9 单元格。

③ 单击编辑框左侧的"插入函数"按钮，在对话框中的"选择函数"列表中选择"PV"函数，弹出"函数参数"对话框。在年利率(Rate)编辑框里输入"C4"，在付款期数(Nper)编辑框里输入"C5"，在每年分期付款额(Pmt)编辑框里输入"C6"，在终值(Fv)编辑框里输入"C7"，在年金类型(Type)编辑框里输入"C8"，如图 6-5 所示。

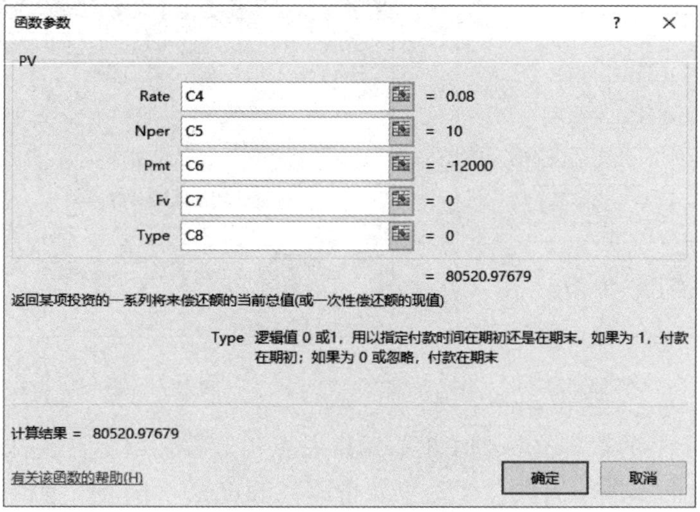

图 6-4　计算年金现值的初始数据

图 6-5　年金现值函数

④ 单击"确定"命令，即可得出计算结果，为偿还该项借款公司目前银行存款至少为 80 520.976 79 元。此时在 C9 单元格中显示该项投资的现值为 80 520.98。单击 C9 单元格，可在编辑栏上显示公式"=PV(C4,C5,C6,C7,C8)"。

到此年金现值的计算模型构建完成。如果要查看各参数变化后的计算结果，只需在相应的单元格中修改其参数值即可。例如，想确认年利率为 7.5% 而其他参数不变时的现值，只需修改 C4 单元格为 7.5%，则在 C9 单元格中的年金现值结果为 82 368.97。可见，将函数中的参数采用单元格引用的方法可以较方便地计算出函数的结果，而且参数变化后不用重新输入函数，立即得出计算结果。

3．等额还款额函数 PMT()

语法：PMT(rate,nper,pv,fv,type)。

功能：返回在固定利率下，投资或贷款的等额分期偿还额。

【例 6-5】 恒昌公司从银行贷款 60 000 元，年利率为 8%，借款期为 5 年，偿还条件为每年年末等额偿还，则公司每年还款额为多少？

① 按照图 6-6 所示，分别输入各单元格初始数据，并设定好单元格的格式。注意：保持 C8 单元格暂时为空。说明：在 B11 和 B12 单元格里输入的"普通年金"和"预付年金"两个文本值是为了后面制作下拉组合框窗体做准备的，将其放在此处只是为了讲解的便利，在实际应用中可以将其放到其他距离较远的位置或隐藏起来，可得到较好的视觉效果。

② 打开"开发工具"选项卡，单击"控件"功能组中的"插入"按钮，从显示出来的表单控件列表中选择"组合框（窗体控件）"，如图 6-7 所示。说明：如果"开发工具"选项卡没有出现在 Excel 菜单栏上，可单击"开始"选项卡，选择"选项"选项。在出现的"Excel选项"对话框中单击左侧的"自定义功能区"，在右侧的"自定义功能区"列表框中选择"主选项卡"，在"主选项卡"中勾选"开发工具"复选框，再单击右下角的"确定"按钮，"开发工具"选项卡将出现在 Excel 菜单栏。

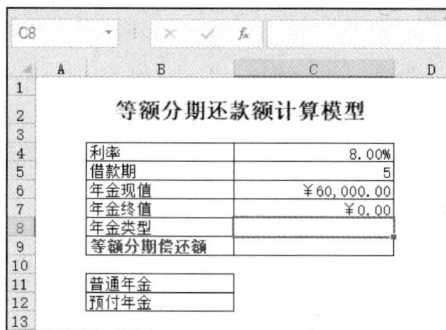

图 6-6　输入初始数据

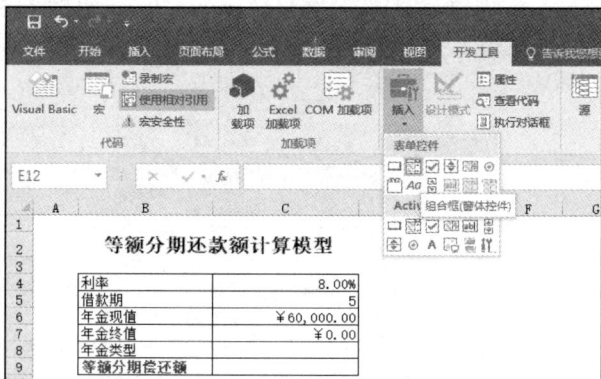

图 6-7　插入窗体控件

③ 移动小十字型的鼠标光标到 C8 单元格左上角，按住鼠标左键拖动到 C8 单元格的右下角，一个组合框窗体即出现在 C8 单元格所在的位置。右击组合框窗体，从弹出的快捷菜单中选择"设置控件格式"选项，弹出"设置控件格式"对话框，如图 6-8 所示。

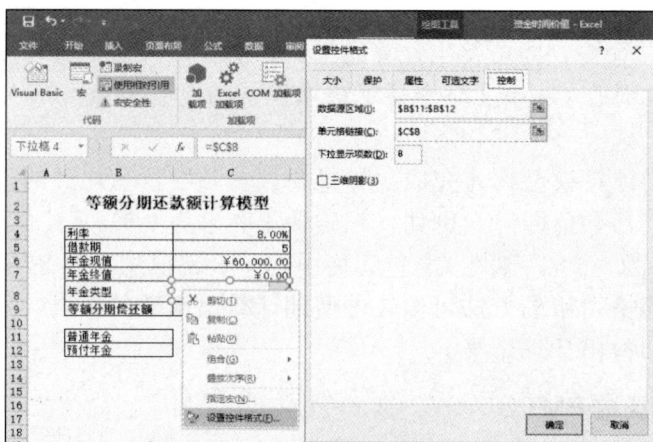

图 6-8　设置控件格式

④ 在"设置控件格式"对话框中，单击"控制"选项卡，选择数据源区域为"$B$11:$B$12"，在单元格链接处输入"$C$8"，单击"确定"按钮。说明：在本例中，数据源区域$B$11:$B$12 中的数据分别为"普通年金"和"预付年金"，这些数据会出现在组合框窗体的下拉列表中。用户选择组合框窗体列表中的某一项后，其序号值将返回给链接的单元格。即在用户选择第 1 项(即"普通年金")时，将返回 1 给单元格$C$8，用户选择第 2 项(即"预付年金")时，将返回 2 给单元格$C$8。

⑤ 在 C9 单元格中输入公式"=PMT(C4,C5,C6,C7,IF(C8=1,0,IF(C8=2,1,"")))"。此时单击 C8 单元格上的窗体右侧的下拉按钮，选择"普通年金"，即在 C9 单元格计算出等额分期偿还额为–15 027.39 元；如选择"预付年金"，则得到等额分期偿还额为–13 914.25 元；如图 6-9 所示。说明：本例中用了一个嵌套的 IF() 函数，目的是将 C8 单元格中的 1 对应到 0，将 C8 单元格中的 2 对应到 1，以适应 PMT() 函数的要求。

【例 6-6】　恒昌公司从银行贷款 60 000 元，年利率为 6%，借款期为 5 年，偿还条件为每月月初等额偿还，则公司每月还款额为多少？

① 选定计算此公司每月还款所使用的单元格，如 B1 单元格。

② 在"公式"选项卡的"函数库"功能组中，单击"财务"按钮，将列出所有的财务函数。从列表中选择"PMT"函数，弹出"函数参数"对话框。在对话框中输入月利率(Rate)、付款期数(Nper)和年金现值(Pv)，不输入终值(Fv)表示终值为 0，输入年金类型(Type)为 1 表示为期初(即每月月初)还款。由于是每月月初还款，因此应将年利率转换成月利率，即 6%/12，付款期数也应按月计算，为 5*12。对话框中即显示计算结果为–1 154.197 106，如图 6-10 所示。

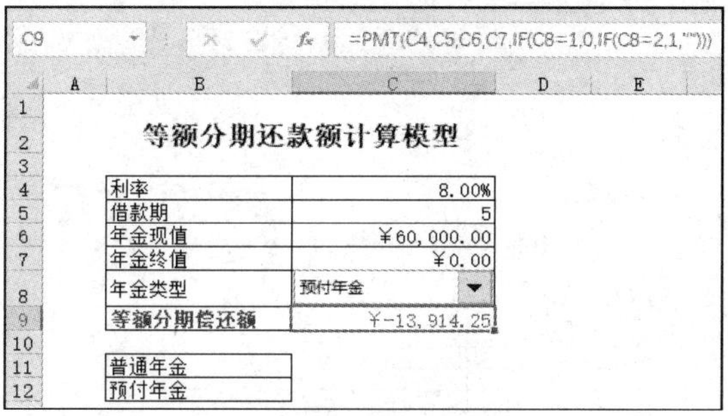

图 6-9　选择窗体列表项计算 PMT() 函数值

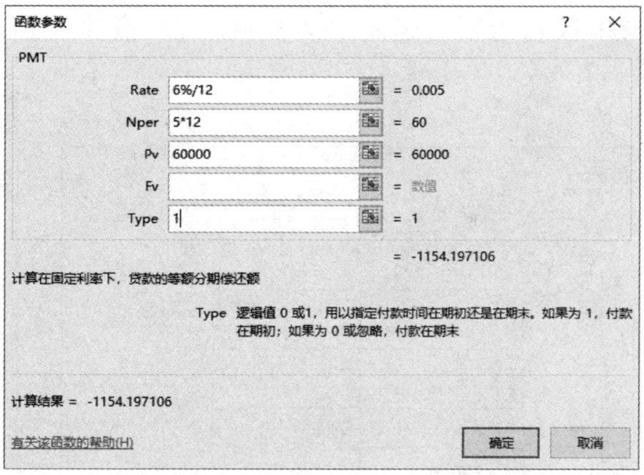

图 6-10　等额还款函数 PMT()

③ 单击"确定"按钮，在 B1 单元格中显示等额分期还款额为 1 154.20 元。单击 B1 单元格，可在编辑栏上显示公式"=PMT(6%/12,5*12,60 000,1)"。

在熟悉该函数的计算格式后，可直接在单元格中输入该公式，直接算出结果。在单元格中输入公式"=PMT(6%/12,5*12,60 000,0,1)"，按"Enter"键后，即可得出计算结果，为偿还该项借款公司每月需偿还 1 154.20 元。

【例 6-7】 如果恒昌公司需要为某项目准备资金，该项目在 11 个月后预计需要 200 000 元，假设银行存款年利率为 6%，则从现在起公司应当每月月初存入的金额为多少？

① 选定计算此公司每月还款所使用的单元格，如 C1 单元格。

② 在"公式"选项卡的"函数库"功能组中，单击"财务"按钮，将列出所有的财务函数。从列表中选择"PMT"函数，在弹出的"函数参数"对话框中输入利率（Rate）、付款期数（Nper）、年金现值（Pv）、年金终值（Fv），输入年金类型（Type）为 1 表示为期初（即每月月初）存款。

③ 单击"确定"按钮，在 C1 单元格中显示等额分期还款额为 17 643.59 元。单击 C1 单元格，可在编辑栏上显示公式"PMT（6%/12,11,0,200 000,1）"。

由于本例中要计算的是每期分期付款额（Pv），因此应在该项下输入 0，不应忽略。而年金终值（Fv）为已知条件，也应输入相应的数据。可以直接在单元格中输入公式"=PMT（6%/12,11,0,200 000,1）"，按"Enter"键即可得出结果，该结果在单元格中显示为–17 643.59。

4．年金中的本金函数 PPMT（）

语法：PPMT（rate,per,nper,pv,fv,type）。

功能：返回在给定期次内某项投资回报（或贷款偿还）的本金部分。

【例 6-8】 恒昌公司从银行贷款 60 000 元，年利率 6%，还款期为 5 年，偿还条件为每月月初等额偿还，求第 8 个月的本金支付额为多少？

① 输入各单元格初始数据，并设定好单元格的格式。注意：保持 C9 单元格暂时为空，如图 6-11 所示。

② 打开"开发工具"选项卡，单击"控件"功能组中的"插入"按钮，从显示出来的表单控件列表中选定"数值调节钮（窗体控件）"选项，如图 6-12 所示。

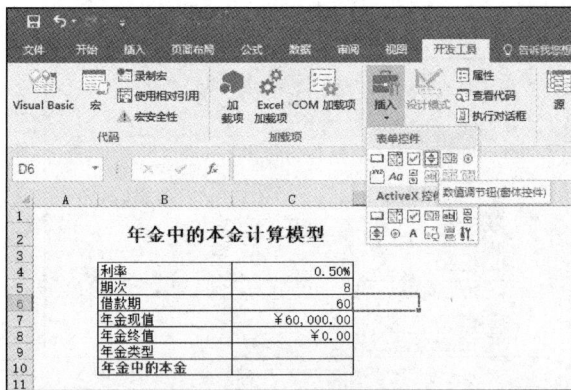

图 6-11　输入初始数据　　　　　图 6-12　插入数值调节钮

③ 移动小十字型的鼠标光标到 D6 单元格左上角，按住鼠标左键拖动到 D6 单元格的右下角，一个数值调节钮窗体即出现在 D6 单元格所在的位置。右击该数值调节钮，从弹出的快捷菜单中选择"设置控件格式"选项，弹出"设置对象格式"对话框，如图 6-13 所示。

④ 在"设置对象格式"对话框中，设置最小值为"12"，最大值为"72"，步长为"1"，选择单元格链接为"\$C\$6"，单击"确定"按钮。

⑤ 按照【例 6-5】中介绍的方法插入年金类型的组合框控件。

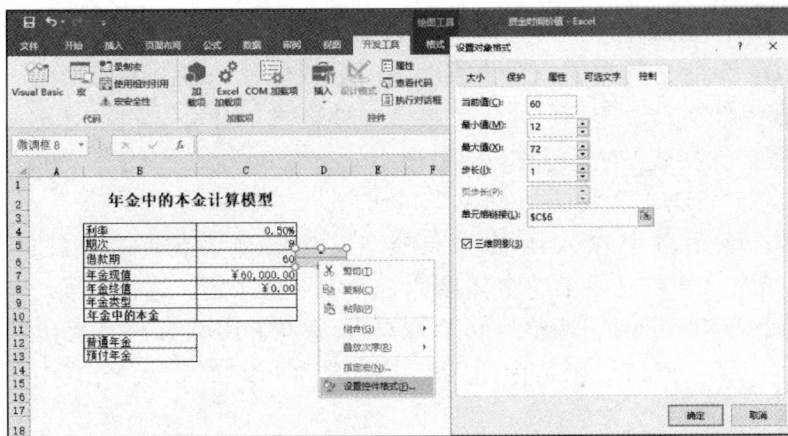

图 6-13　设置数值调节钮控件的格式

⑥ 在 C10 单元格中输入函数"=PPMT（C4,C5,C6,C7,C8,IF（C9=1,0,IF（C9=2,1,""）））"。此时单击 C9 单元格上的窗体右侧的下拉按钮，选择"预付年金"选项，即在 C10 单元格计算出第 8 个月的本金支付额为–866.09 元，如图 6-14 所示。如果单击 D6 单元格处的数值调节钮的向上或向下的箭头，可以看到 C10 单元格中的值也会随之变化。

5．年金中的利息函数 IPMT（）

语法：IPMT（rate,per,nper,pv,fv,type）。

功能：返回在给定期次内某项投资回报（或贷款偿还）的利息部分。

【例 6-9】 恒昌公司有银行贷款 60 000 元，年利率 6%，还款期为 5 年，偿还条件为每月月初等额偿还，则第 8 个月的利息支付额为多少？

① 输入各单元格初始数据，并设定好单元格的格式，如图 6-15 所示。为了便于调节年利率，C4 单元格为年利率数据，D4 单元格为年利率 10 000 倍的值。在 C4 单元格里输入公式"=D4/10 000"。

② 按照前面介绍的方法，分别设置好借款期的数值调节按钮和年金类型的组合框。

③ 打开"开发工具"选项卡，单击"控件"功能组中的"插入"按钮，从显示出来的表单控件列表中选定"滚动条（窗体控件）"，如图 6-15 所示。

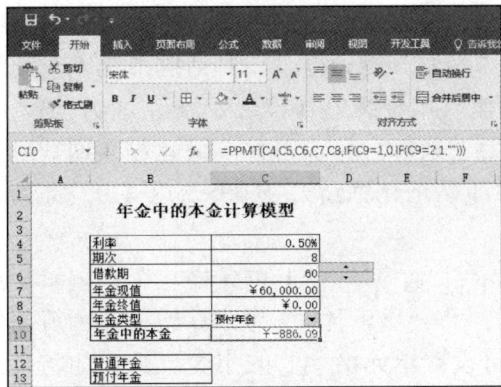

图 6-14　计算年金中的本金

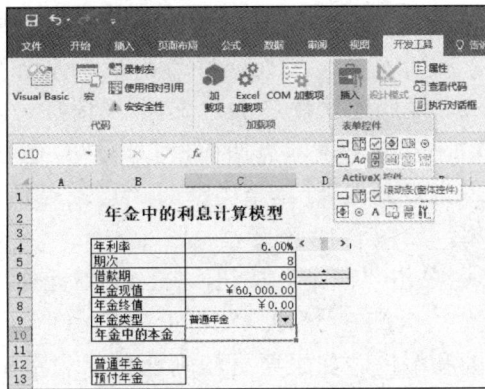

图 6-15　插入滚动条控件

④ 移动小十字型的鼠标光标到 D4 单元格左上角，按住鼠标左键拖动到 D4 单元格的右下角，选定 D4 单元格所在的位置为滚动条所在的位置。右击滚动条，从弹出的快捷菜单中选择"设置控件格式"选项，显示"设置控件格式"对话框，如图 6-16 所示。

⑤ 在"设置控件格式"对话框中，指定最小值为"300"，最大值为"800"，步长为"25"，选择单元格链接为"$D$4"，单击"确定"按钮。

⑥ 在 C10 单元格中输入函数 " =IPMT(C4/12,C5,C6,C7,C8,IF(C9=1,0,IF(C9=2,1,"")))"。此时，单击 C9 单元格上的窗体控件右侧的下拉按钮，选择"预付年金"选项，调整借款期为 60 个月(即 5 年)，调整年利率为 6%，则在 C10 单元格计算出第 8 个月的利息支付额为–268.11 元。IPMT()函数中的第一个参数为 C4/12，表示公式中要使用月利率。计算结果如图 6-17 所示。

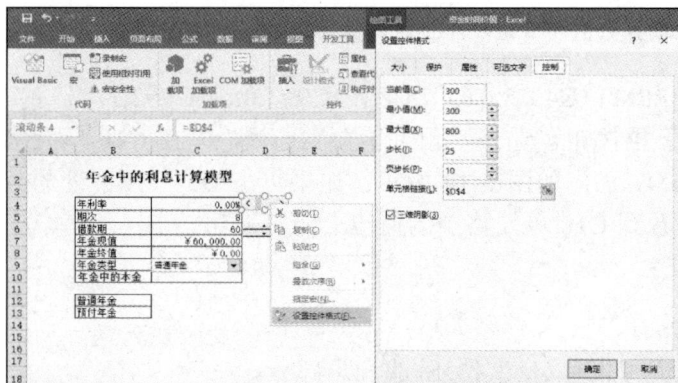

图 6-16　设置滚动条控件格式

图 6-17　年金中的本金函数 IPMT()

6. 利率函数 RATE()

语法：RATE(nper,pmt,pv,fv,type,guess)。

功能：基于等额分期付款(或一次性付款)方式，返回投资或付款的实际利率。

【例 6-10】 恒昌公司取得 5 年期贷款 60 000 元，每月月初还款 850 元，则该笔贷款的实际利率为多少？

① 选定计算此还款额所使用的单元格，如 A1 单元格。

② 在"公式"选项卡的"函数库"功能组中，单击"财务"按钮，将列出所有的财务函数。从列表中选择"RATE"函数，弹出"函数参数"对话框。在对话框中输入付款期数(Nper)、每期还款额(Pmt)、年金现值(Pv)，不输入年金终值(Fv)表示终值为 0，输入年金类型(Type)为 1 表示为期初(每月月初)还款。由于是每月月初还款，因此付款期数应按月计算，为"5*12"，年金类型为"1"。对话框中即显示计算结果–0.005 348 679，此为每月的利率，如图 6-18 所示。

③ 单击"确定"按钮，在 A1 单元格中显示–1%。单击 A1 单元格，可在编辑栏上显示公式"=RATE(5*12,–850,60 000,0,1)"。说明：此处显示的 1%为计算结果四舍五入之后显示的利率值。如果要更精确地显示利率值，可设置单元格 A1 的小数位数，如将其小数位数设置为 4，则 A1 单元格中显示为–0.534 9%。

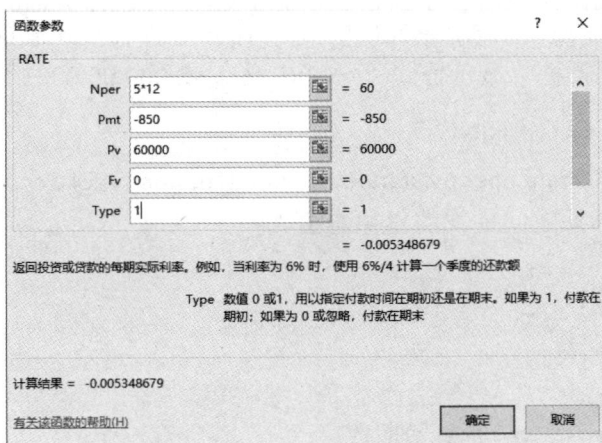

图 6-18　RATE()函数参数对话框

按照利率函数得出该笔贷款的实际月利率为 0.534 9%；计算该笔贷款的年利率为 0.534 9%×12=6.418 4%。

7．计息期函数 NPER()

语法：NPER(rate,pmt,pv,fv,type)。

功能：基于固定利率和等额分期付款方式，返回一项投资或贷款的期数。

【例 6-11】　恒昌公司从银行贷款 60 000 元，年利率为 6%，每年年末支付 8 000 元，则需要还款的年数为多少?

① 选定计算此还款期限所使用的单元格，如 A1 单元格。

② 在"公式"选项卡的"函数库"功能组中，单击"财务"按钮，将列出所有的财务函数。从列表中选择"NPER"函数，弹出"函数参数"对话框。在对话框中输入利率(Rate)、每期还款额(Pmt)、年金现值(Pv)，不输入年金终值(Fv)表示终值为 0，不输入年金类型(Type)表示为期末(每年年末)还款。对话框中即显示计算结果 10.259 965 73，如图 6-19 所示。

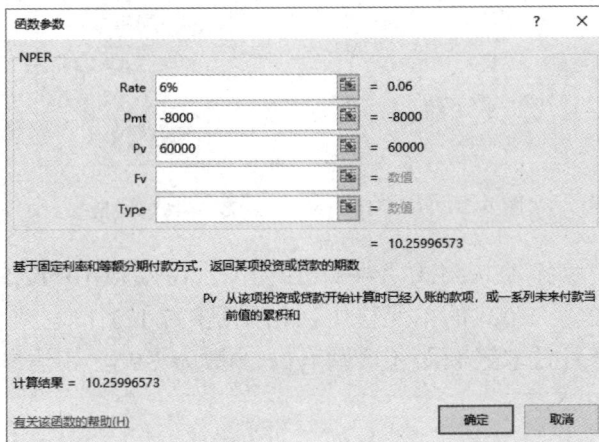

图 6-19　NPER()函数参数对话框

③ 单击"确定"按钮，在 A1 单元格中显示 10.26，即需要还款的年数为 10.26 年。单击 A1 单元格，可在编辑栏中显示公式"=NPER（6%,–8 000,60 000）"。

8. 累积本金函数 CUMPRINC（）

语法：CUMPRINC（rate,nper,pv,start_period,end_period,type）。

功能：返回两个周期之间贷款的累积本金。

参数说明如下：

① rate：贷款利率；

② nper：贷款总期数；

③ pv：现值；

④ start_period：计算本金的起始期数；

⑤ end_period：计算本金的终止期数；

⑥ type：年金类型。普通年金 type 取 0，预付年金 type 取 1。

【例 6-12】 一项贷款现值 500 000 元，年利率 10%，10 年期，每月月初等额分期还款，计算第 3 年全年付款本金之和。

① 选中 H21 单元格，单击"公式"选项卡的"插入函数"按钮，在函数分类中找出"财务"函数中的"CUMPRINC"函数，单击"确定"按钮，弹出"函数参数"对话框，如图 6-20 所示。

② 输入月利率、计算本金数额的总期数、贷款现值、起始期数、终止期数和年金类型，确定之后，即可得出计算结果，如图 6-20 所示。

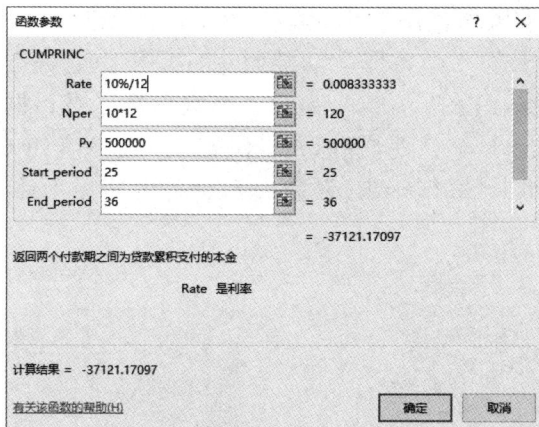

图 6-20　CUMPRINC（）函数参数对话框

也可以在单元格中直接输入公式"=CUMPRINC（10%/12,10*12,500 000,25,36,1）"，确认后计算结果就显示在输入公式的单元格中，结果是–37 121.17。

如果该贷款需要每月月末等额偿还，则 type 参数为"0"，其他参数与月初等额偿还相同，计算结果是–37 430.51。

9. 累计利息函数 CUMIPMT（）

语法：CUMIPMT（rate,nper,pv,start_period,end_period,type）。

功能：返回两个周期之间贷款的累计利息。

参数说明如下：

① rate 为贷款利率；

② nper 为贷款总期数；

③ pv 为现值；

④ start_period 为计算利息的起始期数；

⑤ end_period 为计算利息的终止期数。

⑥ type 为年金类型。普通年金 type 取 0，预付年金 type 取 1。

【例 6-13】　一项贷款现值 500 000 元，年利率 10%，10 年期，每月月初等额分期还款，计算第 3 年全年支付的贷款利息。

① 选中 H16 单元格，单击"公式"选项中的"插入函数"按钮，在函数分类中找出"财务"函数中的"CUMIPMT"函数，单击"确定"按钮，弹出"函数参数"对话框。

② 按照提示输入月利率、计算本金数额的总期数、贷款现值、第 3 年的起始月份数、第 3 年的终止月份数和年金类型，单击"确定"按钮，即可得出计算结果，如图 6-21 所示。

也可以在单元格中直接输入公式"=CUMIPMT（10%/12,10*12,500 000,25,36,1）"，确认后计算结果就显示在输入公式的单元格中，结果是 –41 513.97。

图 6-21　CUMIPMT（）函数参数对话框

如果该贷款需要每月月末等额偿还，则 type 参数为"0"，其他参数与月初等额偿还相同，计算结果是 –41 859.93。

10．复利函数 FVSCHEDULE（）

语法：FVSCHEDULE（principal,schedule）。

功能：返回初始本金经过复利计算后的值。

参数说明如下：

① principal 为当前值；

② schedule 为一组利率，可以是数组形式，也可以是单元格引用。

【例 6-14】　某公司存入银行 10 000 元，利息按复利计算，银行存款第 1、2、3 年的利率分别为 3%，4%，5%，计算该系列存款三年后的终值。

① 将 3%，4%，5%分别输入 I12、J12、K12 单元格中。

② 选中 H10 单元格，单击"公式"选项中的"插入函数"按钮，在函数分类中找出"财务"函数中的"FVSCHEDULE"函数，单击"确定"按钮，弹出"函数参数"对话框，按照提示输入存款 10 000，第 1、2、3 年的利率，单击"确定"按钮，即可得出计算结果，如图 6-22 所示。

也可以在单元格中直接输入公式"=FVSCHEDULE（10 000,I12:K12）"，确认后计算结果就显示在输入公式的单元格中，结果是 11 247.6。

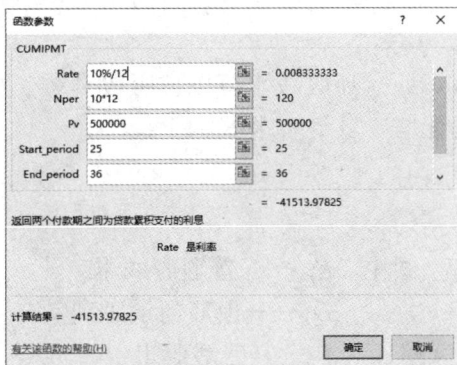

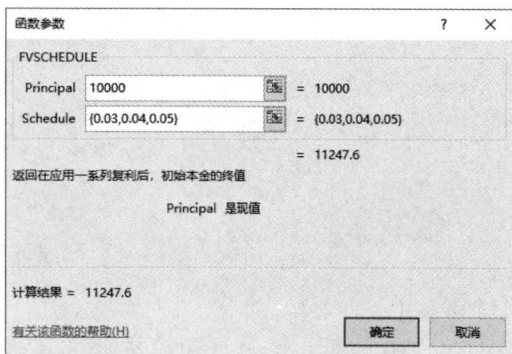

图 6-22　FVSCHEDULE（）函数参数对话框

在单元格中输入公式"=FVSCHEDULE（10 000,{0.03,0.04,0.05}）"，按"Enter"键后，同样的结果也会显示在该单元格中。

需要注意的是如果 schedule 参数采用数组形式，则利率要用小数而不能用百分数表示。

6.2.2　筹资成本分析

下面以普通股筹资成本为例，介绍在 Excel 中如何进行筹资成本分析。

普通股成本是指企业新发行的普通股的成本。普通股成本可以按照股利增长模式计算，但需考虑发行新股时筹资费用对资本成本的影响。其计算公式如下：

$$K_{nc} = \frac{D_1}{P_0(1 - F_c)} + G$$

式中，K_{nc}——普通股成本；

D_1——预期当年股利额；

P_0——普通股市价；

G——普通股利年增长率；

F_c——普通股筹资费用率。

【例 6-15】　恒昌公司新发行普通股 1 200 万元，普通股市价为 30 元，本年发放股利每股 2 元，估计股利年增长率为 8%，公司筹资费用率为股票市价的 3.50%，计算发行普通股的成本。

利用 Excel 计算该普通股筹资成本的步骤如下：

① 在 Excel 工作表中输入发行普通股筹资的相关数据，如图 6-23 所示，分别在 B24、B25、B26、B27 单元格中输入普通股发行额、本年发放股利、股利年增长率和筹资费用率。

② 在计算普通股筹资成本的单元格中输入公式"=B25/（B24*（1−B27））+B26"，如图 6-23 所示，即可计算出该普通股筹资成本为 8.17%。

图 6-23　发行普通股筹资成本

6.2.3　贷款筹资影响因素分析

长期借款中的本金、利率、期数是互相影响的。借款金额不变，借款利率、借款期数的变化都会带来分期偿还金额的改变。财务人员可以通过 Excel 提供的模型运算表了解借款利率、借款期数等因素的变化对分期偿还金额的影响。

模拟运算表是通过模拟分析的方法进行数值预测，来查看公式中某 1 个或 2 个变量的不同组合对公式结果影响的数据分析工具。利用该工具进行模拟分析，可以将不同结果同时显示在工作表中，便于查看、比较和分析。模拟运算表的功能是：计算迅速而简便，能在一次操作过程中完成多组不同数值的计算；在一张工作表中可以显示多组不同数值的操作结果，便于比较。

模拟运算表包括单变量模拟运算表和双变量模拟运算表两种类型。

1. 单变量模拟运算表的运用

单变量模拟运算表是分析一个因素的变化对因变量结果影响的运算表。它用一个一维表，为一个参数设置不同的数值，显示一维表结果的变化。

【例 6-16】 恒昌公司从银行取得 10 年期长期借款 10 万元，借款年利率 10%，与银行约定采用等额还款方式每年年末还款。在等额分期偿还贷款条件下，利用模拟运算表分析不同借款利率对还款金额的影响。

分析步骤如下：

(1) 建立基本数据区

① 在 C21 单元格中输入借款金额、C22 单元格中输入借款年限、C23 输入每年还款期数，C24 单元格中输入公式"=C22*C23"；将可能的借款年利率输入 B 列所对应的单元格中。本例中可能的借款年利率存放在 B27：B37 单元格区域中，如图 6-24 所示。

② 在 C27 单元格中输入公式"=PMT（B27/C23，C24，−C21）"如图 6-24 所示。于是建立起了单变量模拟的基本数据区。

(2) 进行单变量模拟

① 选定 B27:B37 单元格区域，执行"数据"→"模拟分析"→"模拟运算表"命令，如图 6-25 所示。

图 6-24　单变量模拟基本表

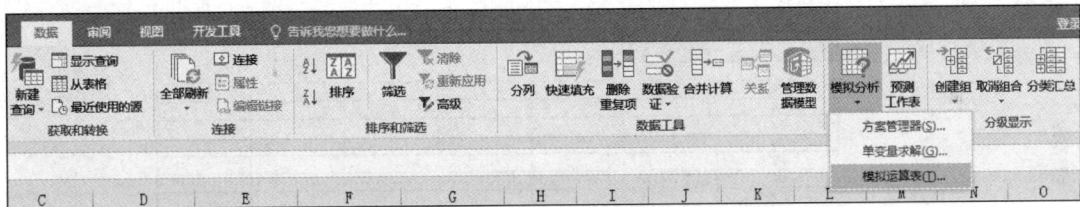

图 6-25　调用模拟分析

② 弹出"模拟运算表"对话框。在输入引用列的单元格中输入"$B$27"，单击"确定"按钮，如图 6-26 所示。

③ 于是，计算结果就显示在工作表中，如图 6-27 所示。从该工作表我们可以看到不同利率水平下的等额分期偿还贷款的金额。

④ 任意改变 B27:B37 单元格区域中的利率水平，相对应的等额分期偿还贷款金额就会自动显示出来。

2. 双变量模拟运算表的运用

双变量模拟运算表是分析两个因素的变化对因变量结果影响的运算表。它用一个二维表，为两个参数设置不同的数值，比较二维表结果的变化。

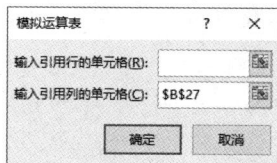

图 6-26 "模拟运算表"对话框

图 6-27 单变量模拟运算结果

【例 6-17】 沿用【例 6-16】的例子，在等额分期偿还贷款条件下，利用模拟运算表分析不同借款利率、不同借款年限对还款金额的影响。

分析步骤如下：

(1) 建立基本数据区

① 在 G21 单元格中输入借款金额、G22 单元格中输入每年还款期数、G23 单元格中输入借款年限，G24 单元格中输入借款年利率；将可能的借款年利率和借款年限分别输入 F 列和 26 行所对应的单元格区域中。本例中可能的借款年利率存放在 F27:F37 单元格区域中，可能的借款年限存放在 G26:L26 单元格区域中，如图 6-28 所示。

② 在 F26 单元格中输入公式 "=PMT（G24/G22,G23*G22,–G21）"，如图 6-28 所示。于是建立起了双变量模拟的基本数据区。

图 6-28 双变量模拟基本表

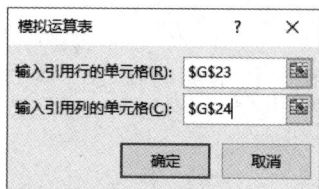

图 6-29 "模拟运算表"对话框

(2) 进行双变量模拟

① 选定 F27:L37 单元格区域，执行"数据"→"模拟分析"→"模拟运算表"命令，弹出"模拟运算表"对话框。

接着在"输入引用行的单元格"中输入"$G$23"，在"输入引用列的单元格"中输入"$G$24"，单击"确定"按钮，如图 6-29 所示。

② 于是，计算结果就显示在工作表中，如图 6-30 所示。从该工作表我们可以看到不同利率水平、不同借款年限下的等额分期偿还贷款的金额。

	E	F	G	H	I	J	K	L
18								
19								
20	双变量模拟运算表							
21		借款金额	100,000					
22		每年还款期数	1					
23		借款年限	5					
24		借款年利率	10%					
25								
26		¥26,379.75	5	6	7	8	9	10
27		5%	¥23,097.48	¥19,701.75	¥17,281.98	¥15,472.18	¥14,069.01	¥12,950.46
28		6%	¥23,739.64	¥20,336.26	¥17,913.50	¥16,103.59	¥14,702.22	¥13,586.80
29		7%	¥24,389.07	¥20,979.58	¥18,555.32	¥16,746.78	¥15,348.65	¥14,237.75
30		8%	¥25,045.65	¥21,631.54	¥19,207.24	¥17,401.48	¥16,007.97	¥14,902.95
31		9%	¥25,709.25	¥22,291.98	¥19,869.05	¥18,067.44	¥16,679.88	¥15,582.01
32		10%	¥26,379.75	¥22,960.74	¥20,540.55	¥18,744.40	¥17,364.05	¥16,274.71
33		11%	¥27,057.03	¥23,637.66	¥21,221.53	¥19,432.11	¥18,060.17	¥16,980.14
34		12%	¥27,740.97	¥24,322.57	¥21,911.77	¥20,130.28	¥18,767.89	¥17,698.42
35		13%	¥28,431.45	¥25,015.32	¥22,611.08	¥20,838.67	¥19,486.89	¥18,428.96
36		14%	¥29,128.35	¥25,715.75	¥23,319.24	¥21,557.00	¥20,216.84	¥19,171.35
37		15%	¥29,831.56	¥26,423.69	¥24,036.04	¥22,285.01	¥20,957.40	¥19,925.21

图 6-30　双变量模拟运算结果

③ 任意改变 F27:F37 单元格区域中的利率水平，任意改变 G26:L26 单元格区域中的借款年限，相对应的等额分期偿还贷款金额就会自动显示出来。

财务人员利用模拟运算表可以直观地比较不同组合下需要偿还的借款金额。当长期借款方案发生变化时，财务人员只需改变第一因素和第二因素所在的行和列的数值或改变其他因素的值，系统就会自动重新计算双因素分析表中的所有值。

6.2.4　最佳贷款方案决策模型

企业在充分利用长期借款时，应当结合实际情况，选择适当的还款条件。长期借款的偿还方式一般包括：①定期支付利息、到期一次性偿还本金的方式；②定期等额偿还方式；③平时逐期偿还小额本金和利息、期末偿还余下的大额部分的方式。第 1 种偿还方式会加大企业到期偿还借款的压力；第 2 种偿还方式会提高企业使用贷款的实际利率；第 3 种偿还方式灵活性较大。以下将分别举例说明。

【例 6-18】　恒昌公司需要为一项目向银行贷款 2 000 000 元，银行年利率为 6%，借款期限为 4 年。有以下几种偿还方式：①每年年末支付利息，到期一次性偿还本金；②每年年末等额偿还；③每年年末平均偿还贷款本金和尚未偿还部分的利息；④到期清偿全部本息。分析哪一种偿还方式对企业最有利。

① 建立长期借款分期还款决策模型，如图 6-31 所示。

	A	B	C	D	E	F	G	H	I
1				分期还款决策模型					
2	借款金额	¥2,000,000							
3	借款年利率	6.00%							
4	借款年限	4							
5	总还款期数	4							
6			第1年		第2年		第3年		第4年
7	还款方式	偿还	尚欠	偿还	尚欠	偿还	尚欠	偿还	总还款
8	第1种还款方式								
9	第2种还款方式								
10	第3种还款方式								
11	第4种还款方式								

图 6-31　恒昌公司长期借款分期还款决策模型

② 定义钩稽关系,如表 6-1 所示。

表 6-1　计算公式表

偿还方式	计算公式
第 1 种方式	B8=D8=F8=$B$2*$B$3
	H8=$B$2*$B$3+$B$2
	I8=B8+D8+F8+H8
第 2 种方式	B9=D9=F9=PMT($B$3,$B$4,−$B$2)
	I9=B9+D9+F9+H9
第 3 种方式	B10=B2/B4+B2*B3
	C10=B2−B2/B4
	D10=B2/B4+C10*B3
	E10=B2−B2*2/B4
	F10=B2/B4+E10*B3
	G10=B2−B2*3/B4
	H10=B2/B4+G10*B3
	I10=B10+D10+F10+H10
第 4 种方式	H11=B2*(1+B3)^B4
	I11=H11

③ 将上述计算关系填入 Excel 格中,就形成了如图 6-32 所示的计算结果。可以看出,不同方式下总付款额差异较大,公司应采取恰当的筹资条件。第 3 种方式总付款最小,而第 4 种方式一次清偿的总付款额最大,具体选用那种方式,可以根据实际情况做出决策。

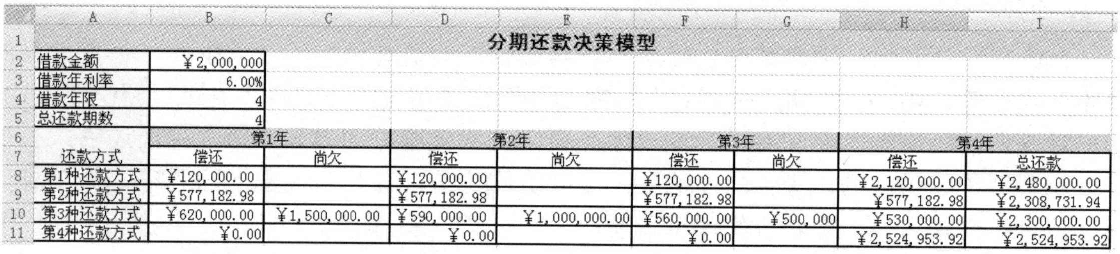

图 6-32　恒昌公司长期借款分期还款决策模型的计算结果

6.3　浪潮大数据筹资决策实现

6.3.1　资产结构分析

1. 案例

A 公司是一家全球化经营的大型集团公司,成立于 1952 年。A 公司以金属、矿产品的开发、生产、贸易和综合服务为主营业务,兼营金融、房地产、物流业务。2019 年年底,公司管理的资产规模达到 20 500 亿元,其中资产总额 9 289 亿元,境外机构、资源项目与承建工程遍布全球 40 多个国家和地区。A 公司以打造世界一流集团企业为战略定位,率先在全球金属矿产领域打通了从资源获取、勘查、设计、施工、运营到流通、深加工的全产业链布局，形成了以矿产开发、金属材料、新能源材料、冶金工程、基本建设、贸易物流、金融服务、房地产开发为主营业务板块的业务体系。

为使企业资产结构保持在合理范围，避免偿债风险并提高盈利水平，A 公司高层领导要求财务部门每月月底提供资产结构分析看板和公司资产结构情况，如表 6-2 所示。

表 6-2　资产结构分析看板和公司资产结构情况　　　　　　单位：元

单位名称	年　度	月份	会计要素	科目类别	科目名称	本期余额
A 公司	2016	12	资产	流动资产	货币资金	243 000
A 公司	2016	12	资产	流动资产	应收票据	210 500
A 公司	2016	12	资产	流动资产	应收账款	654 800
A 公司	2016	12	资产	流动资产	预付款项	1 255 000
A 公司	2016	12	资产	流动资产	应收利息	0
A 公司	2016	12	资产	流动资产	应收股利	20
A 公司	2016	12	资产	流动资产	其他应收款	45 090
A 公司	2016	12	资产	流动资产	存货	1 225 000
A 公司	2016	12	资产	流动资产	其他流动资产	2 590
A 公司	2016	12	资产	非流动资产	可供出售金融资产	793
A 公司	2016	12	资产	非流动资产	长期股权投资	27 650
A 公司	2016	12	资产	非流动资产	投资性房地产	5 303
…	…	…	…	…	…	…

2．教学目标

① 了解大数据环境下企业资产结构分析应用场景，了解企业管理者对资产结构的关注点；

② 通过分析维度、分析频率、展示形式等梳理工作，掌握资产结构大数据分析思路；

③ 通过实验模拟，掌握资产结构分析大数据建模方法。

3．实验模拟

本实验借助浪潮 GS 管理软件建立资产结构分析模型，并进行可视化展示。首先，需要进行案例分析，如确定需要从哪些维度进行分析，分析的时间频率细化到什么程度，主要分析哪些报表，每个报表包含哪些指标，这些指标从哪些数据源提取，分析结果以什么形式展现，完成建模需要用到哪些工具等；其次，在此基础上进行实验模拟，完成建模工作。该模型分为一级业务板块和细分业务板块两个层面，从一级业务板块能够向下穿透到细分业务板块。

（1）案例分析

① 分析维度。本实验按时间维度分析流动资产和非流动资产的构成及同比情况。

② 分析频率。按照分析需求及企业惯例，本实验将分析的最小时间跨度定义为月，即分析频率为月。

③ 分析报表。为了向高层领导展示公司每月资产结构情况，本实验从资产构成、各科目同比方面进行分析，包括以下分析报表：

- 科目类别总量结构；
- 流动资产各科目构成；
- 非流动资产各科目构成；
- 流动资产各科目同比；
- 非流动资产各科目同比。

④ 指标。分析报表确定之后需对每个报表涉及的指标进行梳理，明确每个分析报表需要分析哪些指标。现将每个分析报表包含的分析指标梳理如下：

表 6-3 科目类别总量结构情况

单位：元

科目类别	本期余额
非流动资产	340 000.00
流动资产	1930 000.00

科目类别总量结构情况分析表主要分析 A 公司各资产类科目每月余额占比，指标为本期余额，数据经处理后得到表 6-3。

流动资产各科目构成主要分析 A 公司流动资产各科目每月余额情况，指标为本期余额，数据经处理后得到表 6-4。

表 6-4 流动资产各科目构成

单位：元

科 目 名 称	本 期 余 额	科 目 名 称	本 期 余 额
货币资金	358 900.00	应收股利	
应收票据	96 600.00	其他应收款	51 674.76
应收账款	610 300.00	存货	475 100.00
预付款项	313 100.00	其他流动资产	24 240.00
应收利息	85.24		

非流动资产各科目构成主要分析 A 公司非流动资产各科目每月余额情况，指标为本期余额，数据经处理后得到表 6-5。

表 6-5 非流动资产各科目构成

单位：元

科 目 名 称	本 期 余 额	科 目 名 称	本 期 余 额
可供出售金融资产		开发支出	
长期股权投资	23 190.00	商誉	
投资性房地产	3 207.00	长期待摊费用	2 872.00
固定资产	123 100.00	递延所得税资产	97 240.00
在建工程	13 350.00	其他非流动资产	14 321.00
无形资产	62 720.00		

流动资产各科目同比主要分析 A 公司流动资产各科目本期余额与上年同期余额的同比差异，指标为本期余额、上年同期余额、差异、同比，数据经处理后得到表 6-6。

表6-6 流动资产各科目同比

单位：元

科 目 名 称	本 期 余 额	上年同期余额	差 异	同 比
货币资金	358 900.00	325 600.00	33 300.00	0.10
应收票据	96 600.00	162 600.00	−66 000.00	−0.41
应收账款	610 300.00	604 200.00	6 100.00	0.01
预付款项	313 100.00	307 400.00	5 700.00	0.02
应收利息	85.24	0	−85.24	0
应收股利				
其他应收款	51 674.76	137 900.00	−86 225.24	−0.63
存货	475 100.00	434 300.00	40 800.00	0.09
其他流动资产	24 240.00	4 600.00	19 640.00	4.27
货币资金	358 900.00	325 600.00	33 300.00	0.10
应收票据	96 600.00	162 600.00	−66 000.00	−0.41

非流动资产各科目同比主要分析A公司非流动资产各科目本期余额与上年同期余额的同比差异，指标包括本期余额、上年同期余额、差异、同比，数据经处理后得到表6-7。

表6-7 非流动资产各科目同比

科 目 名 称	本 期 余 额	上年同期余额	差 异	同 比
可供出售金融资产	0	48 870.00	−48 870.00	−1.00
长期股权投资	23 190.00	40 370.00	−17 180.00	−0.43
投资性房地产	3 207.00	4 442.00	−1 235.00	−0.28
固定资产	123 100.00	111 200.00	11 900.00	0.11
在建工程	13 350.00	68 550.00	−55 200.00	−0.81
无形资产	62 720.00	75 550.00	−12 830.00	−0.17
开发支出	0	0	0	0
商誉	0	0	0	0
长期待摊费用	2 872.00	2 995.00	−123.00	−0.04
递延所得税资产	97 240.00	104 400.00	−7 160.00	−0.07
其他非流动资产	14 321.00	23.00	14 298.00	621.65

⑤ 数据源。本实验从初步处理后的资产负债表中提取上述指标，资产负债表如表6-8所示。

表6-8 资产负债表

dwbh	dwmc	nd	yf	kjys	kmlb	kmmc	bqye
01	A公司	2016	12	资产	流动资产	货币资金	243 000
01	A公司	2016	12	资产	流动资产	应收票据	210 500

续表

dwbh	dwmc	nd	yf	kjys	kmlb	kmmc	bqye
01	A公司	2016	12	资产	流动资产	应收账款	654 800
01	A公司	2016	12	资产	流动资产	预付款项	1 255 000
01	A公司	2016	12	资产	流动资产	应收利息	0
01	A公司	2016	12	资产	流动资产	应收股利	20
01	A公司	2016	12	资产	流动资产	其他应收款	45 090
01	A公司	2016	12	资产	流动资产	存货	1 225 000
01	A公司	2016	12	资产	流动资产	其他流动资产	2 590
01	A公司	2016	12	资产	非流动资产	可供出售金融资产	793
01	A公司	2016	12	资产	非流动资产	长期股权投资	27 650
01	A公司	2016	12	资产	非流动资产	投资性房地产	5 303
01	A公司	2016	12	资产	非流动资产	固定资产	1 032 000
01	A公司	2016	12	资产	非流动资产	在建工程	118 300
…	…	…	…	…	…	…	…

⑥ 展现形式。本实验将分析结果以可视化的形式展现，因此需为各分析报表选择合适的图表类型。一般而言，数据的数值可以选择表格来展示；数据的构成可以选择饼状图，展示每部分所占全部的百分比等。本实验各分析报表的展现形式如表6-9所示。

表6-9　分析报表展现形式

分 析 报 表	展 现 形 式	分 析 报 表	展 现 形 式
科目类别总量结构情况	饼状图	流动资产各科目同比情况	表格
流动资产各科目构成情况	饼状图	非流动资产各科目同比情况	表格
非流动资产各科目构成情况	饼状图		

⑦ 展现工具。借助浪潮GS管理软件商务分析平台、仪表盘工具，通过数据归集分析，最终在Web端（浏览器）展现分析结果。GS管理软件应用的具体模块如表6-10所示。

表6-10　GS管理软件应用模块

应 用 模 块	应 用 场 景
定义BI参数模板	按查询维度定义所用参数的值
数据集定义	将A公司资产负债表中各项资产相关数据由后台数据库按月归集整理，完成取数工作
部件定义	对数据集进行封装，包括：图形部件、表格部件、参数部件三种类型。图形部件和表格部件依赖于数据集，是对数据集中结果信息的图形化展示。参数部件依赖于BI参数模板，是对查询维度的图形化展示
页面管理	HTML页面是分析展现的页面，是最终呈现的结果形态。页面中包含已经封装好的部件，同时可调整各图形之间的位置、大小等布局信息

（2）实验步骤

以"科目类别总量结构情况"分析报表为例，实验共分为五个实验步骤，详细步骤请查看浪潮慧课教学管理平台。

步骤一：定义查询条件。

A公司以往在做财务分析时，每月都需执行一遍分析程序，为了避免这种重复性工作，可以使用浪潮 GS 管理软件将年度、月份定义为查询条件，通过选择不同的查询条件实现灵活查询不同月份数据的效果。

定义查询条件通过浪潮 GS 管理软件的"定义 BI 参数模板"模块来实现。Excel 中"查询条件"功能在浪潮 GS 管理软件中通过"BI 参数模板"来实现。因此，需要按照实验要求定义"资产结构分析——年度月份"参数模板。

步骤二：数据提取。

在分析之前，要明确分析的对象是数据，因此，需将科目类别总量结构情况分析报表涉及的指标数据提取出来，可通过引入参数变量灵活提取不同时间的指标数据。

数据提取通过浪潮 GS 管理软件的"数据集定义"模块来实现，提取出的数据在浪潮 GS 管理软件中称为数据集。不同分析报表包含的指标不同，因此，在定义数据集之前，需先按照实验建立目录级次，将数据集定义在该实验主题目录下。

步骤三：可视化展现。

提取数据之后，为了更加直观地展示分析结果，需对科目类别总量结构情况分析报表数据使用饼状图进行可视化展现。

可视化展现通过浪潮 GS 管理软件"部件定义"模块来实现，可视化图形在浪潮 GS 管理软件中称为"部件"。不同分析报表包含的可视化图形不同，因此，在定义部件之前，需先按照实验建立目录级次，将部件定义在该实验主题目录下。

步骤四：联查配置。

在定义查询条件时引入了参数模板，按照参数模板定义的查询条件提取数据，则分析看板需显示查询条件按钮，因此需将参数模板定义为可视化部件。该操作通过浪潮 GS 管理软件的"部件定义"模块来实现，即参数模板定义的部件在浪潮 GS 管理软件中称为"参数部件"。通过选择查询条件查看不同条件的分析结果，需配置"资产结构参数部件""科目类别总量结构饼状图""流动资产各科目构成饼状图""非流动资产各科目构成饼状图""资产结构组合部件"，以便分析部件之间的联查。

步骤五：看板制作。

本实验将资产结构分析包括的"科目类别总量结构饼状图""流动资产各科目构成饼状图""非流动资产各科目构成饼状图""资产结构组合部件"所有分析报表部署到资产结构分析看板中，用于集中呈现。

看板通过浪潮 GS 管理软件的"页面管理"模块来实现，即看板在浪潮 GS 管理软件中称为"页面"。因不同分析报表包含的看板不同，因此，在定义页面之前，需先按照实验主题建立目录级次，将页面定义在相应实验主题目录下。

6.3.2　公司资金状况分析与呈现

1. 案例

I 公司是中国一家集运动鞋、服装及配套产品研发、生产、营销于一体的综合性企业，始创于 1987 年，总部位于 X 省 Y 市，是国内近年成长最为迅速的民族运动品牌公司。为了拓宽市场，I 公司管理层计划进行企业转型：从生产制造型转向生产管理型，从品牌批发转向品牌零售，计划构建零售全渠道，加强集团化运作，强化资源整合；同时，计划进军高端市场，通过收购某高端品牌，迅速补齐短板，拓宽用户版图。

由于高端品牌收购需要花费大量资金，I 公司管理层计划对资金整体状况进行分析，I 公司资金整体状况如表 6-11 所示。资金整体状况是指企业资金的整体使用状况，通过对其分析可以为保障企业经营发展、确保资金链安全，不断拓宽融资渠道，强化资金管控，加强内部资金调剂，推动各项工作稳步推进提供帮助。公司提出每月需要了解各项资金具体情况，包括货币资金情况、流动资产结构、资金银行构成、银行存贷款。

表 6-11　I 公司资金整体状况

单位：元

项目	年度	月份	资金存量	资金流入	资金流出
资金	2018	01	3 958 232.49	4 999 340.91	5 861 238.41
资金	2018	02	4 792 301.36	5 964 299.94	6 581 015.05
资金	2018	03	6 434 404.35	7 267 582.35	7 184 505.87
资金	2018	04	8 284 534.46	9 177 960.49	8 754 878.71
资金	2018	05	8 720 913.46	10 223 082.03	9 084 666.70
资金	2018	06	9 505 484.49	11 002 088.24	9 314 728.29
资金	2018	07	11 543 257.46	12 720 571.82	10 775 214.57
资金	2018	08	11 432 734.59	12 914 156.65	11 244 811.39
资金	2018	09	11 832 485.48	13 040 559.94	11 659 252.76
资金	2018	10	13 103 285.47	14 330 599.30	12 710 988.39
资金	2018	11	14 633 243.46	15 956 618.18	12 109 384.60
资金	2018	12	15 458 932.46	16 222 165.22	13 957 835.96

2．教学目标

① 了解大数据环境下企业资金整体状况分析应用场景，了解企业管理者对资金整体状况的关注点；

② 通过分析维度、分析频率、展示形式等梳理工作，掌握资金整体状况大数据分析思路；

③ 通过实验模拟，掌握通过大数据建模对资金整体状况进行分析的方法。

3．实验模拟

本实验借助浪潮 GS 管理软件建立资金整体状况分析模型，并进行可视化展现。首先，需要进行案例分析，如确定需要从哪些维度进行分析，分析的时间频率细化到什么程度，主要分析哪些报表，每张报表包含哪些指标，这些指标从哪些数据源提取，分析结果以什么形式展现，完成建模需要用到哪些工具等；其次，在此基础上进行实验模拟，完成建模工作。

（1）案例分析

① 分析维度。本实验按时间维度分析各项资金状况。

② 分析频率。按照分析需求及企业惯例，本实验将分析的最小时间跨度定义为月，即分析频率为月。

③ 分析报表。为了全面分析资金整体状况，本实验从货币资金、资产构成、银行构成等方面进行分析，包括以下分析报表：

- 货币资金流入流出；
- 流动资产结构；
- 资金银行构成；
- 银行存贷款情况。

④ 指标。分析报表确定之后需对每张报表涉及的指标进行梳理，明确每张分析报表需要分析哪些指标。现将每张分析报表包含的分析指标梳理如下。

货币资金流入流出主要分析 I 公司每月资金流动金额变动趋势，指标为货币资金净额、资金流入、资金流出，数据经处理后得到表 6-12。

表 6-12　货币资金流入流出

单位：元

年　度	月　份	货币资金净额	资金流入	资金流出
2018	01	3 958 232.49	4 999 340.91	5 861 238.41
2018	02	4 792 301.36	5 964 299.94	6 581 015.05
2018	03	6 434 404.35	7 267 582.35	7 184 505.87
2018	04	8 284 534.46	9 177 960.49	8 754 878.71
2018	05	8 720 913.46	10 223 082.03	9 084 666.70
2018	06	9 505 484.49	11 002 088.24	9 314 728.29
2018	07	11 543 257.46	12 720 571.82	10 775 214.57
2018	08	11 432 734.59	12 914 156.65	11 244 811.39
2018	09	11 832 485.48	13 040 559.94	11 659 252.76
2018	10	13 103 285.47	14 330 599.30	12 710 988.39
2018	11	14 633 243.46	15 956 618.18	12 109 384.60
2018	12	15 458 932.46	16 222 165.22	13 957 835.96

流动资产结构主要分析 I 公司主要流动资产各项目金额的占比情况，指标为各项目明细及金额，数据经处理后得到表 6-13。

表 6-13　流动资产结构

年　度	项目明细	金额/元
2018	存货	502 697 553.51
2018	货币资金	147 544 644.06
2018	应收账款	1 478 208 861.71
2018	其他应收款	64 955 345.63

资金银行构成主要分析 I 公司每年各银行期末存款金额占比，指标为各银行明细及金额，数据经处理后得到表 6-14。

表 6-14　资金银行构成

年　度	项目明细	金额/元
2018	交通银行	5 807 200.85
2018	招商银行	4 278 324.24

219

续表

年 度	项 目 明 细	金额/元
2018	兴业银行	6 234 785.38
2018	农业银行	7 427 421.48
2018	民生银行	8 398 421.24
2018	中国银行	3 864 242.27
2018	工商银行	4 640 008.39

银行存贷款情况主要分析 I 公司每月银行存贷金额比率，指标为银行存款、银行贷款、母公司银行存款占比、母公司银行贷款占比，数据经处理后得到表 6-15。

表 6-15　银行存贷款情况

月份	银行存款/元	银行贷款/元	母公司银行存款占比	母公司银行贷款占比
01	28 164 348.75	60 272 958.33	0.07	0.22
02	12 295 387.01	39 454 566.45	0.03	0.15
03	17 483 473.34	28 485 355.33	0.04	0.11
04	19 243 242.32	10 549 352.35	0.05	0.04
05	20 184 483.35	82 985 355.35	0.05	0.31
06	23 297 343.35	58 938 543.45	0.06	0.22
07	26 538 734.38	60 853 595.44	0.07	0.23
08	29 893 489.48	40 954 965.46	0.08	0.15
09	39 583 324.34	60 385 664.35	0.10	0.22
10	42 408 432.35	72 098 546.34	0.11	0.27
11	50 425 224.49	30 248 546.35	0.13	0.11
12	32 453 535.65	43 958 385.33	0.08	0.16

⑤ 数据源。本实验从初步处理后的"Capzjztzk""Capzjbl""Capzjck""Capzjcljg"数据表中提取上述指标。"Capzjztzk"数据表如表 6-16 所示。

表 6-16　"Capzjztzk"数据表

dwbh	dwmc	xm	nd/年	yf/月	zjcl/元	zjlr/元	zjlc/元
09	I 公司	资金	2018	01	3 958 232.49	4 999 340.91	5 861 238.41
09	I 公司	资金	2018	02	4 792 301.36	5 964 299.94	6 581 015.05
09	I 公司	资金	2018	03	6 434 404.35	7 267 582.35	7 184 505.87
09	I 公司	资金	2018	04	8 284 534.46	9 177 960.49	8 754 878.71
09	I 公司	资金	2018	05	8 720 913.46	10 223 082.03	9 084 666.70
09	I 公司	资金	2018	06	9 505 484.49	11 002 088.24	9 314 728.29
09	I 公司	资金	2018	07	11 543 257.46	12 720 571.82	10 775 214.57
09	I 公司	资金	2018	08	11 432 734.59	12 914 156.65	11 244 811.39
09	I 公司	资金	2018	09	11 832 485.48	13 040 559.94	11 659 252.76
09	I 公司	资金	2018	10	13 103 285.47	14 330 599.30	12 710 988.39

续表

dwbh	dwmc	xm	nd/年	yf/月	zjcl/元	zjlr/元	zjlc/元
09	I 公司	资金	2018	11	14 633 243.46	15 956 618.18	12 109 384.60
09	I 公司	资金	2018	12	15 458 932.46	16 222 165.22	13 957 835.96
…	…	…	…	…	…	…	…

"Capzjbl"数据表结构如表 6-17 所示。

表 6-17　"Capzjbl"数据表

dwbh	dwmc	xm	xmmx	nd/年	je/元
09	I 公司	流动资产	存货	2018	502 697 553.51
09	I 公司	流动资产	存货	2017	492 357 042.15
09	I 公司	流动资产	存货	2016	474 529 720.61
09	I 公司	流动资产	货币资金	2018	147 544 644.06
09	I 公司	流动资产	货币资金	2017	746 623 922.90
09	I 公司	流动资产	货币资金	2016	1 391 707 795.65
09	I 公司	流动资产	应收账款	2018	1 478 208 861.71
09	I 公司	流动资产	应收账款	2017	1 684 743 023.85
09	I 公司	流动资产	应收账款	2016	1 828 786 559.00
10	I 公司	流动资产	其他应收款	2018	64 955 345.63
11	I 公司	流动资产	其他应收款	2017	195 756 472.90
12	I 公司	流动资产	其他应收款	2016	444 763 123.06
…	…	…	…	…	…

"Capzjck"数据表结构如表 6-18 所示。

表 6-18　"Capzjck"数据表

dwbh	dwmc	xm	nd/年	yf	yhck/元	mgsyhckzb	yhdk/元	mgsyhdkzb
09	I 公司	资金	2018	01	28 164 348.75	7.11%	60 272 958.33	22.44%
09	I 公司	资金	2018	02	12 295 387.01	3.10%	39 454 566.45	14.69%
09	I 公司	资金	2018	03	17 483 473.34	4.41%	28 485 355.33	10.61%
09	I 公司	资金	2018	04	19 243 242.32	4.86%	10 549 352.35	3.93%
09	I 公司	资金	2018	05	20 184 483.35	5.10%	82 985 355.35	30.90%
09	I 公司	资金	2018	06	23 297 343.35	5.88%	58 938 543.45	21.94%
09	I 公司	资金	2018	07	26 538 734.38	6.70%	60 853 595.44	22.66%
09	I 公司	资金	2018	08	29 893 489.48	7.55%	40 954 965.46	15.25%
09	I 公司	资金	2018	09	39 583 324.34	9.99%	60 385 664.35	22.48%
09	I 公司	资金	2018	10	42 408 432.35	10.71%	72 098 546.34	26.84%
09	I 公司	资金	2018	11	50 425 224.49	12.73%	30 248 546.35	11.26%
09	I 公司	资金	2018	12	32 453 535.65	8.19%	43 958 385.33	16.37%
…	…	…	…	…	…	…	…	…

"Capzjcljg"数据表结构如表 6-19 所示。

表 6-19 "Capzjcljg"数据表

dwbh	dwmc	xm	nd	je/元
09	I 公司	交通银行	2018	5 807 200.85
09	I 公司	交通银行	2017	9 002 426.22
09	I 公司	交通银行	2016	7 490 344.47
09	I 公司	招商银行	2018	4 278 324.24
09	I 公司	招商银行	2017	93 822.59
09	I 公司	招商银行	2016	3 571 679.77
09	I 公司	兴业银行	2018	6 234 785.38
09	I 公司	兴业银行	2017	892 832.25
09	I 公司	兴业银行	2016	6 927 434.48
09	I 公司	农业银行	2018	7 427 421.48
09	I 公司	农业银行	2017	13 832 432.39
09	I 公司	农业银行	2016	6 386 433.38
...	...	...	...	...

⑥ 展现形式。本实验将分析结果以可视化的形式展现，因此需为各分析报表选择合适的图表类型。一般而言，数据的分布可以选择柱形图，展示有多少项目(频率)会落入一个具有一定特征的数据段中；数据的构成可以选择饼状图，展示每部分所占全部的百分比；数据的趋势可以选择折线图，展示随时间而变化的连续数据等。本实验各分析报表的展现形式如表 6-20 所示。

表 6-20 分析报表展现形式

分 析 报 表	展 现 形 式	分 析 报 表	展 现 形 式
货币资金情况	柱形图	资金银行构成情况	饼状图
流动资产结构情况	饼状图	银行存贷款情况	表格

⑦ 展现工具。借助浪潮 GS 管理软件商务分析平台、仪表盘工具，通过数据归集分析，最终在 Web 端(浏览器)展现分析结果。GS 管理软件应用的具体模块如表 6-21 所示。

表 6-21 GS 管理软件应用模块

应 用 模 块	应 用 场 景
定义 BI 参数模板	按查询维度定义所用参数的值
数据集定义	将 I 公司资金整体状况的相关数据由后台数据库按月归集整理，完成取数工作
部件定义	对数据集进行封装。部件包括表格部件、图形部件、参数部件三种类型。表格部件和图形部件依赖于数据集，是对数据集中结果信息的图形化展示。参数部件依赖于 BI 参数模板，是对查询维度的图形化展示
页面管理	HTML 页面，是分析展现的页面，是最终呈现的结果形态。页面中包含已经封装好的部件，同时可调整各图形之间的位置、大小等布局信息

(2) 实验步骤

以货币资金情况分析报表为例，实验共分为五个实验步骤。

步骤一：定义查询条件。

I 公司以往在进行财务分析时，每月都需执行一遍分析程序，为了避免这种重复性工作，可以使用浪潮 GS 管理软件将年度、月份定义为查询条件，通过选择不同的查询条件实现灵活查询不同月份数据的效果。

定义查询条件通过浪潮 GS 管理软件"定义 BI 参数模板"模块实现，即"查询条件"在浪潮 GS 管理软件中称为"BI 参数模板"。因此，需要按照实验要求定义"资金分析——年度月份"参数模板。

步骤二：数据提取。

在做分析之前，要明确分析的对象是数据，因此，需将货币资金情况分析报表涉及的指标数据提取出来，可通过引入参数变量灵活提取不同时间的指标数据。

数据提取通过浪潮 GS 管理软件"数据集定义"模块实现，即提取出的数据在浪潮 GS 管理软件中称为"数据集"。不同分析报表包含的指标不同，因此，在定义数据集之前，需先按照实验建立目录级次，将数据集定义在该实验主题目录下。

步骤三：可视化展现。

提取数据之后，为了更加直观地展示分析结果，需对货币资金情况分析报表数据使用柱形组合图进行可视化展现。

可视化展现通过浪潮 GS 管理软件"部件定义"模块实现，即可视化图形在浪潮 GS 管理软件中称为"部件"。不同分析主题包含的可视化图形不同，因此，在定义部件之前，需先按照分析主题建立目录级次，将部件定义在该分析主题目录下。

步骤四：联查配置。

在定义查询条件时引入了参数模板，按照参数模板定义的查询条件提取数据，则分析看板需显示查询条件按钮，因此需将参数模板定义为可视化部件。该过程通过浪潮 GS 管理软件"部件定义"模块实现，即参数模板定义的部件在浪潮 GS 管理软件中称为"参数部件"。通过选择查询条件查看不同条件的分析结果，需配置"资金整体状况分析参数部件""货币资金分析柱形图""流动资产结构分析饼状图""资金银行构成分析饼状图"和"银行存贷款分析表格"，以便分析部件之间的联查。

步骤五：看板制作。

本实验将资金整体状况分析包括的"货币资金分析柱形图""流动资产结构分析饼状图""资金银行构成分析饼状图""银行存贷款分析表格"所有分析报表部件部署到资金整体状况分析看板中，用于集中呈现。

看板制作通过浪潮 GS 管理软件"页面管理"模块实现，即看板在浪潮 GS 管理软件中称为"页面"。不同实验包含的看板不同，因此，在定义页面之前，需先按照实验主题建立目录级次，将页面定义在该分析实验目录下。

思考题

1．利用大数据分析企业资金对企业有什么优势？
2．请谈谈与传统环境相比，大数据分析对企业的利弊影响。
3．大数据技术对企业资金计划有何价值？

4．请结合案例谈谈自己对大数据环境下公司资金状况分析的观点。

5．利用大数据分析企业资金时应该注意哪些方面？

6．如果你是公司财务人员，在大数据环境下你会从哪些方面分析企业的资本结构情况？

7．练习题：假设某公司 2022 年 3 月 15 日从银行取得 10 年期设备改造贷款 1 000 000 元，每年年末等额偿还本息，银行年利率为 5.31%。要求：①试设计还款分析表；②假设模型中贷款年利率、每年付款次数和贷款年限项目可变，试设计还款分析表。

思政提要

　　数字中国建设离不开包括财务人员在内的，掌握数字技术的各类专业人员。党的二十大报告提出"全面提高人才自主培养质量，着力造就拔尖创新人才"。在财务专业的人才培养中，强化财务人员在企业资金管理中的数字技术应用能力，有利于更准确地估计企业的资本成本、动态识别和分析企业的筹资风险和资金状况、优化企业的资本结构，从而提高企业筹资决策的科学化水平。

收入预测与利润规划

本章内容提要

　　本章在介绍收入预测与利润规划业务场景的基础上，分析了利用 Excel 建立模型和利用预测函数进行销售收入预测的方法，以及利润规划的过程。重点讲解了如何利用 Power BI 进行收入预测的方法，包括基于企业周期的预测方法、利用 Power BI 的自动预测功能和结合 R 语言的收入预测方法。同时讲解了如何应用浪潮大数据平台开展量本利分析，如何进行与企业战略决策相关的新闻内容和政策数据的采集。

本章重点掌握的 Power BI 工具

- 筛选类函数：CALCULATE()、FILTER()
- 逻辑判断函数：HASONVALUE()、MAX()、IF()
- 统计函数：SUM()、DIVIDE()
- 日期时间函数：DATE()、DATEADD()、CALENDAR()
- 表操作函数：GENERATE()
- DAX 语句：VAR
- 模拟参数的使用、建立关系
- 预测函数：FORECAST()
- Power BI 可视化：切片器、卡片图、折线图、矩阵、FORECASTING、FORECASTING WITH ARIMA、FORECAST USE NERUAL NETWORK 模型等
- R 语言环境嵌入

7.1　收入预测与利润规划的业务场景

　　收入预测与利润规划业务场景主要包括销售预测、利润规划和销售情况分析等场景。

1. 销售预测

　　营业收入是企业经营业务的收入，它的发生具有经常性和可以合理预测等特点。营业收入是企业补偿生产经营耗费的资金来源。营业收入的实现关系到企业生产活动的正常进行，加强营业收入管理，可以使企业的各种耗费得到合理补偿，有利于再生产活动的顺利

进行。营业收入也是企业的主要经营成果，是企业取得利润的重要保障。加强营业收入管理是实现企业财务目标的重要手段之一。

营业收入在不同企业有不同的表现形式。在工业企业，营业收入主要是指产品销售收入，包括销售产成品、半成品和提供工业性劳务等取得的收入。营业收入是企业收入的重要来源，组织和加强营业收入的管理是企业财务管理的重要内容，对企业有极其重要的意义。

销售预测的方法很多，按其性质分，有定性预测法和定量预测法两大类，其中定量预测法又包括调查分析法、趋势分析法和因果分析法等。

(1) 定性预测法

定性预测法是指预测者依靠熟悉的业务知识、丰富的经验和综合分析能力，根据已掌握的历史资料和直观材料，对事物的未来发展做出性质和程度上的判断。判断分析法是一种常用的定性分析方法，主要是通过一些具有丰富经验的企业经营管理人员、有销售经验的工作人员或有关专家对市场未来变化进行分析，以判断企业在一定时期内某种产品的销售趋势。

(2) 定量预测法

1) 调查分析法

调查分析法是通过对某种商品在市场上的供需情况和消费者的消费取向的调查，来预测本企业产品销售趋势的一种方法。调查内容包括对产品的调查、对客户的调查、对经济发展趋势的调查、对同行业的调查等。

2) 趋势分析法

趋势分析法是企业根据销售的历史资料，用一定的计算方法预测出未来销售的变化趋势的一种方法。这种方法适用于产品销售比较稳定、销售变化有规律的企业。趋势分析法是一种由历史数据推测未来的引申法，主要有移动平均法、指数平滑法和季节预测法等几种具体的方法。

① 移动平均法。移动平均法根据近期数据推测对预测值影响较大的事实，把平均数逐期移动。此分析工具及其公式基于过去特定的某段时期中变量的均值，对未来值进行预测。移动平均值提供了由所有历史数据构成的简单平均值所代表的趋势信息。使用此工具可以预测销售量、库存或其他指标的趋势。Excel提供了移动平均分析工具——移动平均趋势线。

② 指数平滑法。指数平滑法是一种改进的加权平均法，只是加权的权数只用一个，越近的数据，加权系数越大，以加重近期因素在预测中的作用；越久的数据，加权的系数越小，以减弱前期因素在预测中的作用。

③ 季节预测法。季节预测法又称季节周期法、季节指数法、季节变动趋势预测法。它是对包含季节波动的时间序列进行预测的方法。要研究这种预测方法，首先要研究时间序列的变动规律。季节变动是指价格由于自然条件、生产条件和生活习惯等因素的影响，随着季节的转变而呈现的周期性变动，这种周期通常为一年。季节变动的特点是有规律性的，每年重复出现，其表现为逐年同月(或同季)有相同的变化方向和大致相同的变化幅度。

3) 因果分析法

在经济活动中各种因素往往相互联系、相互影响，彼此之间构成一定的对应关系，利用各种因素之间的关系进行预测的方法就是因果分析法。比如，由于产品销售量总是受各种因素的影响，我们进行销售量(或销售额)预测时，可以首先确定影响产品销售量(或销售额)的各种因素，并找到这些因素与销售量(或销售额)的函数关系，然后利用这种函数关系进行销售预测。

因果分析法往往要建立预测的数学模型，故又称回归预测法。回归预测法通过对一组经济数据进行分析，建立相应的回归模型，再利用模型对所研究的经济对象进行预测和分析，进而为经济决策提供依据。回归预测分为线性回归预测和非线性回归预测两大类。

2．利润规划

利润规划通过对企业未来一段期间内应达到的最优化利润，即目标利润，进行科学预测、控制、规划，掌握其影响因素及变化规律，为管理者提供决策信息。企业进行利润规划的主要方法是本量利分析法。它通过业务量、成本、利润之间的关系对企业的生产经营活动进行规划和控制，是目标利润管理的基础方法。

目标利润是一种未来某时期的预期利润，它和预计收入、标准成本之间存在如下关系：目标利润=预计收入−标准成本。

目标利润可以根据企业过去的利润相关数据和同类企业的相关利润情况进行估算得到。在利润规划的本量利分析中，存在着一个特殊的产销量点，即保本点或盈亏平衡点。在该点上，企业的总成本和总收入相等，出现不盈不亏的现象。计算保本点时，必须把企业生产活动和非生产活动的固定成本和变动成本都考虑在内。

在本量利分析中，主要因素如售价、固定成本、变动成本和业务量等如有变动，会对保本点产生影响，因为它们是决定目标利润的主要因素。

企业利润规划的目的是在有限的生产资源下获取最大收益。因此，目标利润常常讨论各种因素变动的情况下，成本、产量、利润关系如何变动。

3．销售情况分析

企业产品销售情况对企业是至关重要的，因此除了了解企业的销售总额，常常还要对企业产品销售的分布情况进行统计分析，也就是对不同产品在不同地区的销售情况进行分析，从中寻找销售不利的原因和进一步扩大市场份额的途径。

7.2　用 Excel 预测收入

7.2.1　收入预测模型

本节着重介绍需要一定数学方法进行计算的定量预测法。常用的定量预测法有：移动平均法、指数平滑法、回归预测法等。下面以移动平均法为例，介绍如何运用 Excel 进行收入预测。

移动平均法是一种简单平滑预测技术，它的基本思路是：根据时间序列资料逐项推移，依次计算包含一定项数的序时平均值，以反映长期趋势。因此，当时间序列的数值受周期变动和随机波动的影响，起伏较大，不易显示出事件的发展趋势时，使用移动平均法可以消除这些因素的影响，显示出事件的发展方向与趋势，即趋势线，然后依据趋势线分析预测序列的长期趋势。

当时间序列没有明显的趋势变动时，使用一次移动平均就能够准确地反映实际情况，直接用第 t 周期的一次移动平均数就可预测第 $t+T$ 周期之值。但当时间序列出现线性变动趋势时，用一次移动平均数来预测就会出现滞后偏差。因此，需要进行修正，修正的方法是在一次移动平均的基础上做二次移动平均，利用移动平均滞后偏差的规律找出曲线的发展方向和发展趋势，然后再建立直线趋势的预测模型。

该直线趋势的预测模型是：

$$y_{t+T} = a_t + b_t T \tag{7-1}$$

式中，t——目前周期；

T——由目前周期推测需要预测的周期数，即 t 以后模型外推的时间；

y_{t+T}——$t+T$ 周期的预测值。

公式中截距：

$$a_t = 2M_t^{(1)} - M_t^{(2)} \tag{7-2}$$

斜率：

$$b_t = \frac{2}{N-1}(M_t^{(1)} - M_t^{(2)}) \tag{7-3}$$

其中，$M_t^{(1)}$ 为第一次移动平均最后 1 期的预测结果，$M_t^{(2)}$ 为第二次移动平均最后 1 期的预测结果。

【例 7-1】 已知 2009 年到 2018 年公司的销售收入如图 7-1 所示，试预测该公司 2019 年的销售收入。

	A	B	C	D
1				
2	年份	销售收入	一次平均	二次平均
3	2009	21000.00		
4	2010	25000.00		
5	2011	18000.00		
6	2012	30000.00		
7	2013	28000.00		
8	2014	29000.00		
9	2015	35000.00		
10	2016	42000.00		
11	2017	36000.00		
12	2018	38000.00		
13				
14	a:	0.00		
15	b:	0.00		
16	2019年预测值	0.00		
17				

图 7-1 销售收入预测的原始数据

(1) 在 Excel 工作表中输入原始数据

在 Excel 工作表中输入原始数据，如图 7-1 所示。其中，在 A14 单元格中输入 "a:"，B14 单元格中输入公式 "=C11*2−D11"，A15 单元格中输入 "b:"，B15 单元格中输入公式 "=(C11−D11)* 2/3"，A16 单元格中输入 "2019 年预测值"，B16 单元格中输入公式 "=B14+B15*1"。B16 单元格中的系数 1 是指 2018 年与预测年 2019 年之间相距 1 年。

由于一次移动平均和二次移动平均都还未做，2019 年的销售收入数值没有计算出来，因此 a、b 的值都为 0，2019 年销售收入的预测值也为 0。

(2) 计算移动平均数

① 单击"数据"选项卡中的"数据分析"按钮,弹出"数据分析"对话框,如图 7-2 所示。

② 选定"移动平均"选项,再单击"确定"按钮,弹出"移动平均"对话框,如图 7-3 所示。

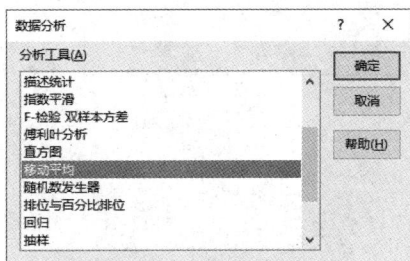

图 7-2　"数据分析"对话框

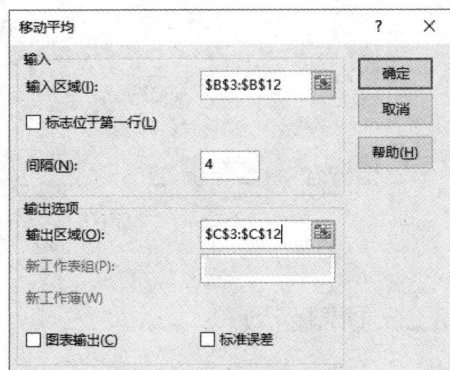

图 7-3　"移动平均"对话框

③ 在"输入区域"指定相应数据所在的单元格区域。单击 按钮回到工作表中,选中从 2009 年至 2018 年的销售收入,本例指定"$B3:$B12"单元格区域为输入区域,指定"间隔"等于 4,再指定"输出区域",可以选择输出到当前工作表的某个单元格区域、新工作表或是新工作簿。本例指定输出区域为当前工作表的"$C$3:$C$12"单元格区域。

④ 单击"确定"按钮,得到一次移动平均的值,如图 7-4 所示。从图 7-4 中可以看出,企业销售收入具有明显的增长趋势。因此要进行预测,必须做二次移动平均。二次移动平均值是在一次移动平均的基础上求得的,可按以上方法再做一次移动平均,求出的即是二次移动平均值,如图 7-5 所示。

图 7-4　一次移动平均的计算结果

图 7-5　二次移动平均的计算结果

得到一次移动平均和二次移动平均的数值后,即可得到 2019 年的销售收入为 42 270.83 元。随历史销售收入的改变,该模型所预测的未来销售收入也会改变。也就是说,如果已发生的销售收入发生变动,不用重新进行一次移动平均和二次移动平均,即可以得到随之改变的预测值。

如果做移动平均时，即在步骤②的"移动平均"对话框中勾选了"图表输出"的复选框，则系统会在计算移动平均数据的同时，给出相应的图表，如图7-6所示。

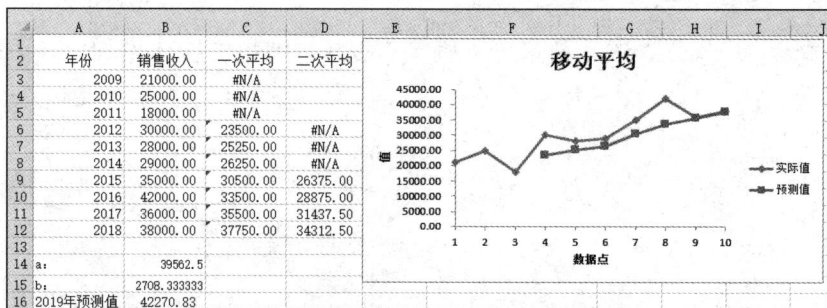

图7-6 带图表的一次移动平均

7.2.2 预测函数

对销售收入的预测还可以通过预测函数来进行。Excel 中所具有的预测函数主要有以下几个。

1. TREND()函数

语法：TREND(known_y's,known_x's,new_x's,const)。

功能：使用最小二乘法对已知数据进行最佳直线拟和，并返回描述此直线的数组。即找到适合给定的数组 known_y's 和 known_x's 的直线(用最小二乘法)，并返回指定数组 new_x's 值在直线上对应的 y 值。

参数说明如下：

① known_y's 为已知关系 $y = mx+b$ 中的 y 值集合。

- 如果数组 known_y's 为单列，则 known_x's 的每列被当作独立变量；
- 如果数组 known_y's 为单行，则 known_x's 的每行被当作独立变量。

② known_x's 为已知关系 $y = mx+b$ 中可选的 x 值的集合。

- 数组 known_x's 可以包含一个或多个数据集合。如果只使用一个变量，则 known_y's 和 known_x's 可以为任何形状的区域，只要它们维数相同就行；
- 如果使用多个变量，则 known_y's 必须为向量(就是说，必须为一行或一列的区域)；
- 如果省略 known_x's，则假设它是与 known_y's 大小相同的数组{1,2,3,…}。

③ new_x's 为需要 TREND()函数返回对应 y 值的新 x 值。

- new_x's 与 known_x's 一样，每个独立变量必须为单独的一行(或一列)；
- 如果省略 new_x's，则假设它和 known_x's 一样；
- 如果 known_x's 和 new_x's 都省略，则假设它们为数组{1,2,3,…}，大小与 known_y's 相同。

④ const 为一逻辑值，指明是否强制常数项 b 为 0；

- 如果 const 为 TRUE 或省略，则 b 按正常计算。
- 如果 const 为 FALSE，则 b 被设为 0，调整 m 以使 $y = mx$。

【例 7-2】　已知 2009—2018 年的销售收入如图 7-7 所示，试用 TREND()函数预测该公司 2019 年的销售收入。

① 在工作表中输入所需的原始数据，如图 7-7 所示。

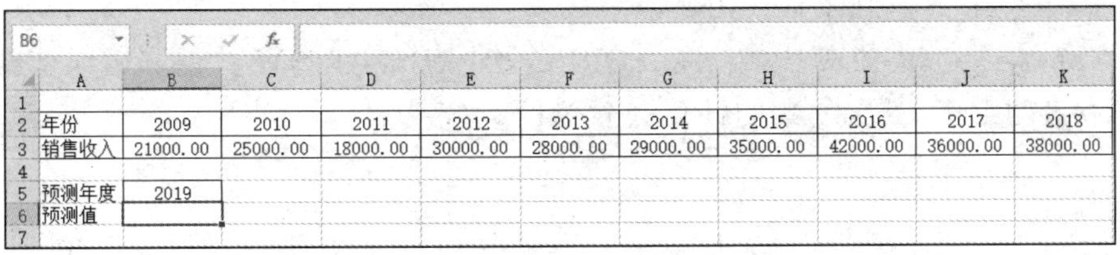

	A	B	C	D	E	F	G	H	I	J	K
1											
2	年份	2009	2010	2011	2012	2013	2014	2015	2016	2017	2018
3	销售收入	21000.00	25000.00	18000.00	30000.00	28000.00	29000.00	35000.00	42000.00	36000.00	38000.00
4											
5	预测年度	2019									
6	预测值										
7											

图 7-7　利于 TREND()函数分析所需的原始数据

② 将光标移到放置计算结果的单元格，本例是 B6 单元格，也可以设置别的单元格，但一定是一个空白的单元格。启用"插入函数"功能，选择"统计"类函数里的 TREND() 函数，弹出的"函数参数"对话框如图 7-8 所示。

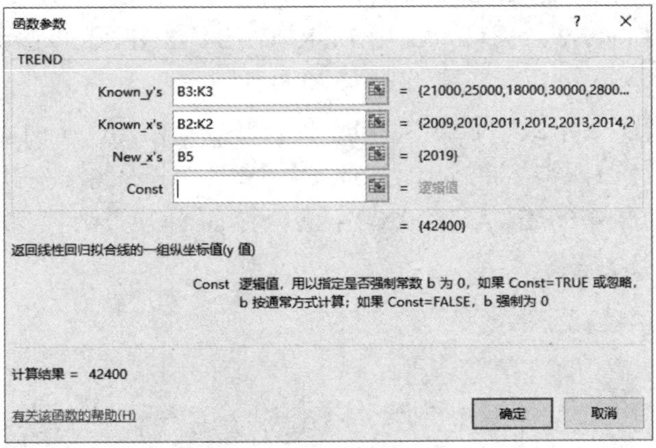

图 7-8　TREND()函数对话框

③ 在参数 Known_y's 处输入以前年份的销售收入数据所在的区域"B3:K3"，在参数 Known_x's 处输入对应的销售收入发生年份所在的区域"B2:K2"，在参数"New_x's"处输入对应的预测年度，本例中是 2019 年，B5 单元格，"Const"可以采用默认值，即不输入任何值。然后单击"确定"按钮，即可得到 2019 年的预测收入为 42 400 元。

也可以直接在 B6 单元格中输入公式"=TREND(B3:K3,B2:K2,B5)"，同样可以计算出 2019 年的预测收入。

2．FORECAST.LINEAR()函数

语法：FORECAST.LINEAR(x,known_y's,known_x's)。

功能：已知 x 值和 y 值，利用线性回归对未来值进行预测。可以使用该函数对未来销售额、库存需求或消费趋势进行预测。

参数说明如下：

① x 为需要进行预测的数据点。

② known_y's 为因变量数组或数据区域。

③ known_x's 为自变量数组或数据区域。

- 如果 x 为非数值型，则 FORECAST.LINEAR（）函数返回错误值#VALUE!；
- 如果 known_y's 和 known_x's 为空或含有不同个数的数据点，则 FORECAST.LINEAR（）函数返回错误值#N/A。
- 如果 known_x's 的方差为零，则 FORECAST.LINEAR（）函数返回错误值#DIV/0!。

FORECAST.LINEAR（）函数的计算公式为：

$$Y=a+bx$$

式中，

$$a = \overline{Y} - b\overline{X}$$

$$b = \frac{n\sum xy - \left(\sum x\right)\left(\sum y\right)}{n\sum x^2 - \left(\sum x\right)^2}$$

其中 x 和 y 为样本平均数 AVERAGE（known_x's）和 AVERAGE（known_y's）。

【例 7-3】 采用【例 7-2】资料，试用 FORECAST.LINEAR（）函数预测该公司 2019 年的销售收入。

① 用同样的方法在工作表中输入所需的原始数据，如图 7-7 所示。

② 将光标移到放置计算结果的单元格，本例是 B7 单元格。启用"插入函数"功能，选择"统计"类函数里的 FORECAST.LINEAR（）函数，弹出"函数参数"对话框，如图 7-9 所示。

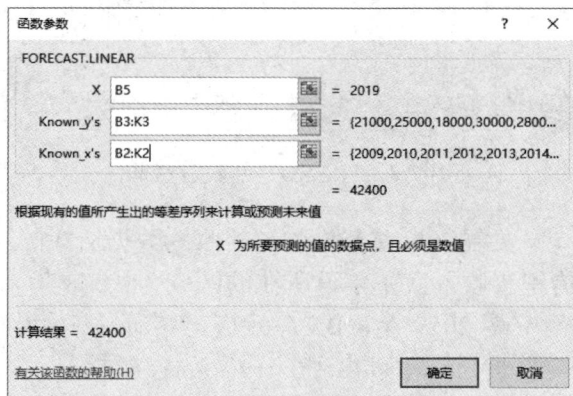

图 7-9 "函数参数"对话框

③ 在 FORECAST.LINEAR（）函数对话框中输入各项参数，如图 7-9 所示。单击"确定"按钮，可以计算出 2019 年的预测收入为 42 400 元。

也可以直接在 B7 单元格中输入公式"=FORECAST.LINEAR（B5,B3:K3,B2:K2）"，同样可以计算出 2019 年的预测收入为 42 400 元。

3. GROWTH（）函数

语法：GROWTH（known_y's,known_x's,new_x's,const）。

功能：通过拟合满足现有 x 值和 y 值的指数曲线预测未来值。

参数说明如下：

① known_y's 为满足指数回归拟合曲线 $y=b*m^\wedge x$ 的一组已知的 y 值。

- 如果数组 known_y's 在单独一列中，则 known_x's 的每列被视为一个独立的变量；
- 如果数组 known_y's 在单独一行中，则 known_x's 的每行被视为一个独立的变量；
- 如果 known_y's 中任何数为零或为负数，则 GROWTH()函数返回错误值#NUM!。

② known_x's 为满足指数回归拟合曲线 $y=b*m^\wedge x$ 的一组已知的 x 值，为可选参数。

- 数组 known_x's 可以包含一组或多组变量。如果仅使用一个变量，那么只要 known_x's 和 known_y's 具有相同的维数，则它们可以是任何形状的区域。如果用到多个变量，则 known_y's 必须为向量(即必须为一行或一列)；
- 如果省略 known_x's，则假设该数组为{1,2,3,…}，其大小与 known_y's 相同。

③ new_x's 为需要通过 GROWTH()函数返回的对应 y 值的一组新 x 值。

- new_x's 与 known_x's 一样，每个自变量必须包括单独的一列(或一行)。如果 known_y's 是单列的，则 known_x's 和 new_x's 应该有同样的列数。如果 known_y's 是单行的，则 known_x's 和 new_x's 应该有同样的行数；
- 如果省略 new_x's，则假设它和 known_x's 相同。
- 如果 known_x's 与 new_x's 都被省略，则假设它们为数组{1,2,3,…}，其大小与 known_y's 相同。

④ const 为一逻辑值，用于指定是否将常数 b 强制设为 1。

- 如果 const 为 TRUE 或省略，则 b 按正常计算。
- 如果 const 为 FALSE，则 b 被设为 1，调整 m 值以满足 $y=m^\wedge x$。

⑤ 对于返回结果为数组的公式，在选定正确的单元格个数后，必须以数组公式的形式输入。当为参数(如 known_x's)输入数组常量时，应当使用逗号分隔同一行中的数据，用分号分隔不同行中的数据。

【例 7-4】采用【例 7-2】资料，试用 GROWTH()函数预测该公司 2019 年的销售收入。

① 用同样的方法在工作表中输入所需的原始数据，如图 7-7 所示。

② 将光标移到放置计算结果的单元格，本例中是 B7 单元格。启用"插入函数"功能，选择"统计"类函数里的 GROWTH()函数，弹出"函数参数"对话框，如图 7-10 所示。

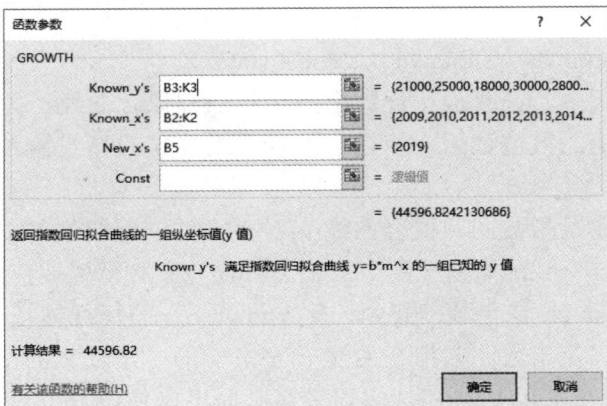

图 7-10　"函数参数"对话框

③ 在 GROWTH 函数对话框中输入各项参数，如图 7-10 所示。单击"确定"按钮，可以计算出 2019 年的预测收入为 44 596.82 元。

4．LINEST()函数

语法：LINEST(known_y's,known_x's,const, stats)。

功能：使用最小二乘法对已知数据进行最佳直线拟合，并返回描述此直线的数组。因为此函数返回数值数组，所以必须以数组公式的形式输入。

参数说明如下：

① known_y's 为关系表达式 $y=mx+b$ 中已知的 y 值集合。

- 如果数组 known_y's 在单独一列中，则 known_x's 的每列被视为一个独立的变量；
- 如果数组 known_y's 在单独一行中，则 known_x's 的每行被视为一个独立的变量。

② known_x's 为关系表达式 $y=mx+b$ 中已知的可选 x 值集合。

- 数组 known_x's 可以包含一组或多组变量。如果仅使用一个变量，那么只要 known_y's 和 known_x's 维数相同，它们可以是任何形状的区域。如果使用多个变量，则 known_y's 必须为向量（即必须为一行或一列）；
- 如果省略 known_x's，则假设该数组为{1,2,3,…}，其大小与 known_y's 相同。

③ const 为一逻辑值，用于指定是否将常量 b 强制设为 0。

- 如果 const 为 TRUE 或省略，则 b 按正常计算。
- 如果 const 为 FALSE，则 b 被设为 0，调整 m 以满足 $y=mx$。

④ stats 为一逻辑值，指定是否返回附加回归统计值。

- 如果 stats 为 TRUE，则 LINEST 函数返回附加的回归统计值；
- 如果 stats 为 FALSE 或省略，则 LINEST 函数只返回系数 m 和常量 b。

LINEST 函数计算公式为：

$$y = mx+b \text{ 或 } y=m_1\times1+m_2\times2+\cdots+b$$

式中，因变量 y 是自变量 x 的函数值。m 是与每个 x 值相对应的系数，b 是常量。注意 y、x 和 m 可以是向量。LINEST 函数返回的数组为{mn,mn−1,…,m1,b}。LINEST 函数还可返回附加回归统计值。

5．LOGEST()函数

语法：LOGEST(known_y's,known_x's,const,stats)。

功能：在回归分析中，计算最符合数据的指数回归拟合曲线，并返回描述该曲线的数值数组。因为此函数返回数值数组，所以必须以数组公式的形式输入。

参数说明如下：

① known_y's 为满足指数回归拟合曲线 $y=b*m\textasciicircum x$ 的一组已知的 y 值。

- 如果数组 known_y's 在单独一列中，则 known_x's 的每列被视为一个独立的变量；
- 如果数组 known_y's 在单独一行中，则 known_x's 的每行被视为一个独立的变量。

② known_x's 为满足指数回归拟合曲线 $y=b*m\textasciicircum x$ 的一组已知的 x 值，为可选参数。

- 数组 known_x's 可以包含一组或多组变量。如果仅使用一个变量，那么只要 known_x's 和 known_y's 具有相同的维数，则它们可以是任何形状的区域。如果使用多个变量，则 known_y's 必须是向量。如果省略 known_x's，则假设该数组为 {1,2,3,···}，其大小与 known_y's 相同。

③ const 为一逻辑值，用于指定是否将常量 b 强制设为 1。

- 如果 const 为 TRUE 或省略，则 b 按正常计算；
- 如果 const 为 FALSE，则 b 被设为 1，调整 m 以满足公式 $y=m^x$。

④ stats 为一逻辑值，指定是否返回附加回归统计值。

- 如果 stats 为 TRUE，则 LOGEST 函数将返回附加的回归统计值；
- 如果 stats 为 FALSE 或省略，则 LOGEST 函数只返回系数 m 和常量 b。

LOGEST 函数的计算公式为：

$$y = b*m^x \text{ 或 } y=(b*(m_1{}^{x_1})*(m_2{}^{x_2})*\cdots) \text{（如果有多个 } x \text{ 值）}$$

式中，y、x 和 m 可以是向量。LOGEST 函数返回的数组为 $\{m_n,m_{n-1},\cdots,m_1,b\}$。

7.3　利用 Power BI 进行收入预测

7.3.1　案例基本情况

相比 Excel，Power BI 可以处理更加庞大的数据，它的逻辑更加简洁、清晰，同时由于其强大的可视化与交互功能，对收入预测结果可以进行更加丰富的呈现及动态调整。本节将介绍通过 Power BI 进行收入预测的几种方法。

首先引入一家沙发制造销售企业的案例，并介绍其基本情况。案例基本模型中共包含四张表，分别为该企业的销售数据表、产品表、门店信息表和日历表，如图 7-11 所示。销售数据表中的"数量"（产品销量）体现公司的业务发展状况，是我们关注的核心指标。但为了对数据进行不同维度与不同颗粒度的分析，我们同时引入其他三张表与销售数据表相关联构建分析模型。其中，产品表列示该企业在售产品的不同风格、样式、产品名称及各自的单价，该表通过相同的"产品 ID"字段与销售数据表相关联。门店信息表介绍不同城市分店的具体信息，包括店长姓名、年龄、销售目标值等，通过相同的"门店"字段与销售数据表相关联。日历表是根据销售期间制作的一张 2015.1.1 至 2016.12.31 的日期信息表，并提取相应的年份、季度、月份等信息，通过日历表的"日期"字段和销售数据表的"订单日期"两张表产生关联。各表的基本结构如图 7-12 所示。

由于销售数据表中仅有商品销售的数量，而价格信息在产品表中，因此为分析该公司整体销售情况，首先要创建度量值"销售额"：

销售额 = SUM('产品表'[价格]) * SUM('销售数据表'[数量])

该度量值为后续一系列分析的核心指标。首先应用 Power BI 一些常见的视觉工具对该企业 2015 年至 2016 年的销售额进行一个基本的可视化与动态交互分析，其销售额内部结构如图 7-13 所示。

图 7-13 分别列示了时间序列下该企业总体销售额的柱形图变化，以及按照产品风格、样式及产品名称分类下的销售额内部结构，同时引入时间切片器与卡片图，以便展示任意时间段内各产品销售额的变化状况。从柱形图看，该公司处于一个明显的高速成长期，销

售额在这两年内快速增长。从以"风格"分类的饼状图看,"轻奢"类产品贡献了将近50%的销售额;从以"样式"分类的环状图看,"意式"设计类产品贡献了超过50%的销售额;相应的,在以"产品名称"分类的树形图中,"轻奢意式"类产品的销售额所占比重最大。

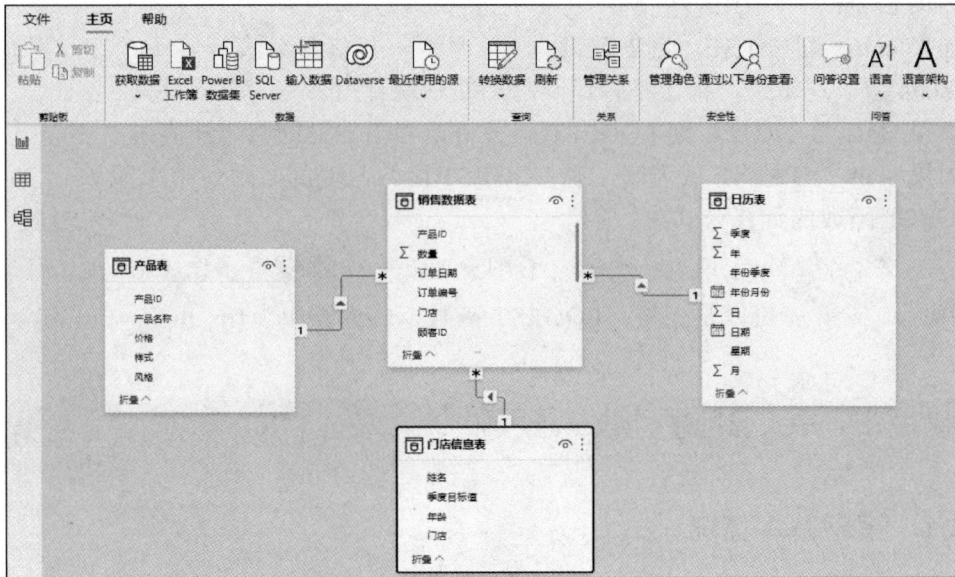

图 7-11　案例企业基本模型构成

销售数据表

产品表

订单日期	门店	产品ID	数量	订单编号
2016年11月30日	岳阳市	1004	1	20028402
2016年12月12日	黄冈市	1005	4	20028401
2016年12月7日	襄阳市	1008	2	20028400
2016年12月13日	长沙市	1004	3	20028399
2016年12月27日	襄阳市	1009	2	20028398
2016年12月20日	张家口市	1004	2	20028397
2016年12月19日	南昌市	1005	1	20028396
2016年12月20日	郴州市	1006	1	20028395
2016年12月29日	黄冈市	1005	2	20028394
2016年12月20日	南通市	1006	3	20028393
2016年12月26日	泰州市	1004	4	20028392
2016年12月15日	襄阳市	1009	2	20028391

产品ID	风格	样式	产品名称	价格
1001	简约	美式	简约美式	3180
1002	简约	意式	简约意式	3100
1003	简约	欧式	简约欧式	2990
1004	轻奢	美式	轻奢美式	3890
1005	轻奢	意式	轻奢意式	3990
1006	轻奢	欧式	轻奢欧式	4010
1007	工业风	美式	工业风美式	3890
1008	工业风	意式	工业风意式	3990
1009	工业风	欧式	工业风欧式	4010
1010	古典	美式	古典美式	5100
1011	古典	意式	古典意式	4990
1012	古典	欧式	古典欧式	3180

日历表

门店表

日期	年	月	日	季度	年份季度	年份月份	星期
2015年1月1日	2015	1	1	1	2015Q1	2015年1月1日	星期四
2015年1月2日	2015	1	2	1	2015Q1	2015年1月1日	星期五
2015年1月3日	2015	1	3	1	2015Q1	2015年1月1日	星期六
2015年1月4日	2015	1	4	1	2015Q1	2015年1月1日	星期日
2015年1月5日	2015	1	5	1	2015Q1	2015年1月1日	星期一
2015年1月6日	2015	1	6	1	2015Q1	2015年1月1日	星期二
2015年1月7日	2015	1	7	1	2015Q1	2015年1月1日	星期三
2015年1月8日	2015	1	8	1	2015Q1	2015年1月1日	星期四
2015年1月9日	2015	1	9	1	2015Q1	2015年1月1日	星期五
2015年1月10日	2015	1	10	1	2015Q1	2015年1月1日	星期六
2015年1月11日	2015	1	11	1	2015Q1	2015年1月1日	星期日
2015年1月12日	2015	1	12	1	2015Q1	2015年1月1日	星期一

门店	姓名	年龄	季度目标值
诸暨市	蔡洪	40	152
中山市	蔡洪	40	144
镇江市	李强	28	31
肇庆市	赵新	30	146
长沙市	李强	28	121
张家口市	马超	38	170
岳阳市	蔡洪	40	161
宣城市	蔡洪	40	134
襄阳市	张伟	39	83
武汉市	陈洪	24	36
芜湖市	王力	29	54
无锡市	刘建	45	52

图 7-12　案例企业四张表的基本结构示例

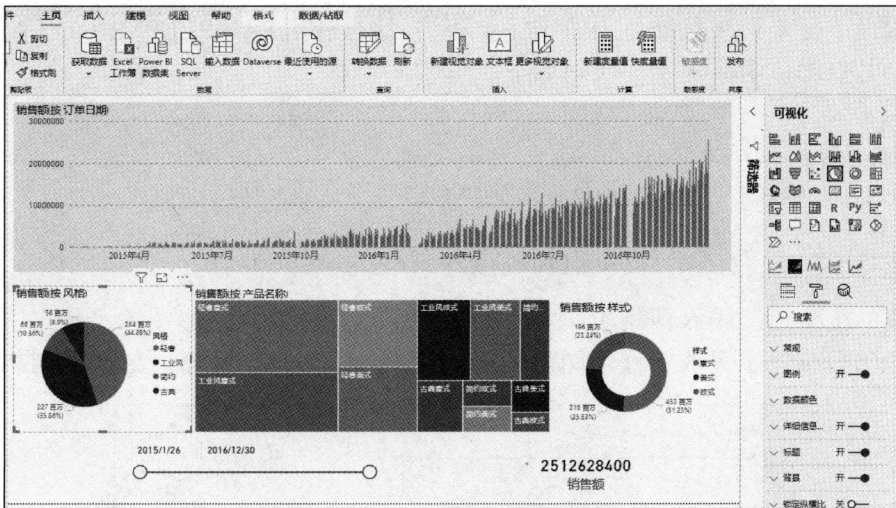

图 7-13 案例企业销售额内部结构

7.3.2 基于企业周期的预测方法

我们以总体销售额变化为主要分析对象，进行收入预测分析。首先需注意的是，由于在本案例中，第一例业务发生于 2015.1.26，最后一笔业务发生于 2016.12.30，相应日期表的时间跨度为 2015.1.1 至 2016.12.31，因此，为方便接下来的一系列时间预测，应当先建立一张包含未来时间段的日期表。假设需要预测未来一年的收入，那么应新建一张 2015.1.1 至 2017.12.31 的日期表，具体代码如下：

```
日期表1 = GENERATE (
CALENDAR ( DATE ( 2015, 1, 1 ), DATE ( 2017, 12, 31 ) ),
VAR currentDay = [Date]
VAR year = YEAR ( currentDay )
VAR quarter = "Q" & FORMAT ( currentDay, "Q" )
VAR month = FORMAT ( currentDay, "MM" )
VAR day = DAY( currentDay )
VAR weekid = WEEKDAY ( currentDay,2)
VAR yearmonth = FORMAT ( currentDay,"mmm yyyy" )
RETURN ROW (
"年度", year,
"季度", quarter,
"月份", month,
"日期", day,
"年度季度", year&quarter,
"年度月份", yearmonth,
"星期", weekid
))
```

生成新的日期表 1 与原来的日期表结构相同。同样地，将日期表 1 中的"日期"字段与销售数据表中的"订单日期"字段进行关联即可。

首先假设下一年销售数据与上一年完全相同,这可利用SAMPLEPERIOD LASTYEAR()函数或DATEADD()函数实现。代码如下:

```
收入预测 1 =
VAR forecast=
CALCULATE([销售额],DATEADD('日期表1'[日期],-1,YEAR))
RETURN
IF(MAX('日期表1'[日期])>DATE(2016,12,31),forecast)
```

将生成的度量值"收入预测 1"与"销售额"字段都放入柱形图的"值"中,同时将日期表 1 的"日期"字段放入柱形图的轴中,并添加时间轴切片器,效果如图 7-14 所示。

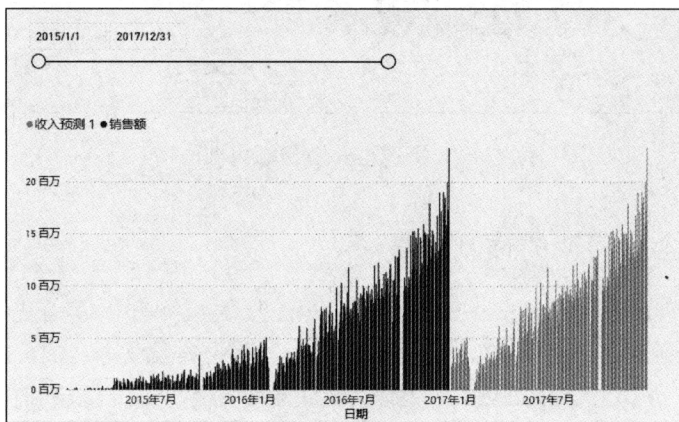

图 7-14　添加时间轴切片器效果

我们看到,在这种情况下 2017 年的预测销售数据与 2016 年的完全相同。同理,如果想按照上月的销售额进行预测,只要把 DATEADD()函数中的"YEAR"改为"MONTH"即可。现实中这种情况几乎是不可能出现,但实际上我们已经给出了一个预测的基本范式。如果数据呈现一定的规律性或趋势性,并且是可以在一定范围内进行估测的,那么我们可以利用这种趋势,将上例中的代码稍加改动,就可以进行预测。

第一种情况是假设企业的销售额近三年以一个固定的速度增长。这首先需要计算该企业 2015 年至 2016 年的增长速度。虽然我们可观察到该企业销售额总体上呈现明显的增长趋势,但存在显著的季节性特征,并且每年年初的销售额会快速下滑,滑至低于上年年末值。同时日度级别的数据存在偏离度较高的极端值,因此为了让数据的趋势更明显,我们改用月度数据的同比增长率进行预测,此时需要将轴上的字段由"日期"切换为"年度月份"。具体的 DAX 代码如下:

```
上年同期销售额 =
CALCULATE([销售额],DATEADD('日期表1'[年度月份],-1,YEAR))
同比增长率+1 =
DIVIDE([销售额], [上年同期销售额])
收入预测 2 = VAR forecast=
CALCULATE([销售额],DATEADD('日期表1'[年度月份],-1,YEAR))*CALCULATE([同比增长率+1],DATEADD('日期表1'[年度月份],-1,year))
RETURN
```

```
IF(MAX('日期表1'[日期])>DATE(2016,12,31),forecast)
```

我们先生成"上期同期销售额"和"同比增长率+1"度量值，然后将"同比增长率+1"代入收入预测的代码中。当然，计算同比增长率的方法很多，Power BI 本身就可以通过"快速度量"自动计算同比增长率，但不论哪种方法，其基本原理是相同的。计算后"收入预测 2"结果如图 7-15 所示。

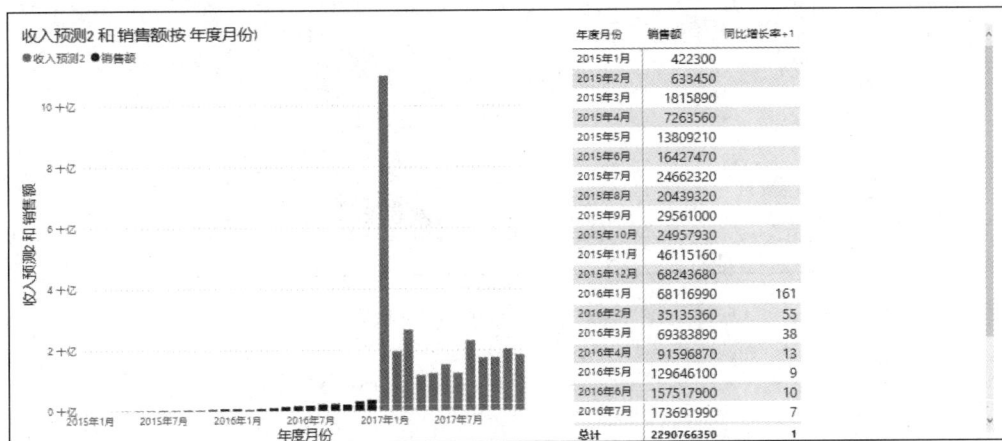

图 7-15　"收入预测 2"结果

预测数据看起来有些夸张，2017 年的销售额预测值过高，以至于 2015 至 2016 年的销售额与其相比几乎可以忽略不计。但这是由于公司于 2015 年至 2016 年经历了高速增长，同时月度数据依旧存在偏离度过高的极值导致的。尤其是 2015 年 1 月仅有 42 万元的销售额，而 2016 年 1 月已达到 6 800 万元，由此导致同比增长率高达 161，导致以此为基础的 2017 年 1 月的预测销售额更加夸张。

一个已经达到亿万级销售额的沙发公司再持续保持几十倍的高增长速度的概率显然是很低的，因此需要更加理性的预测。在此，我们引入企业生命周期理论，并通过将收入预测代码中"CALCULATE"函数后的系数参数化，构建一个简单的以企业生命周期理论为基础的理性预测模型。

企业生命周期理论由美国著名管理学家伊查克·爱迪思提出，经过 20 多年的研究他发现，企业存在平均以 12 年左右为一个周期的长期规律循环，同时在每个周期内部平均经历上升期、高峰期、平稳期和低潮期，不同周期企业业务或规模增长速度不同。因此，企业应分别采取不同的策略进行应对。经过大量后续学者的讨论与研究，一般在没有其他因素干扰的情况下，普遍采用以适宜的增长率为基数，以预测期间为幂指数的方式进行预测。

基于该理论，我们首先创建一个企业周期表，对企业不同的周期赋予不同的增长率系数，假设如图 7-16 所示。

同时基于"HASONEVALUE"形成新的度量值：

企业周期	增长率+1
上升期	4.5
高峰期	1.95
平稳期	1.2
低潮期	0.6

图 7-16　增长率系数

收入预测(基于企业周期) =IF(HASONEVALUE('企业周期系数表'[企业周期]),
　　　　[收入预测 1]*SUM('企业周期系数表'[增长率+1]),[收入预测 1]

将"企业周期"生成切片器，预测效果如图 7-17 至图 7-20 所示。

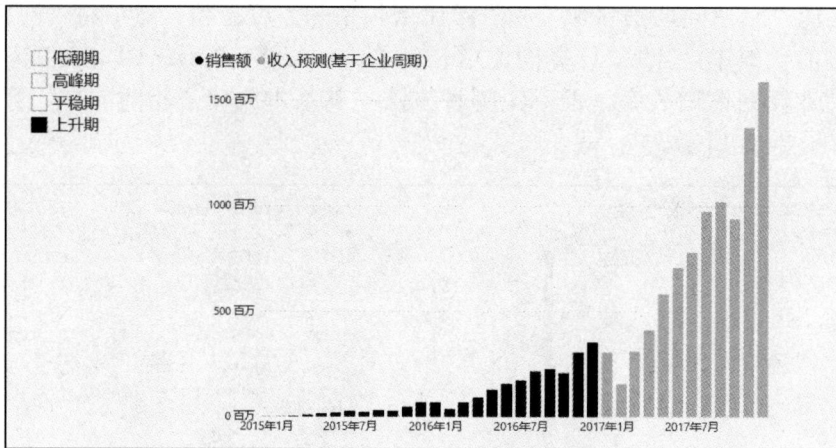

图 7-17　上升期的收入预测

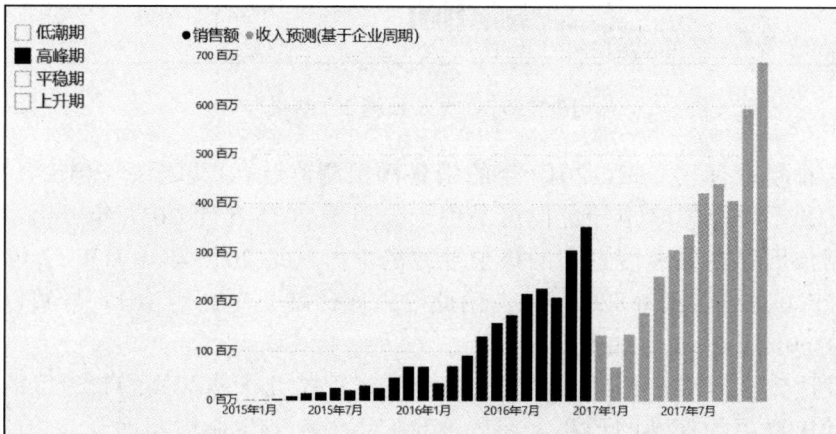

图 7-18　高峰期的收入预测

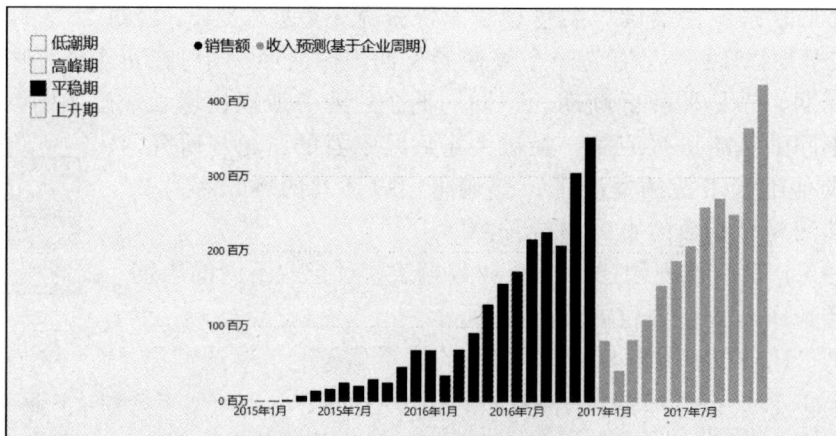

图 7-19　平稳期的收入预测

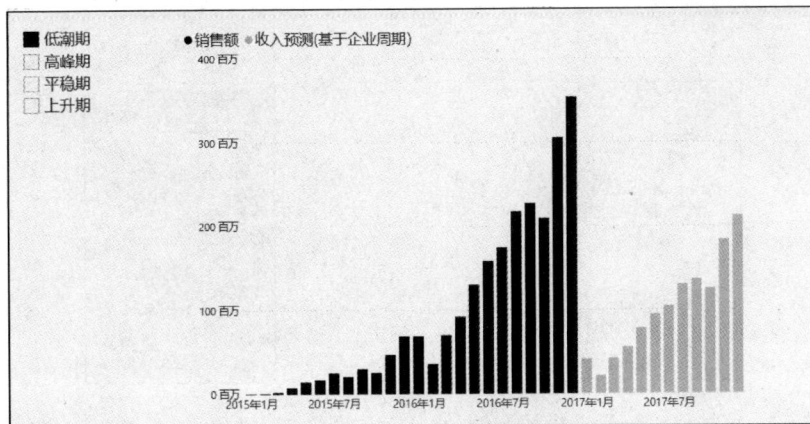

图 7-20　低潮期的收入预测

通过切片器的筛选，可以快速切换，了解不同周期假设条件下的收入预测状况。图 7-17 中销售额继续高速增长，效果类似图 7-16，但消除了极端值的干扰。图 7-18 中高峰期的销售额增长速度下降明显，但依旧维持显著的增长态势。图 7-19 进入平稳期后销售额增长趋势已经显著趋缓。图 7-20 进入低潮期后销售额呈现明显的下降趋势。

7.3.3　Power BI 的自动预测功能

标准版的 Power BI 实际上可以直接通过鼠标操作实现自动预测，而无须编辑 DAX 代码，但该功能目前仅可在折线图中实现，同时，预测功能的实现对历史数据的趋势性有一定要求。在本案例中，如果在日数据基础上进行预测，由于个别极端数据的存在，系统会提示由于数据不规则导致无法预测，如图 7-21 所示。

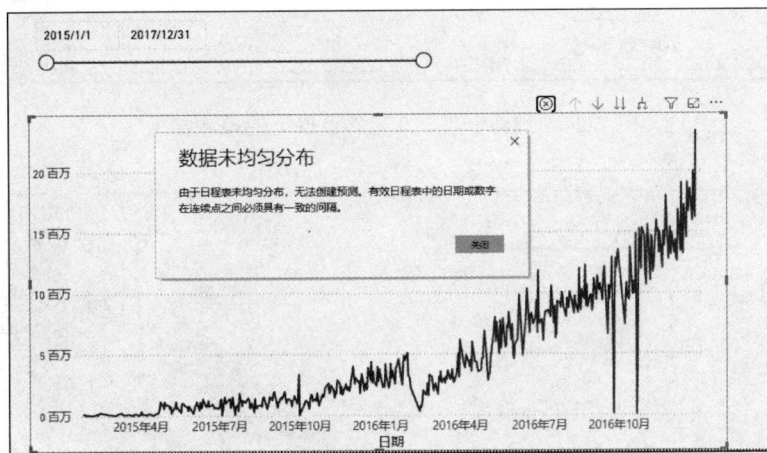

图 7-21　无法预测时的系统提示

我们依旧以"年度月份"为轴，生成折线图后在可视化编辑区域的"分析"板块找到"预测长度"一栏（见图 7-22），单击"添加"选项，默认生成"预测 1"后，出现编辑界面，如图 7-23 所示。可编辑的元素包括"预测长度"、"忽略最后 N 点"、"置信区间"与"季节性"等。下面分别具体查看每项设置对预测结果的影响。

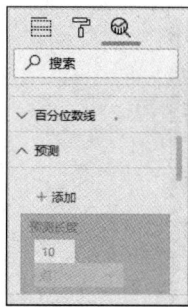

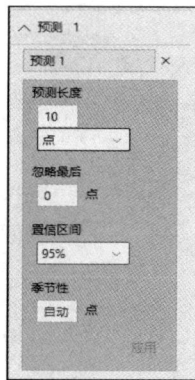

图 7-22 可视化"分析"模块示例　　　　　　图 7-23 "预测 1"的编辑界面

① 预测长度及单位：本例中"点"与"月"相同，图 7-24 和图 7-25 分别为预测长度"3"个"点"和"12"个"月"的结果。

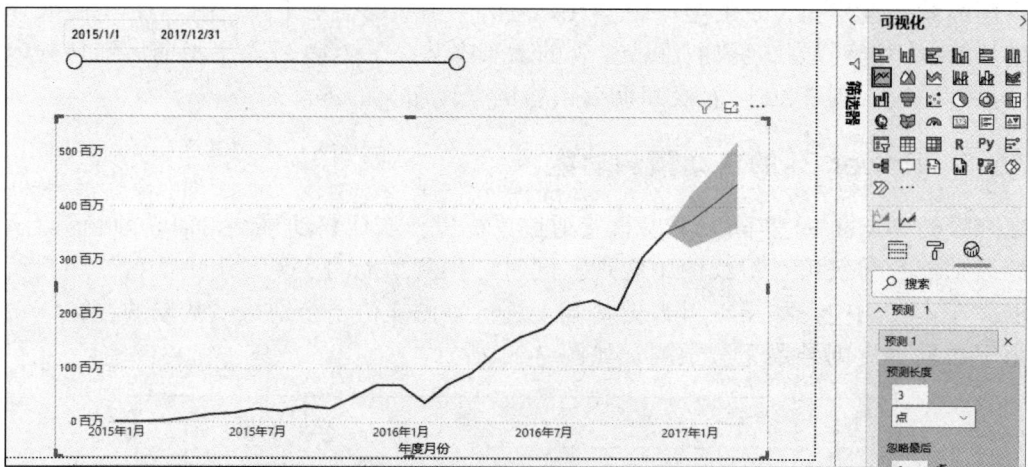

图 7-24 预测长度"3"个"点"的预测结果

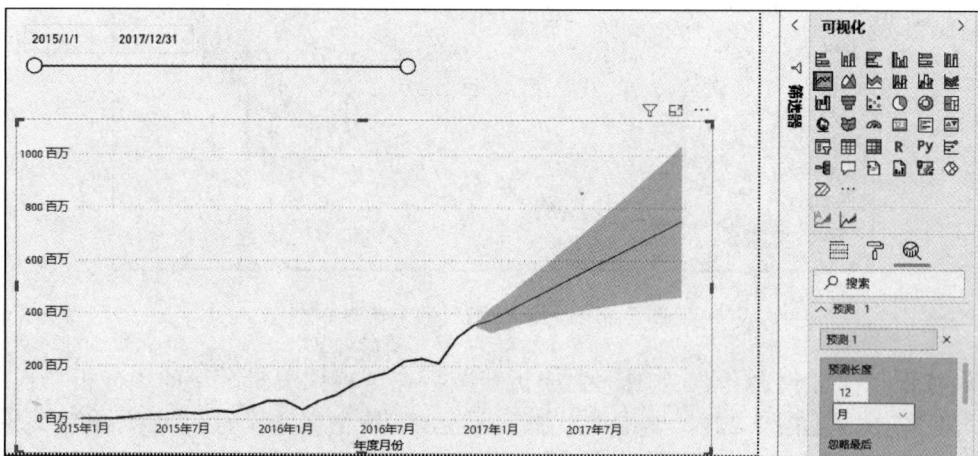

图 7-25 预测长度"12"个"月"的预测结果

② 忽略最后 N 个月：如果历史数据存在默认，可以通过忽略最后 N 个月的数据来保证趋势的完整性。假设本例中最后一个月的数据不完整，选择"忽略 1 个月"，预测结果如图 7-26 所示。

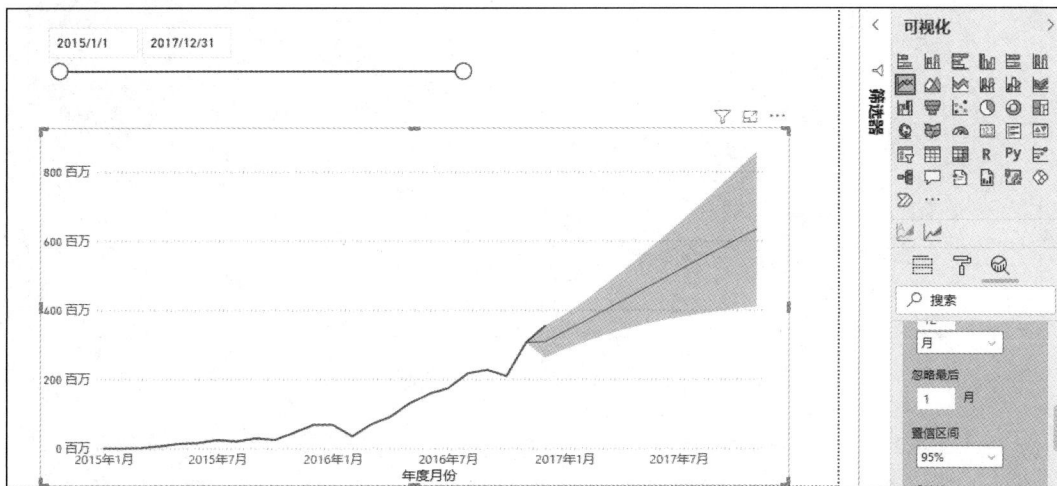

图 7-26 忽略 1 个月后的预测结果

此时预测时间实际从 2016 年 12 月开始，而非 2017 年 1 月，同时实际数据和预测数据在 2016 年 12 月存在交叉的情况。但从预测线来看，如果原有既定趋势不变的话，2016 年 12 月的数据在预测线上滞后 1 个月左右也基本可以实现。

③ 置信区间：可以看到在预测线上除了折线，还包括上下阴影部分构成的扇形部分，给出了预测数据的上下限。扇形面积的大小是由置信区间决定的，置信度越高，扇形面积越大，前例中默认的置信度为 95%，我们分别将置信度更改为 75% 与 99%，预测结果分别如图 7-27 和图 7-28 所示。

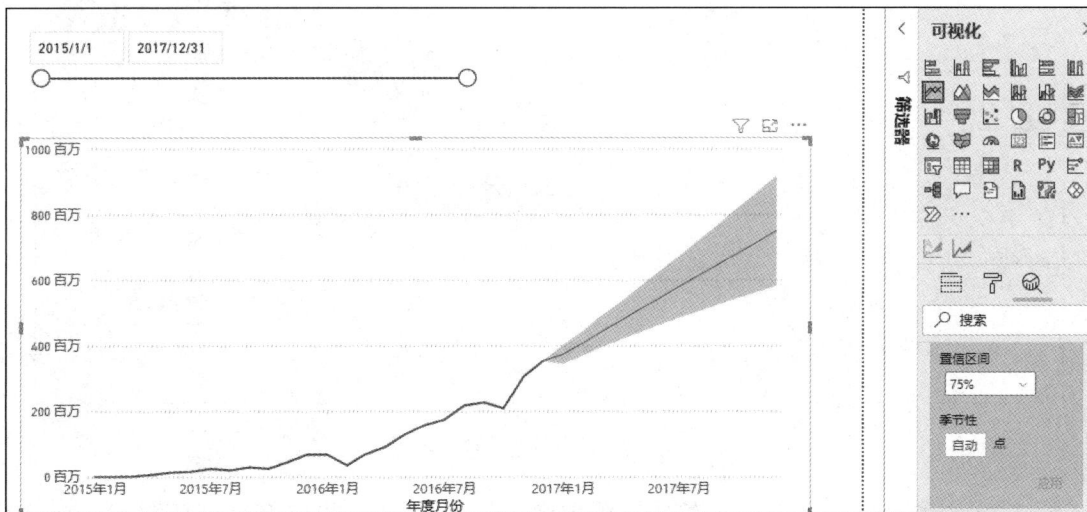

图 7-27 置信度为 75% 的预测结果

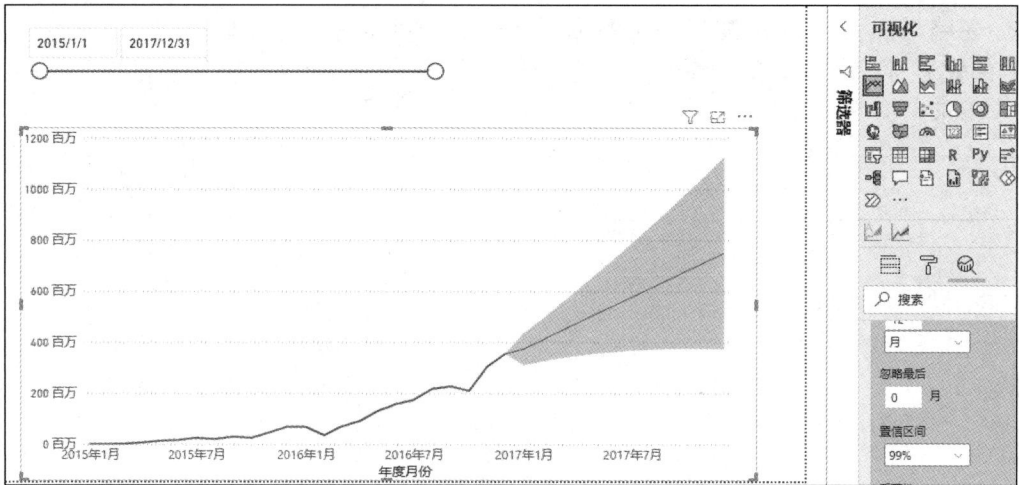

图 7-28　置信度为 99%的预测结果

④ 季节性设置：在前例中，系统根据历史数据明显的增长趋势，形成逐月递增的预测线。然而从实际数据观测看，尽管该企业处于高速增长的阶段，但销售数据也存在明显的季节性特征。例如，销售额每年年初较低，然后持续上涨，同时在每年的 10 月份左右又会出现一个低谷，然后继续增长，每年 12 月达到年内最高。现实中，绝大部分企业的业务也存在显著的季节性特征，只是具体趋势不同。相应的，Power BI 的预测功能也加入了季节性调整功能。"点"的数量是指周期。本例中时间轴为年度月份，那么季节性设置应为"12"个点，（相应的，如果是季度数据就应设置为"4"，日度数据应设置为"365"），结果如图 7-29所示。

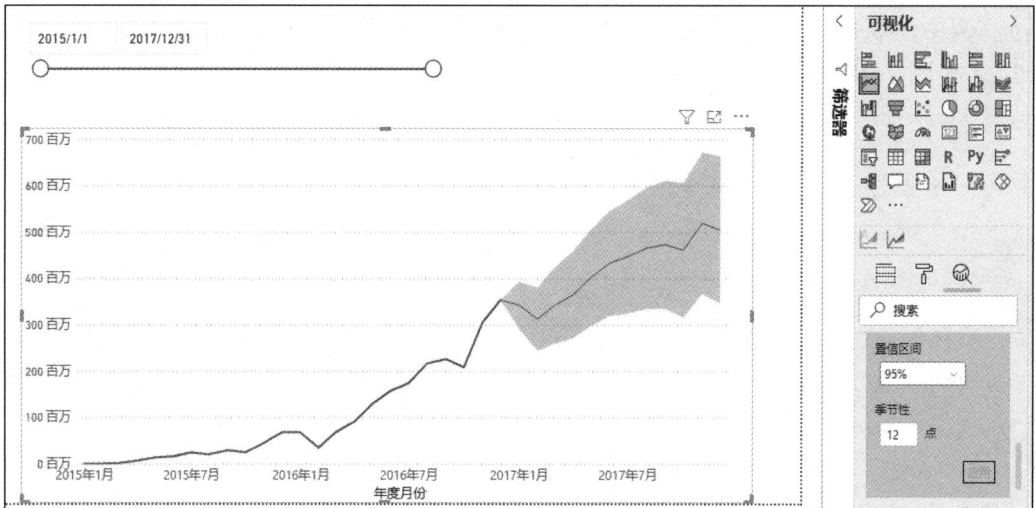

图 7-29　季节性调整后的预测结果

图 7-29 的预测折线不再是一条严格单调向上的曲线，如 2017 年 1 月销售额低于 2016年 12 月的，同时在 2017 年 10 月左右也出现了阶段性低谷。以过往两年的真实数据为参照，预测曲线看起来更逼近真实数据，拟合度得到了提高。

7.3.4　借助 R 语言的收入预测

除了折线图自带的预测功能，Power BI 可以从官网下载更多视觉图像以实现更加复杂的预测功能，但大部分需要借助 R 语言或 Python 语言才能实现，二者的操作过程有较高的相似度。本小节介绍如何借助 R 语言实现更多预测功能。需要说明的是，大部分视觉对象并不需要使用者掌握复杂的 R 语言代码，只需通过 Power BI 的一步步操作，下载安装对应程序包即可（下载并安装 R 语言程序后，在 Power BI 中找到"文件"下的"选项"选项，找到"R 脚本"选项进行加载）。接下来我们介绍其中的两种预测方法。

第一种是基于 ARIMA 模型（Autoregressive Integrated Moving Average Model，自回归移动平均模型）的预测方法。在完成 R 语言程序加载后，在"更多视觉对象"选项卡下单击"App Source"按钮，然后搜索关键词"ARIMA"，进入"Power BI 视觉对象"界面，如图 7-30 所示。单击相应的"添加"按钮即可安装"Forecasting with ARIMA"视觉对象。在第一次运行时，系统会提示安装视觉对象具体对应的 R 语言程序并重启，按照提示操作即可。

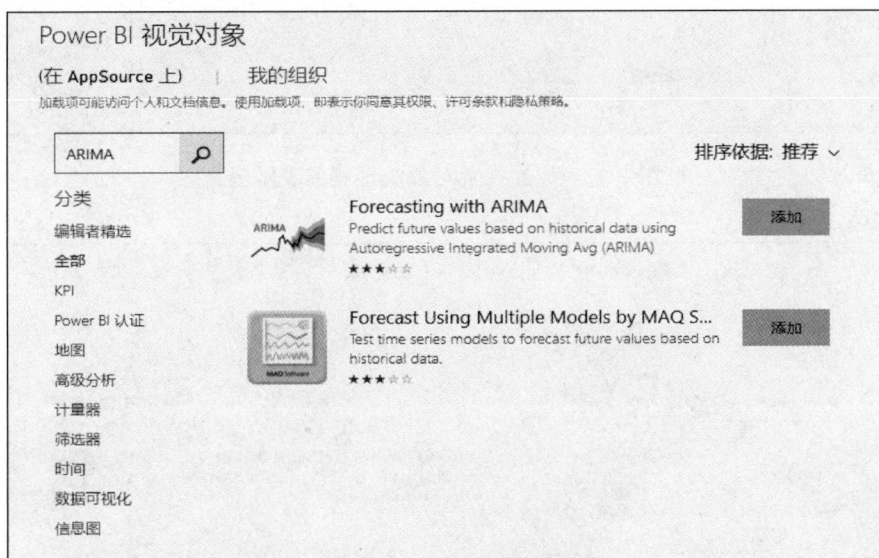

图 7-30　Power BI 视觉对象界面

完成加载后，添加该视觉对象，在"Value"选项中放入"销售额"字段，在"Date"选项中放入"年度月份"字段即可生成预测图表，如图 7-31 所示。模型设置选项除了包括前文提到的预测长度、季节性调整等常见因素，还需要调整模型的 (p, d, q) 因子，以及选择报告的统计检验值。其中"p"为自回归项系数，"q"为滑动平均项数，"d"为使序列平稳的差分阶数；选择报告的统计检验值，包括 AIC、BIC 等（涉及相关知识请查阅相关的统计学书籍，本书不再赘述）。如果不进行特殊设置，Power BI 会根据数据自动校准模型。在本例中，模型自动校准的 (p, d, q) 为 $(0, 2, 1)$，报告的 AIC 检验值为 818.44，在视觉图像正上方显示。另外，ARIMA 可以同时报告两个置信区间的预测值，因此扇形区域包括深浅相异的两个部分。

第二种是基于神经网络（neural network）的预测方法。神经网络是一种模仿生物神经网络的结构和功能的数学模型。它通过建立非线性统计性数据建模工具，输入历史数据对机器进行重复训练，形成自适应系统，以预测未来数据。Power BI 提供了基于神经网络进行预测的视觉对象。在"更多视觉对象"下的"App Source"上搜索关键词"neural network"，进入界面如图 7-32 所示，单击"添加"按钮即可安装相应视觉对象。

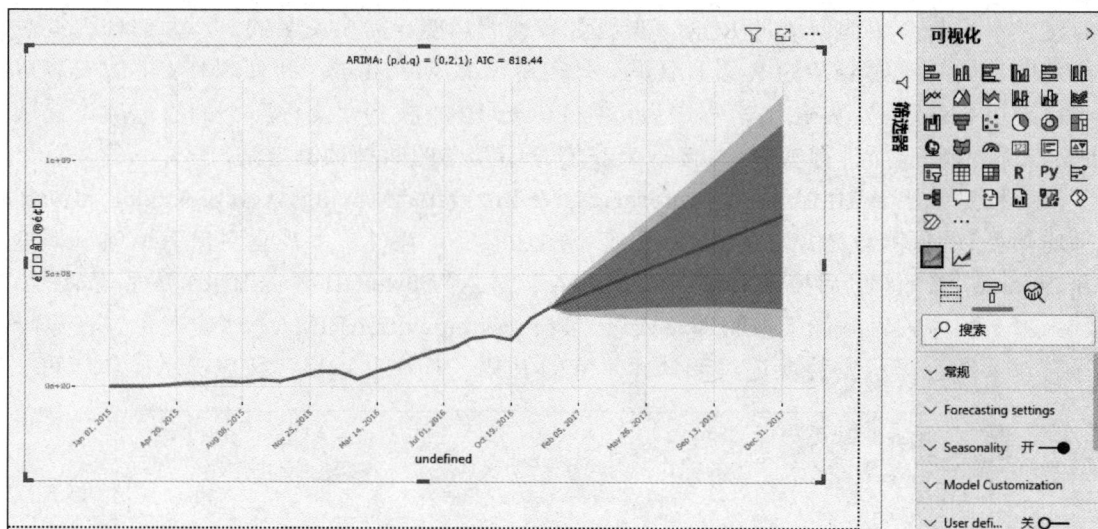

图 7-31　添加视觉对象的预测图表示例

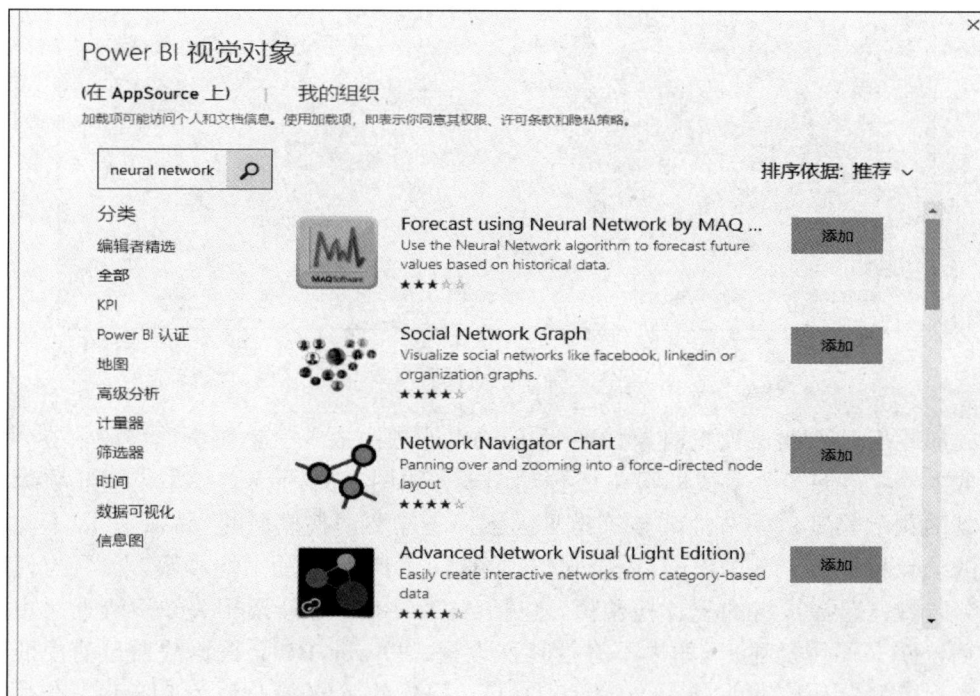

图 7-32　Power BI 视觉对象的搜索界面

　　与 ARIMA 视觉对象相同，将"销售额"与"年度月份"字段分别放入"Value"与"Date"选项中，效果如图 7-33 所示。

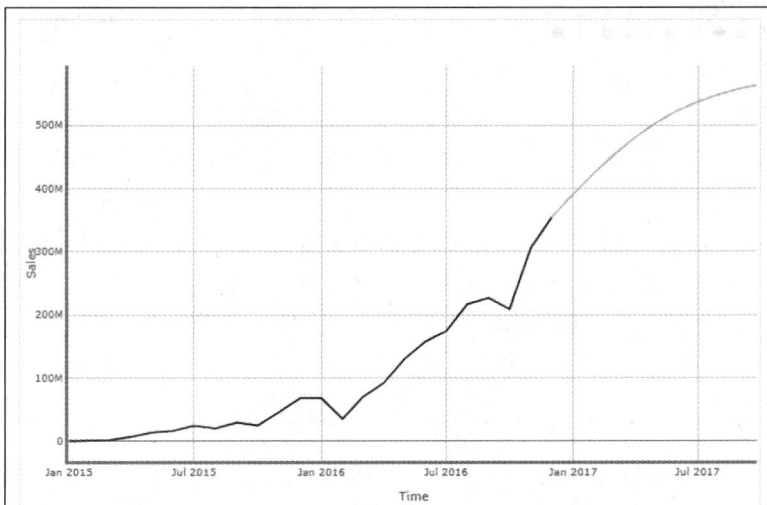

图 7-33 添加视觉对象的效果示例

神经网络模型的原理较为复杂，目前已形成一个庞大但不完备的知识体系，在全球研究者的共同努力下相关理论和应用正在快速更迭中。Power BI 通过对数据的检测会自动校准参数，因此模型设定（Forecast settings）默认情况下为"Auto"，而对于较熟悉该模型的使用者，则可以通过更改为"User defined"手动设定参数（见图 7-34）。Power BI 能够提供的参数设定包括权重衰减系数（Decay）、训练周期（Epoch）、每批次训练样本数量（Size）和迭代次数（Literation）。对模型及参数较为熟悉的使用者可以通过手动设置实现更为深入和复杂的预测。由于理论模型的解释涉及篇幅较大，本书不再详述。还需要说明的是，从 App Source 上下载的大量视觉对象尚未完全实现汉化，因此当数据中出现中文的时候，输出图表存在显示乱码的情况。

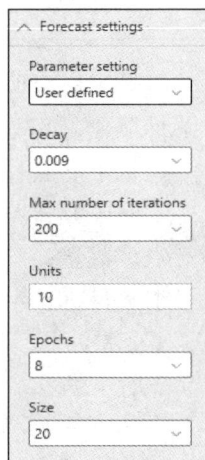

图 7-34 预测参数设置界面

总之，作为财务决策的重要环节，Power BI 对收入预测提供了丰富的工具支持。在预测功能的实现上，一方面 Power BI 继续保持了可视化和交互性强的优势，另一方面可通过嵌入 R 语言、Python 等工具，实现更加丰富、更加深入的预测分析。这需要使用者对各类工具有一定的理解和掌握，但并不需要对每类工具的掌握都达到精通的程度。只要能够理解基本原理和理论，借助 Power BI 自身强大的整合能力完全可以通过较为简易的操作就可实现。

7.4 Excel 利润规划

利润规划是指企业为实现目标利润而系统、全面地调整经营活动规模和水平的行为。它是企业编制期间预算的基础。下面举例说明采用 Excel 进行规划求解的方法。

7.4.1 分析规划求解问题

【例 7-5】 利民公司是一家生产化工产品的公司，该公司生产和销售甲、乙两种产品。

在生产研讨会议之后，预计每月可使用的原料总额为 1 200 千克，可占用的人工工时为 800 个小时。以制造部门目前的生产效率来看，每生产 1 千克的甲产品，需要消耗人工工时 2 小时，耗用原料 4.5 千克，并能获得 260 元的毛利；而每生产 1 千克的乙产品，需要消耗人工工时 3 小时，耗用原料 3.5 千克，并可获得 300 元的毛利。那么利民公司若要获得最大利润，每个月应各生产多少千克的甲产品和乙产品？

对于利民公司所面临的这个问题，看似相当复杂，其实如果采用 Excel 中的规划求解功能来予以解决，就会很容易得到利润最大化的解答。

① 将制造部门生产条件列表表示，如表 7-1 所示。

表 7-1 生产条件列表

甲产品与乙产品的生产规划			
产品名称	每千克所耗用的原料	每千克所消耗的工时	每千克所产生的毛利
甲产品	4.5 千克	2 小时	260 元
乙产品	3.5 千克	3 小时	300 元
每月原料配额：1 200 千克			
每月人工工时：800 小时			

假设甲产品与乙产品的每月生产量分别为 X 与 Y 千克，总利润为 Z 元。根据企业的生产条件限制，可以列出下面的数学式。

原料限制式：$4.5X+3.5Y \leqslant 1\ 200$；

工时限制式：$2X+3Y \leqslant 800$；

生产数量：$X \geqslant 0$；$Y \geqslant 0$；

求解目标：$\mathrm{MAX}(Z)=260X+300Y$（最大利润）。

② 建立生产规划模型，将所需的公式输入该模型，其存在的计算公式及钩稽关系如表 7-2 所示。

表 7-2 甲、乙产品生产规划模型中涉及的公式

项　　目	公　式	备　注
甲产品的毛利	=B6*B7	甲产品的毛利为甲的单位毛利×应生产量
乙产品的毛利	=C6*C7	乙产品的毛利为乙的单位毛利×应生产量
实际原料用量	=B4*B7+C4*C7	甲产品与乙产品总的原料用量为甲产品所需原料×应生产量加上乙产品所需原料×应生产量
实际人工时间	=B5*B7+C5*C7	甲产品与乙产品总的实际生产时间为生产甲产品消耗的单位工时×应生产量加上生产乙产品消耗的单位工时×应生产量
总收益	=B8+C8	甲产品和乙产品的毛利之和

③ 在 Excel 中建立生产规划基础模型，如图 7-35 所示。在编辑栏中输入相应的公式。由于这时的应生产量还是未知，所以总收益等数据都为 0。

7.4.2 建立规划求解模型

规划求解的目标可以是使目标值越大越好，也可以是使目标值越小越好或者等于某特

定的数值。进行规划求解，首先是确定规划求解的目标，设置好变量单元格与条件限制式，再根据所设置的目标，运用规划求解为目标单元格找一个最符合求解目标的值。

下面以【例 7-5】为例说明如何进行规划求解。

① 选取工作表单元格 B15，执行"数据"→"规划求解"命令，打开"规划求解参数"对话框，如图 7-36 所示。在"设置目标"文本框输入"$B$15"，在"通过更改可变单元格"文本框输入"$B$7:$C$7"。

说明：如果"数据"选项卡中没有"规划求解"命令，则需要先在"开发工具"选项卡中单击"Excel 加载项"按钮启动"加载宏"对话框，加载"规划求解加载项"。

② 单击"添加"按钮，打开"添加约束"对话框设置约束条件。每写完一个约束，单击"添加"按钮即可再填写下一个约束条件，写完所有的约束条件后，单击"确定"按钮，可回到"规划求解参数"对话框，如图 7-37 所示。

图 7-35　利润规划条件

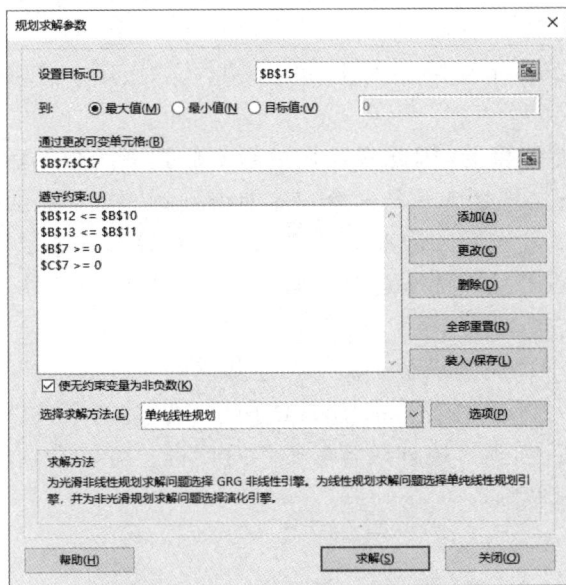

图 7-36　"规划求解参数"对话框

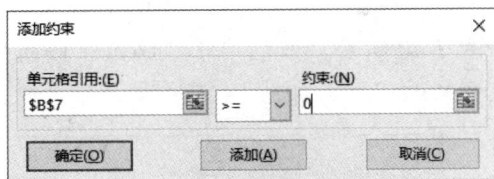

图 7-37　添加约束条件

③ 在"规划求解参数"对话框中选择求解方法。如果是光滑的非线性规划求解问题，则选择"非线性 RGR"（广义简约梯度）；如果是线性规划求解问题，则选择"单纯线性规划"；如果是非光滑规划问题，则选择"演进"。本例的规划求解问题是线性的，故选择"单纯线性规划"选项。

④ 单击"求解"按钮，即可得到计算结果，如图 7-38 所示。

从计算结果可以得出，利民公司如果利用规划的生产资源，每个月生产甲产品 123.077 千克与乙产品 184.615 千克，可获得最大利润 87 384.615 元。

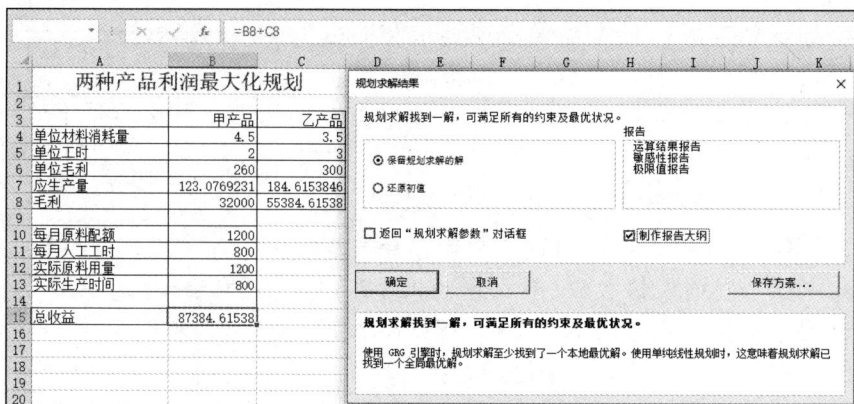

图 7-38　规划求解的结果

7.4.3　变更规划求解条件

由于经济环境在随时变化，因此企业政策也需要随之调整。假设此时利民公司的高层主管修订了部分生产计划，决定投入更多的原料与时间来生产甲产品与乙产品，那么这时就要到工作表中修改数据，重新进行求解。

接【例 7-5】，现拟将投入的原材料由 1 200 千克增加到 1 500 千克，人工工时由 800 小时增加到 1 000 小时，如图 7-39 所示。

由于生产量与总收益是通过规划求解功能计算的，因此当我们更新工作表中的数据后，应重新选定目标单元格 B15，执行"数据"→"规划求解"命令，才能得到新的求解结果。

变更规划求解条件的另一种情况是修改规划求解的限制式。例如主管希望每月固定生产甲产品 100 千克，然后用剩余的资源生产乙产品，那么这时就必须修改规划求解的约束条件。方法如下：

① 选定目标单元格 B15，执行"数据"→"规划求解"命令，在弹出的"规划求解参数"对话框中，选定要修改的约束式，单击"更改"按钮，如图 7-36 所示。设置约束条件，如图 7-40 所示。然后单击"确定"按钮，重新回到"规划求解参数"对话框，可以看到约束已修改成功，如图 7-41 所示。

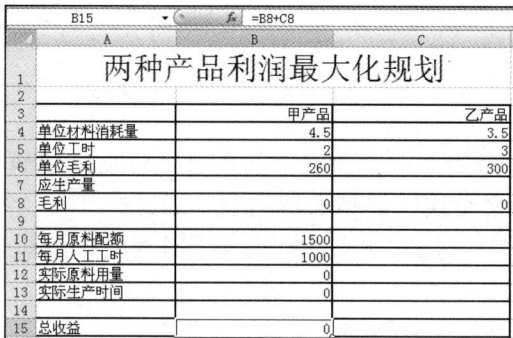

图 7-39　生产条件的更改

图 7-40　规划求解参数更改

② 单击"求解"按钮，便可以得到新条件下的结果，如图 7-42 所示。

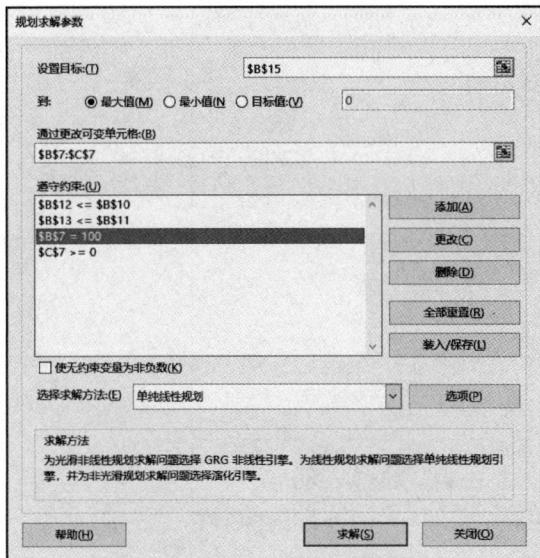

图 7-41　更改后的约束条件

图 7-42　当 B7=100 时的规划求解结果

7.4.4　输出规划求解报表

获知问题的最佳解答以后，可以建立求解结果的各式报表，以协助公司主管做进一步的决策分析与评估。

从前面规划求解过程中我们看到，在执行"求解"后的"规划求解结果"对话框中有"制作报告大纲"复选框，如图 7-43 所示。分别单击"报告"列表下的"运算结果报告"，"敏感性报告"和"极限值报告"，再选中"制作报告大纲"复选框，然后单击"确定"按钮即可产生 3 种报告。这些报告将单独存放到各自新生成的工作表中。

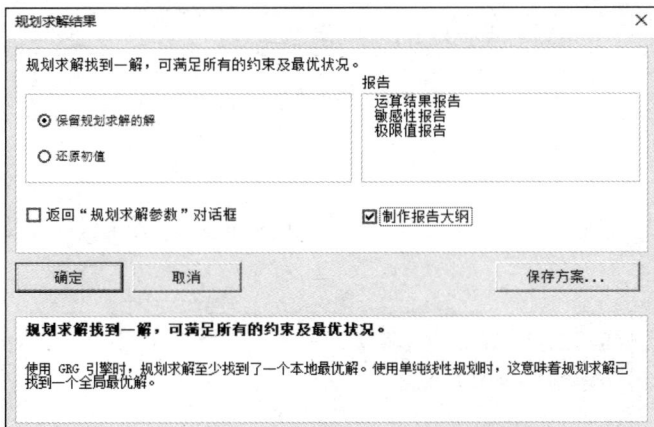

图 7-43　规划求解结果界面

1. 运算结果报告

运算结果报告会列出目标单元格及其变量单元格的初值、终值及参数限制式的公式内容，如图 7-44 所示。

Microsoft Excel 16.0 运算结果报告
工作表：[利润规划.xlsx]规划求解
报告的建立：2019/6/7 18:46:08
结果：规划求解找到一解，可满足所有的约束及最优状况。
规划求解引擎
引擎：单纯线性规划
求解时间：0 秒。
迭代次数：2 子问题：0
规划求解选项
最大时间 无限制， 迭代 无限制，Precision 0.000001
最大子问题数目 无限制，最大整数解数目 无限制，整数允许误差 1%，假设为非负数

目标单元格（最大值）

单元格	名称	初值	终值
$B$15	总收益 甲产品	87384.61538	87384.61538

可变单元格

单元格	名称	初值	终值	整数
$B$7	应生产量 甲产品	123.0769231	123.0769231	约束
$C$7	应生产量 乙产品	184.6153846	184.6153846	约束

约束

单元格	名称	单元格值	公式	状态	型数值
$B$12	实际原料用量 甲产品	1200	$B$12<=$B$10	到达限制值	0
$B$13	实际生产时间 甲产品	800	$B$13<=$B$11	到达限制值	0
$B$7	应生产量 甲产品	123.0769231	$B$7>=0	未到限制值	123.0769231
$C$7	应生产量 乙产品	184.6153846	$C$7>=0	未到限制值	184.6153846

图 7-44　运算结果报告

2. 敏感性报告

敏感性报告提供有关目标单元格的公式或约束中微小变化的敏感信息，如图 7-45 所示。

Microsoft Excel 16.0 敏感性报告
工作表：[利润规划.xlsx]规划求解
报告的建立：2019/6/7 18:46:08

可变单元格

单元格	名称	终值	递减成本	目标式系数	允许的增量	允许的减量
$B$7	应生产量 甲产品	123.0769231	0	260	125.7142857	60
$C$7	应生产量 乙产品	184.6153846	0	300	90	97.77777778

约束

单元格	名称	终值	阴影价格	约束限制值	允许的增量	允许的减量
$B$12	实际原料用量 甲产品	1200	27.69230769	1200	600	266.6666667
$B$13	实际生产时间 甲产品	800	67.69230769	800	228.5714286	266.6666667

图 7-45　敏感性报告

3. 极限值报告

极限值报告列出目标单元格和变量单元格的数值、上下限，以及对应的目标值，如图 7-46 所示。

Microsoft Excel 16.0 极限值报告
工作表：[利润规划.xlsx]规划求解
报告的建立：2019/6/7 18:46:08

单元格	目标式名称	值
$B$15	总收益	87384.61538

单元格	变量名称	值	下限极限	目标式结果	上限极限	目标式结果
$B$7	应生产	123.0769231	0	55384.615	123.07692	87384.61538
$C$7	应生产	184.6153846	0	32000	184.61538	87384.61538

图 7-46　极限值报告

7.5　浪潮大数据平台的量本利分析

1．案例

S 公司是国有控股大型上市公司，资产总额 57.3 亿元，主要经营纯碱的生产和销售，属于化学原料及化学制品制造公司，处于国内纯碱生产企业的领军位置。目前，S 公司的销售市场覆盖全国多个省、市、自治区，并远销亚、非、拉美、澳四大洲 30 多个国家和地区。

当今社会贸易摩擦不断，技术壁垒增加，劳动力资源稀缺，生产成本攀升，销售环境疲软，如何加强成本管控，保证企业实现既定目标成为企业关注的重点。为制定本年生产计划，S 公司决定通过量本利分析确定保本点、保利点和保净利点，并进行利润规划。

量本利分析，也叫本量利分析，简称 CVP 分析，是在成本性态分析和变动成本计算模式的基础上，通过研究企业在一定期间内的成本、业务量和利润三者之间的内在联系，找出变量之间的内在规律，为企业预测、决策、规划和业绩考评提供必要财务信息的一种定量分析方法。量本利分析主要包括保本分析、安全边际分析、目标利润分析和利润的敏感性分析。

利用量本利分析进行盈亏平衡分析，可测算企业盈利与亏损的边界，为生产安排提供决策。利用量本利分析进行目标利润分析，可测算经营预算目标下的产量或销售额，挖掘企业利润空间。

进行量本利分析的前提是确定成本和单价。成本分为固定成本和变动成本，经核算，S 公司生产纯碱的固定成本为 24 605.37 万元，固定成本包括机器设备的折旧费、管理人员的工资等。经前期市场调研，纯碱的单位变动成本大约为 528.89 元/吨，预计市场单价为 930 元/吨。高层领导期望财务部门基于上述成本和单价确定盈亏平衡点，即保本点。公司预计本年纯碱产销量为 410 万吨，高层领导期望财务部门进一步确定该产销量水平的安全边际量和安全边际率，并据此判断该产销量水平的安全程度。同时，经董事会研究决定，S 公司 2019 年目标利润为 1.67 亿元，高层领导期望财务部门能够通过量本利分析，为公司计划年度利润做出事前规划，计算保利点、保净利点，以保证公司全年目标利润的完成。

量本利分析工具以应用指引为指导和依据，以成本性态划分为基础，分析量本利等因素之间的依存关系，搭建量本利分析模型，有利于企业更好地运用量本利分析方法支持决策。公司安排财务人员孙权用财务大数据系统建立模型，该模型建立后，直接系统内取数，数据处理过程也更简单，最终结果在计算机端生成演示看板。演示看板中表格、伏压图、折线图相结合。表格展现量本利分析结果，即显示具体的保本点、保利点及保净利点；伏压图展现目前销量的安全程度；折线图展现基于既定固定成本、单位变动成本、单价下销售量与销售额的关系。

2．教学目标

① 了解大数据环境下企业量本利分析的应用场景，了解企业管理者对量本利的关注点；

② 通过分析维度、分析频率、展示形式等梳理工作，掌握量本利大数据分析的思路；

③ 通过实验模拟，掌握量本利分析大数据建模的方法。

3．实验模拟

本实验借助浪潮 GS 管理软件建立量本利分析模型，并进行可视化展现。首先，需要进行案例分析，确定需要从哪些维度进行分析，分析的时间频率细化到什么程度，主要分析哪些报表，每个报表包含哪些指标，这些指标从哪些数据源提取，分析结果以什么形式展现，完成建模需要用到哪些工具等；其次在此基础上进行实验模拟，完成建模工作。

（1）案例分析

① 分析维度。本实验按业务维度分析产品的量本利情况，指标包括固定成本、变动成本、单价、销售量、销售额、利润。

② 分析频率。按照分析需求及企业惯例，本实验的分析频率为当期量本利数据。

③ 分析报表。为了向高层领导展示公司当期量本利情况，本实验从量本利分析、产销量安全程度等方面进行分析，包括以下分析报表：

- 产销量安全程度情况；
- 量本利基本情况；
- 量本利分析。

④ 指标。分析报表确定之后需对每个报表涉及的指标进行梳理，明确每个分析报表需要分析哪些指标。现将每个分析报表包含的分析指标梳理如下：

产销量安全程度分析主要分析 S 公司产品产销量的安全程度情况，指标包括项目、数值、安全程度，数据经处理后得到表 7-3。

表 7-3　产销量安全程度情况

项　　目	数　　值	安　全　程　度
安全边际率	0.40	很安全

量本利基本情况主要分析 S 公司产品销售收入和成本的关系，指标包括产销量、固定成本、总成本、销售收入，数据经处理后得到表 7-4。

表 7-4　量本利基本情况

产　销　量	固　定　成　本	总　　成　　本	销　售　收　入
0	24 605.37	24 605.37	0
50	24 605.37	51 049.87	46 500
100	24 605.37	77 494.37	93 000
150	24 605.37	103 938.87	139 500
200	24 605.37	130 383.37	186 000
250	24 605.37	156 827.87	232 500
300	24 605.37	183 272.37	279 000

量本利分析主要分析 S 公司量本利的保本点、保利点、保净利点的情况，指标包括项目、项目类别、数值、单位、公式，数据经处理后得到表 7-5。

表 7-5　量本利分析

项　目	项目类别	数　值	单　位	公　式
保本点	保本销售量	61.34	万吨	保本销售量=固定成本/(单价−单位变动成本)
	保本销售额	57 049.17	万元	保本销售额=保本销售量*单价
	安全边际量	41.66	万吨	安全边际量=正常销售量(实际或预计销售量)−保本点销售量
	安全边际率	0.40		安全边际率=安全边际量/正常销售量(实际或预计销售量)*100%
保利点	保利销售量	103.02	万吨	保利销售量=(固定成本+目标利润)/(单价−单位变动成本)
	保利销售额	95 804.00	万元	保利销售额=保利销售量*单价
保净利点	保净利销售量	116.91	万吨	保净利销售量=(固定成本+目标利润/(1−所得税税率))/(单价−单位变动成本)
	保净利销售额	108 722.28	万元	保利销售额=保净利销售量*单价

⑤ 数据源。本实验从初步处理后的"Fxlbl"数据表中提取上述指标,"Fxlbl"数据表结构如表 7-6 所示。

表 7-6　"Fxlbl"表

xmlb	xm	sz	dw	gs
保本点	保本销售量	61.34	万吨	保本销售量=固定成本/(单价−单位变动成本)
保本点	保本销售额	57 049.17	万元	保本销售额=保本销售量*单价
保本点	安全边际量	41.66	万吨	安全边际量=正常销售量(实际或预计销售量)−保本点销售量
保本点	安全边际率	0.40		安全边际率=安全边际量/正常销售量(实际或预计销售量)*100%
保利点	保利销售量	103.02	万吨	保利销售量=(固定成本+目标利润)/(单价−单位变动成本)
保利点	保利销售额	95 804.00	万元	保利销售额=保利销售量*单价
保净利点	保净利销售量	116.91	万吨	保净利销售量=(固定成本+目标利润/(1−所得税税率))/(单价−单位变动成本)
保净利点	保净利销售额	108 722.28	万元	保利销售额=保净利销售量*单价

⑥ 展现形式。本实验将分析结果以可视化的形式展现,因此需为各分析报表选择合适的图表类型。一般而言,数据的分布可以选择柱形图,展示有多少项目(频率)会落入一个具有一定特征的数据段中;数据的构成可以选择饼状图,展示每一部分所占全部的百分比;数据的趋势可以选择折线图,展示随时间而变化的连续数据等。本实验各分析报表的展现形式如表 7-7 所示。

表 7-7　分析报表展现形式

分 析 报 表	展 现 形 式
产销量安全程度	伏压图
量本利分析图	折线图
量本利分析表	表格

⑦ 展现工具。借助浪潮 GS 管理软件商务分析平台、仪表盘工具,通过数据归集分析,最终在 Web 端(浏览器)展现分析结果。GS 管理软件应用的具体模块如表 7-8 所示。

表 7-8　GS 管理软件应用模块

应 用 模 块	应 用 场 景
查询分析参数	按查询维度定义所用参数的值
数据集定义	将 S 公司量本利分析各指标数据由后台数据库归集整理，完成取数工作
部件定义	对数据集进行封装，包括：表格部件、图形部件、参数部件三种类型。图形部件和表格部件依赖于数据集，是对数据集中结果信息的图形化展示。参数部件依赖于 BI 参数模板，是对查询维度的图形化展示
页面管理	HTML 页面是分析展现的页面，是最终呈现的结果形态。页面中包含已经封装好的部件，同时可调整各图形之间的位置、大小等布局信息

（2）实验步骤

以"产销量安全程度"分析报表为例，实验共分为五个实验步骤，详细步骤请查看浪潮慧课教学管理平台。

步骤一：定义查询条件。

S 公司以往在做产销量安全程度分析时，每月都需执行一遍分析程序，为了避免这种重复性工作，可以利用浪潮 GS 管理软件将固定成本（万元）、单位变动成本（元/吨）、单价（元）、产销量（万吨）、目标利润（万元）定义为查询条件，通过选择不同的查询条件可以实现灵活查询不同数据的效果。

定义查询条件通过浪潮 GS 管理软件"定义 BI 参数模板"模块实现，即"查询条件"在浪潮 GS 管理软件中称为"BI 参数模板"。因此，需要按照实验要求定义"量本利分析−成本单价产销量利润"参数模板，如图 7-47 所示。

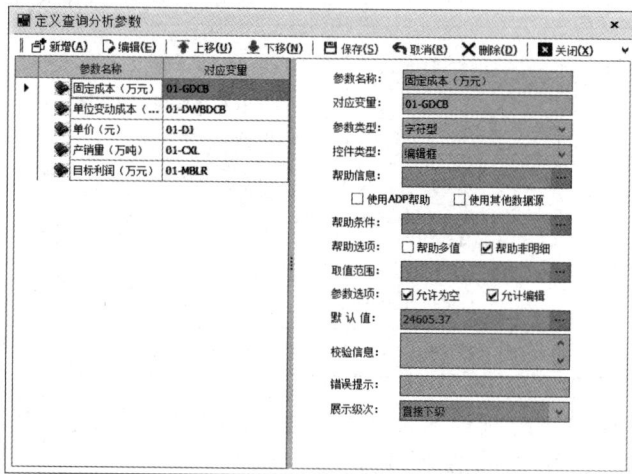

图 7-47　定义查询分析参数

步骤二：数据提取。

在做分析之前，要明确分析的对象是数据，因此，需将"产销量安全程度"分析报表涉及的指标数据提取出来，可通过引入参数变量灵活提取不同时间的指标数据。

数据提取通过浪潮 GS 管理软件"数据集定义"模块实现，即提取出的数据在浪潮 GS 管理软件中称为"数据集"。因不同分析主题包含的指标不同，因此，在定义数据集之前，需先按照实验建立目录级次，将数据集定义在该实验主题目录下，如图 7-48 所示。

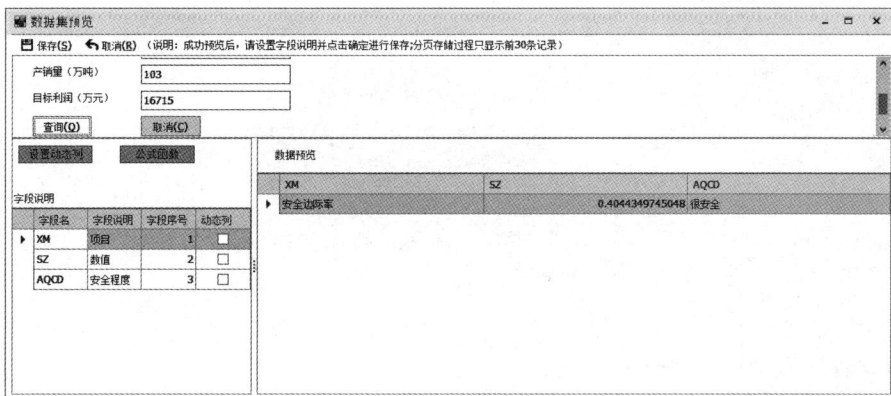

图 7-48 数据集预览界面

步骤三：可视化展现。

提取数据之后，为了更加直观地展示分析结果，需对"产销量安全程度"分析报表数据使用预警图进行可视化展现。

可视化展现通过浪潮 GS 管理软件"部件定义"模块实现，即可视化图形在浪潮 GS 管理软件中称为"部件"。因不同分析主题包含的可视化图形不同，因此，在定义部件之前，需先按照实验建立目录级次，将部件定义在该实验主题目录下，如图 7-49 所示。

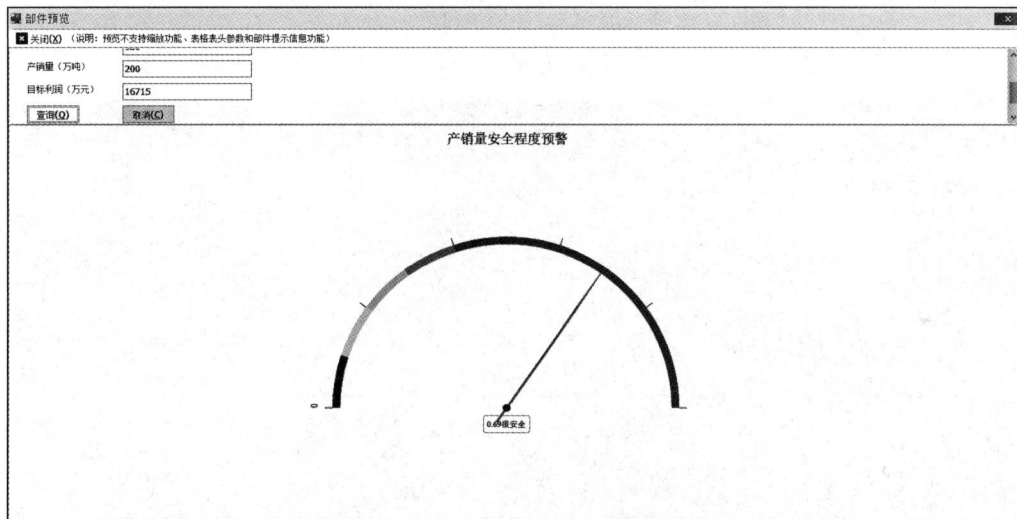

图 7-49 部件预览界面

步骤四：联查配置。

在定义查询条件时引入了参数模板，按照参数模板定义的查询条件提取数据，那么，分析看板需显示查询条件按钮，因此需将参数模板定义为可视化部件。该过程通过浪潮 GS 管理软件"部件定义"模块实现，参数模板定义的部件在浪潮 GS 管理软件中称为"参数部件"。通过选择查询条件查看不同条件的分析结果，需配置"量本利分析参数部件"与"产销量安全程度负压图""量本利分析折线图""量本利分析表格"，以便分析部件之间的联查，如图 7-50 所示。

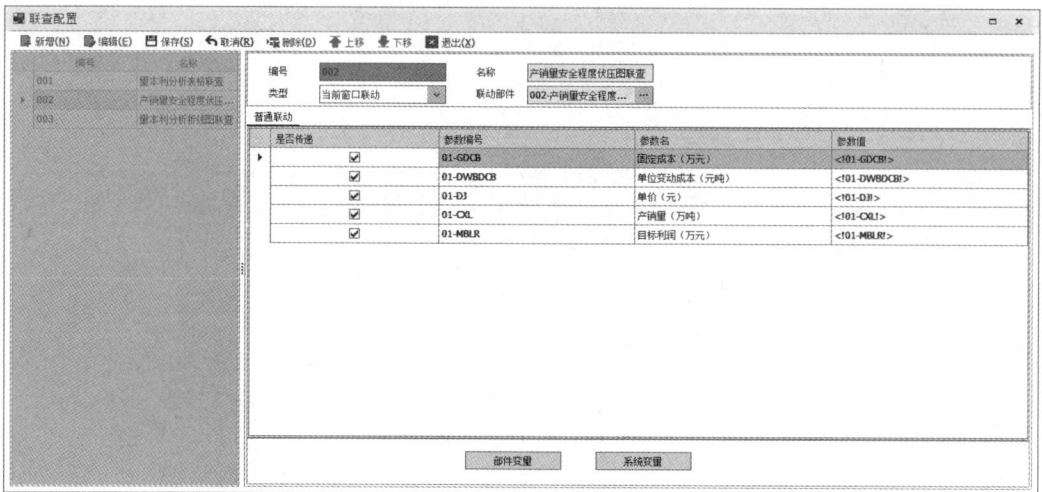

图 7-50　联查配置

步骤五：看板制作。

本实验将量本利分析包括的"产销量安全程度负压图""量本利分析折线图""量本利分析表格"所有分析主题部件部署到量本利分析看板中，用于集中呈现。

看板制作通过浪潮 GS 管理软件"页面管理"模块实现，即看板在浪潮 GS 管理软件中称为"页面"。因不同分析报表包含的看板不同，因此，在定义页面之前，需先按照实验建立目录级次，将页面定义在该实验主题目录下，如图 7-51 所示。

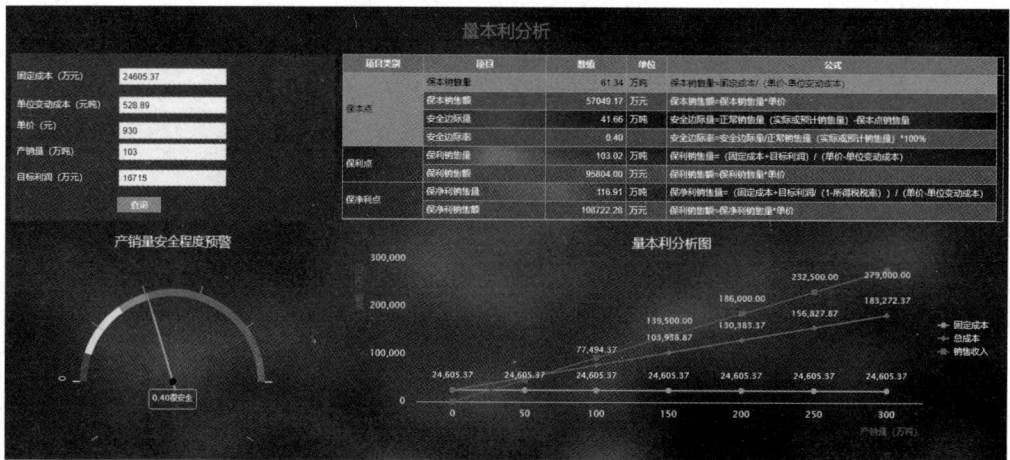

图 7-51　分析看板

思考题

1．在大数据背景下，产品成本主要受哪些因素影响？

2．在大数据时代，如何利用企业资源合理制定产品成本？

3．与传统成本分析相比，大数据成本分析与以往分析有什么不同？

4．大数据技术对产品成本数据查询、整理有什么影响？

5．请思考大数据对企业产品成本制定的利弊。

6．请搜集资料，结合具体案例谈谈产品成本制定的详细内容。

7．练习题：已知某公司 1994—2021 年的营业收入，如下表所示，试预测公司 2022 年的营业收入，并进行可视化展现。

单位：元

1994 年	1995 年	1996 年	1997 年	1998 年	1999 年	2000 年
26 346 680.9	44 644 600.88	92 744 747.09	72 999 403.94	101 800 818.9	100 095 544.1	135 702 765.3
2001 年	2002 年	2003 年	2004 年	2005 年	2006 年	2007 年
210 535 090.1	275 715 715.2	599 645 542.1	856 904 841.4	941 866 580	1 022 729 796	1 127 513 715
2008 年	2009 年	2010 年	2011 年	2012 年	2013 年	2014 年
1 337 435 298	1 441 529 091	1 481 969 603	1 312 648 969	1 488 122 150	1 975 214 446	2 014 042 616
2015 年	2016 年	2017 年	2018 年	2019 年	2020 年	2021 年
2 142 418 351	2 134 146 877	5 071 811 169	7 177 952 084	5 444 845 625	3 302 144 019	4 102 144 028

8．练习题：某公司生产和销售空调和洗衣机两种产品，它们的生产与销售数据如下表所示。

	空调	洗衣机
需要的单位机器(小时/台)	90	70
需要的单位(工时/台)	50	60
单价(元/个)	3 600	3 000
单位变动成本/元	1 700	1 510
固定成本/元	3 000 000	2 100 000

该公司在机器与人工两种资源上的每月生产能力分别为 1 020 000 机器小时和 800 000 人工小时。假定所有产品只要生产出来都能按照预定价格销售出去。

要求：在限定的生产条件下，分别确定使公司利润达到极大时，两种产品销售量的最优安排。

思政提要

党的二十大报告指出"我国发展进入战略机遇和风险挑战并存、不确定难预料因素增多的时期，各种"黑天鹅""灰犀牛"事件随时可能发生"。面对复杂的国际形势和各类风险挑战，企业经营管理和财务决策中应该提高对"财务预测"的认识，更加重视发挥企业财务预测的功能。利用数字技术实现对企业风险、收入、利润等的动态预测、规划和应对，是乌卡时代（VUCA）对财务人员的基本要求。

绩效评价

本章内容提要

本章在介绍企业绩效评价主要内容的基础上，分员工、部门和企业三个层面分别讲解了如何应用 Excel 进行绩效评价建模和应用 Power BI 进行绩效评价结果可视化的方法。

本章重点掌握 Power BI 工具

- 筛选类函数：CALCULATE()、FILTER()、REMOVEFILTERS()、ALL()、SELEC-TEDVALUE()、VALUES()、TREATAS()
- 逻辑判断函数：IF()
- 聚合函数：SUM()、SUMX()
- 统计函数：DIVIDE()、MAX()、MIN()
- 日期函数：CALENDAR()、YEAR()、MONTH()、DAY()、WEEKDAY()、WEEKNUM()、QUARTER()、DATE()
- 表操作函数：ADDCOLUMNS()
- DAX 语句：VAR、RETURN
- 建立关系、建立辅助表、数据清洗、自定义函数
- Power BI 可视化：切片器、仪表盘、分解树、矩阵、KPI 等

8.1 企业绩效评价的业务场景

企业绩效评价是企业采用一定方法对评价对象完成业绩、成果等绩效目标的情况进行考核与评价的过程。绩效评价是管理会计的主要工作环节之一。通过对不同对象实行绩效评价，一方面可以将企业整体规划层层分解并将责任落实到部门及个人，从而保证企业目标的最终落实和实现；而且通过与同类标杆数据、历史数据、目标计划数据相比较，管理者可以合理掌握和控制组织进程，寻找差异原因，进而更加有效地筹划未来，促进企业长远发展。另一方面通过将绩效评价结果与被评价对象的经济利益或精神利益联系起来，可以激励被评价对象为企业创造更大的效益。

不同绩效评价方法采用的评价指标和评价标准不同。企业绩效按范围可以划分为个人

绩效、部门绩效与整体绩效。其中，个人绩效影响部门绩效，部门绩效影响整体绩效；同时，整体绩效又会制约部门绩效，部门绩效又会制约个人绩效。企业绩效评价可分为个人绩效评价、部门绩效评价与整体绩效评价。

1．个人绩效评价的主要内容

在企业内部，每个员工的性格特征、能力水平及努力程度等是各不相同的。一个部门，甚至企业整体的绩效水平是由内部员工个人绩效叠加而来的，个人绩效评价牵动着更高层次的绩效评价。因此，对员工个人进行绩效评价十分重要。

个人绩效评价是以员工岗位的职责、要求、目标为标准，衡量员工个人的知识水平、技能熟练程度、努力程度及任务完成状况等，并以此为管理层对员工个人考评的依据。

2．部门绩效评价的主要内容

大多数企业实行分权管理体制，企业内部分化出了职能各不相同的部门。企业整体绩效目标只有拆分为各部门的绩效目标，才能落实到内部各部门及经营单位，并成为考核和评价各部门工作业绩成果的依据。根据各部门职责和权限划分，可将部门划分为不同责任中心后进行绩效评价。

(1)成本中心

成本中心不形成或不考核收入，重点考核所发生的成本费用，其职责是按照规定成本去完成具体任务。考核指标通常是既定产品质量和数量条件下的标准成本、费用预算。

(2)收入中心

收入中心从生产部门取得产成品并进行销售活动，尽可能对外获取更大收入，一般指企业内部的销售部门。考核指标通常是应收账款周转率、应收账款坏账率。

(3)利润中心

利润中心既能控制生产过程又能控制销售过程，既要对成本负责又要对收入负责，可通过利润额评价其业绩，但是不能决定自身投资水平的责任中心。考核指标通常是边际贡献、营业利润。

(4)投资中心

投资中心不仅拥有除经营决策权，还拥有投资决策权。考核指标通常是投资报酬率、剩余收益。

3．整体绩效评价的主要内容

整体绩效评价是将企业内部所有业绩成果汇总在一起，是员工工作成绩和各部门产出的综合，主要是通过计算企业的经济增加值(EVA)、市场增加值(MVA)等来反映企业整体绩效水平的高低。评价整体业绩是企业战略分析中的一个重要步骤，同时也为管理者考察企业目标的实现情况提供了重要的参考。整体绩效评价是绩效评价最重要的层面，因此本章将对其重点介绍。

4．绩效评价与其他业务之间的关系

绩效评价与企业其他业务密不可分。具体而言，企业要从事各种各样的业务活动以保证生存与发展，为了确保业务能够正常进行，必须制订切实可行的计划，对各项业务进行全盘考虑，确定标准；同时，在业务运行过程中不断收集数据资料，使用适当的绩效评价

方法考查评价对象的实际执行情况；最后，把实际情况与标准进行分析对比，得出综合结论，并拟定改进措施。绩效评价与其他业务之间的关系如图 8-1 所示。

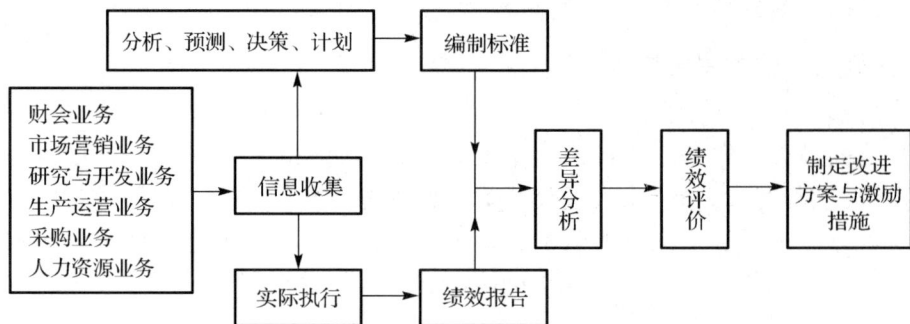

图 8-1　绩效评价与其他业务之间的关系

8.2　Excel 绩效评价的建模与应用

　　基于成本考量，部分企业没有购买或开发专门的绩效评价信息系统，为了满足绩效评价的信息化需求，可以借助 Excel 构建相应的模型，辅助企业进行绩效评价。下面以 J 公司为例，说明绩效评价在 Excel 中的具体应用。

　　【例 8-1】　案例资料：J 公司是一家成立三年的小型电动自行车制造企业。得益于国家的新能源政策，公司于成立的第二年开始实现销售额的增长，员工由最初的 30 人增加到目前的 100 多人。公司具有较为完整的电动自行车生产线，目标是在五年内成为区域规模最大的电动自行车制造企业，并建立强大的销售网络，逐步走向海外市场。目前公司内部设有综合部、技术部、生产部、市场部、财务部五大部门。董事长认为虽然公司产品销售情况良好，但总体利润水平不高，原因是没有建立绩效评价机制进行更好的管理与激励。为了做好公司的绩效评价工作，经董事会研究决定，成立专门的绩效管理工作小组实施绩效评价试点工作。参与试点的员工为生产部生产一组工人张三，部门为生产部，并采用平衡计分卡的方式对企业整体绩效进行评价。

　　案例目标：基于 Excel 构建个人、部门、企业三个层面的绩效评价体系。

8.2.1　员工层面的绩效评价

1．确定评价小组名单

　　评价小组的作用在于通过多人次对特定员工绩效进行评价，尽可能避免单个评价者的主观偏误，从而保证被评价人的评价结果更接近真实情况。评价小组人员构成的基本原则包括：①与被评价人在工作中有密切接触；②了解被评价人的工作内容与工作职责；③能公正客观地对被评价人的工作绩效进行评价；④评价小组的人数与公司规模相匹配。本案例中，评价小组人员设定为 4 人，分别是生产部经理李四、生产部生产一组组长王五、生产部生产一组工人赵六、财务部副经理钱七。

2．确定评价维度与评价标准

评价维度是指员工个人绩效的组成方面，这需要综合考虑企业通用价值观与被评价人工作职责予以确定。评价标准是指各评价维度表现属于好、中、差的具体情形及相应量化得分，一般可以通过德尔菲法与层次分析法相结合的方式来确定。本案例中，张三的评价维度包括：效率生产行为、职业道德行为、人际沟通行为，三个评价维度分别设置好、中、差三个等级，每个维度得分在 0～8 分的范围内。

3．建立员工个人绩效名片模板

建立员工个人绩效名片模板，可以使员工个人的表现信息通过 Excel 表格加以记录归集，利用“查找”功能快速定位员工姓名，查找更新员工绩效信息。一般而言，设置的名片数量越多信息越完全，但是需要花费在考核员工绩效表现上的人力、物力也会越多，企业可以根据自身条件决定需要设置员工绩效名片的数量。本案例中，使用员工混合类型行为标尺量表对员工进行绩效评价，如图 8-2 所示。其中空白底纹部分为固定内容，灰色底纹部分为需要填写的内容。

	A	B	C	D	E	F	G	H	I
1	员工混合类型行为标尺量表								
2	姓名	职位	部门	总分	得分	评价人1	评价人2	评价人3	评价人4
3				24					
4		同意型标尺	评价型标尺	描述性标尺					
5	效率生产行为		好	工作效率高，完成情况好，差错率低		各维度得分标准			
6	职业道德行为		好	道德品质好，责任心强，做事积极主动，充满热情		好	中	差	分值
7	人际沟通行为		好	无论何时都能与同事保持良好关系，在群体内拥护度高		>	>	>	8
8	效率生产行为		中	工作效率一般，完成情况良好，差错率较低		0	>	>	6
9	职业道德行为		中	通常能够积极主动完成工作，偶尔需要领导督促		<	>	>	5
10	人际沟通行为		中	多数时间能与同事保持良好关系，偶尔与他人有小摩擦		<	0	>	4
11	效率生产行为		差	工作效率低下，完成情况差，差错率较高		<	<	>	3
12	职业道德行为		差	被动参与工作，责任心不强，做事不积极主动		<	<	0	2
13	人际沟通行为		差	沟通能力较差，经常与他人发生冲突		<	<	<	0
14	评价结果								
15		好	中	差	得分				
16	效率生产行为								
17	职业道德行为								
18	人际沟通行为								

图 8-2　员工混合类型行为标尺量表模板

4．填写评价内容

本案例中，员工混合类型行为标尺量表主要是评价人对被评价人的效率生产行为、职业道德行为和人际沟通行为的对应水平进行评价。根据图 8-2 在灰色底纹的标题填写相应内容，其中姓名、职位、部门根据被评价人的实际情况填写，评价人来源于评价小组名单。对张三的评价，其表现水平由四位评价人共同决定，具体评价内容可以如图 8-2 所示。

评定结果可以转入评价结果框内。

B16=B5，C16=B8，D16=B11，B17=B6，C17=B9，D17=B12，B18=B7，C18=B10，D18=B13。

将效率生产行为、职业道德行为和人际沟通行为的三个等级的符号与得分标准栏对比，并把分值分别填入 E16、E17、E18，然后汇总得分使 E3=SUM(E16:E18)。

根据评价情况进行简单的说明，并将相关信息填入(F14：I18)。管理层通过分析绩效评价的结果对被评价人进行绩效反馈与面谈。在这个过程中，了解被评价人对企业不满意之处，同时针对被评价人的问题提出改进意见与建议，在总结多份反馈与面谈结果的基础上，建立与完善企业考核与激励政策，为企业长远发展提供制度保障。

完成后的员工混合类型行为标尺量表如图 8-3 所示。

	A	B	C	D	E	F	G	H	I
1	员工混合类型行为标尺量表								
2	姓名	职位	部门	总分	得分	评价人1	评价人2	评价人3	评价人4
3	张三	机械操作员	生产部	24	18	李四	王五	赵六	钱七
4		同意型标尺	评价型标尺	描述性标尺					
5	效率生产行为	>	好	工作效率高，完成情况好，差错率低		各维度得分标准			
6	职业道德行为	0	好	道德品质好，责任心强，做事积极主动，充满热情		好	中	差	分值
7	人际沟通行为	<	好	无论何时都能与同事保持良好关系，在群体内拥护度高		>	>	>	8
8	效率生产行为	>	中	工作效率一般，完成情况良好，差错率较低		0	>	>	6
9	职业道德行为	>	中	通常能够积极主动完成工作，偶尔需要领导督促		<	>	>	5
10	人际沟通行为	0	中	多数时间能与同事保持良好关系，偶尔与他人有小摩擦		<	0	>	4
11	效率生产行为	>	差	工作效率低下，完成情况差，差错率较高		<	<	>	3
12	职业道德行为	>	差	被动参与工作，责任心不强，做事不积极主动		<	<	0	2
13	人际沟通行为	>	差	沟通能力较差，经常与他人发生冲突		<	<	<	0
14	评价结果				√	说明： 1. 评价结果由四位评价人共同确定； 2. 张三工作效率较高，工作能力较强； 3. 基本上能积极主动完成工作任务； 4. 需要在进一步改善人际关系。			
15		好	中	差	得分				
16	效率生产行为	>	>	>	8				
17	职业道德行为	0	>	>	6				
18	人际沟通行为	<	0	>	4				

图 8-3　员工混合类型行为标尺量表

5. 个人绩效评价结果的应用

个人绩效评价结果可以作为对被评价人进行奖励与惩戒的主要依据。本案例中，绩效管理工作小组综合多方意见，在科学决策的基础上，制定了绩效评价结果应用表，具体如图 8-4 所示。

	A	B	C	D	E	F
1	个人绩效评价结果应用表					
2	等级	优秀	良好	合格	较差	极差
3	分值	[22,24]	[19,22)	[15,19)	[9,15)	[0,9)
4	年度荣誉称号	优秀员工	无	无	无	无
5	薪资发放比例	110%	100%	98%	95%	90%
6	职务晋升评定	优先考虑晋升			调岗、降职	调岗、降职、解除劳动合同

图 8-4　绩效评价结果应用表

8.2.2　部门层面的绩效评价

1. 建立部门绩效评价模板

通常情况下，企业实际部门名称与绩效评价时的部门名称不一定完全对应，因此有必要根据实际部门的属性，将其归类为成本中心、收入中心、利润中心或者投资中心。本案例中，绩效评价的试点部门为生产部，根据生产部的一般特征可以将其归类为成本中心，重点评价的绩效指标为标准成本，在此基础上建立产品标准成本评价模板，如图 8-5 所示，其中空白底纹部分为固定内容，灰色底纹部分为需要填写的内容。

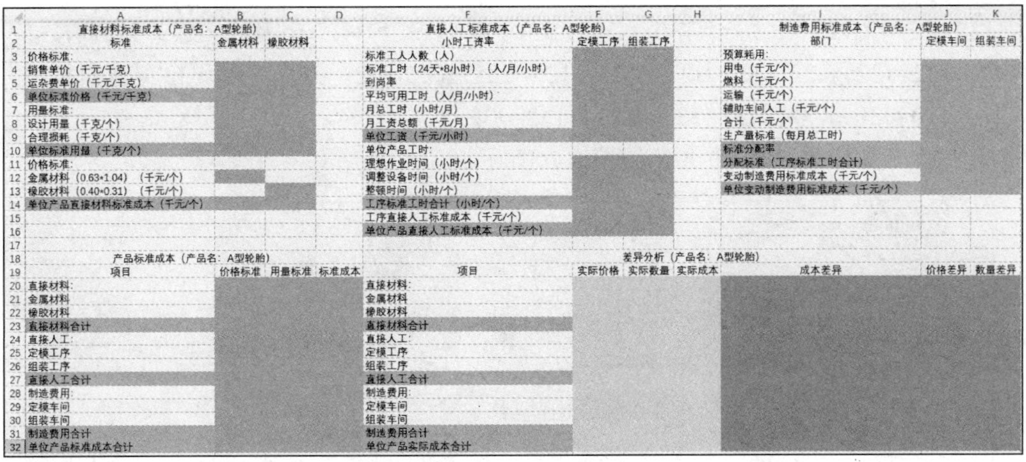

	A	B	C	D	F	F	G	H	I	J	K
1	直接材料标准成本（产品名：A型轮胎）				直接人工标准成本（产品名：A型轮胎）				制造费用标准成本（产品名：A型轮胎）		
2	标准	金属材料	橡胶材料		小时工资率	定模工序	组装工序		部门	定模车间	组装车间
3	价格标准:				标准工人人数（人）				预算耗用:		
4	销售单价（千元/千克）				标准工时（24天*8小时）（人/月/小时）				用电（千元/个）		
5	运杂费单价（千元/千克）				到岗率				燃料（千元/个）		
6	单位标准价格（千元/千克）				平均可用工时（人/月/小时）				运输（千元/个）		
7	用量标准:				月总工时（小时/月）				辅助车间人工（千元/个）		
8	设计用量（千克/个）				月工资总额（千元/月）				合计（千元/个）		
9	合理损耗（千克/个）				单位工资（千元/小时）				生产量标准（每月总工时）		
10	单位标准用量（千克/个）				单位产品工时:				标准分配率		
11	价格标准:				理想作业时间（小时/个）				分配标准（工序标准工时合计）		
12	金属材料（0.63*1.04）（千元/个）				调整设备时间（小时/个）				变动制造费用标准成本（千元/个）		
13	橡胶材料（0.40*0.31）（千元/个）				整顿时间（小时/个）				单位变动制造费用标准成本（千元/个）		
14	单位产品直接材料标准成本（千元/个）				工序标准工时合计（小时/个）						
15					工序直接人工标准成本（千元/个）						
16					单位产品直接人工标准成本（千元/个）						
17											
18	产品标准成本（产品名：A型轮胎）				差异分析（产品名：A型轮胎）						
19	项目	价格标准	用量标准	标准成本	项目	实际价格	实际数量	实际成本	成本差异	价格差异	数量差异
20	直接材料:				直接材料:						
21	金属材料				金属材料						
22	橡胶材料				橡胶材料						
23	直接材料合计				直接材料合计						
24	直接人工:				直接人工:						
25	定模工序				定模工序						
26	组装工序				组装工序						
27	直接人工合计				直接人工合计						
28	制造费用:				制造费用:						
29	定模车间				定模车间						
30	组装车间				组装车间						
31	制造费用合计				制造费用合计						
32	单位产品标准成本合计				单位产品实际成本合计						

图 8-5　产品标准成本评价模板

2. 填写评价内容

本案例中，产品标准成本评价主要是对成本中心的产品成本差异及其动因进行评价。根据图 8-5 灰色底纹的标题填写相应内容，具体建模如下。

直接材料标准成本中的 B4:C5 单元格是企业预计的未来一个会计期间需要支付的原材料单位成本，根据预计值直接填写；B8:C9 单元格是现有技术条件下生产单位产品需要耗用的材料数量，根据特定分析技术的确定值直接填写。在明确以上数值的基础上建立数据关系，B6=B4+ B5，C6=C4+C5，B10=B8+B9，C10=C8+C9，B12=B6*B10，C13=C6*C10，C14=B12+C12。

直接人工标准成本中的 F3:F6，F8，G3:G6，G8，F11:F13，G11:G13 单元格根据相关历史经验、统计技术、统计资料的确定值直接填写。F7=F3*F6，G7=G3*G6，F9=F8/F7，G9=G8/G7，F14=SUM(F11:F13)，G14=SUM(G11:G13)，F15=F9*F14，G15=G9*G14，F16=F15+G15。

制造费用标准成本中的 J4:J7，K4:K7 单元格根据相关历史经验、统计技术、统计资料的确定值直接填写。J8=SUM(J4:J7)，K8=SUM(K4:K7)，J9=F7，K9=G7，J10=J8/J9，K10=K8/K9，J11=F14，K11=G14，J12=J10*J11，K12=K10*K11，J13=J12+K12。

产品标准成本中的 B21=B6，B22=C6，B23=B21+B22，B25=F9，B26=G9，B27=B25+B26，B29=J10，B30=K10，B31=B29+B30，B32=B23+B27+B31，C21=B10，C22=C10，C23=C21+C22，C25=F14，C26=G14，C27=C25+C26，C29=J11，C30=K11，C31=C29+C30，C32=C23+C27+C31，D21=B21*C21，D22=B22*C22，D23=D21+D22，D25=B25*C25，D26=B26*C26，D27=D25+D26，D29=B29*C29，D30=B30*C30，D31=D29+D30，D32=D23+D27+D31。

在差异分析中，实际价格、实际数量据实填写，实际成本=实际价格×实际数量，价格差异=实际数量×(实际价格−价格标准)，数量差异=(实际数量−用量标准)×标准价格，成本差异=价格差异+数量差异，具体为 J21 =G21×(F21−B21)，J22 =G22×(F22−B22)，J23=J21+J22，J25=G25*(F25−B25)，J26 =G26*(F26−B26)，J27=J25+J26，J29 =G29*(F29−B29)，J30=G30*(F30−B30)，J31=J29+J30，J32=J23+J27+J31；K21=(G21−C21)*B21，K22=(G22−C22)*B22)，K23=K21+K22，K25=(G25−C25)*B25，K26=(G26−C26)*B26，K27=K25+K26，

K29=(G29−C29)*B29，K30=(G30−C30)*B30，K31=K29+K30，K32=K23+K27+K31；I21=J21+K21，I22=J22+K22，I23=J23+K23，I25=J25+K25，I26=J26+K26，I27=J27+K27，I29=J29+K29，I30=J30+K30，I31=J31+K31，I32=J32+K32。

完成后的产品标准成本评价表如图 8-6 所示。

	A	B	C	D	E	F	G	H	I	J	K
1	直接材料标准成本（产品名：A型轮胎）				直接人工标准成本（产品名：A型轮胎）				制造费用标准成本（产品名：A型轮胎）		
2	标准	金属材料	橡胶材料		小时工资率	定模工序	组装工序		部门	定模车间	组装车间
3	价格标准:				标准工人人数（人）	3.0000	1.0000		预算耗用:		
4	销售单价（千元/千克）	0.6000	0.4000		标准工时（24天*8小时）（人/月/小时）	192.0000	192.0000		用电（千元/个）	0.0800	0.0100
5	运杂费单价（千元/千克）	0.0250	0.0020		到岗率	0.9900	0.9900		燃料（千元/个）	0.0200	0.0000
6	单位标准价格（千元/千克）	0.6250	0.4020		平均可用工时（人/月/小时）	176.0000	176.0000		运输（千元/个）	0.0010	0.0010
7	用量标准:				月总工时（小时/月）	528.0000	176.0000		辅助车间人工（千元/个）	0.0100	0.0100
8	设计用量（千克/个）	1.0000	0.3000		月工资总额（千元/月）	23.7600	3.3000		合计（千元/个）	0.1110	0.0210
9	合理损耗（千克/个）	0.0400	0.0100		单位工资（千元/小时）	0.0450	0.0188		生产量标准（每月总工时）	528.0000	176.0000
10	单位标准用量（千克/个）	1.0400	0.3100		单位产品工时:				标准分配率	0.0002	0.0001
11	价格标准:				理想作业时间（小时/个）	3.0000	1.0000		分配标准（工序标准工时合计）	3.3000	1.1000
12	金属材料（0.63*1.04）（千元/个）	0.6500			调整设备时间（小时/个）	0.2000	0.0000		变动制造费用标准成本（千元/个）	0.0007	0.0001
13	橡胶材料（0.40*0.31）（千元/个）		0.1246		整顿时间（小时/个）	0.1000	0.1000		单位变动制造费用标准成本（千元/个）	0.0008	
14	单位产品直接材料标准成本（千元/个）	0.7746			工序标准工时合计（小时/个）	3.3000	1.1000				
15					工序直接人工标准成本（千元/个）	0.1485	0.0206				
16					单位产品直接人工标准成本（千元/个）	0.1691					
17											
18	产品标准成本（产品名：A型轮胎）					差异分析（产品名：A型轮胎）					
19	项目	价格标准	用量标准	标准成本	项目	实际价格	实际数量	实际成本	成本差异	价格差异	数量差异
20	直接材料:	千元/千克	千克/个	千元/个	直接材料:	千元/千克	千克/个	千元/个	千元/个		
21	金属材料	0.6250	1.0400	0.6500	金属材料	0.6300	1.0200	0.6426	-0.0074	0.0051	-0.0125
22	橡胶材料	0.4020	0.3100	0.1246	橡胶材料	0.4000	0.3000	0.1200	-0.0046	-0.0006	-0.0040
23	直接材料合计	1.0270	1.3500	0.7746	直接材料合计	1.0300	1.3200	0.7626	-0.0120	0.0045	-0.0165
24	直接人工:	千元/小时	小时/个	千元/个	直接人工:	千元/小时	小时/个	千元/个	千元/个		
25	定模工序	0.0450	3.3000	0.1485	定模工序	0.0460	3.3000	0.1518	0.0033	0.0033	0.0000
26	组装工序	0.0188	1.1000	0.0206	组装工序	0.0185	1.0500	0.0194	-0.0012	-0.0003	-0.0009
27	直接人工合计	0.0638	4.4000	0.1691	直接人工合计	0.0645	4.3500	0.1712	0.0021	0.0030	-0.0009
28	制造费用:	千元/小时	小时/个	千元/个	制造费用:	千元/小时	小时/个	千元/个	千元/个		
29	定模车间	0.0002	3.3000	0.0007	定模车间	0.0002	3.3000	0.0007	0.0000	0.0000	0.0000
30	组装车间	0.0001	1.1000	0.0001	组装车间	0.0001	1.1000	0.0001	0.0000	0.0000	0.0000
31	制造费用合计	0.0003	4.4000	0.0008	制造费用合计	0.0003	4.4000	0.0008	0.0000	0.0000	0.0000
32	单位产品标准成本合计	1.0911	10.1500	0.9446	单位产品实际成本合计	1.0948	10.0700	0.9346	-0.0099	0.0075	-0.0175

图 8-6　产品标准成本评价表

3. 部门绩效评价结果的应用

部门绩效评价结果可以作为对部门负责人及部门员工进行奖励与惩戒的主要依据。本案例中，主要关注各项目的成本差异、价格差异与数量差异的方向，并在此基础上分析原因。正数表明实际支出超过标准支出，视为超支，属于不利差异；负数表明实际支出低于标准支出，视为节约，属于有利差异。在实际应用过程中，先要分析价格差异与数量差异形成的具体原因，并进一步分析成本差异形成的原因，然后确定责任对象，在此基础上对相应部门与个人进行奖励或惩罚。

8.2.3　企业层面的绩效评价

1. 建立企业绩效评价指标库

企业作为一个整体，由许多部门组成，每个部门都有其关键评价指标，但在进行企业绩效评价时，应该选择那些最能反映企业战略目标与价值实现过程的指标进行评价。比如，企业可以设置平衡计分卡指标库，同时根据自身当前阶段经营特点选择合适的衡量指标，并使指标不断跟随现实情况动态调整。本案例中，J 公司绩效管理工作小组在 Excel 中设置了平衡计分卡指标库，同时将需要计算的指标添加深色底纹，并根据实际需要进行动态调整，具体如图 8-7 所示。

2. 填写评价内容

以权益净利率为例进行分析，同时给出 J 公司 20×9 年的资产负债表与利润表简表，如图 8-8 和图 8-9 所示。

权益净利率属于财务维度中十分重要的指标，一般通过杜邦分析体系计算，在计算出权益净利率的同时，还能全面分析企业的财务状况。

	A	B	C	D	E	F	G	H
1	J公司平衡计分卡指标库							
2	财务维度							
3	销售毛利率	投资回报率	应收账款周转率	存货周转率	销售增长率	已获利息保障倍数	财务杠杆系数	经济增加值
4	权益净利率	毛利率	信用等级	股利收益率	市场价值	市场增加值	股价同步性	股东结构
5	股票换手率	经营净现流	市盈率	市净率	市销率	期间费用率	人均利率	资本成本
6	客户维度							
7	按时交货率	客户满意度	新产品销售比例	重要客户购买占比	顾客忠诚度	新增客户比例	客户利润贡献度	客户回顾次数
8	客户关系持续时间	各渠道销售额	市场份额	客户流失率	客户规模	客户投诉次数	广告投放量	单个员工客户数
9	解决投诉时长	推广活动次数	参展销售量	竞争对手产品价格	品牌认同度			
10	内部业务流程维度							
11	单位生产线产值率	生产周期	单位变动成本	产出比率	缺陷率	新产品投入计划实际完成率	设计效率	员工每周工作时长
12	生产准备时间	订单发送准确率	贷款回收与管理	专利平均年限	返修率	售后投诉率	休整期时长	维修费用率
13	学习和成长维度							
14	新产品研发周期	员工满意度	平均培训时间	关键员工流失率	交叉职能安排	员工建议频次	缺勤率	高学历员工比例
15	月均求职人数	单位员工附加值	参与股权计划比利	个人目标实现程度	沟通计划完成情况	创新指数	研发领先指数	年均报告事故数量

图 8-7　J 公司平衡计分卡指标库

	A	B	C	D	E	F
1	资产负债表（简表）					
2	编制单位：J公司		20X9年12月31日		单位：万元	
3	资产	年末金额	年初金额	负债和权益	年末金额	年初金额
4	货币资金	45	25	短期借款	60	45
5	应收账款	398	220	应付账款	100	105
6	其他应收款	12	20	应付职工薪酬	200	180
7	存货	370	320	长期借款	2450	2245
8	固定资产	5240	4955	实收资本	4000	3700
9	无形资产	1250	1100	资本公积	0	0
10	在建工程	200	180	盈余公积	55	45
11	开发支出	50	50	未分配利润	700	550
12	资产合计	7565	6870	负债权益合计	7565	6870

图 8-8　J 公司 20×9 年资产负债表

	A	B	C
1	利润表（简表）		
2	编制单位：J公司	20X9年	单位：万元
3	项目	本年金额	上年金额
4	一、营业收入	2500	2200
5	减：营业成本	1900	1600
6	营业税金及附加	25	20
7	销售费用	20	25
8	管理费用	30	35
9	财务费用	100	110
10	资产减值损失	0	0
11	加：公允价值变动收益	0	0
12	投资收益	0	0
13	二、营业利润	425	410
14	加：营业外收入	16	0
15	减：营业外支出	1	0
16	三、利润总额	440	410
17	减：所得税费用	70	60
18	四、净利润	370	350

图 8-9　J 公司 20×9 年利润表

① 设计分析框架。利用杜邦分析体系计算权益净利率，需要提前使用 Excel 绘制分析框架，其中，每个项目占四个单元格，上半部分两个单元格进行合并后居中，输入项目名称；下半部分左边单元格表示年末数或本年数，右边单元格表示年初数或上年数，用于数据的纵向对比。不同单元格设置不同底纹便于区分。

② 填写项目金额。杜邦分析体系中的数据来源于企业财务报表，因此可以通过 Excel 内表间引用的方法将杜邦分析体系和资产负债表与利润表的数据进行引用，直接获得项目数据。

假设 J 公司资产负债表年末存量指标能够反映本年平均数，杜邦分析体系的数据引用公式如下。

E12 表示“营业收入”本年金额 := 利润表!B4；

C15 表示“营业成本”本年金额 := 利润表!B5；

C18 表示“营业税金及附加”本年金额 := 利润表!B6；

C21 表示"期间费用"本年金额 ：= SUM（利润表!B7:B9）；

C24 表示"其他损益"本年金额 ： 利润表!B11+利润表!B12−利润表!B10；

C27 表示"营业外收支"本年金额 ： 利润表!B14−利润表!B15；

C30 表示"所得税"本年金额 ：= 利润表!B17；

A12 表示"净利润"本年金额 ：= 利润表!B18；

H9 表示"资产总额"年末金额 ：= 资产负债表!B12；

G16 表示"应收账款"年末金额 ：= 资产负债表!B5；

G19 表示"存货"年末金额 ：= 资产负债表!B7；

G22 表示"固定资产"年末金额 ：= 资产负债表!B8；

G25 表示"无形资产"年末金额 ：= 资产负债表!B9；

G28 表示"其他资产"年末金额 ：= H9−G16−G19−G22−G25；

J12 表示"负债总额"年末金额 ：= SUM（资产负债表!E4:E7）；

J15 表示"长期负债"年末金额 ：= 资产负债表!E7；

J18 表示"短期负债"年末金额 ：= SUM（资产负债表!E4:E6）；

L9 表示"权益总额"年末金额 ：= SUM（资产负债表!E8:E11）；

M12 表示"实收资本"年末金额 ：= 资产负债表!E8；

M15 表示"盈余公积"年末金额 ：= 资产负债表!E10；

M18 表示"未分配利润"年末金额 ：= 资产负债表!E11；

F12 表示"营业收入"上年金额 ：= 利润表!C4；

D15 表示"营业成本"上年金额 ：= 利润表!C5；

D18 表示"营业税金及附加"上年金额 ：= 利润表!C6；

D21 表示"期间费用"上年金额 ：= SUM（利润表!C7:C9）；

D24 表示"其他损益"上年金额 ： 利润表!C11+利润表!C12−利润表!C10；

D27 表示"营业外收支"上年金额 ： 利润表!C14−利润表!C15；

D30 表示"所得税"上年金额 ：= 利润表!C17；

B12 表示"净利润"上年金额 ：= 利润表!C18；

I9 表示"资产总额"年初金额 ：= 资产负债表!C12；

H16 表示"应收账款"年初金额 ：= 资产负债表!C5；

H19 表示"存货"年初金额 ：= 资产负债表!C7；

H22 表示"固定资产"年初金额 ：= 资产负债表!C8；

H25 表示"无形资产"年初金额 ：= 资产负债表!C9；

H28 表示"其他资产"年初金额 ：= I9−H16−H19−H22−H25；

K12 表示"负债总额"年初金额 ：= SUM（资产负债表!F4:F7）；

K15 表示"长期负债"年初金额 ：= 资产负债表!F7；

K18 表示"短期负债"年初金额 ：= SUM（资产负债表!F4:F6）；

M9 表示"权益总额"年初金额 ：= SUM（资产负债表!F8:F11）；

N12 表示"实收资本"年初金额 ：= 资产负债表!F8；

N15 表示"盈余公积"年初金额 ：= 资产负债表!F10；

N18 表示"未分配利润"年初金额 ：= 资产负债表!F11。

③ 定义核心指标计算公式。销售净利率、资产周转率、总资产净利率、权益乘数、权益净利率不能直接从财务报表中引用，因此需要在单元格中定义计算公式，其方法与数据金额的引用类似。

核心指标计算公式如下：

A9 表示本年"销售净利率"：＝A12/E12；

E9 表示本年"资产周转率"：＝E12/H9；

C6 表示本年"总资产净利率"：＝A9*E9；

J6 表示本年"权益乘数"：＝H9/L9；

G3 表示本年"权益净利率"：＝C6*J6；

B9 表示上年"销售净利率"：＝B12/F12；

F9 表示上年"资产周转率"：＝F9/I9；

D6 表示上年"总资产净利率"：＝B9*F9；

K6 表示上年"权益乘数"：＝I9/M9；

H3 表示上年"权益净利率"：＝D6*K6。

同时将 A9、E9、C6、G3、B9、F9、D6、H3 设置为以百分比形式表示，J6、K6 设置为以数值形式表示，同时保留两位小数。

④ 对各指标进行分析。在 Excel 表中预留一定空间，用于对指标计算结果的分析。所有工作完成之后就形成了财务维度中权益净利率指标的分析。具体如图 8-10 所示。

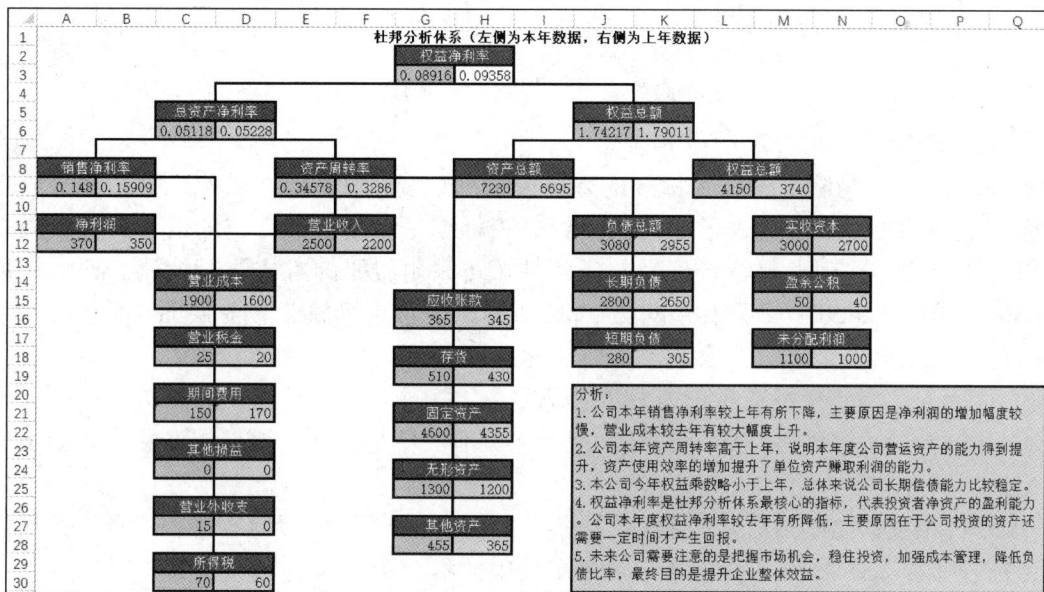

图 8-10　基于杜邦分析体系的企业绩效评价

3．企业绩效评价结果的应用

企业绩效评价结果可以作为对总经理及高管团队进行奖励与惩戒的主要依据。本案例中，主要关注权益净利率变动值，并对该值进行进一步分解，确定数值变动的原因，在此基础上修正不利变动，维持有利变动。

8.2.4 不同层面绩效评价结果的整合

1. 建立指标解释卡

建立指标解释卡的目的是反映指标的内涵外延，就像词典一样，将每个词的意思全面记录下来，人们一旦遇到不会的词条就可以从词典中进行搜索。一个完整的指标解释卡应当包含指标名称、指标编号、负责人、评价层面、评价维度、重要程度、评价频率、计量单位等内容。下面以权益净利率为例建立指标解释卡，具体如图 8-11 所示。

	A	B	C
1		J公司指标解释卡	
2	指标名称：权益净利率	指标编号：2020030101	负责人：钱七
3	评价层面：企业层面	评价维度：财务维度	重要程度：高
4	评价频率：每年一次	计量单位：%	极性：正指标
5	战略：为价值创造提供财务支撑	目标：提升资本利用效率，为股东创造更大财富	
6	指标含义：权益净利率=总资产净利率×权益乘数 总资产净利率=销售净利率×资产周转率 权益乘数=资产总额/权益总额		
7	目标值：年均超过5%		
8	指标特点：1. 综合性较强，反映了企业盈利能力、营运能力和资本结构的综合水平； 2. 与企业战略相结合，注重经营战略、财务战略的相匹配以及与内外部环境的互动； 3. 层次性较强，既可以作为绩效评价值，也可以作为绩效目标值，可以通过对该指标分解以确定子目标		
9	注意事项：1. 使用权益净利率时需要考虑存量指标与流量指标的口径匹配； 2. 权益净利率对金融性活动与经营性活动的区分不足； 3. 不同行业的权益净利率可比性不足		
10	行动方案：1. 有财务部门汇总收集准确的数据，用于权益净利润及其分解指标的计算； 2. 将结果递交给绩效管理部门审核； 3. 绩效管理部门分析结果与目标值的差异，分析不利差异产生的原因和总结有利差异产生的经验		

图 8-11 指标解释卡

① 指标名称：根据考核的内容设定。

② 指标编号：是除了指标名称外的重要的指标识别特征。指标名称与指标编号应当一一对应，不同的指标编号代表了不同的指标。指标编号也包含了一定的信息，其编码规则根据自身需求规定，但要保持合理性与一致性，可采用组码的方式进行编码。比如，编号 2020030101 中，"2020"表示指标设立年份，"03"表示指标属于企业层面，第一个"01"表示财务维度，第二个"01"表示财务维度第一个指标。

③ 负责人：指该指标评价的具体实施人。

④ 评价层面：指该指标评价的对象是个人、部门还是企业，如果层面重叠，则填写较高的层面。

⑤ 评价维度：如果指标反映整体层面，则应当确定指标属于财务维度、顾客维度、内部业务流程维度、学习和成长维度这四个维度中的哪一个。

⑥ 重要程度：反映指标的重要性，一般根据指标反映的信息是否全面、帮助判断评价对象真实水平的程度等条件来确定。

⑦ 评价频率：指该指标反映信息的周期，即多长时间要对该指标进行重新评价。根据指标对应的被评价对象的特点及绩效管理的需求，不同指标有不同的评价频率。比如，标准成本可能几年都不进行重新评价，而员工出勤率每月都要考评一次。

⑧ 计量单位：指该指标数据的单位，根据指标数据的性质决定。

⑨ 极性：表示指标数值大小与性质好坏的关系。正指标的数值越大对企业而言越好，逆指标的数值越小对企业而言越好。典型的正指标包括经济增加值、权益报酬率、剩余收益等，典型的逆指标包括顾客投诉率、返修率、报告事故数量等。有的指标包含两种极性，如研发费用。研发费用增加可能会带来更具竞争力的产品，但也可能研发不成功导致损失增加；研发费用减少可能节省企业支出，但也可能降低企业创新能力。因此，对待这类指标应当具体分析是由哪个事项产生的极性。

⑩ 战略：指该指标反映的是对哪一项战略目标的支持。

⑪ 目标：指该指标所要实现的目标。

⑫ 指标含义：指该指标所表达的意思。

⑬ 目标值：反映了该指标在评价周期内应当达到的目标。目标值的确定应当由绩效管理部门与相关对口部门共同确定，并报经上级部门审定。绩效管理部门需要持续地对目标值的合理性进行评估，并根据实际情况进行合理调整。

⑭ 指标特点：表示指标的优缺点。

⑮ 注意事项：指标在考核过程中应当特别注意的地方，包括指标考核不到的地方，可能存在的不足，应当注意的条件等。

⑯ 行动方案：说明了考核指标应当采取的一般步骤。如果在实际评价工作中需要改变既定的行动方案，应当与有关各方进行充分沟通，并做相应的记录。

2. 建立绩效评价表

将个人、部门、整体层面的绩效评价结果进行汇总，将实际值与目标值进行对比，分析差异，提出改进办法，并总结经验。限于篇幅，仅展示了绩效评价表(简表)样式，如图 8-12 所示。

评价层面与维度	评价内容	衡量指标	目标值	实际值	单位	差异值	差异类型	原因对策
个人层面	员工整体行为表现	混合类型行为标尺得分均值	15	18	分	3	有利	
	员工对企业认同度	年终问卷得分均值	60	75	分	15	有利	
部门层面	生产部绩效	标准成本	0.9446	0.9346	千元/个	-0.01	有利	
	市场部绩效	销售费用预算	300	320	千元	20	不利	
	财务部绩效	剩余收益	600	650	千元	50	有利	
财务维度	综合能力	权益净利率	5	8.916	%	3.916	有利	
	财富创造	经济增加值	200	270	千元	70	有利	
客户维度	市场份额	市场份额	20	25	%	5	有利	
	营销强度	广告投放量	1000	1000	千元	0	无	
内部业务流程维度	产品完工工时	生产周期	5	5	小时/个	0	无	
	产品质量	返修率	1	1	%	0	无	
学习与成长维度	新产品供应能力	新产品开发周期	12	12	月	0	无	
	创新能力	创新指数	65	65	分	0	无	

图 8-12　绩效评价表(简表)样式

3. 分析差异，提出对策建议

分析差异是绩效评价工作的重要部分。企业绩效管理部门应当分析目标与实际间的差异，对不利差异提出合理的改进建议，对有利差异进行规律总结，并将成果上报给更高的管理层或治理层，为企业发展做出贡献。进行差异分析不是一件轻松的事，这要求分析人员拥有高超的管理水平及实践经验，需要分析人员有广阔的视野，能够从宏观、中观、微观的角度去寻找规律，所以十分考验分析评价人员的能力和水平。

271

8.3　Power BI 绩效评价结果可视化

下面以 ABC 公司为例，说明绩效评价结果可视化在 Power BI 中的具体应用。

【例 8-2】　案例名称：ABC 公司的 Power BI 绩效评价结果可视化。

案例资料：ABC 公司是一家成立于 2007 年的中型商贸企业，主营业务是进行医药产品的销售，收入确认时点为货物发出之时。为了维持良好的客户关系，ABC 公司为客户提供了 30 天的赊销期。公司下设综合部、采购部、销售部、财务部、质量控制部五大部门，共有员工 200 余人。目前，公司最大的部门为销售部，内有销售人员 80 人。为了充分利用信息化时代下的技术优势，公司董事会决定采用全新的可视化技术展示绩效评价结果，由董事会下属的薪酬与绩效委员会负责。鉴于该项工作处于试点阶段，经董事会研究决定，参与试点的员工为全体销售人员，部门为销售部，并采用杜邦分析体系与平衡计分卡对企业整体绩效进行可视化展示。

案例目标：基于 Power BI 对销售人员、生产部门与企业整体的绩效评价结果进行可视化处理。

8.3.1　使用 Power BI 进行绩效评价可视化的步骤

Power BI 的优势之一是其具有强大的可视化功能，且操作过程友好。使用 Power BI 进行绩效评价可视化的步骤遵从一般性的商业分析可视化步骤，主要包括明确评价内容、获取数据与整理数据、可视化方案设计、评价结果呈现、评价报表的输出与共享。

1. 明确评价内容

绩效评价可视化的第一步是需要明确评价目标，即明确评价什么内容及如何对选定内容进行评价。首先，需要明确从哪些层面对绩效进行评价、绩效评价的用途和目标是什么、每个层面重点评价的维度是什么等；其次，需要明确采取何种方法及何种形式进行绩效评价、评价指标如何衡量、各层面评价结果如何整合、是否需要考虑评价结果的时效性等。

2. 获取数据与整理数据

绩效评价可视化的第二步是获取数据与整理数据，即在进行绩效评价时，需要将反映评价对象绩效表现的相关数据由外部导入 Power BI Desktop 中。而 Power BI Desktop 提供了非常丰富的数据接口，可与常用商业软件进行数据间传输，可识别的数据文件类型包括但不限于 Excel、文本文件、XML、JSON、PDF、Parquet、Access 数据库文件、SQL Server 数据库文件、Oracle Database、IBM Db2 数据库文件、R 文件、Python 文件等。需要注意的是，想要获取某些数据库文件中的数据，需要预先填写服务器与数据库名称，才能将 Power Query 与该数据库文件建立连接。此外，绝大多数文件数据并不符合 Power BI 的建模标准，因此有必要对数据进行一系列的整理，使数据的类型与结构符合建模要求。

3. 可视化方案设计

绩效评价可视化的第三步是可视化方案设计，即确定可视化的预想效果及如何实现这些效果。可视化方案设计的关键点在于建立绩效评价模型。评价模型的作用是将绩效数据转化为能够帮助利益相关者进行决策的绩效信息，因此建立评价模型的本质就在于将数据作为原材料进行加工，从而生成对决策有用的信息产品。在建立评价模型之前，需要将数据表界定为事实表或维度表，并建立起表与表之间的逻辑关系，这样可以同步在不同表之间获取数据以支持建模。当绩效评价任务比较复杂时，可以借助 DAX 语言进行编码，从而减少人工介入带来的低效率，使建模过程更加自动化。

4．评价结果呈现

绩效评价可视化的第四步是评价结果呈现。评价结果呈现主要是指以何种可视化形式呈现绩效信息，可视化程度越高意味着呈现效果越好。由于人们对图像信息的接受程度高于对文本信息的接受程度，因此评价结果呈现的核心在于使用清晰直观的图形或者表格来表达绩效信息，从而提高信息使用者的信息感知程度。绩效评价结果的可视化程度很大程度上取决于数据处理人员的创意思维，因此很多时候需要提前设计好采用什么样的图表进行特定信息的展示。

5．评价报表的输出与共享

绩效评价的可视化结果可能分别储存在不同页面中，因此可以根据评价需求将不同的可视化结果合并在同一个报表中。绩效评价报表是绩效评价的最终成果，该报表不仅可以输出并打印，形成纸质报表，还可以以电子文档的形式与他人进行信息共享与互动。

8.3.2 员工层面的绩效评价结果可视化

1．考核维度与考核指标的确定

ABC 公司薪酬与绩效委员会经过综合分析，决定从三个维度重点考察市场部销售人员的绩效表现：岗位业绩表现、客户服务表现与综合水平表现。

① 岗位业绩表现采用销售计划完成率来衡量，计算公式为：

销售计划完成率=单位期间内实际销售额÷单位期间内计划销售额

其中，单位期间内实际销售额表示销售人员在日常业务开展过程中的实际销售金额，单位期间内计划销售额由员工入职时间、上年薪酬、上年计划完成情况等数据确定，在本案例中直接给出。

② 客户服务表现采用客户满意度调查得分来衡量，计算公式为：

客户满意度调查得分=0.5×个人形象满意度得分+0.5×服务质量满意度得分

其中，个人形象满意度得分和服务质量满意度得分是薪酬与绩效委员会定期向固定客户发放调查问卷所获得的销售人员得分的平均值，在本案例中直接给出。

③ 综合水平表现采用混合类型行为标尺量得分来衡量，计算公式为：

混合类型行为标尺量得分=业务拓展行为得分+职业道德行为得分+人际沟通行为得分

其中，业务拓展行为得分、职业道德行为得分、人际沟通行为得分由薪酬与绩效委员会定期组织相关人员使用混合类型行为标尺量表对销售人员综合表现进行评分所得分数确定，在本案例中直接给出。

2．个人绩效指标数据导入

ABC 公司销售人员考核指标及数据存放在 Excel 表中，通过以下步骤将数据导入 Power BI Desktop。

① 在 Power BI Desktop "主页"功能区中单击"获取数据"选项卡，在下拉菜单中单击"Excel"按钮，如图 8-13 所示。如果原始数据来源于其他数据文件，则选择相应的名称选项。

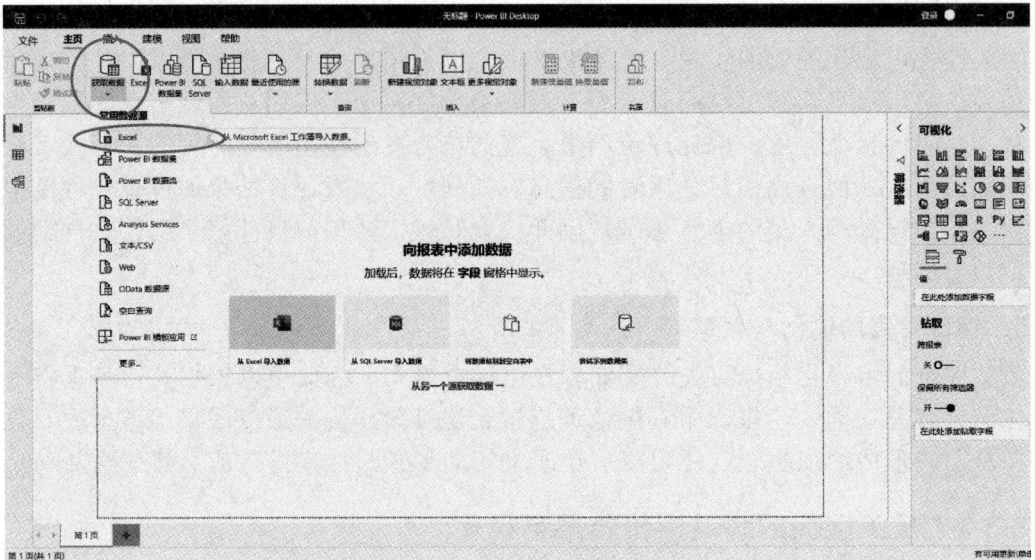

图 8-13　从 Excel 中获取数据

② 单击 Excel 后将会弹出"打开"对话框，用于数据文件选择。找到用于存放绩效评价数据的文件夹，单击"销售人员绩效数据"文件，如图 8-14 所示。

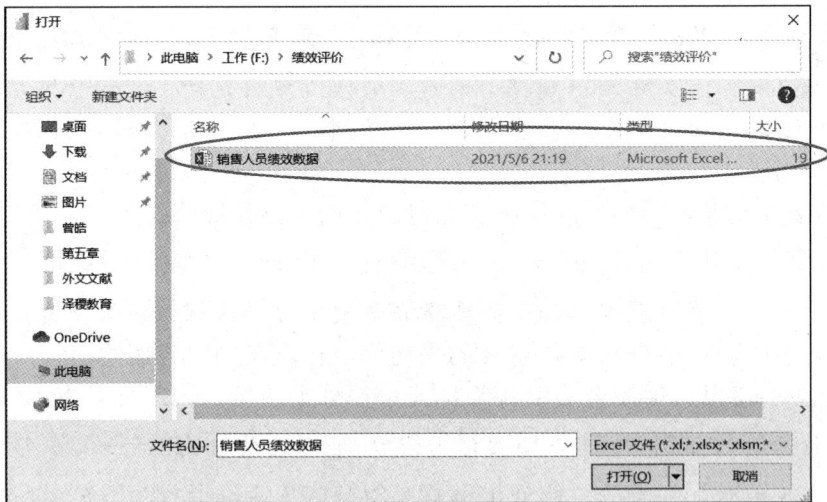

图 8-14　选择数据文件

③ 进入"导航器"对话框，左侧显示名为"销售人员绩效数据"的 Excel 文件，下方为 Excel 文件中的数据表，选中"业务数据"前的复选框，之后会在右侧界面出现该数据

表的数据预览，单击右侧下方的"加载"按钮，则可将 Excel 文件中的特定表格导入 Power BI Desktop 中，具体如图 8-15 所示。

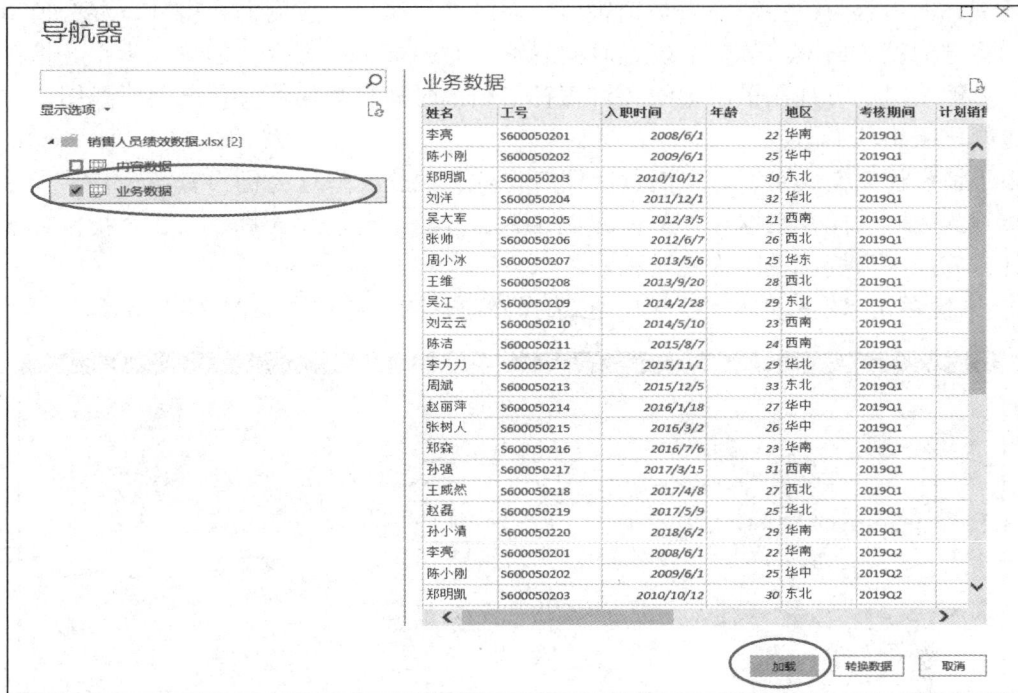

图 8-15 加载数据表

④ 数据导入完成后，单击界面最左侧视图选择窗格中的第二个窗格"数据视图"，即可查看销售人员 2019 年各季度绩效指标数据，同时，"数据视图"最右侧可以看到各列数据所属字段，具体如图 8-16 所示。

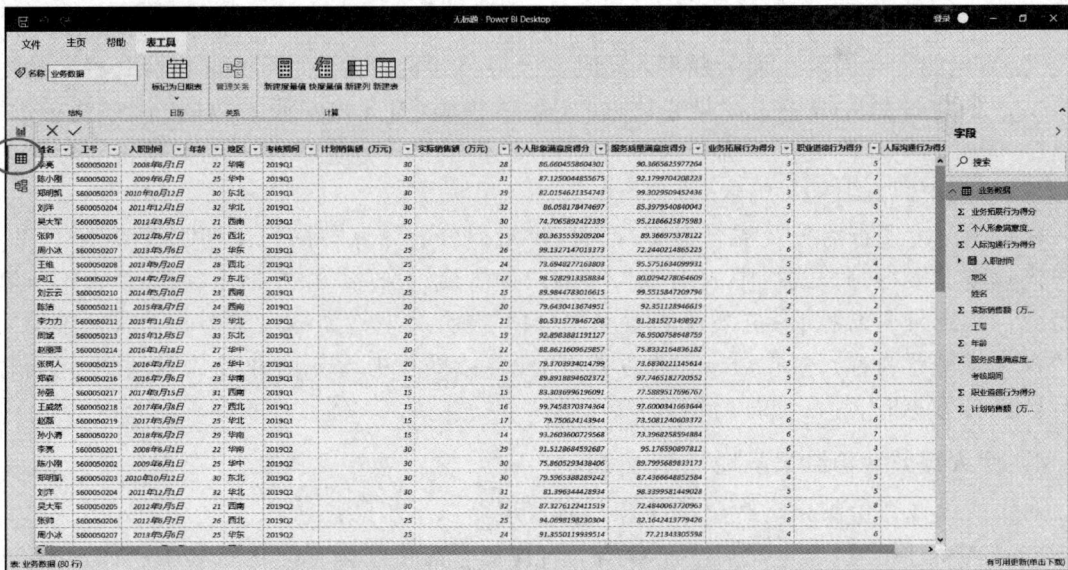

图 8-16 "数据视图"下的销售人员业绩指标

3．个人绩效评价结果的可视化方案设计

如果要对销售人员绩效评价结果进行可视化，需要明确可视化的内容与形式。本案例中，可视化的内容为：各销售人员销售计划完成率、客户满意度调查得分、混合类型行为标尺量得分的整体情况、分解情况、时间趋势、对比情况；可视化的形式为：各指标整体情况和分解情况的可视化采用折线和堆积柱形图，时间趋势的可视化采用折线图，对比情况的可视化采用环形图。

由于销售计划完成率、客户满意度调查得分、混合类型行为标尺量得分是基于分解指标计算得到的，因此在数据导入 Power BI Desktop 后，还需要计算以上 3 个指标。下面以销售计划完成率为例，说明构建过程。

① 右键单击"实际销售额"列，并选择"新建列"选项，如图 8-17 所示。

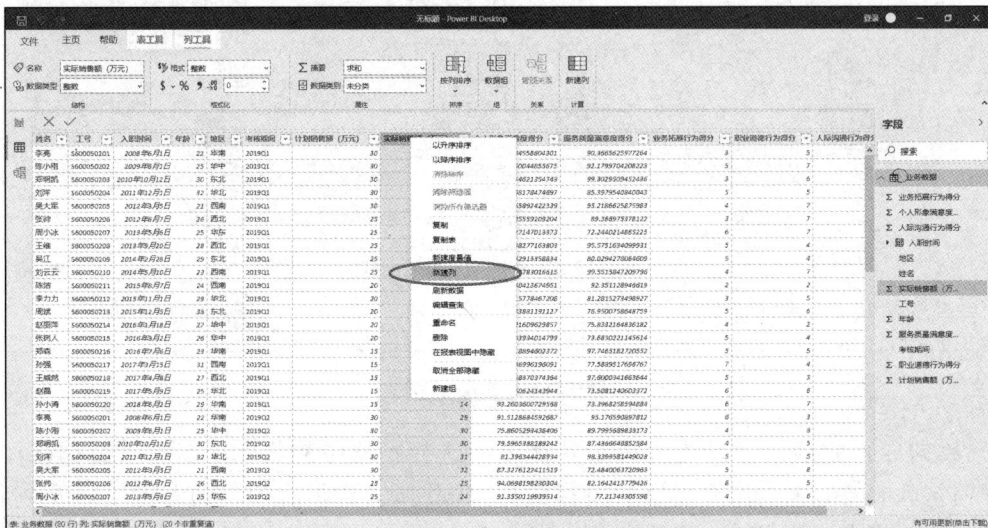

图 8-17　新建列

② 新建的列会出现在表的最后，同时在上方公式栏中出现"列 ="，将公式栏中的内容修改成"销售计划完成率 = '业务数据'[实际销售额(万元)] /'业务数据'[计划销售额(万元)]"，同时单击"格式化"选项卡中的"%"，将销售计划完成率下的数据格式转化为百分制形式，具体如图 8-18 所示。

客户满意度调查得分及混合类型行为标尺量得分的计算与销售计划完成率类似，其中，客户满意度调查得分公式栏中的内容为"客户满意度得分 = 0.5*'业务数据'[个人形象满意度得分] +0.5*'业务数据'[服务质量满意度得分]"；混合类型行为标尺量得分公式栏中的内容为"混合类型行为标尺量得分 = '业务数据'[业务拓展行为得分]+'业务数据'[职业道德行为得分]+'业务数据'[人际沟通行为得分]"。

4．个人绩效评价结果呈现

对个人绩效评价结果进行可视化操作时，遵循以下步骤：

① 选中左侧"报表"视图，在右侧"可视化"窗格中选择"折线和堆积柱形图"，得到初始化图形。

图 8-18　计算销售计划完成率

　　② 将"字段"窗格中的"姓名"拖至"可视化"窗格中的"共享轴"设置项；将"字段"窗格中的"考核期间"拖至"可视化"窗格中的"列序列"设置项；将"字段"窗格中的"销售计划完成率"拖至"可视化"窗格中的"列值"设置项；将"字段"窗格中的"计划销售额（万元）"及"实际销售额（万元）"拖至"可视化"窗格中的"行值"设置项，同时单击两个字段的下拉按钮，选择"最大值"选项。

　　③ 在"可视化"窗格进入"格式"界面，修改标题名称、数据颜色、对齐方式、大小等信息，最终呈现结果如图 8-19 所示。

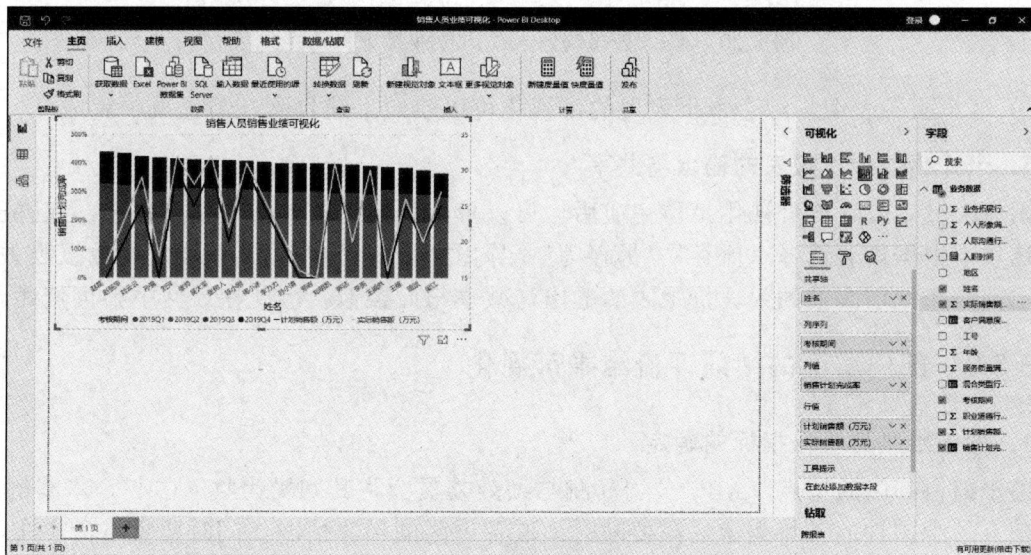

图 8-19　销售人员岗位业绩整体情况与分解情况可视化

④ 在"可视化"窗格中选择"环形图",将"字段"窗格中的"姓名"拖至"可视化"窗格中的"图例"设置项;将"字段"窗格中的"销售计划完成率"拖至"可视化"窗格中的"值"设置项,同时单击"值"的下拉按钮,选择"平均值"选项。在此基础上,从"可视化"窗格进入"格式"界面,修改标题名称、数据颜色、对齐方式、大小等信息。

⑤ 在"可视化"窗格中选择"树状图",将"字段"窗格中的"考核期间"拖至"可视化"窗格中的"组"设置项;将"字段"窗格中的"地区"拖至"可视化"窗格中的"详细信息"设置项;将"字段"窗格中的"销售计划完成率"拖至"可视化"窗格中的"值"设置项,同时单击"值"的下拉按钮,选择"平均值"选项。在此基础上,从"可视化"窗格进入"格式"界面,修改标题名称、数据颜色、对齐方式、大小等属性。

⑥ 最后,对整个报表视图进行修饰,最终效果如图 8-20 所示。

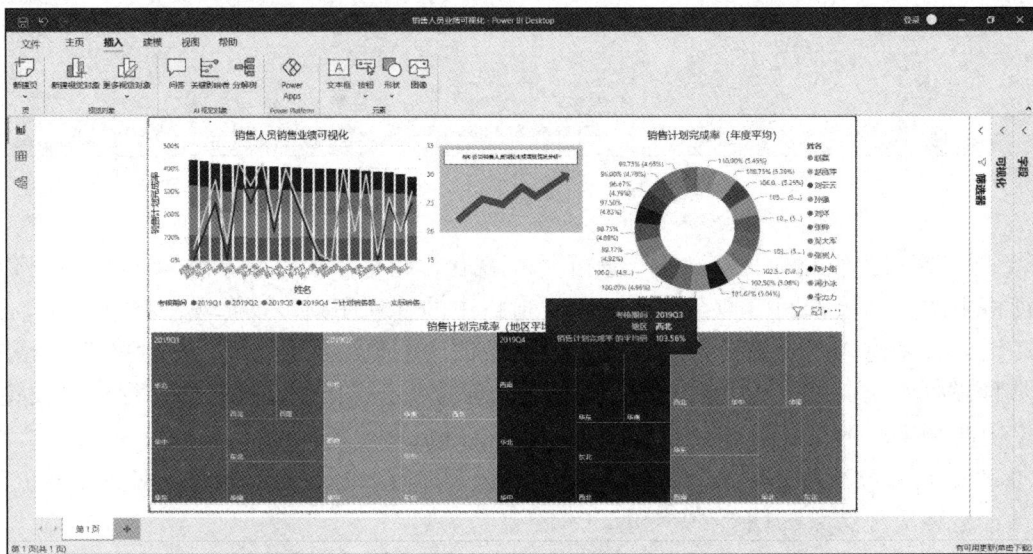

图 8-20　ABC 公司销售人员岗位业绩评价可视化

⑦ 客户服务表现与综合水平表现的可视化可以参照上述步骤在新建页中完成。

5. 个人绩效评价报表的输出与共享

销售人员绩效平均可视化工作完成后,可以单击功能栏中的"文件"按钮,在弹出的功能选项中根据需要选择"保存""另存为""导出"或者"发布",以决定绩效报表去向。部门层面与企业层面的绩效评价报表的输出与共享与此类似,因此在后文中不再赘述。

8.3.3　部门层面的绩效评价结果可视化

1. 考核维度与考核指标的确定

鉴于销售部门的特点,ABC 公司薪酬与绩效委员会将其归类为收入中心。本案例中,公司建立了全国性的销售渠道,需要随时调取各地区的销售情况,同时要重点考察实际销售收入的完成情况、销售收入的变动趋势,并对收入完成情况进行分解,因此考察维度包括:各期实际销售收入、销售收入变化趋势、目标完成率、差异分解。

2．部门绩效指标数据导入

ABC 公司收入中心考核指标及数据存放在 Excel 表中，数据导入 Power BI Desktop 的步骤参照上一部分内容，导入的数据包括"收入中心绩效数据""收入中心绩效标准""辅助表——城市名单""辅助表——产品名单"，并根据需要进入 Power Query 进行数据整理。

3．部门绩效评价结果的可视化方案设计

收入中心重点考察指标包括：当前目标完成率、全年累计目标完成率、各产品目标完成率、实际收入变化趋势、实际收入与目标收入差异值。可视化的形式为："当前目标完成率"与"全年累计目标完成率"的可视化采用仪表盘视觉对象，"各产品目标完成率"的可视化采用簇状条形图视觉对象，"销售收入变化趋势"的可视化采用分区图视觉对象，"实际收入与目标收入差异值"的可视化采用分解树视觉对象。

4．部门绩效评价结果呈现

① 导入"收入中心绩效数据""收入中心绩效标准""辅助表——城市名单""辅助表——产品名单"中的数据，并进行数据整理。

② 通过"建模"中的"新建表"功能建立日期辅助表，时间跨度为 2018/1/1 至 2021/12/31，在表中输入以下 DAX 语句，同时将日期辅助表标记为日期表，[Date]标记为日期列，如图 8-21 所示。

③ 通过"主页"中的"输入数据"功能建立金额倍数表，如图 8-22 所示，同时构建金额倍数切片器，将金额倍数表中的"单位"字段拖至"可视化"下的"字段"处，并在"设置"下的"常规"中将切片器的方向设置为水平。

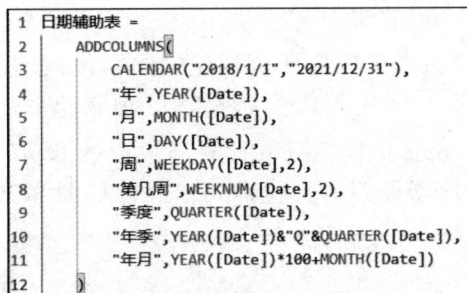

图 8-21　建立日期辅助表　　　　图 8-22　金额转化辅助表

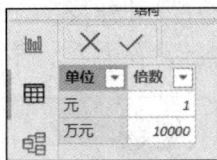

④ 转换至"模型"视图，建立新的布局，命名为部门绩效评价，将收入中心绩效金额、收入中心绩效标准、产品名单、城市名单、日期辅助表放入布局窗口中，并将"'收入中心绩效金额'[订单日期]"与"'日期辅助表'[Date]"、"'收入中心绩效金额'[产品编号]"与"'产品名单'[产品编号]"、"'收入中心绩效金额'[城市编号]"与"'城市名单'[城市编号]"、"'收入中心绩效标准'[城市名称]"与"'城市名单'[城市名称]"建立关系。

⑤ 在"主页"中输入数据，建立一张收纳部门绩效评价相关度量值的表，命名为收入中心度量值，在此基础上编写进行部门绩效评价的相关度量值，包括实际收入、收入标准、目标完成率等，各项度量值 DAX 语句如图 8-23 至图 8-29 所示。

```
1  实际收入 = divide(sum('收入中心绩效金额'[销售金额]),max('金额转化辅助表'[倍数]))
```

图 8-23   实际收入度量值

```
1  收入标准（合计）= divide(sum('收入中心绩效标准'[收入标准]),max('金额转化辅助表'[倍数]))
```

图 8-24   收入标准（合计）度量值

```
1  收入标准（年度累计）= divide([收入标准（当前）],CALCULATE([收入标准（当前）],all('日期辅助表'[月])))
```

图 8-25   收入标准（年度累计）度量值

```
1  收入标准（当前）= CALCULATE([收入标准（合计）],
2  TREATAS(VALUES('日期辅助表'[年]),'收入中心绩效标准'[年]),
3  TREATAS(VALUES('日期辅助表'[月]),'收入中心绩效标准'[月份]),
4  TREATAS(VALUES('产品名单'[产品类别]),'收入中心绩效标准'[产品类别]))
```

图 8-26   收入标准（当前）度量值

```
1  目标完成率（当前）= divide([实际收入],[收入标准（当前）])
```

图 8-27   目标完成率（当前）度量值

```
1  目标完成率（年度累计）= divide([实际收入],CALCULATE([收入标准（当前）],all('日期辅助表'[月])))
```

图 8-28   目标完成率（年度累计）度量值

```
1  差异分析 = [实际收入]-[收入标准（合计）]
```

图 8-29   差异分析度量值

⑥ 建立年度切片器，将日期辅助表中的"年"拖至可视化中的字段，同时在"常规"选项中将方向设置为水平，在"选择控件"中打开"单项选择"。以相同的方法设置月份切片器及区域切片器(同时将'城市名单'[所属省份]、'城市名单'[所属区域]放入"字段")，其中月份切片器设置为介于样式，区域切片器设置为下拉样式，具体如图 8-30 所示。

图 8-30   设置切片器

⑦ 选择仪表盘视觉对象，将度量值"目标完成率(当前)"放入"值"中；再次选择仪表盘视觉对象，将度量值"目标完成率(年度累计)"放入"值"中，将"收入标准(年度累计)"放入"目标值"中，修改该仪表盘标题为"目标完成率(全年)"。在此基础上修改两个仪表盘的颜色背景，增强可视化效果。

⑧ 选择簇状条形图视觉对象，将"'产品名单'[产品类别]"放入"轴"中，将度量值"目标完成率(当前)"放入"值"中，并修改视觉对象相关属性。

⑨ 选择分区图视觉对象，将"'日期辅助表'[Date]"放入"轴"中，将度量值"实际收入"放入"值"中，并修改视觉对象相关属性。

⑩ 选择分解树视觉对象，将度量值"差异分析"放入"分析"中，将"'日期辅助表'[月]"、"'产品名单'[产品类别]"、"'城市名单'[城市名称]"、"'城市名单'[所属省份]"和"'城市名单'[所属区域]"放入"解释依据"中，逐级展开分解数，并修改视觉对象的相关属性。部门绩效评价可视化的最终效果如图 8-31 所示。

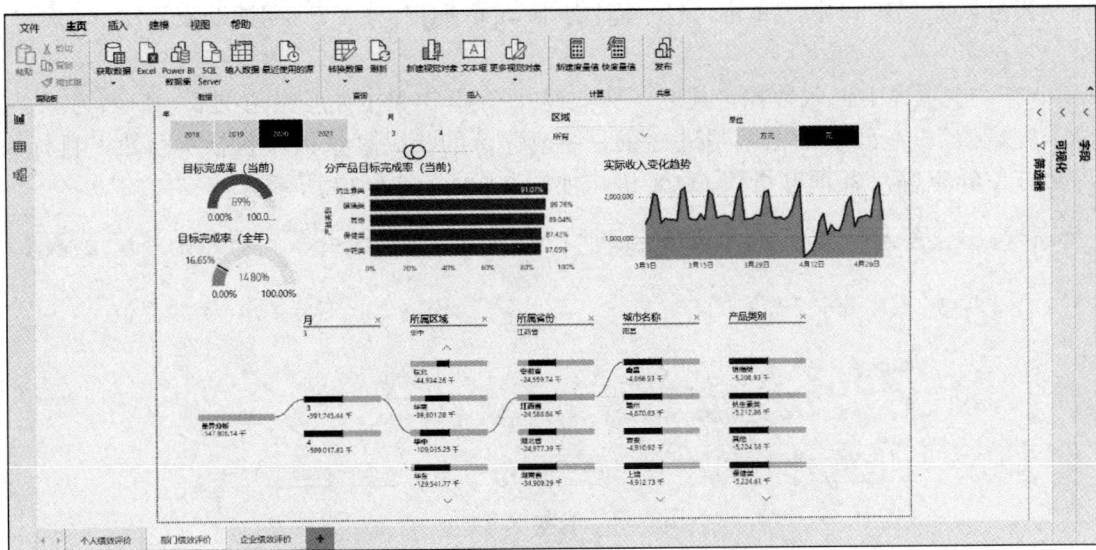

图 8-31 部门绩效评价可视化最终效果

8.3.4 企业层面的绩效评价结果可视化

1．考核维度与考核指标的确定

ABC 公司薪酬与绩效委员会经过综合分析，决定采用杜邦分析与平衡计分卡来考察企业层面的绩效。其中平衡计分卡主要考核企业财务维度、客户维度、内部流程维度、学习与成长维度相关指标，杜邦分析主要考核企业的权益净利率、总资产净利率、销售净利率、总资产周转率、权益乘数等指标。

2．企业绩效指标数据导入

ABC 公司整体考核指标及数据存放在 Excel 表中，包括平衡计分卡数据、杜邦体系数据，以及报表项目表。其中，平衡计分卡数据需要进入 Power Query 进行整理，将指标数据转化成 Power BI 认可的数据结构，同时将杜邦体系数据由二维表转化为一维表。

3．企业绩效评价结果的可视化方案设计

平衡计分卡重点考察四个维度指标的实际数和目标数的数值，以及它们之间的绝对差异和相对差异，因此平衡记分卡的可视化采用矩阵视觉对象。杜邦分析的重点考察指标包括净资产收益率、总资产收益率、总资产周转率、销售净利率、权益乘数，以及计算这些比率指标的财务报表项目(资产、权益、净利润、营业收入)。由于要考察本企业与标杆企业的指标差异，因此杜邦分析体现的可视化采用 KPI 视觉对象，对比的标杆企业为 ABC 公司的主要竞争对手 XYZ 公司、JKL 公司及 EFG 公司。

4．企业绩效评价结果呈现

① 参照前文建立年切片器和月切片器，并设置为下拉样式，标题分别修改为"报告年度""报告月份"。

② 转换至"模型"视图，建立新的布局，命名为企业绩效评价，将平衡计分卡表、日期辅助表放入布局窗口中，并将"'平衡计分卡'[日期]"与"'日期辅助表'[Date]"建立关系。

③ 在"主页"中输入数据，建立一张收纳平衡计分卡相关度量值的表，命名为"平衡计分卡度量值"，在此基础上编写进行企业绩效评价的相关度量值，包括实际数、目标数、差异数、差异率等，各项度量值 DAX 语句如图 8-32 至图 8-37 所示。

```
1 平衡计分卡_实际基本金额 = sum('平衡计分卡表'[实际数])
```
图 8-32　实际基本金额度量值

```
1 平衡计分卡_目标基本金额 = sum('平衡计分卡表'[目标数])
```
图 8-33　目标基本金额度量值

```
1 平衡计分卡_实际数 =
2 var yearchoice=max('日期辅助表'[年])
3 var monthchoice=max('日期辅助表'[月])
4 return
5 calculate([平衡计分卡_实际基本金额],'日期辅助表'[Date]=date(yearchoice,monthchoice,1))
```
图 8-34　实际数度量值

```
1 平衡计分卡_目标数 =
2 var yearchoice=max('日期辅助表'[年])
3 var monthchoice=max('日期辅助表'[月])
4 return
5 calculate([平衡计分卡_目标基本金额],'日期辅助表'[Date]=date(yearchoice,monthchoice,1))
```
图 8-35　目标数度量值

```
1 平衡计分卡_差异数 = [平衡计分卡_实际数]-[平衡计分卡_目标数]
```
图 8-36　差异数度量值

```
1 平衡计分卡_差异率 = divide([平衡计分卡_差异数],[平衡计分卡_目标数])
```
图 8-37　差异率度量值

④ 在"可视化"窗格中选择"矩阵"，将"字段"窗格中"平衡计分卡表"下的"行次""项目"拖至"可视化"窗格中的"行"设置项；将"平衡计分卡_实际数""平衡计分卡_目标数""平衡计分卡_差异数""平衡计分卡_差异率"拖至"值"设置项。在此基础上修改相应的值标题，右击"行"设置项下的"项目"，选中"显示无数据的项目"，最后改小矩阵中行次的宽度，以达到隐藏效果。

⑤ 在"可视化"窗格中进入"小计"下拉框，关闭"行小计""列小计"。

⑥ 选中创建的矩阵视觉对象，单击右上方"展开层次结构中的所有下移级别"按钮，在"可视化"窗格中进入"行标题"下拉框，关闭"渐变布局""+/–图标"。

⑦ 将光标放置在"可视化"窗格中"值"设置项下的"差异数"数据字段处，单击鼠标右键，选择"条件格式"下的"图标"选项，设置相应属性，完成后单击"确定"按钮，具体如图 8-38 所示。

⑧ 将光标放置在"可视化"窗格中"值"设置项下的"差异率"数据字段处,单击鼠标右键,选择"条件格式"下的"数据条"选项,设置相应属性,完成后单击"确定"按钮,具体如图 8-39 所示。

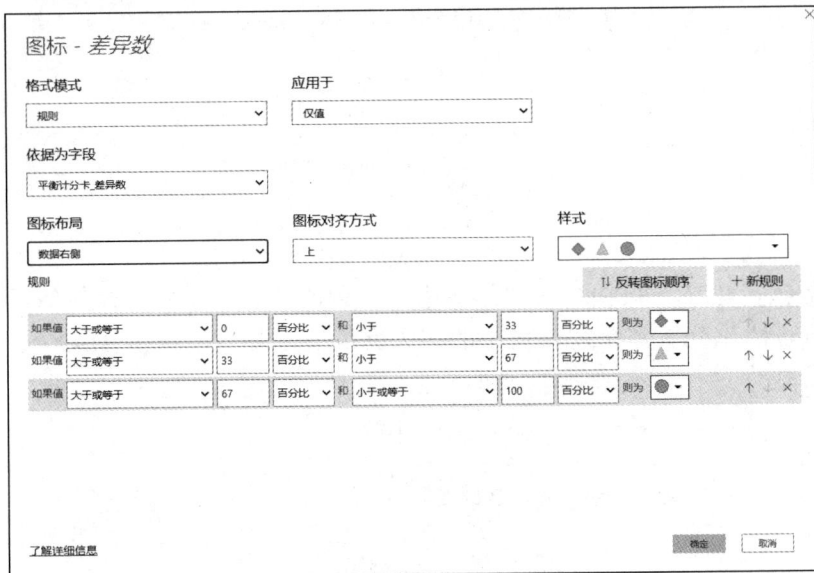

图 8-38　图标属性设置

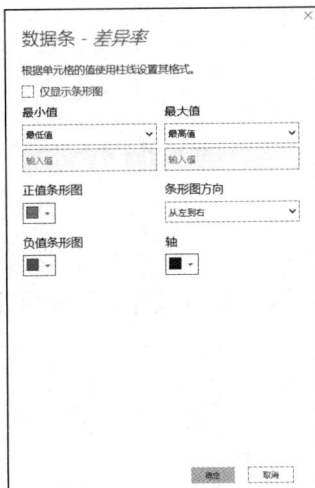

图 8-39　数据条属性设置

⑨ 修改矩阵视觉对象相应属性,在"插入"功能区中单击"文本框"按钮,在文本框中输入"平衡计分卡",并调整字体大小、文本框位置,具体如图 8-40 所示。

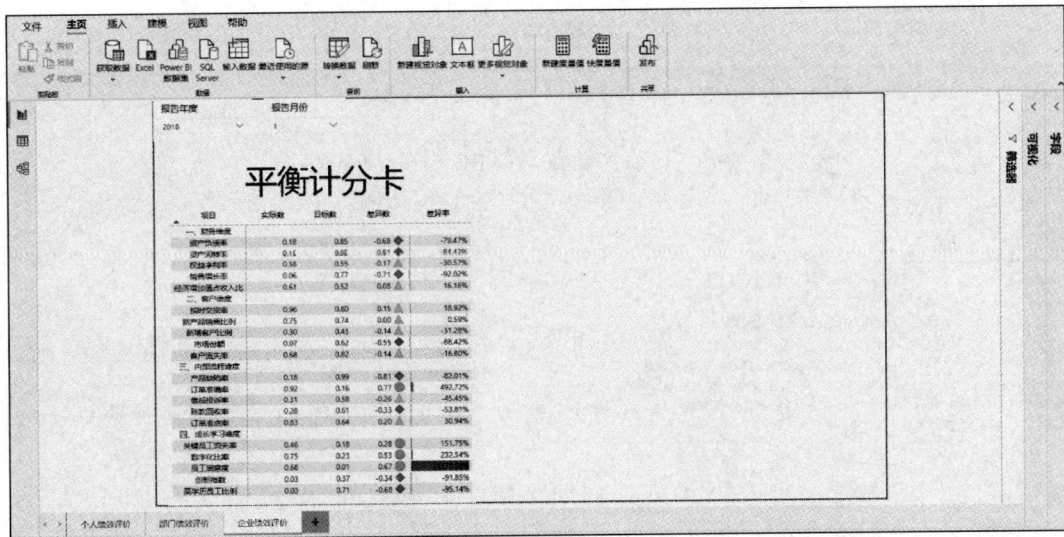

图 8-40　平衡计分卡可视化

⑩ 转换至"模型"视图,将杜邦分析指标、杜邦分析指标(对比)、报表项目放入布局窗口中,并将"'杜邦分析指标'[报表项目]"与"'报表项目'[关联名称]"、"'杜邦分析指标(对比)'[报表项目]"与"'报表项目'[关联名称]"建立关系。

⑪ 创建对比公司名单，如图 8-41 所示，在此基础上建立对比公司切片器。

⑫ 执行"建模"→"新建表"命令，输入图 8-42 和图 8-43 所示的度量值，在此基础上建立目标年度切片器和目标月份切片器。

公司	序号
ABC公司	1
XYZ公司	2
JKL公司	3
EFG公司	4

图 8-41 杜邦体系对比公司名单

```
1 目标年度=values('日期辅助表'[年])
```

图 8-42 目标年度度量值

```
1 目标月份 = values('日期辅助表'[月])
```

图 8-43 目标月份度量值

⑬ 在"主页"中输入数据，建立一张收纳杜邦体系相关度量值的表，命名为杜邦体系度量值，在此基础上编写构建杜邦分析体系需要使用的相关度量值，各项度量值 DAX 语句如图 8-44 至图 8-55 所示。

```
1 杜邦分析_基本金额 = sum('杜邦分析指标'[金额])
```

图 8-44 杜邦分析_基本金额度量值

```
1 杜邦分析_基本金额 (对比) = sum('杜邦分析指标 (对比)'[金额])
```

图 8-45 杜邦分析_基本金额(对比)度量值

```
1 净资产收益率 =
2 var year1=selectedvalue('日期辅助表'[年])
3 var month1=selectedvalue('日期辅助表'[月])
4 var day1=min('日期辅助表'[日])
5 return
6 divide(calculate([杜邦分析_基本金额],'杜邦分析指标'[项目名称]="净利润",'杜邦分析指标'[时间]=date(year1,month1,day1)),calculate([杜邦分析_基本金额],'杜邦分析指标'[项目名称]="所有者权益合计",'杜邦分析指标'[时间]=date(year1,month1,day1)))
```

图 8-46 净资产收益率(ABC 公司)度量值

```
1 净资产收益率 (目标) =
2 var goalyear=selectedvalue('目标年度'[年])
3 var goalmonth=selectedvalue('目标月份'[月])
4 var goalday=min('日期辅助表'[日])
5 var goalfirm=selectedvalue('对比公司名单'[公司])
6 return
7 if(goalfirm="ABC公司",calculate([净资产收益率],'日期辅助表'[年]=goalyear,'日期辅助表'[月]=goalmonth),
8 calculate(divide(calculate([杜邦分析_基本金额 (对比)],'杜邦分析指标 (对比)'[项目名称]="净利润"),calculate([杜邦分析_基本金额 (对比)],'杜邦分析指标 (对比)'[项目名称]="所有者权益合计")),'杜邦分析指标 (对比)'[对象]=goalfirm,'杜邦分析指标 (对比)'[时间]=date(goalyear,goalmonth,goalday),removefilters('日期辅助表')))
```

图 8-47 净资产收益率(目标)度量值

```
1 总资产收益率 =
2 var year1=selectedvalue('日期辅助表'[年])
3 var month1=selectedvalue('日期辅助表'[月])
4 var day1=min('日期辅助表'[日])
5 return
6 divide(calculate([杜邦分析_基本金额],'杜邦分析指标'[项目名称]="净利润",'杜邦分析指标'[时间]=date(year1,month1,day1)),calculate([杜邦分析_基本金额],'杜邦分析指标'[项目名称]="资产总计",'杜邦分析指标'[时间]=date(year1,month1,day1)))
```

图 8-48 总资产收益率(ABC 公司)度量值

```
1  总资产收益率 (目标) =
2  var goalyear=selectedvalue('目标年度'[年])
3  var goalmonth=selectedvalue('目标月份'[月])
4  var goalday=min('日期辅助表'[日])
5  var goalfirm=selectedvalue('对比公司名单'[公司])
6  return
7  if(goalfirm="ABC公司",calculate([总资产收益率],'日期辅助表'[年]=goalyear,'日期辅助表'[月]=goalmonth),
8  calculate(divide(calculate([杜邦分析_基本金额 (对比) ],'杜邦分析指标 (对比) '[项目名称]="净利润"),calculate([杜邦分析_基本金额 (对比) ],'杜邦分析指
   标 (对比) '[项目名称]="资产总计")),'杜邦分析指标 (对比) '[对象]=goalfirm,'杜邦分析指标 (对比) '[时间]=date(goalyear,goalmonth,goalday),
   removefilters('日期辅助表')))
```

图 8-49　总资产收益率(目标)度量值

```
1  权益乘数 =
2  var year1=selectedvalue('日期辅助表'[年])
3  var month1=selectedvalue('日期辅助表'[月])
4  var day1=min('日期辅助表'[日])
5  return
6  divide(calculate([杜邦分析_基本金额],'杜邦分析指标'[项目名称]="资产总计",'杜邦分析指标'[时间]=date(year1,month1,day1)),calculate([杜邦分析_基本金
   额],'杜邦分析指标'[项目名称]="所有者权益合计",'杜邦分析指标'[时间]=date(year1,month1,day1)))
```

图 8-50　权益乘数(ABC 公司)度量值

```
1  权益乘数 (目标) =
2  var goalyear=selectedvalue('目标年度'[年])
3  var goalmonth=selectedvalue('目标月份'[月])
4  var goalday=min('日期辅助表'[日])
5  var goalfirm=selectedvalue('对比公司名单'[公司])
6  return
7  if(goalfirm="ABC公司",calculate([权益乘数],'日期辅助表'[年]=goalyear,'日期辅助表'[月]=goalmonth),
8  calculate(divide(calculate([杜邦分析_基本金额 (对比) ],'杜邦分析指标 (对比) '[项目名称]="资产总计"),calculate([杜邦分析_基本金额 (对比) ],'杜邦分析
   指标 (对比) '[项目名称]="所有者权益合计")),'杜邦分析指标 (对比) '[对象]=goalfirm,'杜邦分析指标 (对比) '[时间]=date(goalyear,goalmonth,goalday),
   removefilters('日期辅助表')))
```

图 8-51　权益乘数(目标)度量值

```
1  总资产周转率 =
2  var year1=selectedvalue('日期辅助表'[年])
3  var month1=selectedvalue('日期辅助表'[月])
4  var day1=min('日期辅助表'[日])
5  return
6  divide(calculate([杜邦分析_基本金额],'杜邦分析指标'[项目名称]="营业收入",'杜邦分析指标'[时间]=date(year1,month1,day1)),calculate([杜邦分析_基本金
   额],'杜邦分析指标'[项目名称]="资产总计",'杜邦分析指标'[时间]=date(year1,month1,day1)))
```

图 8-52　总资产周转率(ABC 公司)度量值

```
1  总资产周转率 (目标) =
2  var goalyear=selectedvalue('目标年度'[年])
3  var goalmonth=selectedvalue('目标月份'[月])
4  var goalday=min('日期辅助表'[日])
5  var goalfirm=selectedvalue('对比公司名单'[公司])
6  return
7  if(goalfirm="ABC公司",calculate([总资产周转率],'日期辅助表'[年]=goalyear,'日期辅助表'[月]=goalmonth),
8  calculate(divide(calculate([杜邦分析_基本金额 (对比) ],'杜邦分析指标 (对比) '[项目名称]="营业收入"),calculate([杜邦分析_基本金额 (对比) ],'杜邦分析
   指标 (对比) '[项目名称]="资产总计")),'杜邦分析指标 (对比) '[对象]=goalfirm,'杜邦分析指标 (对比) '[时间]=date(goalyear,goalmonth,goalday),
   removefilters('日期辅助表')))
```

图 8-53　总资产周转率(目标)度量值

```
1  销售净利率 =
2  var year1=selectedvalue('日期辅助表'[年])
3  var month1=selectedvalue('日期辅助表'[月])
4  var day1=min('日期辅助表'[日])
5  return
6  divide(calculate([杜邦分析_基本金额],'杜邦分析指标'[项目名称]="净利润",'杜邦分析指标'[时间]=date(year1,month1,day1)),calculate([杜邦分析_基本金
   额],'杜邦分析指标'[项目名称]="营业收入",'杜邦分析指标'[时间]=date(year1,month1,day1)))
```

图 8-54　销售净利率(ABC 公司)度量值

```
1  销售净利率（目标）=
2  var goalyear=selectedvalue('目标年度'[年])
3  var goalmonth=selectedvalue('目标月份'[月])
4  var goalday=min('日期辅助表'[日])
5  var goalfirm=selectedvalue('对比公司名单'[公司])
6  return
7  if(goalfirm="ABC公司",calculate([销售净利率],'日期辅助表'[年]=goalyear,'日期辅助表'[月]=goalmonth),
8  calculate(divide(calculate([杜邦分析_基本金额（对比）],'杜邦分析指标（对比）'[项目名称]="净利润"),calculate([杜邦分析_基本金额（对比）],'杜邦分析指标
   （对比）'[项目名称]="营业收入")),'杜邦分析指标（对比）'[对象]=goalfirm,'杜邦分析指标（对比）'[时间]=date(goalyear,goalmonth,goalday),
   removefilters('日期辅助表')))
```

图 8-55　销售净利率（目标）度量值

⑭　在"可视化"窗格中选择"KPI 选项"，将"字段"窗格中的"杜邦分析指标"下的"销售净利率"拖至"可视化"窗格中的"指标"设置项；将"字段"窗格中的"日期表"下的"年"拖至"可视化"窗格中的"走向轴"设置项；将"字段"窗格中的"销售净利率目标值"拖至"可视化"窗格中的"目标值"设置项，并单击"指标"设置项内的下拉按钮，选择"求和"；将 KPI 视觉对象的标题修改为"销售净利率"。以相同方法建立剩下的 4 个 KPI 视觉对象，修改标题名称、数据颜色、对齐方式、大小等属性，并按杜邦分析体系的指标层次调整 KPI 视觉对象的位置。

⑮　在"插入"功能区中单击"文本框"按钮，在文本框中输入"杜邦分析体系"，并调整字体大小、文本框位置。

⑯　在"插入"功能区中单击"形状"下拉按钮，并单击"箭头"，将包含各项指标的 KPI 视觉对象用线条相连，展示层层分解的可视化效果。通过选择"报告年度""报告月份""对比公司""目标年度""目标月份"下的不同信息，可以实现指标间的动态对比。通过以上设置可以考察实际值与目标值之间的差距，从而评价实际绩效。在进一步的工作中，可以将资产、权益、收入、利润的明细构成放入可视化报表中，帮助管理层更加深入分析企业绩效差异原因。由于更明细的 KPI 视觉对象构造方法与前文类似，因此本部分不再赘述。最终的企业绩效评价可视化效果如图 8-56 所示。

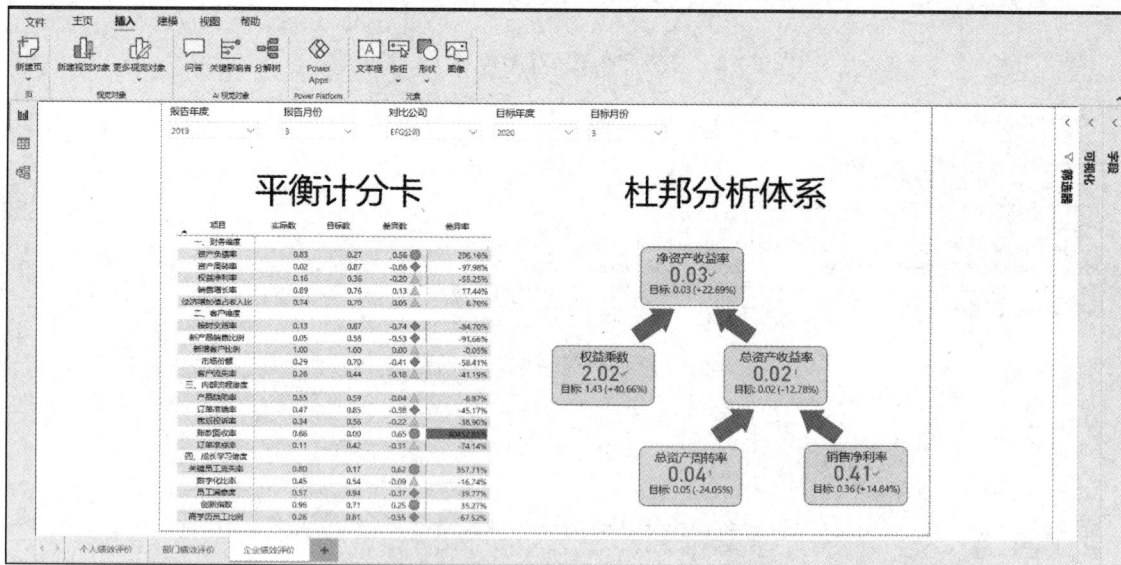

图 8-56　企业绩效评价可视化最终效果

思考题

1．绩效评价包含几个层次？每个层次主要评价什么内容？

2．简要阐述绩效评价与其他业务之间的区别与联系。

3．Power365 公司是一家以生产智能机器人元配件为主要经营业务的高新技术企业，为了紧跟时代发展趋势，公司决定积极采用新型信息技术对企业进行数字化转型。公司的目标是企业管理的各个方面均实现信息化覆盖，各管理模块间也能实现数据串联，从而推动生产效率进一步提升。请根据所掌握的信息化知识，与同学讨论在当前大数据环境下，Power365 公司建立绩效管理信息模块时的规划、分析与设计思路。

4．N 公司 2019 年和 2020 年的主要报表项目如下表所示。

N 公司主要报表项目

报 表 项 目	2019 年	2020 年
资产总额	2 000 万元	2 500 万元
加权平均资本成本	10%	10%
主营业务利润	200 万元	210 万元
其他业务利润	5 万元	10 万元
坏账准备	6 万元	8 万元
管理费用	20 万元	22 万元
销售费用	20 万元	23 万元
利息费用	10 万元	10 万元
所得税费用	10 万元	10 万元
研发费用	25 万元	30 万元
折旧费用	30 万元	35 万元
战略营销费用	20 万元	40 万元
长期性投资相关费用	10 万元	30 万元
投资收益	50 万元	60 万元

表中的存量指标数据为年末时点数据，流量指标数据为当年期间数据，为简化处理，涉及数据计算口径不一致时存量指标使用年末数，在计算特殊的经济增加值时需要考虑投资收益。要求分别计算 N 公司 2019 年和 2020 年不同类型的经济增加值，并采用合适的 Power BI 视觉对象进行可视化展示。

思政提要

科学、合理地评价企业绩效对全面、准确掌握企业经营状况，探寻企业经营中存在的问题，激发各类被评价主体的工作积极性和创造性，促进企业发展至关重要。掌握如何利用数字化工具实现对企业、部门和员工不同层次的绩效评价及其结果的可视化，可以助力企业完善绩效评价体系，进而使企业和员工共同受益。

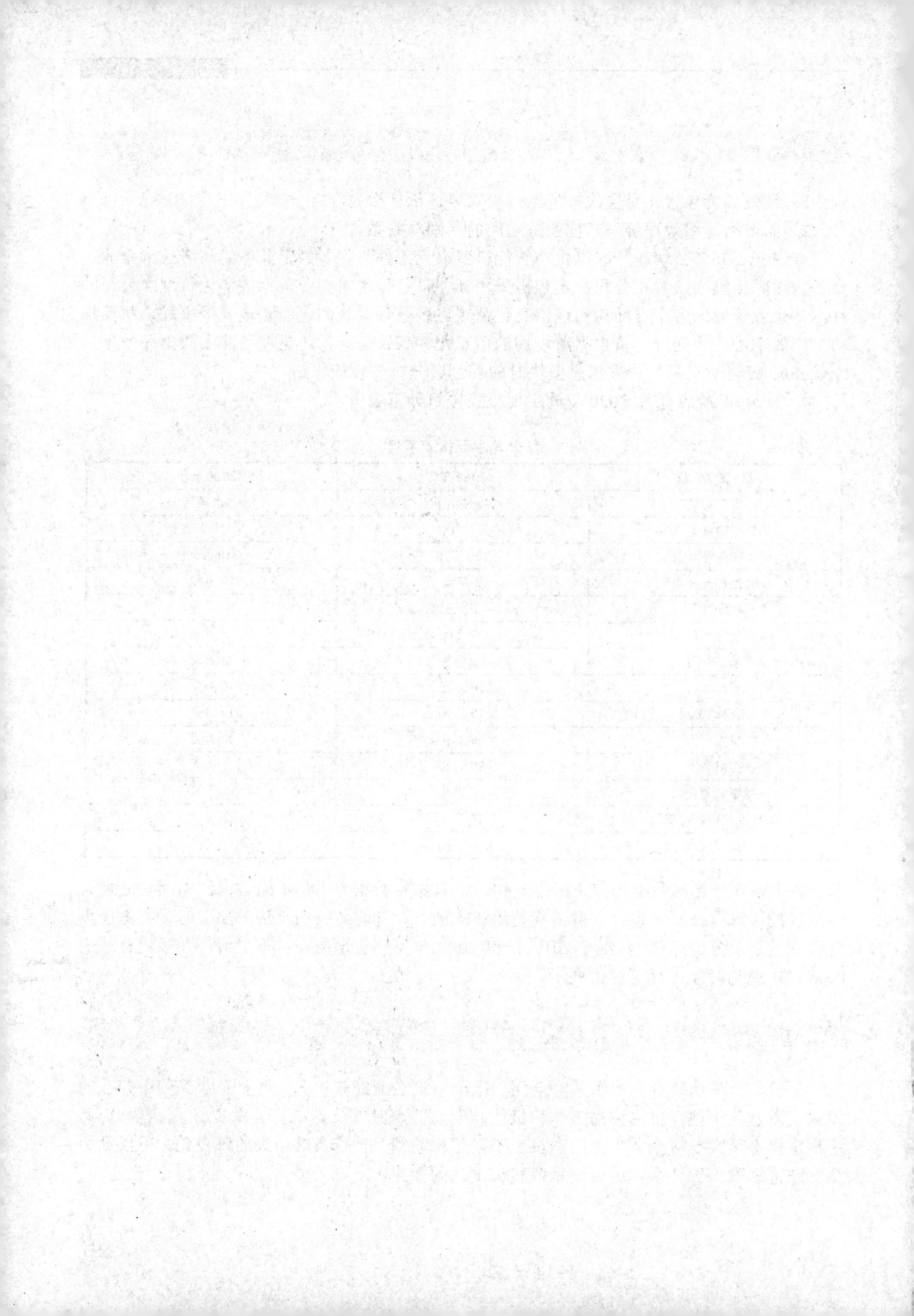